쇼펜하우어
인생론

아르투어 쇼펜하우어 지음

최민홍 옮김

쇼펜하우어 인생론

Korean Translation Copyright ⓒ 1972 Jipmoondang, Seoul, Korea.
All rights reserved.
This Korean edition was published by Jipmoondang in 2024 Seoul, Korea.

이 책의 한국어판 저작권은 **(주)집문당**에 있습니다.
이 책의 한국어판 출판권은 **(주)집문당**에 있습니다.
저작권법에 의하여 보호를 받는 저작물이므로 무단 전재와 복제를 금합니다.

쇼펜하우어
인생론

아르투어 쇼펜하우어 지음 | **최민홍** 옮김

집문당

쇼펜하우어
인생론

1971년 5월 20일 1판 1쇄
1988년 2월 1일 2판 1쇄
2006년 12월 15일 3판 1쇄
2023년 12월 15일 4판 1쇄
2024년 11월 15일 5판 1쇄
2025년 10월 30일 5판 2쇄

지은이　|　아르투어 쇼펜하우어
옮긴이　|　최민홍
발행인　|　임동규
발행처　|　**(주)집문당**
등록　　|　1971. 3. 23. 제2012-000069호
주소　　|　03134 서울시 종로구 돈화문로 82, 5층
전 화　 |　+82-1811-7567
이메일　|　sale@jipmoon.com
홈페이지|　www.jipmoon.com

ISBN 978-89-303-1970-6　03160

가격 18,000원

(주)집문당 이순신돋움체B (저작권자 아산시, 무료글꼴)

차 례

1. 삶의 고뇌에 대하여 ························· 1
2. 인생의 허무에 대하여 ······················ 41
3. 살려는 의지에 대하여 ······················ 53
4. 사랑에 대하여 ································ 69
5. 여성에 대하여 ······························· 115
6. 교육에 대하여 ······························· 135
7. 죽음에 대하여 ······························· 143
8. 문예에 대하여 ······························· 153
9. 윤리에 대하여 ······························· 171
10. 종교에 대하여 ····························· 195
11. 정치에 대하여 ····························· 203
12. 사회에 대하여 ····························· 207
13. 행복에 대하여 ····························· 217
14. 자아에 대하여 ····························· 231
15. 재물에 대하여 ····························· 267
16. 명예에 대하여 ····························· 277
17. 처세에 대하여 ····························· 335

후 기 ·· 480

1. 삶의 고뇌에 대하여

1

인간 존재의 직접적인 목적은 고뇌이다. 그렇지 않다면 우리가 이 세상에서 허덕이며 사는 이유가 없게 된다. 살아가며 으레 겪게 되는 괴로움이나 이 세상에 가득 차 있는 우환이 한갓 우연의 소산이고 목적 자체가 아니라면 이는 매우 불합리한 일이다. 하긴 몇몇 특수한 불행은 예외로 보일는지 모른다. 그러나 이 세상은 불행으로 충만해 있는 것이 하나의 통례이다.

2

강물은 어떤 장애물에 부딪치지 않으면 조용히 흘러가기 마련이다. 이와 마찬가지로 인간과 동물의 세계에 있어서도 의지에 대한 어떤 저항물이 나타나지 않는 한 살아 있다는 의식을 갖지 못하게 되며 주의를 환기시키지도 못하고 세월이 흘러갈 뿐이다. 주의를 환기시키게 되는 것은 의지가 구속을 받아 어떤 충돌이 일어났을 때 비로소 알게 된다. 우리는 의지를 가로

막는 모든 것, 의지에 대한 방해와 반항을 꾀하는 모든 것, 즉 염증을 느끼고 괴로움을 주는 모든 것을 그 자리에서 뚜렷하게 느끼게 된다. 인간은 대체로 자기의 건강함을 느끼지 못하지만 구두에 끼여 발이 부푼 조그마한 부분만은 즉시 알게 되며, 사업에 있어서도 잘 운영되는 것은 느끼지 못하지만 자기 뜻대로 되지 않는 사소한 일은 곧 성가시게 생각한다. 다시 말하면 안락과 행복은 매우 소극적인 데 반하여 고뇌는 적극성을 띠고 있다.

내가 무엇보다도 당치 않게 생각하는 것은 형이상학의 학설은 거의 모두가 인간에게 해롭고 악한 것을 소극적인 것으로 설명하고 있다는 점이다. 그러나 사실은 이와 반대로 해롭고 악한 것만이 액면 그대로 절실히 느껴지며 따라서 이것만이 적극성을 갖고 있다. 이와 반대로 모든 즐거운 일, 모든 반가운 일이나 행복, 만족 등은 소극적인 성격을 띠고 있다. 그리하여 단지 하나의 욕망을 충족시키고 전에 있던 고통을 잊게 하는 역할밖에 하지 못한다.

그리고 대체로 우리 앞에 나타난 즐거움이란 언제나 우리가 기대한 것보다 못하게 마련이며, 반면에 고통은 훨씬 더 괴롭게 느껴지는 법이다. 이 점에 대하여 그 진상을 밝히려면, 그리고 쾌락이 고통보다 더 적극적이거나 쌍방이 서로 상쇄한다는 주장의 진부를 확인하려면 남을 입에 삼키는 동물의 쾌감과,

남에게 삼켜지는 동물의 불쾌감을 비교해 보면 알 수 있을 것이다.

3

모든 불행과 괴로움에 대한 가장 효과적인 위안은, 자기보다 더욱 비참한 자들을 바라보는 일이다. 이것은 누구에게나 가능한 방법이다. 이를 인간 전체에 대해 생각해 본다면 어떤 결과가 돌아올 것인가? 백정이 눈독을 들이고 있는 줄 모르고 목장에서 유유히 뛰노는 양떼를 생각해 보라. 우리도 이와 마찬가지인 위치에 놓여 있다. 즉 오늘 복된 나날을 즐기고 있지만, 운명이 어떤 재앙을 마련하고 있는지 모르고 있는 것이다. ——질병, 박해, 영락, 살상, 실명, 발광, 죽음 등등.

사람들이 살아가는 모습을 보라. 역사가 그들에게 보여 주는 것은 주로 전쟁이나 반란이다. 따라서 평화는 우연히 차지하게 된 잠시 동안의 휴식 기간이며 막간극에 지나지 않는다. 이와 마찬가지로 개인의 일생도 끊임없는 투쟁의 연속이다. 그것은 빈곤이나 권태뿐만 아니라, 같은 인간인 타인에 대해서 역시 투쟁의 연속이기 마련이다. 그리하여 인간은 곳곳에서 자기의 적을 발견하게 된다. 즉 인생이란 휴전 없는 싸움으로 인간은 무기를 손에 든 채 죽어 가기 마련이다.

4

생존의 고뇌에 한층 박차를 가하는 것은 시간으로 우리는 시간에 쫓기며 숨을 돌릴 사이도 없다. 시간은 교도관처럼 회초리를 들고 우리의 등 뒤에 서 있다. 더욱이 시간은 권태라는 병에 걸린 사람들에게 고역을 안겨 준다.

5

인간의 육신은 대기의 압력이 없어지면 파열하게 된다. 이와 마찬가지로 인간의 생활에서 고뇌와 실패와 노고의 중압이 없어지면 끝없이 방종하게 되어 그대로 분쇄되어 버리든지 또는 지나친 난행과 사나운 광기와 어리석음 속에 빠지게 될 것이다. 배가 똑바로 항해하기 위해서 압력을 가하는 물체가 필요한 것처럼, 인간은 누구나 항상 다소의 걱정과 괴로움과 불행이 필요한 것이다.

노동, 가책, 고뇌, 궁핍——이러한 것들은 거의 모든 인간에게 평생토록 따라다니는 운명이다. 그러나 만일 인간의 모든 소원이 곧 충족된다면 인생의 여백을 무엇으로 메꿀 수 있으며 인간은 무엇을 하면서 세월을 보내야 하겠는가? 이 인류를 공상의 천국에 옮겨 놓으면 어떻게 될까? 모든 것이 스스로 잘 성장하고, 종달새가 뭇 사람의 귀에 아름다운 노래를 들려주고, 저마다 즉석에서 애인을 얻어 손쉽게 동거할 수 있다면 어떻게 될까? 인간은 권태를 느껴 죽어 버리든가, 혹은 싸움과 살해를 일삼아 지금보다 더 많은 고뇌를 초래할 것이다. 그러므로 인류에게는 이런 고뇌의 세계가 안성맞춤이며 그 밖의 어떠한 무대나 장소도 적합하지 못하다.

6

우리가 어렸을 적에 자기에게 전개되려는 운명을 눈앞에 두고 있는 것은 마치 아이들이 극장에서 막을 눈앞에 두고 앉아 있는 것과 같다. 우리는 인생이라는 무대 위에 나타나는 모든 사실들을 손꼽아 기다리고 있는 것이다. 그런데 우리가 즐거운 마음으로 기다리고 있는 행복이 어떤 종류의 것인지 미리 알 수 없다. 어떤 일이 나타나리라는 것을 알고 있는 사람들에게 이 아이들은 생의 선고를 받은 죄인이며, 그 선고의 내용이 어떤 것인지 모르고 있다. 그럼에도 불구하고 모든 사람들이 장수를 원하고 있지만 사실 그 장수의 내용은 다음과 같은 것에 지나지 않는다. 즉 "오늘은 흉악하다. 앞으로 날이 갈수록 더욱 흉악할 것이다. 마지막 세상을 하직할 때까지……."

7

태양 아래 펼쳐지는 모든 불행과 고뇌에 대하여 가급적 정확하게 생각해 볼 때, 저 태양이라는 항성이 달과 마찬가지로 지구에 대해서도 영향력을 잃어 이와 같이 고뇌에 가득 찬 현상이 일어날 수 없기를 바랄 것이다. 그렇게 되면 지구의 표면도 달의 그것과 같이 얼어붙은 것이 참으로 다행이라고 생각될 것이다.

한편 우리 인간의 생애는 허망하기 짝이 없는 축복과 안정을 훼방하는 여러 가지 사건의 연속으로 볼 수도 있다. 그것은 다소 안락한 생활을 하던 사람들까지도 나이를 먹어감에 따라서 인간의 삶은 모든 면에 실망이요, 아니 기만에 불과하다는 것을 절실히 느끼게 된다. 다시 말하면 인생은 대규모의 미궁이라는 사실을 더욱 분명히 깨닫기 마련이다.

2대, 3대로 장수한 자들에게는, 나이의 시장에 있는 진열실에 앉아서 똑같은 미친 이야기가 되풀이되는 것을 두세 번씩 바라보는 구경꾼과 같은 생각이 들 것이다. 그것은 결국 인생이 미치광이 이야기를 한 번만 상연하기로 마련된 것이며, 이는 속임수도 신기로움도 한 번 지나가면 아무 흥미도 주지 못하기 때문이다.

방대한 우주, 무한한 공간에서 무수히 반짝이는 별들을 바라보면, 그것들의 일과는 불행과 비극만이 연출되는 세계를 비추는 것뿐이며, 이 세계는——적어도 우리에게 알려진 바에 의하면——가장 행복한 경우라고 하더라도 권태를 느낄 뿐임을 생각할 때, 미칠 것만 같은 심정을 억제할 길이 없다.

이 세상에는 참으로 부러워할 만한 사람은 하나도 없는 반면에 불쌍한 사람은 헤아릴 수 없을 정도로 많다. 인생이란 결국 하나의 노고로 끝마쳐야 할 무거운 짐이다.

잠시 이렇게 생각해 보자. 즉 인간의 생식 행위가 생리적인 욕구도 쾌락도 아니고 오직 사려와 추리에 의해 이루어진다면 어떤 결과가 빚어질까? 인류는 여전히 존속될 수 있을까? 누구나 새로 태어나는 자녀들을 측은히 생각하여, 그들에게 생존의 무거운 짐을 메기를 주저하지 않을까? 적어도 냉정한 태도로 차마 그 짐을 메게 할 수가 없어 저마다 망설일 것이다.

세계 자체는 지옥이나 다름이 없다. 인간은 각자 들볶는 망령이 되기도 하고 핍박하는 귀신이 되기도 한다.

나는 다시 나의 철학에 위안이 없다는 욕을 먹을 것 같다. 그러나 그것은 세상 사람들은 우리의 주인이신 하느님께서 만물을 지극히 선하고 아름답게 창조하셨다는 말을 듣고 싶어 하는데 내가 진실을 말하였기 때문이다. 교회에 나가는 것은 좋다. 그러나 제발 철학자들을 성가시게 하지 말라. 적어도 그들이 그 학설을 억지로 당신네의 신앙 문답에 적응시켜 주기를 바라서는 안 된다. 당신들의 그러한 주문에 응하는 자라면 거지 근성을 가진 사이비 철학자이다. 그들에게서는 당신들의 구미에 맞는 학설을 얻을 수 있을 것이다. 그러나 장사꾼 철학 교수들이 발표하는 낙천설을 뒤집어엎는 것은 매우 쉽고 또 재미있는 일이다.

하느님이 일종의 죄 또는 과오로 세계를 창조하고 몸소 이 죄를 갚기 위해 속죄가 끝날 때까지 세계에 머물러 있겠다고 한 것은 훌륭한 가르침이다. 불교에 의하면 세계는 불가사의한 무명의 소산으로 천계의 정복, 즉 열반에 이르면 안락하게 살 수 있다고 하며 또한 이 열반의 상태는 속죄에 의해 얻을 수도 있다고 한다. 이 가르침은 일종의 숙명론에 가까운 것으로 원래는 도덕적으로 해석해야 하겠지만 세계의 시원인 광대한 성운이 불가사의하게 이루어지는 것을 볼 때, 대자연 속에는 이 교리와 부합되는 면이나 유사한 현상이 있는 것도 사실이다. 또한 인간의 마음이 흐려져 세계를 점점 악화시킴으로써 드디어 오늘날과 같은 비참한 상태를 초래하였다고 주장한다. 이것도 좋은 가르침이다. 그리스인들은 세계와 신들이 일종의 불가사의한 필요에서 이루어졌다고 본다. 이러한 주장은 무엇보다도 기분에 만족을 준다는 뜻에서 긍정하여도 좋을 것이다. 한편 페르시아인들은 선신과 악신과 서로 싸운다고 하는데 이것 역시 수긍할 만한 가르침이다. 그러나 여호와(Jehovah)가 자기의 취미대로 이렇게 비참한 세계를 만들고도 만사형통한다는 독단에 빠진 유대교의 교리에 대하여는 도저히 참을 수가 없다. 이러한 견지에서 보더라도 유대인의 종교는 문화 민족의 모든 교리에 비하여 가장 졸렬하다. 또한 이 유대교는 불멸에 대하여 아무런 교의도 갖고 있지 않은 유일한 종교이다.

라이프니츠의 말대로 이 세상이 가장 이상적으로 되어 있다고 하더라도 이러한 견해에 의하여서는 어떠한 신정론도 나올 수 없다. 왜냐하면 조물주가 다만 이 정도의 세계를 창조하였다는 것으로 만족하고 있지만 더욱 좋은 세계도 창조할 수 있었다고 보아야 하기 때문이다.

이 세계에 가득 차 있는 고뇌 자체가 전지전능한 신에 의해 창조된 완전한 세계라는 주장에 무엇보다도 큰 소리로 항의하고 있다. 그리고 피조물 가운데서 으뜸가는 인간의 불완전성, 아니 오히려 우스꽝스러운 열악성이 충분한 반증이 된다. 그러므로 이 주장에는 도저히 이해하기 곤란한 부조화가 내포되어 있다.

그런데 이와는 반대로 세계는 인간 자신의 죄과로 이루어졌으므로 살기 좋은 고장이 될 리가 없다고 생각한다면, 모든 고뇌와 불행의 존재는 이 견해를 지지하는 증거가 된다. 앞에서 말한 견해에 의하면 세계의 고뇌가 조물주에 대하여 준열히 규탄하므로 비난과 조소를 퍼부을 구실도 갖게 되지만, 두 번째 주장을 취하면 우리 자신과 우리 자신의 의지에 대하여 규탄을 하게 되어, 우리에게 매를 가함으로써 우리를 다음과 같은 심오한 생각으로 인도한다. 즉 우리는 마치 방탕한 아버지의 아들처럼 본래 악에 물든 세상에 태어났으며, 또한 우리가 이토

1. 삶의 고뇌에 대하여

록 불행하게 살다가 나중에는 죽어 가게 마련인 것도 이 생전의 죗값이다.

세상에는 확실한 것이라고는 하나도 없고 고뇌만이 가득 차 있다. 그것은 세계 자체가 무거운 죄과에 싸여 있기 때문이다. 우리는 이 사실을 형이상학적인 의미로 해석해야 하며, 결코 물리적 경험에 의하여 해석해서는 안 된다. 성서에 있는 원죄의 이야기도 우화의 형식을 취하고 있으나 내가 보기에는 구약 성서에 있는 유일한 형이상학적인 진리이다. 인간의 존재는 하나의 죄과, 즉 하나의 사악한 욕심의 결과로 보아야 한다. 그리고 살아가는 길에 하나의 나침반을 설치하고 거기에 의해 똑바로 나아갈 방향을 정하여 속아 살지 않으려면 이 세계를 속죄의 터전이요, 형벌의 식민지요, 일종의 교도소로 보아야 할 것이다. 옛날 철학자는 교부들도 세계를 이렇게 불러 왔고 모든 시대의 뛰어난 지혜, 예컨대 바라문교, 불교, 엠페도클레스,[1] 피타고라스[2]의 경우를 보아도 이러한 견해가 옳다는 것을 알 수 있다. 그리고 순수한 기독교에서는 그것을 올바로 이해하여 인간의 존재는 하나의 죄과 즉 하나의 타락의 결과라고 보고

---

[1] 엠페도클레스(B. C. 490~430)—그리스 철학자, 정치가, 예언자, 의사. 만물을 불, 공기, 땅, 물의 4원소로 되어 있다고 주장함.
[2] 피타고라스(B. C. 582~497)—그리스 철학자. 수를 우주의 상항원질이라고 주장함.

있다.

 이렇게 생각하면 인생에 대하여 자기 몫으로 차례 오는 것만을 기대하고 그에 개재된 크고 작은 모순과 괴로움, 질병, 불행은 상례에서 벗어난 뜻밖의 일로 생각하지 않고 오히려 당연한 일로 간주할 수 있다. 때문에 인간은 괴로움을 짊어지고 있다는 사실을 알게 될 것이다. 이런 속죄의 터전에는 허다한 해악이 따라다니거니와 그 속에서 이루어지는 인간들의 교제도 뚜렷한 해악의 하나이다. 공정한 견지에서 보아 보다 더 나은 환경에 놓여 있어야 할 인간들이 서로 교제한다는 것이 얼마나 괴로운 것인지는 내가 새삼 밝혀 말하지 않아도 잘 알고 있을 것이다.

 그러므로 선량한 사람이나 천재는 그 틈바구니에서 부대끼며, 흡사 유형지에서 비열한 악한들에게 시달림을 받고 있는 정치범처럼, 자기 자신을 고립시키려고 한다. 그러나 세계에 대하여 내가 앞에서 말한 바와 같은 생각 즉 대다수의 인간은 불완전하며, 그들이 지적으로나 도덕적으로 가련한 존재임을 (그것은 그들의 얼굴에도 나타나 있다) 생각할 때에 새삼 놀라울 것이 못 되며 격분할 필요는 더구나 없는 것이다. 이리하여 세계나 인간 자체가 본래 그렇게 되어 있다는 사실을 인식하면, 우리는 상대방에 대하여 너그러운 태도로 나가게 된다. 아닌 게 아니라 이 인류에 대하여 우리가 무엇을 기대할 수 있단 말인가. 우리가 서로 상대방을 부를 때 ○○씨 또는 ○○님이라고 하는 대신에 '고뇌의 벗'이라고 부르는 것이 정당할 것이다. 이렇게 부르면 좀 이상하게 들릴지 모르지만, 실은 올바른 근거에 의해 상대방에게 진실한 빛을 던져 관용과 인내와 박애의 필요성을 느끼게 한다. 그런데 누구나 이러한 덕을 지니고 있지 않고서는 이 세상을 지탱해 나갈 수 없을 것이다. 그러므로 우리는 저마다 그렇게 할 필요가 있다고 나는 가끔 생각한다.

8

우리 생애의 전반은 행복에 대한 커다란 갈망으로 가득 차 있지만 후반부는 하나의 참혹한 두려움에 사로잡히게 마련이다. 다시 말하면 인간은 누구나 생애의 후반부에 접어들면, 그 정도의 차이는 있을지 모르지만, 모든 행복은 오직 망상의 산물에 불과하며 괴로움만이 실재해 있다는 사실을 깨닫게 된다. 그러므로 총명한 사람들은 강렬한 향락보다 차라리 고통이 없기를 바라며 조금이라도 재난을 피할 수 있는 입장에 서려고 한다. 나도 젊어서는 문간에서 초인종이 울리기만 하면 기분이 좋아서, "야, 좋은 수가 있나 보다" 하고 반가워하였으나, 나이를 먹고 인생의 참된 모습을 안 연후에는 그 소리가 두려움을 주어, "아, 무슨 불길한 일이 생기지 않았나" 하고 중얼거리게 되었다.

9

노년기에 접어들면서 정열도 욕구도 차차 줄어들어 아무리 탐나던 것도 나를 유혹할 수 없게 되었다. 또한 감각이 둔해지고, 상상력이 약해지고, 여러 가지 환상은 퇴색하고, 인상은 흔적을 남기지 않고, 세월은 재빨리 흘러 버리고, 모든 일이 그 의미를 상실하며 모든 것이 무미건조하게 보인다. 이리하여 과거 속에 쇠퇴한 늙은이는 혼자 비틀거리며 길을 걸어가지 않으면, 한쪽 구석에 드러누워 이미 과거의 자기에 대하여 단지 그림자나 꿈을 지니고 있을 뿐이다. 이 무렵 그에게는 죽음이 닥쳐온다.

10

청년시절의 양양한 꿈속에서 깨어난 자, 자타의 경험을 성찰한 자, 과거와 현재의 역사를 연구한 자라면, 뿌리 깊은 선입관에 사로잡혀 이성을 흐리게 하지 않는 한 누구나 다음과 같은 결론에 도달할 것이다. 즉 이 인간 세상은 다만 우연과 미혹의 왕국으로서, 이 양자는 조금도 온정을 베풀려는 일이 없이 이 세계를 지배하고 통솔해 가며, 게다가 어리석음과 죄악이 여기에 가세하여 언제나 채찍질을 하고 있다. 그러므로 인간 족속에서 선량한 자가 나타나면 허다한 위기를 거쳐서 비로소 광명을 바라볼 수 있으며, 그의 고귀하고 영특한 영감이 외부에 작용하려고 하면 무수한 난관에 봉착하기 마련이다. 그러나 한편 사상계에서는 불합리의 오류, 예술계에서는 평범과 저속, 생활 실천 면에서는 사악과 간계가 활개를 치며 위력을 발휘하여 거의 아무런 저항도 받지 않는다. 뛰어난 사상과 훌륭한 저작은 마치 별천지에서 떨어진 운석처럼 하나의 예외요, 불가사의한 고아로서 푸대접을 받기 마련이다.

인간 개개인에 대하여 고찰하여 보면 그 생애의 역사는 영락없는 패배자로 낙인이 찍히기 마련이다. 왜냐하면 끝장이 난 모든 인간의 생애는 재앙과 실패의 연속에 지나지 않기 때문이다. 그러나 인간은 저마다 이 상처를 숨기려고 한다. 그것은 남에게 말해 보아야 동정이나 연민을 사기는커녕 상대방으로 하여금 남의 재앙을 상기함으로써 자기 자신의 위안을 삼는 악마와 같은 만족감을 줄 뿐이라는 사실을 잘 알고 있기 때문이다. 정직한 마음과 생각을 잃어버리지 않은 자라면 생애의 종말에 가까워짐에 따라 이 인생의 여로를 다시 한 번 되풀이하기를 원치 않을 것이며, 오히려 진심으로 절대의 허무를 그리워할 것이다.

11

이렇게 덧없이 줄달음치는 생존 속에는 고정된 것이 하나도 없다. 즉 무한한 고통도, 영원한 즐거움도, 변치 않는 인상도,

영속되는 즐거움도 그리고 전 생애를 일관하는 결심도 있을 수 없다. 모든 것은 세월의 흐름 속에 녹아서 없어진다. 시간 속에 개재된 분초, 사소한 사물에 깃들여 있는 무수한 원자, 그리고 우리들의 단편적인 하나하나의 행동은 주위의 모든 위대하고 용감한 것을 황폐하게 만드는 충치 벌레들이다.

이 세상에는 진지하게 대해야 할 것이 하나도 없다. 티끌 같은 이 세상에 그럴 만한 값어치가 있을 수 없는 것이다. 인생은 큰일이건 작은 일이건 언제나 계속해서 일어나게 마련이지만 설혹 우리에게 무엇을 약속하였다고 하더라도 그 약속은 이루어지지 않는 것이 상례요, 가령 이루어졌다고 하더라도 우리에게 그 소원의 대상이 얼마나 보잘것없는 것인가를 절실히 느끼게 할 따름이다. 즉 우리를 기만하는 것은 희망인 동시에 희망의 대상이기도 하다. 인생이 우리에게 무엇을 주었다면, 그것은 다만 다시 찾을 수 있기 때문에 그렇게 한 것이다. 우리에게서 먼 데 있는 매력은 우리로 하여금 낙원처럼 그리워하게 하지만 막상 거기 유인되어가 보면 곧 환상처럼 사라져 버린다. 다시 말하면 행복은 항상 미래나 과거에 있으며, 현재에는 햇살을 담뿍 받은 허허벌판에서 한 조각 뜬구름을 쳐다보는 것처럼 앞뒤가 훤히 보이지만, 그 자체는 언제나 그림자가 비치고 있다.

12

 인간은 다만 현재에 살고 있을 뿐이다. 그런데 그 현재는 불가불 과거 속에 줄달음쳐 사라지고, 그 결과가 나중의 현재와 뒤섞여서 나타나게 마련이다. 이것은 인간의 행위와 의지의 산물이지만, 어제의 생존은 오늘에 와서 완전히 소멸되어 있는 것이다. 그런데 우리가 정확한 이성의 눈으로 볼 때 이 과거가 즐거웠는지 혹은 괴로웠는지 분간할 수 없다. 현재는 우리가 맞이하고 있는 동안에 도망쳐 차례차례로 끊임없이 과거가 되며, 미래는 확실하지 못하여 시간 선상에 계속되지 않는다.

 한편 우리들의 보행은 물리학적으로 볼 때 그때그때 차단된 하나의 몰락에 불과하거니와 이와 마찬가지로 신체의 생리적인 활동도 순간순간 연기되고 유예된 죽음이요, 우리들의 정신활동이라야 밤마다 권태를 물리치는 작업에 지나지 않는다. 그리하여 나중에는 필연적으로 죽음이 승리를 차지하게 마련이다. 우리들의 삶은 죽음의 소유가 되어 있는 것이다. 즉 삶이란 죽음이 자기의 먹이를 삼키기 전에 노리개로 삼고 있는 순간인 것이다. 우리는 비상한 관심을 갖고 언제나 근심과 걱정에 싸여 삶을 되도록 오래 연장시키려고 노력하지만 그것은 마치 아이들이 비눗방울을 내뿜는 것과 마찬가지이다. 아이들은 나중에 그 비눗방울이 파열할 줄 뻔히 알면서도 되도록 큼직하게 내뿜어 오래 가도록 애를 쓰는 것이다.

13

생존이란 결코 향락을 누리기 위해 우리에게 보내온 선물이 아니다. 그것은 오히려 고역으로 갚아야 할 의무나 과업인 것이다. 그러므로 크고 작은 일에 있어서 언제나 거기에는 일반적인 불행, 끊임없는 고통, 계속적인 경쟁, 거듭되는 투쟁 등등, 극도의 긴장 속에서 행동이 이루어지기 마련이다. 수많은 사람들은 국민으로서 결합하여 서로 힘을 모아 공공의 복리를 취하려고 하는 동시에, 각 개인은 자기의 이득을 위해 동분서주하고 있지만, 이 공공의 복리를 위해서는 무수한 희생자가 발생하게 된다. 몇몇 인간의 당치 않은 선입관이나 교활한 전략에 의해 백성들을 싸움터로 몰아넣는다. 그리하여 이들의 터무니없는 의도에 좋은 결말을 주기 위해, 또는 그들의 잘못을 은폐하기 위해 대다수의 백성들이 피땀을 흘려야 한다. 평화기엔 상공업이 발달하고 여러 가지 놀라운 기계가 발명되어, 선박은 해상을 통하여 세계 모든 나라의 곳곳에서 맛 좋은 식료품을 운반하여 오기도 하지만 그 항해 중에는 수천 명의 생명이 풍랑에 사라지기가 일쑤이다.

한편 어떤 사람은 머리를 짜내고 또 어떤 사람은 수족을 움직여 일을 하느라고 법석을 부리는 꼴을 보면 무어라고 말로 표현할 수가 없다. 도대체 무엇 때문에 이렇게 애를 쓰고 있는 것일까? 그들은 하루살이 같은 목숨을 연장하기 위해 허덕이고 있거니와, 인간의 생애란 가장 행복한 경우라고 하더라도 다만 견디기 쉬울 정도의 불행과 비교적 가벼운 고통 속에서 살아가는 데 불과하며, 자칫하면 거기에 권태라는 괴로움이 대치된다. 인간은 계속해서 태어나 이렇게 판에 박은 생활을 되풀이하는 것이다.

14

우리가 고뇌를 제거하기 위해 끊임없이 노력을 하더라도, 결국 얻는 것은 단지 그 고뇌의 형태를 바꾼 데 지나지 않는다. 고뇌는 처음에 결핍, 필요, 물질생활에 대한 걱정이라는 형태로 나타난다. 그리하여 인간이 애써 이 고뇌를 쫓아내면, 그것은 곧 변모하여 여러 가지 형태를 취한다. 즉 연령과 환경에 따라서 성욕, 불타는 사랑, 질투, 선망, 증오, 야심, 횡포, 탐욕, 질병 등등으로 나타난다. 이것들이 만일 침범할 여지가 없으면 권태와 포만이라는 잿빛 외투를 입고 나타나며, 이것을 물리치려면 악착같이 싸워 나가야 한다. 그런데 이렇게 악전고투를 한 끝에 격퇴하여도, 다시 본래의 여러 가지 형태로 변모하여 나타나므로, 우리는 그 퇴치의 작업을 처음부터 새로 시작하지 않으면 안 된다.

15

 모든 생물들이 눈코 뜰 새 없이 애써 고생을 거듭하는 것은 생활을 안정시키려는 데 목적이 있다. 그런데 일단 그것이 이루어지면, 거기에는 이미 전처럼 애써 할 일이 없게 된다. 그리하여 다음에는 생존의 무거운 짐을 더는 일, 그 짐을 느끼지 않도록 하는 일, 시간을 줄이는 일, 다시 말하면 권태에서 벗어나는 일이 남게 될 뿐이다. 일단 모든 물질적·정신적 불행에서 벗어나 무거운 짐을 벗어 버리면, 이번에는 자기 자신이 자기에게 짐이 된다. 그리하여 할 일 없이 유희나 도락으로 흘려보낸 지난날을 부끄럽게 생각하게 된다.

 권태는 무서운 것으로, 여기 사로잡히면 비통한 절망감이 얼굴에 나타나게 마련이다. 그리고 이 권태로 말미암아 본래 남을 아끼고 위하는 성격이 희박한 자도 자진하여 남과 이야기를 나누며 사귀고 싶어 한다. 그러므로 사교적인 본능의 원천이라고 볼 수도 있다. 그리하여 국가는 이것을 하나의 공적인 재액으로 간주하여 신중한 비책을 써서 억제하려고 한다. 이 방망이는 그 적수인 기아처럼 인간을 분방케 한다. 민중에게는 빵과 함께 광대의 당나귀가 필요하다. 필라델피아에는 고독과 무위로 벌하는 간단한 형법이 제정되었거니와, 이런 형벌의 권태는 참으로 무서운 것으로, 이를 피하기 위해 자살한 죄수가 얼마든지 있었다고 한다. 궁핍은 민중에게 가하는 채찍이요,

권태는 상류층에 가하는 채찍이다. 그리고 일상생활에 있어서는 일요일이 권태를 대표하고 그 나머지의 6일 동안은 궁핍을 대표한다.

16

인간의 생활은 마치 시계추처럼 언제나 고뇌와 권태 사이를 내왕하고 있다. 이 양자는 인간 생활의 최종적인 요소이다. 이러한 사실은 하나의 묘한 형태로 나타나 있다. 즉 인간은 지옥에 대하여 온갖 죄책과 우환이 득실거리는 고장이라고 말해 왔으나 천국에 대하여도 권태 이외에는 아무것도 말할 수 없었다.

17

인간은 모든 생물 중에서 가장 어처구니없는 존재이다. 인간은 의지 자체이며 욕망의 육체화이며 그 집합체에 불과하다. 그러므로 인간은 오직 자기 자신에 의존하여 살아가며 자기의 불행과 욕구와 궁핍밖에는 아무것도 추궁하지 않는다. 그의 생활에는 다급한 욕구를 걸머지고 새로이 나타나는 생존의 번뇌만이 가득 차 있다. 그리고 인간을 괴롭히고 있는 것은 종족의 보존을 위한 제2의 본능, 즉 성욕이다.

인간은 사방으로부터 허다한 재난의 위협을 받으면서 이를 피하려고 아무리 애써도 되지 않는다. 그는 불안한 발길을 옮겨 놓으며 조심스러운 눈으로 주위를 살펴야 한다. 그리하여 불우한 사건들과 적들을 대적해야 한다. 이러한 현상은 미개 국가나 문명국가를 막론하고 한결같이 나타난다. 인간에게서 확고한 것이나 안전한 것은 찾아볼 수 없다.

인생은 암초와 거센 물결이 굽이치는 바다와 같은 것으로, 인간은 좌우를 살피며 그것을 간신히 피해 나간다. 그러나 자기의 재주와 노력으로 앞길을 개척해 나간다고 하더라도, 앞으로 갈수록 죽음이라는 커다란 난파──피할 수도 밀어낼 수도 없는──속에 점점 가까이 다가가게 마련이다. 따라서 죽음은 자기를 향해 정면으로 줄달음질 쳐 오는 것을 알고 있다. 죽음이란 이렇게 노고가 많은 인생길의 마지막 귀착점이며, 인간으로서는 지금까지 피해 온 모든 암초보다 훨씬 더 고약한 것이다.

우리는 고통은 느끼지만, 고통이 없는 것은 느끼지 못하며, 걱정은 느끼나 걱정이 없는 것은 느끼지 못하고, 무서움은 느끼나 안전은 느끼지 못한다. 우리는 기갈을 느끼는 것처럼 욕망과 희망을 느끼지만, 그 대상을 실지로 손에 얻게 되면 곧 매력을 잃어버린다. 그것은 마치 입속에 있는 음식물은 삼키는 순간에 아무 맛도 없는 것과 마찬가지이다. 인생의 삼대 선(善)인, 건강과 청춘과 자유도 그것을 지니고 있는 동안은 조금도 느끼지 못하지만, 일단 그것을 잃으면 그때 비로소 느끼게 된다. 이 3자도 소극적인 선이기 때문이다.

우리는 행복한 나날을 보낼 때에는 그것을 별로 의식하지 못하지만 그 나날들이 일단 과거지사가 되고 불행이 돌아오면, 그제야 그 날들을 상기하게 된다. 또한 많은 향락을 누릴수록 거기에 대한 실감은 감퇴되어 아무리 즐거운 쾌락도 습관이 되면 아무것도 아닐뿐더러 오히려 그로 인하여 고통에 대한 감수성이 증가된다. 그런데 쾌락에 젖은 모든 습관이 제거되면 그때에는 괴로움만이 남는다. 또한 시간은 즐겁고 유쾌하게 보낼수록 급속도로 사라져 버리며, 불행 속에 있을수록 더디게 간다. 적극적인 것은 환락이 아니라 고통이며, 고통이 나타날 때에는 그것을 실감하기 때문이다.

권태는 우리에게 시간관념을 주고, 유흥은 시간관념을 없애 버린다. 이것으로 미루어 보더라도 인간의 생존은 그것을 느낄 일이 드물수록 한층 더 행복하다는 것을 알 수 있다. 따라서 생존에서 벗어나는 것이 더욱 상책이라는 것도 입증된다. 대체로 큰 기쁨은 큰 불행에 선행되게 마련이며, 이 세상에서 단독으로 언제까지나 명쾌한 즐거움을 갖게 할 수는 없는 것이다. 인간이 할 수 있는 일은 다만 자기 기분을 얼버무리거나 허무하기 짝이 없는 소망에 잠정적인 만족을 주는 것뿐이다. 그러므로 거의 모든 시인들은 그 작품의 주인공들을 우수와 고뇌에 가득 찬 환경 속에 방임하였다가, 나중에 그들을 거기서 탈출케 한다. 희곡이나 서사시에서도 즐겨 악착같이 싸워서 허다한 고난을 겪는 인물들을 묘사하며, 소설에서는 으레 가련한 인간 심리의 갈등과 방황이 묘사되어 있다.

자연의 혜택을 많이 받은 볼테르까지도 이러한 견지에서 다음과 같이 말하고 있다. "행복은 꿈에 지나지 않고 고통만이 실재이다." 그는 이어서 "나는 이 사실을 팔십 평생을 두고 경험해 왔었다. 나도 이제는 체념할 뿐이다. 나는 혼자 말을 중얼거린다. '파리가 태어나는 것은 거미에게 잡혀 먹히기 위해서이며, 인간이 태어나는 것은 우환의 노예가 되기 위해서이다"라고.

18

개인의 생애는 고원한 견지에서 일반적으로 보나 특수하게 보나 반드시 하나의 비극적인 존재로 간주된다. 그 상세한 곡절을 더듬어 보면 희극적인 성격을 띠고 있다. 즉 하루의 소란과 고통, 시시각각으로 끊임없이 일어나는 불쾌한 일, 매주 느끼는 소망과 두려움, 그때그때의 실책, 언제나 우리를 농락하려고 노려보는 우연의 장난 등등, 그것은 분명히 희극이 아닐 수 없다. 그런데 언제나 속게 마련인 소원, 헛된 노력, 운명에 무참히 짓밟히는 희망, 전 생애를 통하여 끊임없이 일어나는 저주스러운 미혹, 점점 더 심해가는 고뇌, 최후에 엄습하는 죽음──거기서 영원한 비극이 연출된다. 운명은 우리에게 절망을 줄 뿐만 아니라, 비웃는 듯 우리의 생애가 온갖 불행으로 가득 차게 한다. 심지어 비극은 주인공으로서 우리의 존엄성까지 빼앗아가고도 모자라 생존의 대부분에 걸쳐서 우리를 광대로서의 값싼 구실을 하게 한다.

19

대다수 인간의 생애가 얼마나 보잘것없으며, 또 얼마나 구원할 길이 막혀 있는가! 그뿐만 아니라 내면적으로 얼마나 둔하고 어리석은가! 이것은 매우 두려운 일이다. 인간은 다만 수난과 무기력과 동경과 비틀걸음으로 평생의 사계(四季)를 통하여 꿈에 꿈을 거듭하며, 쩨쩨하고 보잘것없는 생각에 잠겨 죽음에 이르게 된다. 인간은 태엽에 감겨 까닭 없이 돌아가는 시계와 같다. 그는 세상에 태어날 때마다 인생 시계의 태엽에 감겨, 낡은 기계의 가락이 귀에 들리지 않을 정도로 소리를 달리하여 돌아가기 시작한다.

20

개개의 인간, 개개의 얼굴, 개개의 생애는 다만 자연의 끝없는 영혼과 악착같고 완강한 살려는 의지의 덧없는 하나하나의 꿈이요, 이 의지가 시간과 공간이라는 끝없는 백지 위에 그려 놓은 일순간의 희화이다. 그것이 깜박할 사이에 곧 사라져 버리면, 그 뒤에 다시 짓궂은 그림이 그려지게 마련이다.

그러나 이러한 인생에 고려해야 할 중대한 다른 일면이 있다. 즉 격렬하고 맹목적인 삶의 의지는 이 하나하나의 장난에 대한 보상으로서 많고도 심한 고통과 비통한 죽음——오랫동안 두려워하던 끝에 드디어는 반드시 닥쳐오고야 마는——을 지불해야 한다는 점이다. 우리가 시체를 보고 갑자기 엄숙한 기분에 싸이는 것은 이 때문이다.

21

단테는 어디서 지옥의 표본과 그 영상을 얻었을까? 우리에게는 이 세상밖에는 주어진 것이 없지 않는가? 그가 그린 지옥은 실로 그럴듯하다. 그러나 천국과 그 즐거움을 묘사하려고 했을 때 그는 난관에 봉착하고 말았다. 우리의 세계가 그곳과 닮은 데가 하나도 없기 때문이다. 그리하여 그는 천국의 즐거움을 그리기 전에 자기가 그에 대하여 들은 바 있는 그의 조상이나 애인 베아트리체, 그 밖에 여러 성자들의 교훈을 전하는 도리밖에 없었다. 이것으로 미루어 보아도 이 세계가 어떤 종류의 곳인지 분명히 알 수 있다.

22

이 세상이라는 지옥은 단테가 묘사한 지옥 이상이며 각 개인은 이웃에 대하여 악마가 되어 있다. 그리고 거기에는 모든 사람보다 뛰어난 악마의 두목, 즉 '정복자'가 있다. 이 정복자는 수십만의 인간이 두 파로 갈라져서 싸우게 하며, 그들에게 고난을 당하여 죽는 것이 운명이라고 한다. 그리하여 총과 대포를 쏘라고 외친 그들은 그대로 한다.

23

만일 사람들에게 그들의 앞날에 숨어 있는 허다한 우환과 고난을 한눈에 보여 주면 어떻게 될까? 그들은 그 처참한 광경에 놀라 자빠질 것이다. 아무리 완고한 낙천론자라고 하더라도 그를 데리고 다니면서 병원의 외과 수술실이나, 노예의 거실이나, 중죄 재판소 등을 보여 주고 이어서 가난에 젖어 있는 음산한 소굴과 고스란히 굶어 죽은 성곽을 보여 주면, 그도 반드시 이 세상에 있을 수 있는 가장 좋은 것이 어떤 성질의 것인지 알게 될 것이다. 이 우주에는 폭력이 충만하여 있다. 우리는 일체를 선이라고 주장하는 근대 철학의 그릇된 영향에 물들어 있으나, 실은 악이 일체를 더럽히고 있다. 솔직히 말하면 일체가 악이다. 세상에는 있어야 할 자리에 있는 것이 하나도 없다.

24

이 세계는 유혈의 황야이다. 거기에는 다만 불안과 고통에 시달리는 생물들이 서로 물어뜯고 있다. 맹수는 수백 수천 동물들의 생무덤이 되어 무수한 생물을 삼키면서 살아가고 있다. 그리고 생물계에서는 이지가 발달할수록 고뇌에 대한 감각이 예리하다. 따라서 인간은 그 감각이 최고도에 도달해 있다.

낙천론자들은 이러한 세계를 자기들의 학설에 적응시켜 선천적인 논증으로 가장 좋은 곳이라고 주장하지만, 그것이 이치에 맞지 않는 것은 너무나 명백하다. 어떤 사람은 나에게 말할 것이다. "눈을 들고 태양이 비치는 이 세계가 얼마나 아름다운가를 보시오. 산, 계곡, 강물, 초목, 동물들은 찬미할 만하지 않습니까?"

그렇다면 이 세상은 흡사 마법사의 초롱불과 같은 것인가? 하긴 그런 광경들은 보기만 하여도 훌륭하다. 그러나 산과 나무와 동물 등으로 되어 있는 이 세계 자체는 별개의 문제이다. 낙천론자에 의하면 인간은 궁극의 원인에서 창조되었다고 하며, 우주의 정묘한 조직 체제를 찬양한다. 유성이 운행되면서 충돌하는 일이 없고 바다와 육지가 뒤범벅이 되지 않고 서로 분명히 한계를 갖고 있으며, 적도의 부근에서는 봄이 영원히 지속되는 일도 없이 과일들이 익어간다고 한다. 그러나 이것은 다만 없어서는 안 될 하나의 조건에 지나지 않는다. 하나의 세계가 존재하기 위해서는, 다시 말해서 그 유성이 영원히 자기 존재를 보존하기 위해서는, 즉 먼 항성에서 비치는 광선이 거기에 도달될 때까지 존재하기 위해서는, 그리하여 레싱의 어린이처럼 태어나자마자 곧 꺼져 버리지 않기 위해서는, 우주 자체가 근본적으로 붕괴되어 가게끔 서투르게 되어 있을 리 없는 것이다.

그런데 낙천론자들이 그토록 찬미하는 세공물들에 어떤 결과가 나타나 있는가? 그렇게 견고히 짜여 있는 무대 위에는 어떤 배우들이 등장하고 있는가? 우리 눈에 비치는 것은 고통의 감수력에 의존하여 그것이 이지적일수록 상승하며, 욕망과 고뇌가 보조를 같이하고 인생의 비극과 희극의 재료밖에 남기지 않는 현상이다. 그러므로 적어도 성실한 인간이라면 도저히 낙천론자들의 만세 소리에 맞장구를 칠 엄두가 나지 않을 것이다.

25

만일 하나의 신이 이 세계를 창조하였다면 나는 그런 신이 되고 싶지 않다. 왜냐하면 이 세계의 참상은 나의 가슴을 찢어 버릴 터이니까.

26

여기 하나의 마귀와 같은 창조주가 있다고 치자. 우리는 그가 창조한 것에 대하여 이렇게 항의해야 할 것이다. "당신은 어찌하여 소탈하고 신성한 안정을 중단시켰소? 왜 그런 철없는 짓을 하였소. 왜 그 많은 불행과 고뇌를 불러일으키려고 하였소?"

27

인생의 객관적인 가치를 생각해 볼 때, 그것이 허무보다 우월한 것인지 의심스럽다. 아니 만일 경험과 사려의 소리가 정확하게 들린다면 인생은 허무가 더 우월하다고 할 것이다. 나는 천국이 무엇인지 모른다. 그러나 이 세상의 생활은 값싼 희극이라고 할 수밖에 없다.

28

인간이 욕망을 갖는다는 것 자체가 번거로운 일이거니와, 살아간다는 것은 욕망을 갖게 됨을 뜻하니, 인간의 모든 생존은 본질적으로 고뇌이다. 무릇 생물은 그 됨됨이가 고귀할수록 원한을 많이 느끼게 마련이다. 인간의 생애는 생존을 위한 괴로운 투쟁이지만 결국 패망한다는 것은 명백한 사실이다. 또한 인생은 끊임없는 사냥으로, 인간은 포수가 되기도 하고 짐승이 되기도 하며 서로 날고기를 약탈하고 있다. 이 세계의 괴로운 박물지를 펴 보면 동기 없는 욕망, 끊임없는 고뇌와 투쟁, 그리고 죽음으로 점철되어 있다. 이러한 현상은 세기에서 세기로 되풀이되었다.

29

 위에서 말한 바와 같이, 고통이 적극적으로 작용하는 반면에 행복과 쾌락은 소극적으로 작용하므로, 어떤 사람의 생애가 행복하였느냐 혹은 불행하였느냐를 돌이켜볼 때에는, 본인이 누린 기쁨과 즐거움으로 측정할 것이 아니라, 적극적인 고통이 얼마나 적었느냐 하는 것이 척도가 되어야 한다. 이렇게 생각해 볼 때, 인간의 운명보다 동물의 운명이 한층 더 견디기 쉬운 것임을 알 수 있다. 우리는 이 양자를 좀 더 상세히 생각해 보기로 하자.

 인간의 행·불행은 매우 복잡한 형태로 나타난다. 그리하여 인간은 그 불행을 쫓으려고 하고 그 불행을 잡으려다가 놓치기도 하지만 이 여러 가지 행·불행은 사실상 육체적인 쾌락과 고통을 근본으로 하고 있다. 그런데 이 근본이 되는 것은 매우 단순하다. 즉 건강, 맛 좋은 음식, 추위와 습기로부터의 보호, 성욕의 만족 등을 누리거나, 혹은 누리지 못하는 상태에 불과하다. 그러므로 인간도 실질적으로 육체의 쾌락은 동물 이상으로 소유하지 못하고 있다. 다만 다른 점은 한결 고도로 발달된 신경계통이 쾌락이나 고통에 대한 감수성을 강화하고 있을 따름이다. 그런데 인간의 성욕은 동물에 비하여 상당히 강하다. 인간의 심정은 동물보다 훨씬 깊고 동요가 심하지만 결과적으로 얻는 것은 위에서 말한 건강과 의·식·주에 지나지 않는다.

인간은 과거와 미래의 일을 저버릴 수 없기 때문에 마음에 동요를 일으키기 쉽고, 따라서 불안과 공포와 희망으로 말미암아 쾌락이나 고통이 실제로 있는 것보다 훨씬 큰 영향을 미친다. 그러나 동물은 언제나 실제로 있는 그대로의 쾌락이나 고통을 느낄 뿐이다. 즉 동물에는 사려라는 응축기가 없으므로 인간과는 달리 기억이나 예측의 작용으로 미리 위축되는 일도 없고 현재의 고통이 몇백 천 번이나 되풀이되더라도 맨 첫 번째 있는 그대로의 고통을 당할 따름이며, 결코 크게 느끼는 일이 없다. 동물들이 부러울 정도로 침착한 것은 그 때문이다. 그러나 인간은 사려와 거기 따르는 심리작용 때문에 같은 고락의 원질에서 행·불행이라는 승화된 감정이 생기며, 그것이 더욱 증진되면 뚜렷이 표면화되어 때로는 미칠 듯한 환희에 사로잡히기도 하고, 때로는 자살까지도 감행하는 절망에 빠지는 것이다. 이 점에 대하여 좀 더 상세히 말하면 본래 인간이 욕구를 충족시키려면 동물이 그 욕구를 충족시키는 것보다 약간 더 어려울 뿐이다. 여기에 따르는 모든 것——미식, 담배, 아편, 술 등——을 고안해 낸다. 그리고 야심, 명예 또는 치욕에 사로잡혀 남이 자기를 어떻게 보느냐에 치중하여 행동하게 된다. 그리하여 대체로 행동의 목표가 이상하게 설정되어 육체적인 쾌락이나 고통을 도외시하고 명예를 위해 비상한 노력을 하게 된다.

  순수한 지적 쾌락은 동물에게서는 찾아볼 수 없는 것이다(이 쾌락에는 여러 단계가 있어서, 간단한 유희나 회화에서부터 최고의 전신 활동에 이른다).

그러나 그 대신 권태라는 괴로움이 따르게 된다. 이 권태는 자연스럽게 살고 있는 동물에게서는 찾아볼 수 없으며(다만 인간에게 익숙해진 가장 영리한 동물에게서만 약간 찾아볼 수 있다), 인간만이 무슨 채찍에 얻어맞기나 하는 것처럼 느낀다. 특히 이 채찍에 곧잘 얻어맞는 층은 언제나 호주머니를(두뇌가 아니라) 살찌게 하는 데만 골몰하는 속물들이다. 이들은 쾌락을 손에 넣으면, 이윽고 그 쾌락 자체가 하나의 형벌이 되어 권태의 채찍에 얻어맞게 되므로 여기서 벗어나려고 여기저기 여행하며 명승지를 찾아 돌아다니는데, 그것은 흡사 거지가 구걸할 곳을 찾아 헤매는 것과 같다. 인간의 생존은 이와 같이 궁핍과 권태를 양극으로 하고 있다. 또한 인간의 성적 만족은 다른 동물에게서는 볼 수 없는 특수한 선택에 의해 이루어지며, 이 선택은 때때로 인간을 복잡하고 격심한 연애에 빠지게 한다(이 점에 대하여는 《의지와 표상으로서의 세계》[3] 보충 설명에서 독립된 항목을 마련하여 언급하였다). 이 선택도 결국 인간에

---

[3] 《의지와 표상으로서의 세계》, 쇼펜하우어의 철학적 주저―여기서 그는 우주의 본질을 맹목적인 '살려는 의지'라고 규정하고, 이것이 만물을 지배한다고 주장하였다. 이 '살려는 의지'는 고뇌와 사악의 원천이므로 인생은 비극의 연속이라는 것이다. 이 책에는 '살려는 의지'에 대해서 자주 언급하고 있다.

게 고뇌와 더불어 순간적인 향락을 주고 있는 것이다.

여기서 또 하나 놀라운 사실은 인간이 동물과는 달리 사려를 갖고 있기 때문에, 모든 동물에게 공통된 고락이라는 협소한 터전 위에 행·불행이라는 어마어마한 건물을 세운 점이다. 그 때문에 인간은 심한 마음의 동요와 타격을 받아 그 흔적이 얼굴에 나타나 있다. 그런데 인간이 이렇게 어마어마한 건물을 짓고 얻은 소득이란 고작해야 동물도 손에 넣고 있는 그런 보잘것없는 것이다. 동물들은 그것을 손에 넣기 위해 인간과는 비교도 되지 않을 정도로 약간의 정욕과 노고를 지불하면 되는 것이다. 따라서 인간에게는 쾌락보다 고통의 분량이 훨씬 많으며 그것은 특히 인간이 죽음이 무엇인지 알고 있기 때문에 몇 갑절 증가되고 있다. 동물은 본능적으로 죽음을 피하려고 할 뿐 죽음이 무엇인지 알지 못하며, 따라서 마음속에 생각해 보는 일도 없지만, 인간은 언제나 그것을 내다보고 있다. 그리고 동물은 자연사하는 예가 드물며 흔히 생식에 필요한 동안만 살고는 타자의 밥이 되게 마련이다. 그러나 인간만은 자연사가 당연시 되어 있다. 이런 점에서도 동물은 인간보다 한 걸음 앞섰다고 볼 수 있다. 그런데 인간이 자연사를 하는 것은 동물의 경우와 마찬가지로 매우 드문 일이다. 그럴 수밖에 없는 것은 인간의 생활이 반자연적이며, 부당한 노력과 의욕으로 말미암아 초래되는 종족 전체의 퇴화가 자연사를 이루는 데 큰 장애가 되어 있는 것이다.

동물은 인간보다 훨씬 단순한 삶에 만족하고 있으며, 식물은 글자 그대로 만족하고 있고, 인간은 지적 수준이 낮을수록 만족하고 있다. 동물의 생존에는 인간보다 훨씬 더 적은 고통과 즐거움이 따른다. 그것은 동물이 근심걱정에서 오는 괴로움을 모르고, 희망을 갖고 있지 않으며 사고의 힘으로 즐거운 미래를 예상하지 않는 동시에, 그 예상에 수반되는 축복의 환영에 사로잡히지 않기(이런 의미에서 동물은 희망을 갖지 않고 있다) 때문이다. 동물은 의식이 직관되는 것에 국한되어 현재에만 사로잡히게 마련이다. 요컨대 동물은 구체화된 현재상이므로, 현재에서 직관적으로 나타나는 사물에 대해서만 짧게 또 재빨리 두려움과 소망을 느끼지만, 인간의 의식은 인생 전체를 포용할 수 있을 정도로, 아니 그 이상으로 광범위하게 확대된다. 이런 면에서 동물과 인간을 비교해 보면 현재를 마음 편하게 즐길 수 있다는 점에서 동물 쪽이 현명하다. 우리는 동물들이 누리는 태평스러운 심리상태를 보고, 상상이나 불안에 마음이 산란하기 쉬워 만족을 누리지 못하는 자기 자신을 부끄럽게 여길 때도 있는 것이다.

한편 위에서 언급한 바와 같이 인간이 희망과 기대를 갖게 됨으로써 즐거움을 누리는 것도 결코 대가 없이 허용되지는 않는다. 즉 이 희망이나 기대로 말미암아 미리 어떤 즐거움을 맛보게 되면 그만큼 나중에 이루어질 즐거움이 감소되며, 따라서 만족감도 훨씬 줄어든다. 그러나 동물의 경우는 마찬가지이다. 즉 동물이 느끼는 고통은 있는 그대로의 것이지만, 인간에게 있어서는 불안과 공포와 해악을 미리 예상함으로써 느끼게 되는 괴로움은 실제보다 몇 갑절이나 더 하게 되기가 대부분이다.

우리가 동물과 자기 자신을 비교해 보며 일종의 즐거움을 느끼는 것은 대체로 동물이 우리와 달라서 오직 현재에 몰두하고 있기 때문이다. 동물은 현재가 구체화된 것이라고 볼 수 있으며 그때그때의 시간을 아무 걱정 없이 즐기고 있는 것을 보면 우리는 그들의 즐거움을 간과하고 별로 유의하지 않음을 생각할 때 그 존귀한 가치를 더욱더 깨닫게 된다.

우리보다 한층 더 오직 존재에만 만족하는 동물의 이러한 특징은 언제나 이기적이고 인정머리 없는 인간에게 도용되거나 하나의 좋은 기화로써 이용되어 그들은 인간으로부터 알몸뚱이의 존재 이외에는 아무런 대접도 받지 못하는 형편이다. 지구의 절반을 날아다니는 새를 사방 한 자밖에 되지 않는 새장 속에 가두고, 인간의 가장 충실한 벗인 그토록 영리한 개를 쇠줄에 매어 놓고 기른다. 나는 그런 개를 볼 때마다 마음속으로는 측은하게 생각하는 동시에, 그 개 주인에게 커다란 분노를 느끼지 않을 수 없다. 내가 지금까지도 즐거운 기억으로 머릿속에 간직하고 있는 일이 있다. 몇 해 전에 『타임』지에 난 사건으로, 커다란 개를 매어 둔 한 귀족이 어느 날 넓은 뜰을 거닐다가 그 개를 어루만져 주려고 손을 내밀었더니 개는 대뜸 그의 팔을 물어뜯어 부상을 입혔다는 것이다. 당연한 일이다. 그 개는 이렇게 말하고 싶었을 것이다. "당신은 나의 주인이 아니라, 나의 악마이다. 나의 짧은 일생을 생지옥으로 만든 것은 바로 당신이었다." 개를 쇠줄에 매어 두는 자는 누구나 이렇게 봉변을 당해도 싸다.

30

나는 앞에서 인간이 동물보다 더 많은 고통을 느끼는 것은 인식 능력이 높기 때문임을 살펴보았는데, 여기서는 더욱 광범한 입장에서 일반적인 통례를 생각해 보고자 한다.

인식 자체에는 고통이 있을 수 없다. 고통은 다만 의지에서 비롯된다. 즉 의지가 저해되고 차단되었을 때 고통을 느끼게 된다. 그런데 이 경우에 그러한 방해가 인식되어야 하는 것이다. 햇빛이 공간을 비치는 것은 거기에 물체가 있어 그 햇빛을 반사하기 때문이고, 음향은 매개물을 필요로 하며, 소리는 진동하는 음파가 물체에 부딪힘으로써 멀리까지 들린다. 그러므로 사방에 아무것도 없는 산꼭대기에서는 어떤 소리든지 약하게 들리고, 노래도 야외에서는 크게 들리지 않는다. 이와 마찬가지로 의지를 방해하는 것이 괴롭게 느껴지는 것은 거기 인식이 따르기 때문이다. 그러나 앞에서도 말한 바와 같이 그 인식 자체는 모든 고통과 전혀 관계가 없는 것이다.

육신의 고통도 신경이 있어야 느끼지만 신경은 뇌에 연결되어 있어야 한다. 손가락 하나가 다쳤을 경우에도, 만일 뇌에 이르는 신경이 절단되어 있거나 혹은 뇌가 무기력한 상태에 있으면 조금도 고통을 느끼지 않는다. 그리고 죽어 가는 사람의 의식을 잃어버린 후에 일어나는 여러 가지 경련에는 통증이 없는 것이다. 여기서 우리는 고통이 인식에서 비롯된다는 것을 분명히 알 수 있다. 그러므로 이 점에 대하여 대체로 다음과 같이 말할 수 있다. 즉 의지는 거문고 줄이고, 그 의지가 차단되는 것은 진동이며, 인식은 전향반, 그리고 고통은 소리이다.

그러므로 무기물은 물론 식물까지도 고통을 느끼는 일은 거의 없으나, 그 의지가 장애를 받는 경우는 얼마든지 있다. 그러나 모든 동물은, 심지어 보잘것없는 벌레까지도 고통을 느낀다. 그것은 인식——아무리 미약하다고 할지라도——을 갖고 있다는 것이 동물의 고유한 특징이기 때문이다. 그런데 동물로써 이 단계가 높아져 인식이 발달될수록 고통을 느끼는 정도가 커진다. 따라서 최하급의 동물은 고통을 극히 희미하게 느낀다. 예컨대 곤충류는 다리가 떨어지고 창자의 일부가 겨우 붙어 있어도 곧잘 몸을 끌고 다니며 모이를 찾아 먹는다. 그러나 고등동물의 경우는 이와 다르다. 그런데 고등동물이라 하더라도 개념과 사려가 결여되어 있기 때문에 실지로 느끼는 고통은 인간에 비하여 훨씬 박약하다. 고통은 이성과 사려에 의해 의지가 버림을 받을 때 최고에 달한다. 그 때문에 고통을 느낀다는 것은 말할 수 없이 참혹한 일이다.

31

이 세계, 특히 인간 세계에 나타나는 현상의 특징은, 거듭 말하거니와 불완전하다기보다는 차라리 어긋나 있다는 점이다. 즉 도덕적으로나 지적으로나 그리고 형이하학의 면에서나 모두가 이지러지고 비뚤어져 있는 것이다. 그릇된 행동에 대한 변명으로서, 그 행동은 자연스러운 것이라고 말하지만, 이것은 충분한 변명이 될 수 없다. 왜냐하면 그 행동은 악하기 때문에 자연스러우며, 자연스럽기 때문에 악하다고 반박할 수 있기 때문이다. 이 말을 올바로 이해하려면 우선 원죄에 대한 가르침을 알아야 한다.

인간을 도덕적으로 비판하려면 언제나 다음과 같은 견지에 확고히 서 있어야 한다. 즉 인간의 근본 소질은 전혀 터무니없는 것, 죄 많은 것, 사악하고 비뚤어진 것, 원죄라는 가설에 의해 해석해야 하며, 죽음이라는 운명에 떨어진 것으로 풀이해야 한다. 그리고 이 사악의 본성은 누구나 남에 의하여 세밀히 관찰되기를 원하지 않는다. 그렇다면 이런 종류의 인간이라는 생물로부터 무엇을 기대할 수 있겠는가. 그러므로 이런 견지에 서게 될 때, 우리는 어떤 사람이라도 너그럽게 대하게 된다. 따라서 그에게 숨어 있던 악마가 어느 순간에 깨어나 눈을 비비며 나타날지라도 새삼 놀랄 것이 못 된다. 반면에 어떤 사람이 지력이나 그 밖의 소양에 의해 선을 행하는 것을 보게 되면, 그 가치에 대하여 보다 더 타당한 평가를 할 수 있을 것이다. 이 경우에 그 본인의 입장을 잘 생각해 보아야 한다. 즉 인생이란 주로 궁핍과 비참과 고뇌가 언제나 따르기 때문에 인간은 생존을 위해 바둥거리게 마련이므로 웃는 얼굴만 하고 있을 수는 없게끔 되어 있다는 사실도 계산에 넣어야 할 것이다. 그러나 이와 반대로 모든 낙천적인 종교와 철학이 주장하는 바와 같이 인간은 어떤 유일한 신이 창조한 것으로, 모든 견지에서 마땅히 그렇게 존재해야 하며, 따라서 현재 있는 그대로가 이상적인 상태라면, 인간은 잠깐 보기만 하여도 용모부터가 전혀 색다르게 보여야 하며, 나아가서는 세밀히 관찰하고 오래 사귀어 보아도 전혀 다른 존재로 인정되어야 한다.

우리는 인간이 지닌 어리석음과 과오와 사악에 대하여 너그러워야 한다. 우리 눈에 뜨인 이러한 것들은 실상 바로 우리 자신의 어리석음이요, 과오요, 또한 사악이기 때문이다. 우리는 이 사실을 잊어서는 안 된다. 즉 거기 보이는 것은 뭇 인간의 결함으로, 그것은 우리 자신도 함께 지니고 있으며, 우리가 지금 격분을 금치 못하는 타인의 사악도 우리 자신 속에 깃들어 있지만 단지 현재 표면에 나타나지 않고 깊숙이 안에 숨어 있을 따름이므로 어떤 유인이 일어나면 남의 사악과 마찬가지로 밖에 드러나게 마련인 것이다. 다만 어떤 사람에게는 이 악이, 다른 사람에게는 저 악이 더 농후하다는 현상은 있을 수 있으며, 악의 총화가 어떤 사람은 남보다 더 많다는 사실도 부인할 수 없는 사실이다. 왜냐하면 개성에는 무수한 층계가 있기 때문이다.

2. 인생의 허무에 대하여

1

인생이 허무하다는 것은 모든 현상에 나타나 있다. 즉, 시간과 공간은 무한하지만, 개체는 어느 면으로나 유한하며, 생명체가 삶을 유지하는 유일한 발판이 되어 있는 현재가 끊임없이 흘러가고, 모든 사물의 의존적이요 상대적이며, 참된 존재가 없고 부단히 움직여 변해 가며, 만족할 길 없는 무한한 욕망과 노력 앞에 가로놓인 무수한 장애 등등——이 모든 현상에 나타나 있다. 인생은 그 마지막인 죽음에 이르기까지 노력과 장애의 충돌로 일관되어 있다. 모든 사람이 시간을 통하여 줄달음치다가 소멸하는 사실은, 하나의 형상으로서 생존의 의지가 우주의 원리로 불괴불멸인 반면에, 그 현상으로서 노력은 공허에 지나지 않음을 보여주고 있다. 시간이 우리 손에서 모든 것을 시시각각으로 무로 돌아가게 함으로써 가치 전체를 잃게 한다.

2

지금까지 있었던 것은 이미 현재의 것이 아니며, 현재 있는 것은 다음 순간 없었던 것으로 되어버린다. 그러므로 아무리 무의미한 현재도 가장 값진 과거보다 나으며, 전자와 후자의 관계는 '어떤 무엇'과 무와 같다.

인류는 수만 수천 년 동안에 걸쳐 끊임없이 사라진 뒤에 비로소 현재가 존재하며 이윽고 다시 무수한 시간 속에 흘러들어가 없어지고 만다는 사실을 생각할 때, 큰 놀라움을 금할 수 없다. 그러나 우리는 "그렇게 생각하는 것은 잘못이다"라고 부르짖는다. 여기서 아무리 미숙한 지성을 갖고 있는 자라도, 시간은 다만 관념상으로만 존재한다는 것을 희미하게나마 느낄 수 있을 것이다. 사실 시간은 공간과 함께 진실한 모든 형이상학의 근거가 되어 있으며, 그 관념성을 인정함으로써 자연 그대로의 세계와는 전혀 다른 세계를 설명할 수 있다. 칸트가 위대한 것은 이 점을 분명히 밝힌 데 있다.

인생의 모든 사건은 다만 순간적인 '있다'이며, 다음 찰나에 영원히 '있었다'로 되어 버린다. 우리는 저녁때를 맞이할 적마다 우리의 인생은 하루씩 짧아져 간다. 그나마 이 가난한 생애가 이토록 급속히 흘러가 버리는 데 대하여 발버둥을 칠 수밖에 없지만 천만다행으로 우리들의 가슴 한복판에서 흘러나오며, 이 샘으로부터 생존을 위한 시간이 무진장으로 넘쳐흐르고 있다는 사실을 우리에게 소곤거리고 있다. 이렇게 보면 현재를 즐기는 것을 목적으로 삼는 것이 가장 현명한 처세법이라고 할 수 있을 것이다. 왜냐하면 현재만이 실재하며, 그 밖의 다른 것은 다만 시간 속에 간직된 표상에 지나지 않기 때문이다. 그러나 한편 현재를 즐기는 것을 목적으로 삼는 것은 가장 어리석은 짓이라고도 할 수 있다. 왜냐하면 바로 다음 순간에 무로 돌아가, 꿈과 같이 송두리째 사라져 버리는 것은 결코 진정으로 추구할 가치가 없기 때문이다.

3

우리들의 삶은 시시각각으로 줄달음치는 현재 이외는 발붙일 곳이 없다. 그런데 거기에는 끊임없는 동요가 있을 따름이며, 우리가 언제나 바라 마지않는 안정은 있을 수 없다. 그것은 마치 영마루에서 달음박질을 하며 내려오는 자가, 발길을 멈추면 곤두박질하므로 계속해서 줄달음질침으로써 자기 자신을 지탱하는 것과 같다. 또한 손가락 끝에 균형을 이루고 서 있는 막대기나, 끊임없이 계속하고 있는 전진을 중지하면 태양 속에 떨어질 수밖에 없는 유성과 같다. 삶의 모습을 '불안'이라고 하는 것은 이 때문이다.

세상에는 고정되어 있는 것이라고는 하나도 없으며 영원한 것도 없고 모든 것은 오직 그칠 줄 모르는 변천의 급류 속에

휩쓸려 가고 있다. 이와 같이 모든 것이 급전하고 질주하며 끊임없는 움직임과 저항으로 간신히 지탱해 나가는 세계에서 어떻게 행복을 찾아볼 수 있겠는가? 행복은 플라톤이 말하는 '부단히 변천하는 흐름'만이 있는 곳에서는 머물러 있을 수 없는 것이다. 그러므로 인간은 누구나 행복하지 못하다. 저마다 평생을 두고 꿈결 같은 행복을 좇지만 그것은 손에 넣기가 매우 드문 일이며, 설사 손에 넣었다고 하더라도 속절없는 미혹에 불과함을 깨닫게 될 뿐이다. 그리하여 나중에는 저마다 파선을 당하여 항구로 들어오게 마련이다. 그리하여 부단히 흘러가는 현재로 되어 있는 생애가 그나마 끝장을 보게 된 그때에는 행복했던 일과 불행했던 일은 다 마찬가지가 되어 버린다.

인류를 잘 고찰해 보면(동물계도 마찬가지이다) 그렇게 야단법석을 피워가며 살아가지만 결국 식욕과 성욕을 충족시키기 위한 두 개의 간단한 원동력과, 권태라는 부수적인 동력밖에는 갖고 있지 않으며, 이 세계의 도구로 생존의 눈부신 활극이 조작된다는 것을 생각할 때, 놀라지 않을 수 없다.

그러나 한층 더 세밀히 관찰해 보기로 하자. 무기물은 화학적 기능에 의해 시시각각으로 침해를 당하고, 유기물은 끊임없는 물질적 신진대사로 지탱되며, 이 신진대사를 위해 계속적인 수입, 즉 외부로부터의 조력이 필요하다. 그러므로 유기적 생명은 마치 이미 손가락 끝에 세워진 막대기가 중심을 잡기 위해 언제나 움직이지 않을 수 없는 것과 같은 상태에 있으며, 언제나 욕구와 결핍의 불연속선을 이루어 고뇌의 도가니가 되어 있다. 그런데 의식은 다만 이 유기적 생명에게만 나타난다. 유한한 존재란 이런 것이려니와 우리는 이와는 달리 무한한 존재를 생각할 수가 있다. 그것은 외부에서 침해를 받지 않고 그 조력도 필요하지 않으며 영원히 안주하며 변천도 않고, 따라서 다채롭거나 이채로운 것도 없는 소극적인 세계의 인식은 플라톤 철학의 토대가 되어 있다. 그런데 이러한 존재에 이르는 길은 오직 '살려는 의지'를 포기하는 데서 이루어진다.

4

이 세상의 모든 것은 볼품없는 모자이크 그림과 같은 것으로 가까이 다가가서 보면 아무런 매력도 없다. 그러므로 그것을 아름답게 보려면 멀찌감치 떨어져 보아야 한다. 우리는 흔히 동경하여 마지않던 것을 막상 손에 넣으면 곧 그것이 공허한 것임을 깨닫고는 보다 더 나은 것을 원하거나 또는 멍하니 과거를 되돌아보고 추억에 잠기곤 한다. 그리하여 현재는 다만 목적에 이르는 하나의 과정으로 보고 별로 중요시하지 않는 경향이 있다. 대다수의 사람들이 생애의 마지막에 이르면, 자기가 한평생 기대 속에 살아오면서 별로 즐거움도 누리지 못하고 세월을 보낸 것이, 희망을 갖고 살아온 자기의 생존이었다는 사실을 깨닫고, 새삼 놀라움과 환멸의 비애를 느끼게 되는 것은 이 때문이다. 요컨대 인간은 언제나 희망에 속고, 죽음과 씨름하게 마련이다.

개체의 의지가 끊임없이 발동하기 때문에 만족은 곧 새로운 욕망을 낳게 한다. 즉 의지의 욕구는 언제나 불만을 품고 무한히 작용하고 있다. 의지는 그 자체로 볼 때 세계의 제왕으로 모든 것을 그 아래 예속시키며, 따라서 그 무엇으로도 만족을 누릴 수 없고 다만 전체에 의해서만 만족하는데 그 전체는 무한히 연장되어 있기 때문이다. 그런데 이 세계의 제왕인 의지도 그 자체로서의 현상에 있어서 혈색이 좋지 않으며 대체로 개체를 유지하는 데 그치는 것이 고작이므로 심각한 비판에 사로잡히게 마련이다.

5

정신적으로는 무기력하고 모든 속된 악을 숭상하기에 분주한 이 시대는 거만하여 듣기에 거북한 '현대'라는 말을 사용하고 있다. 그리하여 범심론까지도 생존을 그 자체가 목적이라고 주책없는 말을 하고 있다. 만일 우리들의 생존이 세계의 최종 목적이면, 그것은 우리의 조작이건 또는 신의 조작이건, 가장 어리석은 목적이라고 하지 않을 수 없다.

인간의 존재가 하나의 미혹인 것은 분명한 사실이다. 인간이란 욕구가 구체화된 것으로 이 욕구를 충족시키기가 매우 어렵지만 설혹 충족시켰다고 하더라도, 다만 고통이 없는 상태에 이를 뿐이며 곧 권태에 사로잡히고 만다. 그리고 권태에는 아무런 가치도 찾아볼 수 없으며 오직 공허를 느낄 따름이다.

인간의 본성은 생존을 요구하는 데 있으므로 만일 생존 자체에 어떤 적극적인 가치나 충실한 내용이 담겨져 있다면 권태가 따를 리 없으며, 살아 있기만 하면 우리에게 만족을 줄 것이다. 그런데 실제는 어떠한가. 우리가 어쨌든 자기의 생존을 다소 즐기는 경우란, 무엇인가 얻으려고 노력하는 동안이나 순수한 지적인 활동에 몰두하고 있을 동안뿐이다. 전자의 경우에는 목적물과의 거리와 장해가——그 목적물을 손에 넣었을 때 자기에게 만족을 줄 수 있는 듯이 보이며, 이러한 환상은 그 목적물을 손에 넣자마자 곧 소멸된다. 후자의 경우에는, 사실상 우리가 생존권 외에 나가 있으며 마치 관람석의 구경꾼처럼 외부의 방관자가 되는 것이다. 그리하여 우리가 잠시나마 이 양극단의 경우에서 떠나 생존 자체에 돌아가면 우리는 곧 그것이 실속 없는 공허함을 절실히 느끼게 된다. 이것이 곧 권태이다. 우리들 마음속에 도사리고 있는 그칠 줄 모르는 호기심이나, 보다 더 나은 것을 탐내는 욕구는 흘러가는 현실에 대하여 염증을 느끼고 그 중단을 원하는 반증이다. 그리고 문벌이 좋은 자들이 호사와 영화를 누리며 아름다운 옷으로 몸을 휘감고 주연을 베푸는 그 근본 원인은 본래 가난하고 초라한 자기의 존재에서 벗어나려는 허망한 노력에 불과한 것이다. 그렇지 않으면 저 수많은 큰 촛대와 보석, 진주, 무희, 공예가, 변장과 가면 등등은 무엇 때문에 필요하겠는가.

6

살려는 의지의 가장 완전한 현상은 인간이라는 유기체――극도로 복잡한 정묘한 기계――이다. 그러나 이 유기체도 흙으로 돌아가고 그 본능에 따르는 노력의 모든 대가가 눈앞에서 무로 화하는 것이다. 즉 인간 의지의 모든 노력은 공허한 것이다. 이는 자연의 솔직하고 명백한 주장이다. 인간이 충분한 가치를 갖고 있다면, 다시 말해서 그 존재를 무조건 인정해야 한다면 결국 무로 돌아갈 리가 없는 것이다. 이러한 사실에 대한 감정은 괴테의 아름다운 시에도 나타나 있다.

옛 성루에는
영웅의 망령이 우뚝 솟아 있도다.

우리에게 죽음이 필연적으로 도래하는 것은 우리가 다만 하나의 현상이요, 물자체(참된 실존)가 아니라는 사실에서 비롯된다. 만일 우리가 '물자체'라면 결코 소멸하지 않을 것이다. 그런데 이 모든 현상의 근원인 물자체는 다만 이 현상을 통해서만 자기를 나타내거니와, 이것은 '물자체'의 성질에서 비롯되는 것이다.

우리들의 일생을 바라볼 때 그 시초와 종말 사이에는 무서운 심연이 가로놓여 있다. 시초에는 욕망에 사로잡히고 성적 쾌락에 빠지게 되지만, 종말에는 모든 기관이 파괴되어 썩는 냄새를 풍기게 된다. 아름다운 혼령이 꿈속에 잠겨 있는 유년시대——활기찬 청년기, 고생 속의 장년기, 시들고 비참한 노년기, 질병의 고통——마지막 임종의 괴로움——이렇게 관찰해 보면, 인간의 존재가 일종의 오류라는 것을 나이를 먹을수록 더 뚜렷이 나타내 준다고 볼 수 있을 것이다.

인생은 하나의 미혹의 파편으로 보는 것이 가장 정당하며, 모든 것은 무에 이르기 위해 있다고 볼 수밖에 없다.

7

세계의 모습 특히 인간과 그 인간의 외모가 얼마나 빨리 교체되는가 하는 것과 인간 생활이 얼마나 희극적인가를 상세히 관찰하면, 마치 일광 현미경으로 세균이 우글거리는 물방울이나 곰팡이가 얽힌 치즈 덩어리를 보고 이 미물들이 악착같이 웅성거리며 싸우고 있는 모습에 실소를 금할 수 없는 심정과 흡사할 것이다. 비좁은 공간과 짧은 시간 속에서 인간의 눈부신 활동이 가소롭게 연출되고 있는 것이다.

인간의 생존은 현미경으로나 겨우 들여다볼 수 있는 극히 미미한 한 점이지만, 우리는 그것을 시간과 공간이라는 두 개의 강력한 렌즈로 확대하여 엄청난 것으로 보고 있다.

시간은 인간의 머릿속에 있는 하나의 틀로서 이것이 있기 때문에 사물과 인간의 공허한 존재가 지속되어 실재의 가면을 쓸 수 있는 것이다.

그러므로 지난날의 이러저러한 것보다 더 미련한 짓은 없다. 설사 그것을 손에 넣었다손 치더라도 지금에 와서 무엇이 남아 있겠는가? 다만 기억 속에 있는 텅 빈 '미라'뿐이 아니겠는가. 우리에게 주어지는 것은 모두가 다 이렇게 되기 마련이다. 그러므로 이 시간관념은 이 세상의 모든 사물들의 허무함을 깨닫게 하는 수단으로서 존재한다고 볼 수 있다.

인간과 모든 동물의 생존은 결코 확고히 존재하는 것도 아니고, 시간상에서 지속되는 것도 아니며, 다만 하나의 유전하는 실재에 따라 끊임없는 변화를 통해서만 존재할 수 있는 굽이치는 물결과 같은 것이다. 물론 그 생존의 형태는 몇 해 동안 존속한다고 볼 수 있지만, 그것은 다만 물질이 신진대사를 거듭하여, 낡은 것이 배출되고 새것이 대치되는 조건 밑에서만 있을 수 있는 것이다. 그러므로 모든 인간과 동물의 중요한 구실은 언제나 이 신진대사에 필요한 것을 구하는 일이다. 또한 인간은 다만 몇 해 동안만 이렇게 살 수 있다는 사실을 알고 있으므로 때가 되어 자기 존재가 끊어지면 이와 대치되는 존재에 옮아가려는 욕구를 갖게 된다. 이것이 자아의식 속에서는 성욕이라는 형태로 나타나며 동시에 다른 사물에 대한 의식, 즉 객관적 존재에서는 생식기라는 형태로 나타난다. 이 성욕을 하나의 염주를 꿰뚫는 실에 비하면 급속히 교체되는 개체는 구슬에 해당된다. 그리하여 이 교체를 급히 상상하여 볼 때, 전체의 연속에 있어서나 개체에 있어서나 언제나 다만 형상만이 남고 알맹이가 변천하여 간다. 이것을 볼 때 개체로서의 인간은 가상밖에 지니고 있지 않다는 것을 알 수 있다. 관념만이 존재하고 사물은 그 복사인 그림자와 같은 것이라고 하는 플라톤의 가르침도 이러한 관점에서 있는 것이다.

인간은 다만 '물자체'에서 비롯된 하나의 현상에 지나지 않는다는 사실은 인간의 존재가 가능할 수 있는 필수 조건인 영향을 주는 물질이 부단히 흘러 들어가고 흘러 나가는 데 기인한다는 하나만으로도 입증이 된다. 인간은 마치 연기나 불길이나 분수로 이루어진 현상이 외부로부터의 그 공급이 중단됨과 동시에 사라지거나 파손되거나 또는 소멸되는 것과 같다.

살려는 의지는 결국 완전히 무로 돌아갈 현상 속의 자기 자신을 나타낸다고 말할 수 있다. 그런데 이 현상의 마지막인 무도 모두 살려는 의지를 근거로 하고 있으며, 이것은 확실히 불가사의한 일이다.

인간세계의 모습을 한눈에 바라보면, 거기에는 시시각각으로 곳곳에서 나타나는 무수한 위험과 해악을 눈앞에 두고 살기 위해 끊임없이 투쟁과 갈등과 노력이 연출되는 것을 볼 수 있다. 그런데 이렇게 악전고투하는 생존은 조금이라도 고통이 없는 상태에 이르면 즉시로 권태가 침입해서 그 궁핍을 제거하면 또다시 권태에 사로잡히고 만다(동물도 지능이 발달된 것은 역시 마찬가지이다). 이것은 생존이 조금도 진실하고 순수한 내용을 지니고 있지 않으며, 다만 욕구와 환상의 미혹에 의해 움직이기 때문이며, 조금이라도 이 움직임이 정지되면 존재가 전혀 공허하고 허무하다는 것을 절실히 느끼게 된다.

현재의 자기 자신을 정말로 행복하다고 느낀 자는 일찍이 한 사람도 없었다. 만일 있었다면 그는 술에 취한 사람이었을 것이다.

3. 살려는 의지에 대하여

1

 이 세계라는 현상을 나타내게 한 존재(살려는 의지——우주의 본질)가 동시에 이 현상을 나타내지 않게 할 수도 있고, 따라서 무위안정 속에 머물러 있을 수도 있다는 것은 선천적으로 경험에 선행하여 인식된다. 즉 통속적으로 말하면 저절로 이해되는 진리이다. 그리고 이 두 가지 상태는 현재의 다양상과 본래의 단일상이라고 볼 수 있다. 전자가 생존을 의욕하는 현상이라면, 후자는 생존을 단념하는 현상이라고 보아야 할 것이다. 그리고 생존을 단념하는 것은 불교도의 열반 또는 신 플라톤 학파의 피안경과 중요한 점에서 동일한 것이다. 이 문제에 대하여는 부당하게 반박하는 자도 있을 것 같기에 더 상세히 말하고자 한다. 이 살려는 의지의 포기는 결코 어떤 실체의 소멸을 의미하는 것이 아니라, 다만 의욕을 하지 않는 행위, 즉 지금까지 의욕해 온 것을 그만두는 데 불과하다. 또한 우리는 이 본성(물자체로서의 의지)을 다만 의욕하는 행동을 통해서만 알고 있으므로 이 행위를 포기한 후에 살려는 의지가 계속해서 무엇이 된다거나 무엇을 한다는 데 대해서는 알 수 없다. 그러므로 이 의지의 현상화인 인간으로서는 그 의지의 포기가 무에 이르는 이행으로써 인식될 수밖에 없다.

2

그리스인과 인도인의 윤리는 상반되는 점이 현저하다. 전자의 경우에 있어서는 행복한 생애를 보내는 것이 인간의 목적이며(플라톤은 제외), 후자는 생존으로부터 해탈을 얻으려고 한다. 그리고 이 대조와 관련이 있고 직관적으로 알 수 있기 때문에 한층 돋보이는 것은 그리스인의 석관과 기독교 시대의 영구로서, 플로렌스의 박물관에 있는 석관을 보면 그 조각된 그림에는 결혼할 때의 여러 가지 의식——최초의 구혼에서 비롯하여 혼인의 신에 바친 횃불이 신방을 비치는 것까지——이 묘사되어 있는데, 영구에는 비애의 상징인 검은 포장이 덮여 있고 그 위에 십자가가 장식되어 있다. 이렇게 대조를 이룬 두 그림에는 깊은 의미가 있으며 각각 죽음에 대하여 색다르게 안위를 표시하고 있다. 그러나 거기에는 모두 타당한 근거가 있다. 즉 한쪽에서는 살려는 의지의 주장을 표시하여 이 의지로서의 생존 자체는 개체로서의 형태가 아무리 급격히 변하더라도 영원히 존속되며, 다른 한편에서는 고뇌와 죽음의 상징에 의하여 살려는 의지의 포기와 죽음과 악마의 영토인 이 세상에서 해탈하는 것을 표시하고 있다. 다시 말하면 그리스와 로마의 기독교 정신 사이에는 살려는 의지의 주장과 포기의 모습이 나타나 있다. 그런데 결국 기독교가 올바른 토대 위에 서 있는 것은 사실이다.

3

나의 윤리학과 유럽 철학의 모든 윤리학과의 관계는, 마치 신약과 구약의 관계와 같다. 즉 구약은 인간을 율법의 지배 아래 두고 있으나 구원에 인도하는 것이 아니며, 신약은 율법을 불충분하다고 언명하고 여기서 한 걸음 나아가 인간은 그 권능에서 해방되어 있다는 것이며, 은총의 세계를 주장하여 신앙과 박애와 자기희생을 통하여 그 세계에 들어갈 수 있다고 가르친다. 신약의 정신은 이성에서 출발하는 프로테스탄트나 이성주의의 신학설에 의해 부당하게 주장되더라도——어디까지나 고행의 길에 놓여 있다. 그런데 이 고행의 길은 바로 살려는 의지의 포기이며, 구약에서 신약으로, 율법의 지배에서 신앙의 지배로, 의로운 행동으로부터 중개자에 의한 구원으로, 죄와 신음의 다스림에서 그리스도의 영생으로, 그리고 좀 더 정확히 말하면 단순한 도덕적 선행에서 살려는 의지의 포기에 이르는 길이다. 나의 이전의 모든 철학적인 윤리학은 구약 정신에 입각한 것이다. 그리하여 이른바 그 절대적 도덕 율법과 모든 도덕적 가르침과 금지는 암암리에 구약의 가르침을 위주로 한 여호와를 토대로 삼은 것으로, 다만 그 주장이나 서술의 체제에 여러 가지 상이가 있을 따름이다.

이와는 반대로 나의 윤리에는 근거와 목표와 도달점이 제시되어 있다. 즉 윤리적으로 정의와 박애의 형이상학적인 근거를 증명하고, 이것이 완전히 행하여진 경우의 최종 도달점을 제시하며, 이 세계는 기피해야 할 고장임을 솔직히 고백하는 동시에 해탈에 이르는 길은 살려는 의지를 포기하는 데 있다고 가르치는 것이다. 그러므로 사실상 신약 정신과 합치되는 것이지만, 그 밖의 다른 윤리설은 모두가 구약 정신에 준한 것으로 이론상으로는 유대교의 철저한 전체적 유신론에 빠지고 있다. 이러한 견지에서 보면, 나의 가르침은 기독교적 철학이라고 불러도 무방할 것이다. 이런 말은 사물의 핵심에 파고들지 못하고 겉만 핥고 있는 사람들에게는 이상하게 들릴 것이다.

4

사물을 깊이 생각하는 사람이면, 다음과 같은 달관을 쉽사리 할 수 있을 것이다. 즉 인간의 탐욕이 죄가 되는 것은 그것이 서로 맞부딪침으로써 해악을 끼칠 때에 죄악이 되기 시작하는 것이 아니라 오히려 이 탐욕은 본질적으로 죄악으로 가득 찬 것이며, 경멸스러운 것이기 때문에 당연히 버려야 할 것이며, 따라서 살려는 의지 자체를 송두리째 증오해야 한다는 것이다.

이 세상에 가득 차 있는 모든 공포와 비극은 모든 중생의 성격에서 오는 필연적인 결과이며, 살려는 의지는 인과율의 연속에 따라서 나타나는 상황 속에 자기 자신을 형성화한다. 그러므로 모든 공포와 불행은 살려는 의지가 발동하고 있는 증거라고 보아도 무방하다(루터의 독일 신학 93쪽 참조). 인간의 존재 자체가 하나의 죄악을 내포하고 있다는 사실은 죽음이라는 운명이 부여되어 있는 것을 보아도 명백하다.

5

인간이 초인적인 고귀한 성격을 갖고 있으면, 좀처럼 자기 자신의 운명을 비탄하지 않고 오히려 그 심정은 햄릿이 호레이쇼에 대하여 찬양하는 바와 같은 것이다.

> 너는 모든 괴로움을 받고 있으면서도
> 아무런 괴로움도 모르는 것 같았다.

이와 같은 부류에 속하는 사람은 자기 자신의 본질을 남에게서도 재인식하고 그들의 운명도 자기 운명과 같이 느끼며,

주위에는 언제나 자기보다 더 심한 불행에 싸여 있는 사람들이 있다는 것을 유의하고, 자기의 불우한 처지를 한탄하지 않는다. 이와 반대로 심정이 비열한 이기주의자는 자기만이 실재하고, 남은 허수아비로 간주하여, 그들의 운명에 대하여는 조금도 동정을 하지 않고, 오직 자기 운명에 대해서만 관심을 집중시키므로 이해타산에 예민하며 자주 비탄을 연발하게 마련이다. 내가 여러 번 언급한 재인식은 도리어 살려는 의지의 포기에 이를 수도 있는 것이다. 왜냐하면, 이 세상에 나타나는 모든 현상은, 따라서 재인식되는 타인도──분명히 비탄과 고뇌 속에 놓여 있으므로 자기의 자아를 타인의 입장에 확대하는 자는 벌써 그러한 자아를 원치 않기 때문이다.

6

세계를 관찰하고 이해하는 데 있어서 우주의 본질인 살려는 의지에서 출발하면, 세계의 핵심은 생식 방위임을 알 수 있다. 즉 거기서는 이 행위가 처음이자 마지막 대사(大事)로 등장하여, 세계라는 난자의 기점이 되고 만사의 요소가 되어 있는 것이다. 그런데 현상으로서의 경험 세계, 즉 심상으로서의 세계에서 보면 정반대의 장면이 얼마나 많이 연출되는지 모른다. 즉 거기서는 성행위가 전혀 특수한 일이요, 여느 일과는 색다른 일이요, 또한 웃음거리로 되어 있어, 마치 그 배후에 악마라도 숨어서 조종하고 있는 것처럼 보인다. 그런데 이 악마는 성교의 대가로 세계를 사들인다고 하겠다. 아닌 게 아니라 '일단 성교를 마치고 나면 바로 등 뒤에서 악마의 웃음소리가 들리는 것'을 느끼지 않을 수 없을 것이다.

이 문구를 곰곰이 생각해 보면 특히 어떤 여인에 대하여 연정을 품은 성욕은, 이 허망한 세계에서 이루어지는 모든 사기의 전형으로 무궁무진한 행운을 약속하면서 실은 얻을 수 있는 것은 형편없이 미약한 것이다. 성교에 있어서 여러 가지 범하는 죄는 여자가 남자보다 적다. 왜냐하면 남자 쪽에서는 태어나는 유아에게 의지——이것이 최초의 죄악이며 모든 해악의 원천이 되어 있다.——를 부여하는 데 반하여, 여자 편에서는 유전으로서 해탈에 이르는 길을 열어 줄 수 있기 때문이다. 성교는 세계의 열매로 살려는 의지가 다시금 자신을 주장하고 있다는 것을 의미한다. 바라문교의 경전에 "아! 슬프도다. 〈링감〉은 〈요오다〉에 들어갔노라"는 문구가 있는데, 이것은 이러한 의미에서 부르짖는 비탄의 소리이다. 한편 수태와 임신은 의지에 대하여 다시 인식의 광명이 주어졌다는 것을 의미한다. 모든 여인은 처음 성교를 할 때에 놀라움과 부끄러움을 크게 느끼지만 일단 임신하게 되면 조금도 부끄러워하지 않을 뿐만 아니라 의기양양해서 여러 사람들 앞에 나타나는 것은 이러한 관심에서 주목할 만한 사실이다. 어떤 일에 있어서나 확실한 증거는, 그것으로 말미암아 나타나는 상태를 보아야 한다. 여자는 성교에 대하여 극도로 부끄러움을 타지만 잉태에 대하여는 아무렇지도 않다. 이것은 잉태가 어느 의미에서는 성교에 의해 생긴 죄과의 변상이 되며 적어도 그것을 기대하고 있기 때문이다. 그러므로 성교에는 모든 치욕과 부정이 따르지만, 이와 밀접한 관계가 있는 잉태는 맑고 순결하며 고귀한 것으로 간주되고 있다.

성교는 주로 남자가 하고 잉태는 여자가 한다. 유아는 아버지로부터 의지와 성격을 물려받고, 어머니에게서는 지력을 물려받는다. 전자는 얽매는 힘이고, 후자는 풀어 주는 힘이다. 살려는 의지가 지력을 통하여 백일하에 드러나거니와 그 의지가 영원무궁토록 존재하려는 의지가 곧 성교로 나타나는 것이다.

7

어떤 교부는 결혼하여 부부간에도, 어린애를 낳기 위해서만 성교가 용납될 수 있다고 가르치고 있다.

Clem ; Alex Strm 1권 3편 11장에 보면 "오직 아이를 낳기 위하여…" 운운하고 있으며, 《클레멘스》 3편 5장에서는 피타고라스학파의 철학자들도 이런 견해를 갖고 있었다고 기록되어 있다. 그러나 정확히 말하면 이런 견해는 잘못이다. 성교가 그 자체의 쾌락을 목적으로 하지 않는다면 이미 생존의 의지가

포기되어 인류를 존속시키는 것은 어려운 일이다. 주관적인 정열도 성적 욕구나 생리적 충동도 전혀 느끼지 않고 다만 순수한 사려와 냉정한 의도로 한 인간을 세상에 내보내는 것이 가능하다면, 그것은 도덕적으로도 행하기가 매우 어려운 일이며, 따라서 그런 일을 할 수 있는 사람은 극히 드물 것이다. 그리고 그러한 성교와 단순한 성욕에서 비롯되는 성교는 예컨대 냉정한 고의적인 살인과 격분한 나머지 저지른 살인과의 관계와 같은 것이다. 그리고 간음을 무거운 죄로 인정하게 된 것은 금욕적인 기독교 때문인 것이다.

8

수도원은 청빈, 동정, 복종——즉 아집의 포기를 맹세한 사람들이 공동생활을 함으로써, 첫째는 존재 자체의 짐을 가볍게 하고, 둘째로 혼자서 하는 수도생활의 괴로움을 덜기 위해 모여든 장소이다. 남이 자기와 같은 고행을 하고 있는 것을 보면 피차에 마음을 굳게 먹을 수가 있어 위로가 될 것이다. 사실 어떤 한정된 규모의 공동생활은 인간의 천성에 부합되는 일이며 불상사가 연이어 일어나더라도 한결 마음이 가벼워진다. 이것이 수도원의 올바른 해석일 것이다. 그러나 다른 철학에 의하면 그것은 어리석은 자나 미친놈들의 집합소라고 말할 수밖에 없다. 깨끗한 수도원 생활은 즉 금욕을 통하여 이 세상보다 내세에 더 훌륭한 존재가 될 만한 가치가 있으며 그것을 실제로 경험할 수 있다고 생각하고, 이 확신을 강화하여 간직하기 위해 이 세상의 것을 멸시하고 쾌락을 무가치한 것으로 간주하여 멀리함으로써, 공허한 욕구를 저버린 생활에 만족하고 마음의 평강을 누리며 그 생애가 끝나기를 기다려 죽음이 도래하면 구원의 계기로 기꺼이 맞이하려는 데 의의가 있다. '사니안'의 고행도 이와 비슷한 취지에서 이루어지며, 불교도의 사원생활도 역시 마찬가지이다. 그러나 한편 실천이 이론을 따를 수 없는 것도 이 생활이다. 이러한 폐단은 그 근본 사상이 너무나 고답적이므로, 맹목적으로 따라갈 수밖에 없는 데서 비롯된다.

고결한 승려는 누구나 존경할 만하지만, 대체로 승복은 겉치레에 지나지 않으며, 그 안에 진짜 승려가 들어 있기는 매우 드문 것이다. 그것은 흔히 가장행렬의 경우와 흡사하다.

9

자기의 생존 의지를 버리기 위해서는 자기 자신을 다른 개체의 의지에 의탁해 버리는 것이 심리적으로 유효한 수단이며, 또한 진리를 따르는 적절한 방도이다.

10

한 교단의 승려가 되기란 매우 어려운 것이다. 그러나 마지

못해 승려가 되어 가난, 고통, 복종, 금욕, 나아가서는 가장 요긴한 평안까지도 저버리고, 강요에 못 이겨 또는 가난한 나머지 마지못해 지키는 정결 등등——이것이 그들이 참고 견디는 운명이다. 진정한 승려가 자의에 의해 질서정연하게 고행을 일삼으며 굳이 환경이 개선되기를 원치 않는 반면에, 대다수 승려들의 고행은 내가 전에 고뇌를 논한 장에서 제2의 길이라고 말한 것에 속한다. 자연의 인간을 이 제2의 길에 순종케 하기 위해 충분한 배려를 하여 궁핍이나 고난이 생기도록 마련하고 있다. 이리하여 자연에서 직접 발생하는 해악 이외에, 전시와 평화시를 막론하고 인간 자체의 사악과 상호 간의 불화에서 일어나는 해악이 있다. 또한 영원한 구원을 얻기 위해서는 스스로 초래한 고뇌가 필요하다는 것은 구세주의 말에도 나타나 있다. "부자가 천국에 들어가기는 낙타가 바늘구멍을 통과하기보다 어렵다"(마태 19:24). 그러므로 진심으로 구원을 받으려고 하면서 부유한 집에 태어나 빈곤을 멀리하고 있다면, 자진하여 가난한 생활 속에 뛰어들기도 한다. 불타가 된 석가모니도 그러한 사람이었다. 그는 왕족으로 태어났으나 자진하여 문전걸식을 하였다. 또한 탁발 수도회승단의 창시자가 된 프란체스코는 젊고 방탕한 귀공자였다. 하루는 그가 무도회에 나갔는데 주위에 있던 친구가 많은 명문의 따님들을 돌아보며 "프란체스코군, 저 가운데 누가 제일 마음에 드나?" 하고 물은 즉 "나는 저 아가씨들보다 더 아름다운 것을 발견했네" 하고 대답하는 것이었다. 친구가 "뭐 어째?" 하고 다시 묻는 말에 "빈곤 말일세"라고 말하고 그는 거기서 바로 모든 소지품을 버리고 걸식하면서 전국을 돌아다녔던 것이다. 이러한 예에서 미루어 보더라도, 인간의 구원에 궁핍과 고뇌가 얼마나 필요한가를 알 수 있을 것이다. 그리고 이것을 올바로 인식하게 된 자는 남들이 행복하다고 해서 부러워할 것이 아니라, 오히려 그가 불행하기 때문에 부러워해야 한다는 것을 깨달을 수 있을 것이다.

그리고 이와 같은 이유에서, 스토아학파[4]에 속하는 사람들과 같은 심정을 갖고 사는 것은 운명에 대항하는 좋은 방편이며, 번뇌와 고통을 제거하는 갑옷으로서, 현재의 자기를 견디어 나가는 데 도움이 되는 것은 사실이다. 그러나 진정한 구원과는 거리가 멀다. 그것은 마음을 은폐하고 있기 때문이다.

이와 같이 마음이 돌처럼 딱딱한 껍질을 쓰고 사물을 올바로 느끼지 못하게 되면 그 고뇌로 인하여 타격을 받아 선량해지기를 바랄 수가 없는 것이다.

그리고 또한 이런 스토아주의는 별로 진귀하지도 않으며 오히려 위선처럼 보일 때도 많다. 즉 마치 도박에 지고도 웃는

---

[4] 스토아학파――제논이 창시한 금욕주의 철학파로 로마 제정시대에 전성, 그 특색은 그리스 철학이 주지적인 데 대하여 주의적인 데 있으며, 학문의 목적을 실천에 두었다.

얼굴을 하며 허세를 부리는 것같이 보인다.

11

정직하지 못한 행위나 사악한 행위는 그것을 행한 자의 측에서 보면, 그가 살려는 의지를 주장하고 있다는 증표이다. 그러므로 그가 참된 구원, 즉 살려는 의지를 포기하고 해탈에 이르는 길에서 멀어지고 있음을 표시하고 있다.

그리하여 그 구원에 도달하려면 인식과 고뇌의 수련을 쌓아야 한다는 것을 말해 주고 있다. 한편 그 행위로 인하여 괴로움을 당하고 있는 자의 측에서 보면 형이하학적으로는 해악으로 보일지 모르지만, 형이상학적으로는 정당한 일이며 그로 하여금 참된 구원에 이르도록 힘이 되어 주는 하나의 혜택이다.

12

세계의 영혼이 가라사대 "여기 네가 애써 일할 만한 과업이 있다. 너는 거기에 정력을 기울이는 것이 곧 존재하는 것이 된다. 다른 모든 생물도 마찬가지다."

인간이 대답하되, "그런데 나는 대체 생존에서 무엇을 얻고 있습니까? 애써 살려고 하면 궁핍에 시달리고, 애쓰지 않으면 권태에 사로잡힙니다. 당신은 어찌하여 나에게 이런 고역과 번뇌를 안겨 주면서 이런 보잘것없는 보수를 주십니까?"

세계의 영혼이 가라사대, "나는 너에게 노고에 알맞은 보수를 주고 있다. 그것이 너에게 보잘것없게 보이는 것은 워낙 네 자신이 빈약하고 궁핍한 자로 태어났기 때문이다."

인간이 대답하되, "그렇습니까? 저로서는 무슨 뜻인지 알 수 없습니다."

세계의 영혼이 가라사대, "나는 잘 알고 있다. 너에게 말해줄까? 생존의 가치는 오직 너로 하여금 그 생존을 원치 않게 하는데, 네가 이 최고의 경지에 도달하려면 먼저 생존 자체로부터 단련을 받아야 한다."

13

전에도 말한 바와 같이 개인의 생애는 대체로 비극적인 성격을 띠고 있으며, 생존은 터무니없는 희망과 공허에 그치는 계획과 그리고 나중에야 깨닫게 마련인 미혹에 불과하다는 것이 바이런의 비통한 시구 속에 잘 표현되어 있다.

드디어 그는 깨닫게 되리라.
비애와 노쇠가 손을 잡고 그를 죽음으로 인도하였음을,
그리고 끝으로 오랜 괴로움을 겪어 온 생애가 미궁에 빠져 있었음을,

이러한 견해는 나의 세계관과는 완전히 부합된다. 이에 의

하면 존재 자체는 없기만 못한 일종의 미혹이며, 인식은 우리를 이 미혹에서 벗어나게 한다는 것이다. 인간은 인간이 되어 있다는 사실 자체가 거의 미궁에 빠져 있음을 말한다. 그러므로 자기의 생애를 돌아보고 언제나 그릇된 길을 더듬으며 미궁에 빠지고 있었다는 사실을 발견하게 되는 것은 당연한 일이다. 이 일반적인 진리를 깨닫기 위해서는 독자 자신은 우선 자기의 생활에 대하여 깨닫는 바가 있어야 할 것이다. 왜냐하면 부족에 대하여 진리인 것은 종족에 대하여도 진리이기 때문이다.

인생은 어디까지나 무거운 부역이 할당되어 있는 것으로 보아야 한다. 다만 우리들의 사고가 다른 방면에 쏠려 있기 때문에, 어찌하여 우리에게 그런 부역이 필요한지 이해하지 못하고 있는 것이다. 그러나 진리는 거짓말을 하지 않는다. 우리는 세상을 떠난 친구를 생각할 적마다, 그는 이미 그의 부역을 마치고 가야 할 곳으로 잘 갔다고 생각한다.

우리도 이러한 견지에서 자기의 죽음을 하나의 바람직한 사건으로 맞이해야 하며, 결코 흔히 볼 수 있는 것처럼 두려움에 떨거나 울고불고하여서는 안 될 것이다. 영웅이 고작 그것이다.

4. 사랑에 대하여

성애는 주로 시인에 의해 묘사된다. 모든 희곡은 비극이건, 희극이건, 낭만적이건, 고전적이건, 또는 인도에서나 유럽에서나 이 성애를 주요한 주제로 삼고 있다. 그것은 또한 시(서사시나 서정시)에 있어서 가장 풍부한 주제이며, 이 몇 세기 이래 마치 사철 과일처럼 유럽의 모든 문명국에서 해마다 계속해서 출판되는 무수한 소설의 경우도 마찬가지이다. 이 모든 저작은 그 근본을 고찰해 보면 모두가 성애의 다채로운 묘사로 되어 있다.

그리고 일반적인 경험(그것은 날마다 되풀이된다고 할 수는 없지만)에 비추어 보더라도 분명하거니와, 애정은 어떤 환경에 이르면 급속도로 증진하여 그 불길이 다른 정열을 능가하며 모든 사려를 물리치고 큰 위력과 고집을 부리게 된다. 그리하여 어떠한 장애라도 물리치고 그 욕구를 충족시키기 위해서는 목숨까지도 아낌없이 내걸며 그래도 욕구를 충족시킬 수 없으면 자살까지도 한다. 베르테르나 자콥 올티스는 소설에만 등장하는 인물이 아니라, 유럽에서도 이런 자살자는 해마다 적어도 5, 6명은 된다. 이리하여 이들은 몰래 죽음의 길을 택하여 사라진다. 그들의 고뇌의 흔적은 겨우 신문이나 잡지에 보도될 뿐이고, 그 죽음은 호적 계원의 손에 의해 처리될 뿐이다. 프랑스나 영국 신문을 읽는 사람은 내 말에 수긍할 것이다. 그런데 이렇게 손수 목숨을 끊는 사람보다 더 많은 수를 차지하는 것은 이러한 사랑의 정열에 사로잡혀서 정신병원을 드나드는 자들이다. 그리고 해마다 여러 쌍의 동반 자살이 생기는데 이들은 사랑에 대해 어떤 외부의 압력을 받아 절망에 빠진 나머지 죽음의 길을 택하게 된다.

다만 내가 아직도 잘 이해가 가지 않는 것은 서로 사랑하며 그 속에서 최고의 행복을 누릴 수 있다고 확신하는 두 사람이 용감하게 일어나서 모든 사회적 폐습을 끊어 버리지 않는 일이다. 그들은 모든 굴욕을 달게 받으며 살아야 하는 것이다. 그런데 왜 죽음으로 행복을 버리느냐 말이다. 이러한 예는 특수한 경우이고 누구나 욕정의 발동에서 오는 가벼운 사랑은 날마다 보고 듣고 하며 또 청년기에는 거의 누구나 자기 가슴 속에 그런 불씨를 안고 있다.

아무튼 연애가 중대한 사건임은 의심할 여지가 없다. 그러므로 모든 시인들이 끊임없이 다루어 온 문제에 철학자가 손을 댄다고 하더라도 별로 놀랄 것이 없으며, 오히려 인간에게 이

롯듯 큰 역할을 하는 이 문제를 지금까지 철학자가 등한히 하여 여전히 하나의 새로운 과제로 남아 있다는 사실에 놀랄 만한 것이다. 플라톤은 어느 철학자보다는 이 문제를 많이 논하였으며, 그것은 특히 《향연》과 《파이돈》의 두 편에 나와 있다. 그러나 그가 이 문제에 대하여 말한 내용은 신화와 우화 경구의 영역을 벗어나지 못하고 있으며, 그것도 주로 그리스인의 사랑에 관한 것이다. 그리고 루소가 언급한 견해는 잘못되어 있고 미흡하다. 칸트가 이 문제를 다룬 내용은 표면적인 설명에 그쳤으며 어떤 대목은 전혀 문외한의 말이라고 볼 수밖에 없는 불확실한 것이다. 보라트나가 인류학에서 논한 것도 평범한 견해이며, 스피노자의 정의는 매우 간명하므로 여기 인용해 둔다. '연애는 외부적인 원인이 관념에 주는 쾌락이다'(《윤리학》 4권 정리 44해설). 나는 여기서 이 선배 철학자로부터 사상을 빌려오지도 않고, 논박할 필요도 없는 입장에 서 있다. 내가 이 문제를 다루어 나의 《우주론》에 여백을 남긴 것은 고인의 서적을 보고 느낀 바가 있었기 때문이 아니라, 외부의 인생을 상세히 관찰한 필연적인 결과이다. 나는 현재 사랑을 속삭이고 있는 사람들로부터 어떤 공감이나 찬양을 기대하고 있는 것은 아니다.

그들은 물론 자기들의 애정이 가장 숭고하고 가장 거룩한 별나라의 수식으로 표현되기를 바라고 있을 것이다. 그러므로 그들에게는 내 견해가 너무 형이하학적이고 물질적으로 보일 터이지만, 근본에 있어서는 어디까지나 형이상학적이고 절대적인 것이다. 그들은 내 견해를 비판하기 전에 자기들이 무조건 찬양하고 있는 애인이 지금으로부터 나이가 18년이나 어린 시절이었다면 거의 거들떠보지도 않았으리라는 사실을 생각해 보는 것이 좋을 듯하다. 모든 애정은 아무리 별나라의 모습을 하고 있어도, 실은 성욕이라는 본능을 근거로 하고 있다. 즉, 남녀의 사랑은 이 본능이 특수화되고 한정되고 개체화된 것이다. 이 점을 염두에 두고 연애가 모든 영역——희극이나 소설뿐만 아니라 사회(거기서는 자기 보존의 본능과 함께 가장 강하게 작용하며 모든 동작 가운데서 가장 활동적이다)——에 끼치는 중대한 역할을 관찰하고 그것이 언제나 전 생애에서 가장 젊은 시기, 즉 청춘 시절에 있는 모든 사람들의 정력과 사고의 태반을 강제로 동원하며, 인간의 모든 노력의 거의 최종적인 목표임을 생각하고, 나아가서는 그것이 가장 중요한 사건에 대하여도 엄청난 영향을 미치고 가장 진실한 일을 곧잘 중단시키고, 때에 따라서는 가장 위대한 정신도 혼란케 하고 외교적인 교섭이나 학술연구에 몰두할 때에도 염치없이 출몰하고, 장관의 문서나 철학자의 원고 속에도 러브 레터나 애인의 머리칼을 끼워 놓고, 허구한 날 시끄러운 사건의 악질적인 사주자이고, 동지끼리 맺은 긴밀한 맹세도 끊어 버리고, 견고한 사슬도 풀고, 허다한 사람을 희생시키고, 생명, 건강, 부귀, 지위, 행복 등을 앗아 가고, 정직한 자를 철면피로 만들기도 하고, 충신을 반역자로 변질시키기도 하고, 흡사 마귀처럼 모든 것을 뒤집어엎고 찢어 버리고 파멸시키려고 드는 점——이런 점을 잘 생각해 보면 누구나 '그렇게 소동을 피우고 그렇게 애쓰고, 그렇게 고민하며 불행에 빠지는 것은 무엇 때문인가?'라고 자문할 것이다. 그러나 그것은 극히 단순한 일, 즉 저마다 꽃을 찾기 위해서이다.

그런데 의문은 여전히 남는다. 대체 무엇 때문에 그렇게 보잘것없는 일이 그토록 큰 풍파를 일으키며 평화로운 가정에 소란과 혼란을 가져오는 것일까? 이 물음에 대하여 진리 탐구의 정신이 강한 철학자라면 올바른 해답을 내릴 수 있을 것이다. 즉, 그것은 결코 사소한 일에 관련되어 있지 않으며, 그 중대성은 당사자들의 진지하고 열렬한 태도에 필적한다. 모든 애정의 목적은 비극으로 끝나든 희극으로 끝나든, 인생의 여러 목적 중에서 가장 엄숙하고 소중한 것으로 누구나 그렇게 악착같이 추구하는 것은 당연한 일이다. 거기서 이루어지는 일은 자기 다음의 대를 이루는 중대한 문제이다. 그리하여 우리 다음의 무대 위에 우리를 대신하여 등장할 배우들은, 이렇게 사소한 장난처럼 보이는 정사에 의하여 그 존재와 성격이 결정된다. 이 미래의 등장인물의 존재가 성욕을 절대적인 조건으로 삼고

4. 사랑에 대하여 73

있는 데 반하여 그들의 성격적인 특질은 성애의 개체적인 선택을 절대 조건으로 하고 있다. 이 점에 있어서 결코 에누리가 없다. 애정 문제의 핵심은 바로 여기에 있으며 일시적인 사랑에서부터 가장 열렬한 사랑에 이르기까지 연애의 모든 형태를 자세히 관찰해 보면 그 진상이 정확히 드러난다. 즉, 거기서 우리는 그 여러 가지 형태에도 불구하고 결국 개인적인 조건 여하에 따라서 이성을 선택한다는 사실을 알 수 있을 것이다.

그러므로 오늘날 모든 연애를 인류 전체의 입장에서 개관하면 돌아올 세대를 비롯하여 그 후에 지속될 무수한 세대에 대하여 심사숙고하는 진지한 일이라고 하겠다. 사실 그것은 인간의 다른 정열처럼 개인의 불행이나 이득에 관계되는 문제가 아니라 정차 돌아올 인류의 존재와 그 특수한 성상에 대한 것으로 이 경우에 개인의 의지는 가장 큰 능력을 발휘하여 자기 자신을 종족의 의지로 돌아가게 하는 것이다. 연애란 그만큼 엄숙하고 뼈에 사무치는 것으로 거기에 허다한 고뇌와 환락이 따르는 것은 이 종족에게 큰 이해관계가 있기 때문이다. 많은 시인들은 이에 수천 년 옛날부터 무수한 실례를 들어 그것을 묘사해 왔었다. 이 주제는 종족과 이해관계가 있으므로 다른 어떤 주제도 이보다 더 큰 감흥을 줄 수 없는 것이다. 개인과 종족의 관계는 물체의 표면과 물체의 관계와 같다. 그러므로 한 편의 희곡이 사랑을 다루지 않고 흥미가 있기를 바라는 것은 허사이며, 또한 이 주제는 옛날부터 다루어 왔으므로 낡아빠졌는데도 여전히 품절이 되지 않는다.

개체의 의식 속에 성욕이 명백한 모습을 드러내지 않고 나타나면 그것은 현상 밖에 있는 절대적 생존 의지 자체이다. 그런데 인간과 같은 의식을 가진 생물에 있어서는 이 성욕이 어느 일정한 개체에 대하여 특수하게 작용하면, 이 경우의 성욕도 근본적으로는 똑같이 살려는 의지이긴 하지만 다만 미래의 후계자라는 명백하고 엄밀히 한정된 생물체 내에 살려고 한다. 그리고 이때 이 개체 의식이 착각을 일으켜 교묘하게 상대방에 대한 찬미라는 베일로 자기를 은폐하는데, 자연으로서는 자기의 목적을 달성하기 위해 이런 술책을 쓰지 않을 수 없는 것이다. 그러므로 애인에 대한 찬양이 아무리 이지적인 훌륭한 것으로 보이더라도 그 최종 목적은 어디까지나 오로지 어떤 일정한 성격을 지닌 존재를 만들어 내려는 데 있는 것이다. 그것은 연애가 결코 상호 간의 애정만으로 족하지 않고 상대방을 자기 소유로 하는 육체관계를 요구하는 것을 보아도 입증된다. 상대방의 사랑을 확신하고 있어도 서로 따로 떨어져 있으면 아무 위안도 되지 않으며, 그래서 이 경우에 자살 소동을 부리는 자도 있다.

한편 상대방에 굉장한 애정을 느끼고 있던 자가 그 사랑에 아무런 대가도 받지 못하게 되면 상대방을 손에 넣는 육체관계만으로 만족하려는 경우가 있다. 모든 강제 결혼, 선물을 미끼로 한 성교, 강간 등이 그 실례이다. 남녀의 모든 사랑에 있어서 당사자는 미처 느끼지 못하고 있으나 실은 2세를 낳는 것을 유일한 목적으로 삼고 있으며, 그 모든 과정에 일어나는 일들은 하나의 부수 조건에 불과하다. 고결하고 낭만적인 심정으로 우아한 사랑을 속삭이는 자들은 내 견해를 지나친 실재론이라고 반박할 터이지만, 그것은 생각을 잘못하고 있는 까닭이다. 앞날의 인류의 체모와 성격을 엄밀히 규정하는 일은 그들의 꿈이나 공상보다 훨씬 더 고상한 목적이 아닌가? 아니 인간에게 있을 수 있는 모든 목적 가운데서 이 이상 더 중요한 것이 어디 있는가? 이 목적을 인정하지 않으면 사랑의 뜨거운 정열을 이해할 수 없다. 이 목적이 중대한 역할을 하며 극히 사소한 일도 그 목적에 관련되면 곧 중대한 의미를 갖게 된다. 애인을 위해 분주하거나 한가하거나 괴로워하는 것은 결과와의 비중이 맞지 않는 너무나 커다란 낭비처럼 보이지만, 그것을 올바로 이해하려면 위에서 말한 참된 목적을 염두에 두어야 한다. 이 노고와 투쟁을 거쳐서 현재 꿈틀거리고 있는 것은 어디까지나 독특한 성격을 지니고 태어날 다음 세대인 것이다.

아니, 이 다음 세대의 인류는 이미 성욕을 만족시키기 위해 움직이고 있는 저 사랑의 용의주도하고 끈기 있는 이성 선택에서도 나타나 있다. 이미 두 사람 사이에서 탄생시키려는 새로운 개체(어린이) 자체가 '살려는 의지'이다. 즉, 두 남녀가 서로 반하여 주고받는 눈짓 속에는 벌써 하나의 새로운 생명이 미래의 개성으로서 작용하고 있는 것이다. 두 애인이 결합하여 낳게 되는 자식은 그들의 생존을 연장시켜 주는 것이다. 그 자식 안에는 그들 양친의 분신이 유전되어 있는 것이다. 만일 두 사람이 서로 싫어하면 그것은 부모가 되어도 조화를 이루지 못하는 소질을 가진 불행한 자식밖에 낳지 못한다는 무언의 징후이다.

이와 같이 사람이 남녀로 하여금 무엇보다도 상호 간의 처지를 주시하게 하는 전지전능한 힘이 곧 모든 종족 사이에 나타나 있는 이른바 '살려는 의지'이며, 이 의지가 두 남녀 사이에 태어날 자식에게 자신을 실현하고자 하는 것이다. 그리고 이렇게 해서 태어나는 자식은 아버지로부터 의지와 성격을 물려받고 어머니에게서는 지능을 계승하며, 쌍방에서 체격을 이어받으며 용모는 아버지를 닮고 자태는 어머니를 닮는 것이 보통이다.

각 개인이 지닌바 남한테서 전혀 찾아볼 수 없는 독특한 성격의 기원은 설명하기가 대단히 어렵지만, 두 사람의 애인이 서로 자기편으로 이끄는 사랑의 힘이 그와 같이 특이하고 독자적이라는 사실에 비추어 볼 때 이 어려운 해답은 한결 쉽게 풀릴 것이다. 사랑의 정열은 잠재적으로 움직이며 표면에 개체로서 나타난다. 생명의 시발점은 분명히 양친이 사랑을 속삭이기 시작한 순간에 비롯되며 전에도 말한 바와 같이, 새로운 태아의 최초의 싹은 그들의 날랜 눈초리가 서로 마주칠 때 움트며 다른 모든 새싹과 마찬가지로 이 연약한 싹도 그대로 소실되는 경우가 많다.

이렇게 생식 이전에 태어나는 새로운 개체는 어느 의미에서는 플라톤적 이데아이며 모든 이데아가 현상계에 나타나려고 애쓰며, 인과의 법칙이 그 입에 갖다주는 물질을 다투어 삼키려고 하는 것처럼 인간의 개성으로서의 독특한 이 이데아도 애써 현상계에 나가려고 한다. 이 정력과 분투가 곧 두 사람의 애인이 미래의 양친으로서 피차에 품고 있는 연정이다. 그런데 이 연정에는 무한한 층계가 있으며, 그 두 극단을 평범한 사랑과 '거룩한 사랑'이라고 할 수 있다. 그러나 연애의 본질은 언제 어디서나 동일하여 변함이 없다. 연애가 매우 열을 띠는 경우는 그것이 한층 더 개체적으로 적용되어 있을 경우, 즉 사랑하는 상대방의 모든 특성과 특징이 다른 동성자에 비하여 월등히 뛰어나고 사랑을 베푸는 자의 기대와 요구에 잘 적응하는 경우이다.

연애는 우선 건강과 체력과 미를 존중한다. 따라서 그런 조건을 다 갖추고 있는 젊은이들에게 쏠리게 마련이다. 이것은 주로 생존 의지가 인간으로서 원만한 성능을 갖추어 생존을 감당할 수 있게끔 하려고 하기 때문이며, 평범한 사랑은 이 조건에서 벗어나지 못한다.

이러한 조건에 특수한 요구 조건이 더 구비되어 있을 때에는 사랑의 정열은 급속도로 불타오른다. 대체로 강렬한 사랑이란, 두 사람 사이가 완전히 알맞은 경우에 이루어진다. 그러나 두 사람이 다 이상적인 경우는 거의 없다. 그러므로 모든 남자는 한 사람의 여인에게서 자기의 특질에 가장 잘 적응하는 면을 찾아내는 것이다. 이 경우에 언제나 장차 두 사람 사이에 태어날 자식의 특질을 염두에 두고 있다. 그러나 이 점에 완전히 적응되는 남녀는 서로 만나기가 어려우므로 참으로 정열적인 연애란 찾아보기 어려운 것이다. 그런데 우리가 시인이 묘사한 위대한 사랑의 주인공에게 공감을 느끼는 것은 우리가 각자 그런 사랑을 품을 가능성이 있기 때문이다. 또한 사랑의 정열은 오직 앞날에 태어날 자식의 특질 여하를 염두에 두고 일어나는 것이므로 아무리 두 사람의 젊은 남녀가 다 함께 훌륭한 몸과 마음을 지니고 감정과 성격과 재지로 말미암아 서로 이해하고 아낀다고 하더라도 거기에 그치면 우정은 성립될 수 있으나 이와 사랑은 다르며, 때로는 성적으로는 피차에 반목할 수도 있는 것이다. 그것은 결국 그들 두 사람 사이에 태어날 자식이 심신 양면으로 조화를 이룰 가망이 없기 때문에 일어나는 현상이다. 요컨대 앞으로 태어날 어린 생명의 체질이 종족을 위해 '살려는 의지'가 바라는 설에 부합되지 않기 때문이다.

한편 감정이나 성격이나 재질이 서로 조화되지 않아 혐오하게 되는 데도 불구하고, 피차에 사랑이 성립되는 경우가 있다. 이때에는 사랑이 쌍방을 맹목적으로 만들어 그 부조화가 눈에 뜨이지 않는다. 만일 이 두 사람이 결혼하지 않게 되면, 그들의 생활은 반드시 불행하게 된다.

이제 문제의 핵심에 대하여 언급하고자 한다. 모든 인간의 이기심은 상당히 뿌리가 깊으므로 인간이 활동하는 유일한, 그리고 분명한 동기는 이기적인 타산이다. 종족은 개체에 대하여 분명히 우선권을 갖고 있으며, 직접 중요한 권능을 보유하고 있다. 그런데 종족의 유지와 발전을 위해서는 개체가 희생적으로 나서야 할 필요가 있는데, 개체의 관심은 오직 자기의 욕구에 쏠려 있으므로 개인으로 하여금 이러한 희생의 필요성을 이해시켜 곧 자기의 이해관계에서 떠나게 할 수는 없는 것이다. 그러므로 자연은 그 목적을 달성하기 위한 환상을 주어서, 개체를 속이는 수밖에 도리가 없다. 그리하여 개체는 이 환상의 속임수에 넘어가 사실은 종족에게만 이로운 일을 자기의 행복으로 오인하고 자기만의 욕구를 위해 애쓰고 있는 줄 알고 있는 순간에 어느새 자연의 노예가 되어 버리는 것이다. 이리하여 그 개체의 눈앞에는 탐스러운 환상이 나타나 그를 현혹시킨다. 이 경우의 환상이 이른바 성적인 본능이며, 이것은 흔히 개체의 의지가 아니고 종족의 의지로 보아야 한다. 그런데 이 개체화된 의지는 종족이 품고 있는 의도를 개체의 뜻을 통하여 자기를 위해 있는 것처럼 착각을 일으킬 필요가 있다. 그리하여 생존 의지는 실상 종족을 위해 그 가장 특수한 의도에 따라서 작용하면서도 개체는 자기 이익을 도모한다고 믿게 되는 것이다.

동물에게는 본능이 가장 큰 역할을 한다. 그 외부에 나타난 현상은 정밀하게 관찰할 수 있으나 그 내부 활동은 모든 다른 내면적인 현상과 마찬가지로 단지 우리 자신을 돌이켜봄으로써 짐작할 수 있을 뿐이다. 그런데 인간은 본능을 거의 갖고 있지 않으며, 다만 갓난아기가 어머니의 젖을 더듬는 정도라고 생각하는 사람은 있으나, 실은 인간에게는 매우 특수하고 명백한, 그리고 대단히 복잡한 하나의 본능이 있으며 이것이 우리에게 성욕을 만족시키고 이성을 진지하게 선택하도록 한다. 만일 이 성욕의 만족이 개체가 억제할 수 없는 감각적인 쾌락에 그친다면, 상대방의 미추에 대하여는 별로 문제가 되지 않을 것이다. 그러나 실제로 미가 추구되고 존중되고 선택되는 것은 그 개체에게 무슨 이해관계가 있는 것이 아니라——개체는 그렇게 생각하고 있을지라도——분명히 미래의 존재자인 어린애와 이해관계가 있는 것이다. 이 경우에 특히 문제가 되는 것은 종족의 형태가 되도록 완전하고 순수하게 유지되는 것이다. 요컨대 이를 존중하는 것은 훌륭한 후손을 두기 위한 하나의 방편이다. 즉, 인간의 형태는 무수한 육체적, 정신적 손상으로 인하여 불구자가 되기 쉬우나, 이 아름다움을 추구하는 마음이 있어 성욕을 지배하고 인도하므로(만일 그렇지 않다면 연애는 하나의 진절머리 나는 성적 욕구에 불과하다), 인간의 형태는 모든 부분이 끊임없이 수정되어 간다.

누구나 아름다운 이성을 찾는 것은, 그 이성이 종족의 가장 순수한 형태를 간직하고 있기 때문이다. 다음에는 누구나 자기에게 결핍되어 있는 특질을 구하며, 때로는 자기가 갖고 있는 결함과 정반대되는 결함을 상대방에게서 찾아내고 아름답게 보기도 한다. 예컨대 키가 작은 남자는 키 큰 여자를 좋아하며, 피부가 흰 사람은 피부가 검은 상대를 좋아한다. 남자는 자기와 맞는 아름다운 여자를 발견하면 미칠 듯한 애정을 느끼며 그 여자와 결혼했을 경우에 누릴 수 있는 최대의 행복이 환영으로 눈앞에 아물거리지만, 이러한 정열도 하나의 종족 의지이다. 그는 그 여자에게서 후손의 모델을 찾아보고, 그 여자를 통하여 자기 자신을 유지하려고 하는 것이다.

위에서 말한 해석은 사랑의 모든 본능에 깃들어 있는 내면성을 밝힌 것으로, 이 성욕의 경우에 알 수 있는 바와 같이 그것은 언제나 개체로 하여금 종족을 위해 활동하게 하는 것이다.

남자가 자기의 특질에 잘 적응하는 여자를 희구하며, 그런 여자가 나타났을 때 그녀에 대한 정열은 대단하여, 만일 자기의 뜻이 이루어지지 않으면 이성의 모든 경고도 무시하고 일생의 행복을 희생시키는 경우도 있다. 한편 만일 그 여자를 손에 넣기 위해서라면 어떤 무리한 결혼도 사양치 않으며 자신을 망쳐 버리는 무모한 성교도 개의치 않고 불명예도 범죄도 심지어 간통이나 간음까지도 감행하는 것은, 결국 자기 자신의 지상 명령에 따라 종족의 목적에 이바지하게 하기 위해 개체로서의 자기를 희생하는 것이다. 그러나 그 어느 경우에 있어서나 본능은 언뜻 보면 개체의 의도에 따르는 것 같지만 실은 이것과 그것 사이에는 아무런 관계가 없는 것이다.

개체가 자기 자신의 욕구에 사로잡혀 자연의 의도를 깨닫지 못하고 있거나 또는 그 의도에 반항하려고 할 때, 자연은 언제나 곧 본능이라는 손끝을 놀리기 시작하는 것이다. 인간이 본능에 좌우되는 것은 거의 성욕의 경우뿐이며, 이 경우에 인간에게 이 본능이 긴요한 것은 인간이 자연의 목적을 깨닫지 못하기 때문이 아니라, 그 목적을 위해 자신의 행복을 희생시켜서까지 부지런을 피우려고 들지 않기 때문이다.

이 경우에도 성욕은 다른 모든 본능과 마찬가지로 환상의 옷을 입고 의지에 작용한다. 성적 쾌락이라는 환상이 그것이다. 이 때문에 인간은 어느 특정한 이성을 다른 사람보다 훌륭하게 보고 그 이성을 손에 넣기만 하면 무한한 행복을 얻을 수 있으리라고 생각한다. 그는 이때 자기의 유일한 행복을 위해, 하나의 완전한 개체를 출생시키기 위해 활동하고 있는 것이다. 이 개체가 2세를 얻으려면 양자의 성교가 필요한 것은 두말할 것도 없다.

이렇게 인간이 그 목적을 위해 애쓰도록 하는 데 있으므로, 때때로 인간은 자기의 환상에 빠지기도 하지만, 그 속에 미래의 후손을 출생시키려는 목적을 알아차리고 이를 증오하며 거기 반항하려고까지 한다. 결혼 이외의 성교는 거의가 이런 경우에 속한다. 그런데 사랑을 하는 자들은 일단 그 정욕을 만족시키면, 곧 미혹에서 빠져나와 자기가 일찍이 그렇게 열망한 것은 단지 급속한 실의에 인도되는 순간적인 쾌락을 줄 따름이라는 사실에 흔히들 새삼스레 놀라는 것이다. 이 애욕은 인간의 마음을 움직이는 다른 욕망에 대하여 종족과 개체, 무한과 유한과 같은 관계를 갖고 있다.

그리하여 이 성욕이 만족을 느낄 때, 실은 종족만이 이득을 보게 되며 개체는 그것을 느끼지 못하고 있다. 즉, 개체가 종족의 혼령에 수족이 되어 치른 희생은 그 자신의 목적이 아니라 다른 목적에 사용되고 있는 것이다. 모든 애인들이 성교라는 자연의 큰일을 한번 치르고 나면 곧 속았구나! 하는 생각이 드는 것은 그로 하여금 종족의 도구가 되게 한 환상이 소멸되기 때문이다. 플라톤이 '윤락은 최대의 허풍쟁이다'라고 한 것은 이를 가리키는 말이다.

이러한 견해는 동물의 여러 가지 본능과 미의 감수성에 대하여 이해하는 데도 큰 도움을 준다. 즉, 동물들도 이런 환각의 노예가 되어 자기가 향락을 하고 있다는 그릇된 미혹에 빠져 열심히 활동하지만 실은 자기가 희생됨으로써 종족만을 이롭게 하고 있는 것이다. 새가 둥지를 짓는 것도, 곤충이 알을 낳기에 적합한 장소를 찾아 미래의 유충에게 줄 먹이——자기의 먹이가 아니라——를 얻어다가 알 곁에 놓아두는 것도, 그리고 꿀벌이나 개미가 미래의 종족을 위해 그렇게 애쓰는 것도 이 때문이다. 이 모든 동물들은 분명히 하나의 환상에 사로잡혀 있으며, 종족을 위한 노역에 이기의 옷이 입혀져 있는 것이다. 모든 개체가 지닌 본능의 여러 가지 면을 조종하는 주관적 내면적인 현상에 대하여 이렇게 설명하는 것이 가장 타당하지만, 그것을 외면적으로 관찰하면 본능에 제일 많이 지배되는 동물, 주로 곤충류에 있어서는 특히 주관적 신경계통이 뇌수 이상으로 발달되어 있음을 볼 수가 있다. 이 사실에서 알 수 있는 것은 동물은 객관적 정확한 지능에 지배되기보다는 욕정이 심한 주관적 심상에 지배된다는 점이며, 이 심상은 신경계통이 뇌수에 대하여 작용하는 데서 발생하며, 따라서 어떤 환상에 속한다고 볼 수 있다. 그리하여 모든 본능에는 한결같이 이런 생리적인 현상이 나타난다. 이 점을 분명히 하기 위해 인간의 본능에 대하여 또 하나의 실례를 들기로 한다. 그것은 어린애를 밴 부인의 비상한 식성이다. 이것은 태아의 영양을 위해 특수한 공급이 필요하든가, 아니면 태내에 흘러가는 혈액에 변화가 생겼기 때문에 일어나는 것으로 태아에게 가장 적합한 음식이 먹고 싶어지는 것이다. 따라서 역시 현상의 지배를 받는다. 이렇게 보면 여자는 남자보다 많은 본능을 갖고 있는 셈이며, 그 신경계통도 남자보다 훨씬 더 발달되어 있는 것이다.

사랑은 언제나 종족의 생식을 목적으로 하는 본능에 의거해 있다. 이러한 점에서 사랑의 세분을 살펴보면 이 진리가 분명히 드러난다.

우선 우리가 알 수 있는 것은 남자는 본래 사랑에 대하여 한눈을 잘 팔지만 여자는 훨씬 사랑에 충실하다는 것이다. 남자의 사랑은 성교를 마친 순간부터 현저하게 감퇴되어 나중에는 거의 모든 다른 여자가 자기 손에 넣은 여자보다 좋게 보인다. 그러므로 남자는 언제나 상대방 여자를 바꾸고 싶어 하지만, 반대로 여자의 사랑은 성교가 끝난 순간부터 증가한다. 이것은 자연이, 종족을 유지하기 위해 많은 번식을 원하고 있기 때문이다. 아닌 게 아니라 남자는 여자만 있으면, 1년에 100명도 더 되는 아이를 낳게 할 수가 있는 것이다. 그러나 여자는 아무리 많은 남편을 갖고 있다고 하더라도 쌍둥이를 제외하면 1년에 어린애 하나 이상은 낳을 수 없다. 남자는 언제나 다른 여자를 탐내는데 여자 측에서는 한 사람의 남편에게 충실히 의지하려고 하는 것은, 자연이 본능적으로 그렇게 시키는 것이며 여자는 미래의 아기에 대한 부양자를 자기편에 남겨 두려고 하는 것이다. 이러한 관점에서 생각해 볼 때, 정조란 남자에게는 부자연스럽고, 여자에게는 자연스러운 것이다. 그러므로 아내의 간통은 그것이 부자연스러운 범행이라는 것에서 남자의 간통보다 훨씬 지탄을 받아 마땅한 것이다.

나는 여기서 문제의 핵심에 들어가 부인에 대한 애정이 아무리 객관적으로 돋보이더라도, 실은 하나의 껍질을 쓴 본능, 즉 종족을 유지하려는 뜻에 지나지 않음을 논증하고자 한다. 인간이 이 연애라는 쾌락을 추구할 때에 이성에 대하여 여러 가지 면을 고려하지만 이 종족 보존에 대하여는 특히 상세히 검토해야 한다. 그러므로 내 논조가 철학적인 내용을 담게 되어 이상한 느낌을 주는 것쯤은 개의치 않으려고 한다. 이 종족 보존을 위한 사랑의 조건은 첫째로 직접 종족의 형태에 영향을 미치는 형태미, 둘째로 내면적인 특질, 셋째로 순수한 상대적인 특질, 즉 쌍방이 흠으로 보이는 얼굴이나 체격을 피차에 교정하고 중화하려는 필요에서 요구되는 것 등등이다. 이제 그 하나하나에 대하여 살펴보기로 하자.

우리가 이성을 택할 때 첫째로 큰 영향을 미치는 조건은 연령이다. 일반적으로 말하면 우리의 성적 대상이 되는 것은, 여자는 월경이 시작될 나이에서 월경이 없어질 나이에 이르는 연령층에 속하며, 그중에서도 특히 매력을 느끼는 상대는 18세에서 28세 사이의 여성이다. 나이를 먹어 아이를 낳을 수 없는 여자는 우리에게 염증을 느끼게 할 뿐이다. 젊은 여자는 아름답지 않아도 우리의 마음을 끌며, 나이 먹은 여자는 본래 미인이더라도 매력이 없다. 이 경우에 우리를 지배하는 무의식적인 뜻은 '아이를 낳을 수 있다'는 데 쏠리고 있는 것이다. 그러므로 여자는 생식이나 수태에 적합한 시기에서 멀어질수록 이성에 대한 매력을 잃어버리게 된다.

다음에 둘째 조건으로서 생각되는 것은 건강이다. 급성 질환에 걸려 있다면 한동안 사랑을 저해할 뿐이지만, 만성병이나 악성 질병은 자식에게 유전되므로 누구나 싫어한다.

셋째는 종족의 형태에서 기본이 되는 골격이다. 연령과 질병을 제외하면, 성적 선택에 있어서 체격이 불완전한 것보다 더 소외되는 것이 없다. 아무리 아름다운 얼굴도 비뚤어진 골격을 보충할 수는 없으며, 반대로 얼굴은 미워도 골격이 바른 이성은 매력이 있다. 골격이 바르지 못하면 성적으로 미움을 사게 마련이다. 예컨대 위에서 짓눌린 것 같은 땅딸보나 유난히 짧은 다리나, 또는 외상에서 온 것이 아닌, 나면서부터의 절름발이 등이 그것이다. 이와 반대로 아름다운 체격은 다른 여러 가지 육신의 결함을 보충해 주어 매력을 느끼게 한다. 그리고 발의 아름다움도 무시할 수 없는 조건이 된다. 발은 인간이 지닌 근본적인 특징의 하나로, 다른 어떤 동물도 유골과 서골을 합친 것이 인간만큼 작은 것이 없으며, 그 때문에 직립동물로서의 인간은 똑바른 자세로 걸어 다닐 수가 있다. 이 점에 대하여는 외경의 전도에서도 '아름다운 발을 가진 여인은, 마치 은대 위에 선 황금 기둥과 같다'고 찬양하고 있다. 또한 치아의 미추도 중요한 조건으로 되어 있는데, 이것은 음식 영양과 관계가 있고 유전되기도 쉽기 때문이다.

넷째의 조건은 탐스러운 머리칼이다. 머리칼은 체내의 식물성 기능과 형성 작용이 왕성하고 흡족함을 표시하며 따라서 태아가 충분한 영양을 섭취할 수 있기 때문이다. 덩치만 크고 빼빼 마른 여자가 성적 반감을 일으키는 것도, 무의식중에 태아의 영양이 고려되기 때문이다. 한편 알맞게 크고 알맞게 부풀어 오른 여자의 가슴팍이 남자에게 각별한 매력을 주는 것은, 그것이 여성의 생식 임무와 직접 관계가 있어 유아에게 충분한 영양을 제공할 수 있기 때문이다. 이와 반대로 지나치게 뚱뚱한 여자가 우리에게 혐오를 느끼게 하는 것은 그것이 병적인 상태이고 자궁이 위축된 징조이며, 따라서 임신할 가망이 없기 때문이다. 이 경우에도 이러한 사실을 아는 것은 우리의 지능이 아니라 본능이다.

마지막 조건으로서 고려되는 것은 아름다운 얼굴이다. 그런데 이 경우에 특히 중요시되는 것은 골격 조직에 관계되는 부분, 그중에서도 코가 제일 문제가 된다. 즉, 코가 단정해야 하며 짧고 치솟은 코는 얼굴 전체를 망쳐 버린다. 옛날부터 코가 낮으냐 높으냐 하는 조그마한 차이가 수많은 여인들의 운명을 결정해 왔었다. 그것이 종족의 형태에 큰 영향을 미친다는 사실을 생각할 때 극히 당연한 일이다. 그리고 작은 입은 동물과 달라 인간의 얼굴에 특수한 위치를 차지하기 때문에 매우 소중히 생각해 왔었다. 또한 턱도 무시할 수 없다. 턱이 도망칠 듯이 나왔거나, 도려낸 것처럼 움푹 들어가 있으면 안 된다. 역시 동그스름한 턱이 인류의 특징의 하나이기 때문이다. 끝으로 아름다운 눈과 높은 이마가 중요시되는 것은 그것이 정신적인 특징——주로 어미로부터 유전되는 지적 특성——을 표시하기 때문이다.

그러면 여자가 남자에게 무의식적으로 요구하는 조건은 무엇일까? 그것은 남자의 경우와 달라서 정확하게 들 수가 없으나, 일반적으로 말할 수 있는 것은 다음과 같은 점이다. 즉, 여자는 30세부터 35세의 연령층에 있는 남자를 특히 좋아한다. 그녀들이 남성미의 전성기를 대표하는 20대의 남자보다 이 연령층을 택하려고 하는 것은, 취미가 아니라 본능에 의해 움직이기 때문이다. 여자들은 남자의 생식력이 이 시기에 최고도에 도달한다는 것을 알고 있는 것이다. 그리고 여자는 대체로 미남을 소홀히 여기는데 아마도 외모는 자기편에서 자식에게 유전시킬 수 있다고 생각하는 모양이다.

여자의 환심을 사는 것은 역시 남자의 체력과 용기이다. 이것은 건강한 자식을 낳을 수 있는 증거가 되며 앞날의 용감한 보호자를 가질 수 있기 때문이다.

남자의 모든 육체적인 결함, 즉 종족의 정상적인 형태에서 벗어난 기형은 여자의 그 부분이 정상이거나 또는 반대의 방향으로 기형화되어 있으면, 여자는 생식을 통하여 남자의 결함을 보충시킬 수가 있다. 그러나 남자에게 고유한 특성으로서 어머니로서의 아내에게 유전시킬 수 없는 것은 별문제이다. 예컨대 골격의 남성적인 구조, 넓은 어깨, 단정한 발, 근육의 힘, 수염, 용기 등등이 그것이다. 여자가 여자다운 남자를 사랑하는 일은 절대로 없지만, 바람둥이 사나이를 사랑하는 경우가 흔히 있는 것은 이러한 여성적인 결함은 여자의 능력으로 메울 수 없기 때문이다.

사랑의 제2조건으로 생각되는 것은 정신적인 특질이다. 여자가 매력을 느끼는 것은 남자의 심리나 성격에 속하는 특질로서, 자식은 이러한 면을 아버지로부터 물려받기 때문이다. 특히 여자의 마음을 끄는 것은 굳센 의지, 두려움을 모르는 용기,

그리고 아마도 정직하고 선량한 마음씨일 것이다. 그러나 지능적인 특질은 여자에게 본능적인 아무런 매력도 주지 못한다. 그것은 이 특질이 아버지에게서 유전되지 않기 때문이다. 무지는 여자의 사랑을 얻는 데 조금도 지장을 주지 않는다. 남자의 두뇌가 뛰어나 천재적일 경우에는 하나의 변칙적인 특질로서 결정적인 장애가 되는 수가 허다하다. 추하고 우둔하고 야비한 사나이가 얼굴이 잘생기고 총명하고 고상한 남자를 제쳐놓고 사랑의 승리자가 되는 수가 많은 것은 이 때문이다.

지적인 면에서 볼 때, 전혀 어울리지 않는 남자와 사랑을 하여 결혼하는 수가 많은 것은 별로 신기할 것이 없다. 예컨대 남자는 우악스럽고 튼튼하고 미련한데, 여자는 교양 있고 고상하고 사고력이 풍부하고 다정다감하고 우아한 경우, 또한 반대로 남자가 학자요 천재인데, 여자가 바보인 경우가 있는 것이다. 이때 고려되는 조건은 지능에 관한 것이 아니라 본능에 관한 것이기 때문이다.

인간이 결혼생활에서 요구하는 것은 결단코 재치 있는 대화가 아니라, 자식을 낳는 일이다. 그것은 마음의 결합이지 두뇌의 결합이 아니다. 여자가 간혹 남자의 재능에 반했다고 말하는 경우도 있는데, 그것은 가소로운 거짓이 아니면 성적 타락에서 오는 잠꼬대이다.

반대로 남자가 본능적 사랑을 할 때는, 여자의 성격은 문제시하지 않는다. 세상에는 많은 소크라테스가 크산티페를 아내로 맞이하고 있는 것은 이 때문이다. 그러나 여자의 지적인 특질은 매우 중요한 조건이 된다. 그것은 이 특질이 아버지에게서 유전되지 않기 때문이다. 그러나 이 여성의 지적 특질이 육체미에 압도되기 쉬운 것은 육체미가 생식이라는 가장 긴요한 면에 더 직접적으로 작용하기 때문이다.

세상에는 어머니가 자기의 경험에 비추어 보아 이러한 지력의 성적 위력을 깨닫고 딸에게 그림이나 외국어와 같은 것을 배우게 하여 그 남편에 대한 매력을 한결 북돋아 주려고 하는 것은 당연한 처사이다. 이것은 인위적인 방법으로 이성에 대한 지능의 작용을 돕는 것으로 시대의 취미 여하에 따라서 궁둥이나 젖가슴을 유난히 발달시키려는 것과 같은 방법이다. 특히 주의해야 하는 것은 이 경우에 본능에 호소하면 직접적으로 유혹할 수 있으며, 이것만이 참되고 정열적인 사랑을 낳는다는 사실이다.

교양이 있고 이지적인 여자가 남자의 지능과 재주에 호의를 갖기도 하고, 이기적이고 사색을 즐기는 남자가 아내 될 여자의 성격에 관심을 갖는 일도 있지만, 이것은 내가 여기서 말하는 것과는 아무런 관계가 없는 것이다. 마찬가지로 이성적인 선택이 결혼에 이르는 경우는 있으나, 결코 열렬한 사랑에 빠지는 일은 없다.

지금까지 사랑에 있어서의 절대적인 조건, 즉 일반적인 효과를 가져오게 하는 조건에 대해서만 이야기하였는데, 이번에는 사랑의 상대적인 조건, 다시 말해서 개체를 목표로 한 조건에 대하여 이야기하려고 한다. 이 조건이 고려되는 것은 종족의 형태가 손상되는 것을 시정하고 사랑하는 당사자 사이에 기형적인 것을 교정하여 후손에게 올바르게 나타나도록 하려는 데 있는 것이다. 그리하여 인간은 상대방으로부터 자기에게 결핍된 점이 있을 때, 이를 더욱 존중하며 이러한 각도에서 상대방을 선택할 때에는, 앞에서 말한 절대적인 조건만을 염두에 두고 상대를 선택한 때보다 훨씬 엄밀하고 결정적이고 배타적이다. 흔히 찾아볼 수 있는 일시적 사랑은 절대적인 고려에서 이루어지며 진정한 정열인 사랑은 성립되기 어렵다. 정열에 불을 붙이려면 반드시 단정하게 생긴 아름다운 용모가 필요한 것이 아니며 오직 하나의 조건, 즉 화학적 작용에 비유해서 말하면 두 사람의 애인이 '산'과 '알칼리'가 중화되는 것처럼 피차에 유무상통되어야 하는 것이다.

본시 모든 성적 특질은 하나의 이질로서 각자 그 정도가 다르며, 현저한 차이를 보여준다. 인간은 누구나 어느 한 사람의 이성에 의해 다른 모든 이성보다 한층 더 자기 자신의 이질적인 면을 보충하고 중화시킬 수 있으며, 이 경우에 앞으로 태어날 개체의 소질을 염두에 두고 있으므로, 이 새로 태어날 개체

속에서 인류의 형태가 수정되기 위해서는 어떤 이성으로부터 자기 자신의 이질에 대응하는 체질적 이질을 도입할 필요가 있는 것이다.

생리학자는 성적 특질이 남녀를 막론하고 허다한 양상을 띠고 있음을 인정하고 남녀 간에 그 가장 저급한 양상은 반음 양성을 띠고 있다는 것이다. 그러므로 양성 사이에 속한 중성적인 인간은 성적 관계가 극히 미온적이다. 남녀의 두 개체가 서로 중화되기 위하여 남자의 어느 일정한 성적 양상이, 바로 상대방 여자의 성적 양상에 적응해야 하며, 이때 쌍방의 이질적인 소질이 잘 보충된다. 가장 남성적인 사나이가 가장 여성적인 여인을 구하는 것은 그 때문이다. 이것은 여성의 편에서도 마찬가지이다.

애인은 언제나 본능에 따라 움직이며, 자기에게 필요한 대응성이 상대방에게 있는지 없는지 세밀히 검토하며, 이 측정은 다른 배려와 함께 열렬한 사랑의 토대를 이루고 있다.

남자는 체력이 약할수록 체력이 강한 여자를 구하며, 여자 쪽에서도 같은 심정으로 남자를 구한다. 그러나 여자는 자연의 법칙에 의해 육체적으로 남자보다 열등하므로, 흔히 여자가 건강한 남자를 택하려고 하는 것은 자연스러운 일이다.

그리고 키도 중대한 조건이 된다. 즉, 키 작은 남자는 키 큰 여자를 좋아하게 마련이며, 여자 측에서도 마찬가지이다. 키 큰 여자가 키 큰 남자를 싫어하는 것은 자연의 뜻을 좇는 태도로 종족이 거인화되는 것을 방지하기 위해서이다. 유전에 의해 엄청나게 몸집이 큰 인간이 태어나면 살아가기에 지장이 많아 오래 생존해 나갈 수 없기 때문이다. 만일 키 큰 여자가 여러 가지 동기와 일종의 허영에서 키 큰 남자를 남편으로 맞아들이면, 그 어리석음이 곧 자식들에게 미치고 만다. 모든 인간은 신체의 결함과 기형을 바로잡을 수 있는 상대를 구하며 그 결함과 기형이 중요한 부분일수록 더욱 열심히 그런 상대를 기대하는 법이다. 코가 납작한 자는 뾰족코에 앵무새 얼굴을 한 이성에게 커다란 매력을 느끼며, 메마른 키다리 사나이는 통통하고 키 작은 여자에게 큰 호감을 느낀다. 이와 같은 현상은 성격 면에서도 찾아볼 수 있다. 즉, 누구나 자기와 반대되는 성격을 가진 이성을 좋아하며 그 구애의 열의는 자기가 갖고 있는 성격의 강도에 비례한다.

우리가 이성에 대하여 이러한 선택과 고려를 할 때 자기 자신은 미처 깨닫지 못하고 있으나, 보다 더 우월한 자, 즉 종족의 명령에 순종하고 있는 것이다. 그러므로 자기로서는 무심히 보아 넘길 수 있는 여러 가지 사실들이 매우 중요시된다. 두 사람의 젊은 남녀가 맞선을 보았을 때 무의식적으로, 그러나 긴장된 마음으로 잽싸게 상대방을 관찰하는 태도하며 날카롭게 구석구석 살펴보는 예리한 눈초리, 신체의 모든 윤곽과 부분이 세밀히 계산되는 검토 등등 인간 행위에서 이만큼 신비스럽고 진지한 것은 있을 수 없다.

이런 정밀한 검토야말로 그들에 의해 탄생될 미래의 유아와 그 체질에 대한 혼령의 용의주도한 배려이며, 상대방에 대한 그들의 애정과 욕정의 정도는 이 배려의 결과에 의해 결정되는 것이다.

하기는 이 최초의 사랑이 어느 정도 무르익은 연후에 지금까지 미처 눈에 뜨이지 않던 결함이 발견되어 파탄에 이르는 수도 있다. 종족의 혼령은 이 경우에도 다음 세대의 인류에 대하여 염려하며, 그들에게 남겨줄 대사업에 몰두하고 있는 것이다. 이 종족의 혼령으로 볼 때 현재에서 미래에 걸친 종족 전체의 커다란 이해득실에 비하면, 잠시 목숨을 부지하는 개인의 이득은 전혀 문제가 되지 않으며 필요하면 언제라도 그들을 희생시켜 버린다. 이 종족의 혼령과 개인의 관계는 불멸한 자와 사멸하는 자의 관계와 같으며 양자의 이해에는 무한과 유한의 차이가 있는 것이다. 그리하여 종족의 혼령은 개인의 이해에 대해서보다 한층 중대한 임무를 위한 전란의 불바다이다. 분주히 사무를 집행하는 중이건, 페스트가 유행하는 때이건, 혹은 한적한 절간이건 개의치 않고 태연히 할 일을 수행한다.

나는 앞에서 개체적인 조건을 많이 고려하였을 때일수록 사랑의 열도가 강하다고 전제하고 남녀가 서로 보충할 수 있는 신체적 소질을 갖고 그 결합으로 종족의 형태가 정상으로 돌아가기를 은연중에 바라기 때문에 상대방이 그러한 소질을 갖기를 요구한다고 말하였는데, 이 경우에는 하나의 배타적인 욕정이 상대편을 유인하여 종족의 특수한 사명을 대행하게 되므로 순식간에 초인간적인 고귀한 사랑으로 변한다. 그러나 이와 반대로 단순한 성적 본능은 유일한 상대에게만 쏠리지 않고 모든 이성에게 한눈을 팔며 종족은 단지 유지만 하면 족한 것으로 알고 그 특질 여하에 대하여는 거들떠보지 않으므로 천하게 보인다.

사랑을 세상에서 둘도 없는 이성에게 쏟게 되면 엄청난 힘과 열을 내게 되며, 만일 그것이 뜻대로 이루어지지 못하면 본인에게는 세계의 모든 값진 것은 물론 심지어 목숨까지도 불태워진다. 그리하여 아무리 큰 희생도 두렵지 않으며 그 불타오르는 거센 정열로 때로는 방랑하기도 하고 자살 소동도 부리게 된다.

이러한 정열이 일어나는 까닭은 앞에서도 말한 바와 같이 일반적인 사랑의 원인과 달라서 분별하기가 한결 어렵다. 다만 우리가 알 수 있는 것은 이 경우에 작용하는 요인이 신체적인 적응뿐만 아니라, 남자의 의지와 여자의 지능이 특수한 적응을 하여 두 사람만이 어떤 새로운 개체를 낳을 수 있다는 데 기인

한다는 것이다. 즉, 이 경우에 종족의 혼령이 원하고 있는 것은 새로운 개체의 존속이다. 그러면 왜 개체의 존속을 원하는가? 그것은 종족의 존속 자체에 내포된 이유에서 비롯되며 우리의 사고는 거기까지는 미치지 못한다. 다시 말하면 그것은 살려는 의지가 오직 이 두 남녀를 양친으로 해야만 비로소 태어날 수 있는 독특한 개체 속에서 자신을 나타내려고 하기 때문이다. 이 생존 의지의 이러한 형이상학적인 욕구는 우선 앞으로 태어날 개체에 작용할 수 있는 바탕에 영향력을 행사하며 당사자들은 오직 자기 자신을 위해 사랑을 하고 있는 줄 알고 갖은 애를 다 쓰지만, 그들이 하는 일은 전적으로 형이상학적인 목적을 이루는 데 있다. 이와 같이 미래의 개체가 생존을 원하고 또 실제로 생존을 할 수 있는 유일한 기회를 찾는 돌파력은 모든 생물의 원천인 생존 의지에서 비롯되는 것이다. 이 형이상학적인 생존에의 욕구는 앞으로 양친이 될 두 남녀가 상대방에 대하여 갖고 있는 강력한 연정으로 나타나며, 그들에게 하나의 아름다운 환상을 주어 이 세상의 모든 가치를 희생해서라도 서로 결합하게 한다.

그러나 그들의 실제 소득은 모든 다른 이성과 결합하였을 경우에 있을 소득과 별로 다를 것이 없으며, 그 소득은 그들이 지금까지 애써 온 보수의 전부이며, 단 유일한 결과이다. 그러므로 이 무서운 정열도 인간의 다른 정열과 마찬가지로 이성과의 접촉에서 오는 향락이 끝나자 곧 소멸되며 당사자로 하여금 장탄식을 금치 못하게 한다. 그리고 이러한 정열은 여자가 임신할 수 없을 경우에도 사라지는데, 그것은 형이상학적 목적이 이루어질 수 없기 때문이다. 이리하여 몇천 만으로 헤아릴 수 있는 태종이 불임으로 날마다 소멸되지만 그 속에서도 같은 생멸의 형이상학적 본체가 생존을 요구하고 있었던 것이다. 그러나 이러한 현상은 별로 우려할 필요가 없으며, 생존 의지는 무한한 공간과 시간과 물질을 자유로이 사용할 수 있으므로 같은 기도가 무한히 되풀이되는 것이다.

사랑의 불길은 모든 시대의 시인들이 여러 가지 형식을 빌려 묘사하려고 하였으나 완전히 표현할 수 없었으며 남김없이 작품화할 수 없던 주제였다. 어느 한 여인을 손에 넣는 것을 무상의 행복으로 생각하게 하고 그 뜻을 이루지 못하면 가장 큰 비애로 간주하게 한 이 욕정에서 비롯되는 사랑의 그리움과 고뇌는 결코 개인의 허망한 욕구에 비롯되는 것이 아니라 종족의 혼령의 탄식이다. 자기의 뜻을 실현하려는 이 종족의 혼령은 그 성패를 판가름하는 유일한 기회가 되므로 한숨 겨워하는 것이다.

종족만이 무궁한 생명을 갖고 커다란 만족과 우환과 고뇌를 견딜 수 있다. 그러나 이 만족과 우환과 고뇌가 생멸하는 개체의 조그마한 가슴속에 곧잘 기어들기 때문에 그 가슴이 미어지는 것 같으며 그 커다란 열락과 고뇌를 이루 표현할 수 없는 것도 당연하다. 그러므로 이 사랑의 불길은 모든 우수한 연애시의 주제가 되며 지상의 경험을 초월한 것으로 간주하여 별나라의 수식을 하게 된다.

애인끼리 피차에 무한히 소중히 생각하고 있는 것은 결코 보기 드문 어떤 지적인 특질이나 무슨 객관적 또는 실재적인 특질 때문이 아니라, 페트라르카의 경우와 마찬가지로 본인들은 잘 의식하지 못하지만 종족의 혼령은 언뜻 보고 애인이 자신에게 어떤 가치를 지니고 있는가를 알고 그들이 자신의 목적에 어떻게 봉사할 수 있는가를 간파한다. 그러므로 대개 열렬한 사랑은 첫눈에 무르익는 법이다.

자기가 극진히 사랑하는 애인을 연적에게 빼앗기거나 혹은 그 애인이 죽으면 참을 수 없는 심한 괴로움에 사로잡히는 것은, 그 고통이 초월적인 성격을 지니고 있어 개체로서의 본인에게 작용하지 않고 그의 영원한 본성, 즉 혼령에 관련되어 있기 때문이며, 이 경우에 개체로서의 그는 종족적 혼령의 특수한 뜻을 실현할 사명을 띠고 있는 것이다.

사랑의 질투가 고뇌에 충만한 정념으로 나타나거나 어떤 희생보다 사랑하는 자를 단념하는 것이 가장 견디기 어려운 이유도 이런 관점에서 손쉽게 납득할 수 있는 것이다. 일상적인 슬픔에 잠기는 것을 남부끄럽게 생각하고 있는 영웅도 사랑의 슬픔만은 억제하지 못하는 법이다. 이때 비탄에 빠져 있는 것은 실은 그 자신이 아니라 종족 때문이다. 칼데론의 훌륭한 희곡 《제노비》의 제2막에 제노비와 데시우스가 등장하여 후자가 이렇게 말하는 장면이 있다. '아, 그래 당신은 날 사랑하는가? 그렇다면 나는 열백 번의 승리도 포기해 버리지. 적진에서 도망쳐 올 테야.'

여기서는 지금까지 그렇게 소중히 여겨 오던 명예가 무시되고, 그 대신 사랑, 즉 종족의 이해가 결정적인 역할을 하고 있다. 지금까지 명예와 의무와 충성을 위해서는 온갖 유혹과 죽음의 위협까지도 물리쳐 왔으나 종족의 이해 앞에서 무릎을 꿇고 만다.

마찬가지로 일상생활에 있어서도 이 사랑에 대해서만은 아직도 믿을 수 없다. 다른 면에서는 가장 정직하고 의리 있는 사람도 사랑에 대해서만은 양심의 가책도 개의치 않는 열렬한 사랑, 즉 종족의 이해에 사로잡혀 만인의 멸시도 아랑곳없이 심지어 간통까지도 감행하는 것이다. 그 경우에 그는 자기가 개인적인 이해관계에서 생기는 권리와는 전혀 다른 지상의 특권이 부여되어 있다는 사실을 암암리에 의식하고 있는 듯이 보이기도 하는데, 그것은 실상 개체보다도 무한히 큰 종족의 이해관계에 얽혀 있기 때문이다. 이러한 견지에서 볼 때, 생 폴의 다음과 같은 말은 주목할 만하다. '두 사람의 남녀가 서로 뜨거운 사랑을 느낄 때에는 그들 사이에 가로놓인 장애물이 무엇이건――남편이건 부모건――그들은 이미 자연의 이름으로 결합되어 법률과 관습의 권외에 서 있으며, 하나의 신성한 권리를 공유하고 있다고 나는 언제나 생각하곤 한다.'

이 말을 반박하는 자가 있다면 그리스도가 복음서에서 간통한 여인에게 어떻게 대하였는가를 상기해 보는 것이 좋을 것이다. 그는 그녀에게 관대한 말을 하고 주위에 서 있는 사람들에게도 같은 죄과가 있음을 지적하였던 것이다.

또한 저 《데카메론》[5]의 대부분은 이러한 견지에서 종족의 혼령이 개체의 권리와 이해를 일축하고 빈정거리는 풍자와 독설이라고 볼 수 있다. 종족의 혼령은 모든 지위의 상위, 모든 애로와 장벽을 철저히 배격하고 유린하며, 인간이 이룩한 모든 제도 습성을 지푸라기처럼 집어던지고 오직 미래의 인류를 탄생시키는 데만 유의한다. 애인에 대하여는 가장 비겁한 자까지도 모든 위험과 압력을 무릅쓰고 용맹을 떨치는 것은 사랑에 내포된 커다란 형이상학적인 사명에 격려되기 때문이다.

우리가 연극이나 소설에서 젊은 남녀가 자기들의 사랑을 위해, 즉 종족의 이해를 무시하고 개인적인 이해만을 위해 부모들의 훼방을 보복해 나가는 장면을 읽으면 커다란 흥미와 공감

---

5) 《데카메론》: 14세기 이탈리아의 최대의 문학자인 보카치오의 작품.

을 일으킨다. 그리고 대체로 사랑을 하고 있는 자의 수고는 종족이 개체보다 중대한 의의와 사명을 지니고 있으며, 따라서 사랑을 훼방하는 모든 장애에 대하는 모든 노고보다 월등 뜻있고 고귀하며 값진 것이다. 그러므로 거의 모든 연극이 그 기본 주제로 택하고 있는 것은, 종족의 혼령이 그 소망과 계획을 갖고 무대에 나타나 다른 등장인물을 위협하여 그들의 행복을 매장하려는 모습이다. 그리하여 대체로 그 줄거리는 종족의 혼령이 승리하여 시로써 아름답게 끝을 맺어 관객들에게 만족을 준다. 이것은 그들이 종족의 뜻이 개체의 뜻보다 훨씬 더 중대하다는 것을 깨닫기 때문이며, 결국 두 사람의 애인이 승리를 거두어 기뻐하는 장면을 보고 마음을 놓는다. 이 경우에도 애인들은 환상에 사로잡혀 행복을 손에 넣었다고 생각하지만, 실은 그렇지 않고 종족의 복리를 위해 선견지명이 있는 양친의 반대를 무릅쓰고 자기들의 행복을 희생시킨 것이다. 그러나 어떤 희극에는 이러한 줄거리를 거꾸로 꾸며 종족의 목적을 희생시킨 대가로 개체의 행복을 손에 넣는 데서 끝나는 경우도 있는데, 이러한 희극을 본 관객들은 마치 종족의 혼령이 느끼는 것과 같은 고통을 느끼고 개체에 적극적으로 행복을 허용하는 데 대하여 불안을 느끼게 된다. 예컨대 〈16세기의 왕비〉, 〈이성적인 결혼〉 등등을 들 수 있다. 그리고 사랑을 취급한 비극에서는 거의 모두가 애인이 비참한 최후를 맞게 되어 있다. 그들은 종족의 도구가 되어 그 목적을 이룰 수가 없는 것이다. 그 예로 〈로미오와 줄리엣〉, 〈탕크렛〉, 〈톤칼로스〉, 〈발렌슈타인〉, 〈메시누의 신부〉 등 얼마든지 들 수 있다.

사랑을 하고 있는 모습은 대개 희극적이며 때로는 비극적으로 보인다. 이것은 결국 그 어느 경우에 있어서나 그들이 종족의 혼령에 속하여 전적으로 그 지배를 받기 때문에 그의 행동이 자기의 성격과 조화가 되지 않는 데 이유가 있다. 사랑의 정열이 고도에 이르면 당사자의 연정이 시적이고 숭고한 색조를 띠고, 당사자들은 완전히 사랑의 형이하학적 목적을 망각할 정도로 초탈한 경향으로 흐르게 된다. 즉, 그들은 종족의 혼령과 그 목적에 이용되어 그들을 양친으로 해서만 탄생되는 일정한 소질의 새로운 개체를 낳아 미래의 세대를 건설하는 사업에 참여하고 있기 때문이다.

요컨대 이 경우에 그 두 사람이 결합해야만 생존 의지가 다음 세대에 새로운 개체를 낳게 할 수 있는 것이다. 이리하여 그는 자기 자신이 이런 초월적인 의의를 지닌 큰 사업에 참여해 있다는 사실을 암암리에 느끼고 있으므로 그들의 심정은 지상의 사물, 아니 자기 자신 이상으로 되어 그 육체적 욕정도 육신을 초월한 것 같은 모습을 띠게 된다. 그러므로 사랑은 평범한 모든 인간의 생애에서 시적인 삽화가 되어 그 장본인이 속물일 경우에는 그 사랑을 기점으로 하여 전후의 행동에 차이가 심하여 우스꽝스러울 정도로 돋보인다. 종족의 이해를 앞세우는 의지가 개체에 부여하는 사명에는 일종의 베일이 씌워져 있기 때문에 애인을 손에 넣기만 하면 무한한 행복이 찾아오는 것으로 믿고 있으며, 열정이 고도에 이르면 이 망상은 갈수록 현혹적인 매력을 느끼게 하여 만일 뜻을 이루지 못하면 당사자에게는 생활이 전혀 보람 없고 무의미하게 보이며, 염세적인 생각이 죽음에 대한 공포까지도 압도하여 극도의 불행감까지 감수하게 된다. 사실 개체는 종족 의지가 어떤 대상에 작용하고 있는 무한한 의지를 받아들이기에는 너무나 작고 연약한 그릇이다. 그렇게 되면 벌써 자살 또는 정사라는 결과를 초래하며, 이 사실을 입증하는 사실은 해마다 얼마든지 신문에 보도되고 있다.

그런데 이러한 비극을 초래하는 것은 이루어지지 못한 사람만이 아니다. 이루어진 사랑도 행복보다 불행을 초래하는 경우가 많다. 왜냐하면 사랑이 요구하는 것은 당사자의 개인적인 복리에 외면하고 실생활이나 내일의 계획에는 무관심한 채 지금까지의 소원과 희망과 꿈의 탑을 허물어 버리기 때문이다.

이리하여 사랑은 개인의 사회생활과 일치되지 않을뿐더러 그 정신생활과도 보조가 맞지 않는 경우가 때때로 있다. 그리하여 그는 섹스를 제외하고는 증오와 멸시와 염증을 일으킬 수밖에 없는 여인에게로 한눈을 팔게 된다. 그는 다만 종족의 의지에 의해 지배를 받으므로 상대의 결함에는 눈을 감고 혐오심을 무시하여 중요한 문제를 간과하거나 오인하고 여인을 욕정의 대상으로 삼아 결합한다. 그러나 그가 현혹된 일은 종족의 의지가 만족되는 순간 곧 소멸된다. 따라서 평생을 두고 귀찮은 반려자가 달려 있는 격이 되어 버린다. 우리는 가끔 이지적인 비범한 남자가 요부를 아내로 삼고 도대체 자기는 무엇 때문에 이런 여자를 택하였나 하고 기이하게 생각하는 것도 이와 관련지어 이야기할 수 있다. 옛날 사람들이 사랑의 신에게 완전히 눈가림을 당하고 살아온 것도 결코 있을 수 없는 일이 아니며, 또한 남자가 장차 아내로 맞이할 애인의 기질이나 성격에 용납 못할 결함이 있음을 알고 그 때문에 한평생 속을 썩일 것을 예상하면서도 좀처럼 그녀를 단념하지 못하는 경우도 있을 수 있다. 이때에 그가 요구하고 있는 것은 실상 그가 생각하는 개체적 이익이 아니라, 그 사랑에서 태어나는 제3자의 이익이기 때문이다. 이런 사랑은 개인의 이익이 망각되어 있기 때문에——그것은 장엄하고도 위대한 징표이다. 숭고한 외관을 보여주며 시의 주제가 될 만한 가치를 갖게 되는 것이다. 그리고 때때로 사랑은 애인에 대한 증오심과 타협하는 경우가 있는데, 플라톤은 그것을 '양에 대한 늑대의 사랑'에 비유하였다. 이 경우에 본인이 아무리 애써 결심하여도 사랑에 빠진 개체는 도저히 그 냉정한 소리를 받아들이지 못하는 법이다.

'나는 그녀를 사랑도 하고 미워도 한다.'(셰익스피어)──이런 경우에는 애인에 대한 증오심에 불타 드디어는 살해하여 버리고 자기도 자살하는 일까지 생긴다. 신문을 보면 그 실례를 얼마든지 찾아볼 수 있다. 괴테의 다음의 시구는 적절한 표현이다.

짓밟힌 모든 사랑과 지옥불에 맹세하노니
나는 그 이상 더 무서운 저주를 모르노라.

열렬히 사랑하는 여자가 자기에게 냉정하거나 또는 자기를 고민 속에 몰아넣고 재미있어 할 경우에 너무나 잔인하다고 생각하는 것은 당연하다. 그는 곤충의 본능과 같은 하나의 충동에 사로잡혀 이성의 소리는 아랑곳없이 오직 자기의 목적을 이루려고 한다. 그리하여 이루어질 가망도 없는 사랑을 무거운 사슬처럼 끌고 다니면서 때때로 숲속에서 탄식하여 마지않는 자는 저 페트라르카 이외에도 수없이 있었다. 그러나 시의 천재를 지니고 있는 저 페트라르카뿐이었으니, 괴테의 아름다운 시구는 바로 그를 두고 노래한 것 같다.

남들은 묵묵히 사랑의 상처를 안고 있지만
하느님은 나에게 그 괴로움을 노래할 힘을 주었노라.

종족의 혼령은 언제나 개인의 수호신과 싸워서 그를 박해하는 강적으로 군림하며, 자신의 목적을 달성하기 위해서는 여지 없이 개인의 행복을 짓밟아 버린다.

그리고 국민 전체의 행복이 이러한 종족적 혼령의 조작에 좌우되는 경우도 가끔 있다(셰익스피어는 《헨리 4세》 제3부의 3의 2-4에 그 보기를 그려 보여 준다). 인간의 본성은 종족에게 뿌리를 박고 있으므로 종족이 개인에 대하여 우선권을 갖고 있어 그 안전이 개인의 안전보다 우위에 놓이는 것도 당연하다.

옛날 사람들도 이 진리를 간파하고 있었다. 그들이 종족의 혼령을 의인화한 사랑의 신은, 얼굴은 어린아이 같으나 반항적이고 잔인하고 사납고 변덕스러운 폭군 같은 악귀로 여러 신과 인간을 지배하는 것이다. 그 신은 날개를 달고 살생의 화살과 눈가림을 지니고 있었다. 여기서 날개는 변심을 상징하고 있으며 흔히 사랑의 욕정을 만족시키면 곧 미궁 속에서 그 날개를 펴는 것이었다. 사랑은 실상 종족의 이익을 위해서만 힘쓰는데, 개체의 행복이라는 미궁에 빠져 있으므로 일단 종족에게 헌신하면 곧 이 미혹은 소실되고, 지금까지 개체를 사로잡고 있던 종족의 혼령은 개체를 방임하여 본래의 자유로운 몸으로 돌아가게 한다. 이리하여 방치된 개체는 다시 빈약한 상태에 놓여, 지금까지 그렇게 많은 영웅적인 고귀한 노래를 아끼지 않은 자기에게 차례가 온 것은 비천한 감각적 만족밖에 없으며, 모든 기대는 사라지고 전보다 조금도 행복하지 않은 자기 자신을 발견하고 새삼 놀라는 동시에 자기가 종족의 혼령의 수족이 되어 왔다는 사실을 깨닫게 된다. 일단 아리아네(이상적 여인)를 손에 넣은 테지(아테네 임금)는 욕정을 만족시키고 곧 그녀를 버리곤 한 것은 이 때문이었다. 만일 페트라르카의 애정이 만족을 얻었던들 그의 시가는 마치 둥지에 알을 깐 새가 울지 않는 것처럼 벙어리가 되어 버렸을 것이다.

나의 사랑의 형이상학은 현재 사랑의 함정에 빠져 있는 사람들에게는 분명히 반감을 일으킬 것이다. 그러나 만일 사랑에 대하여 깊은 고찰을 하는 자라면 내가 여기서 논한 근본 진리가 다른 어떤 견해보다 사랑의 위압에서 벗어나는 데 힘이 되어 줄 것이다.

요컨대 사랑에서 맺어진 결혼은 개체를 희생시켜 다음 세대의 행복을 도모하는 것이므로 거의가 불행에 그치게 마련이다. 스페인의 속담에 이런 말이 있다. "사랑에서 출발하여 결혼한 자는 고통 속에 살아간다. 그러나 이와 반대의 경로를 걷는 것은 대개 양친의 선택으로 맺어진 종래의 결혼으로 어떤 남녀의 결합이건, 적어도 하나의 존속성은 갖고 있다. 그러므로 스스로 파탄에 빠지는 일은 거의 없다."

주지하는 바와 같이 행복한 결혼이 매우 보기 드문 것은 결혼의 본질이 현재의 당사자가 아니라 미래의 후손을 중요한 목적으로 삼고 있기 때문이다. 그러나 본시 우아한 심정을 갖고 태어나 한창 사랑을 하고 있는 사람들에게 어느 정도 위안을 주기 위해 다음과 같은 사실을 부언하고자 한다.

열렬한 사랑은, 때로는 전혀 기원을 달리한 조건, 즉 성격의 일치에서 오는 우정과 결부되는 경우도 있다. 그러나 그것도 우정이 뚜렷해지고 사랑이 성적 만족을 얻어 손실된 연후의 일이다. 다음 세대를 위해 애정의 본능이 일어나려면, 두 사람의 남녀 속에 서로 보충하고 조화되는 체질이나 덕성이나 지적 특성이 있어야 하거니와, 이 특성은 서로 대립되는 성격이나 정신상으로 융합이 이루어지는 것이다. 이 경우에 남녀의 우정이 성립된다.

내가 여기서 말한 사랑의 형이상학적인 해설은 모두가 나의 형이상학과 엄밀히 관련되어 그 거대하고 진지한 이해를 근거로 삼고 있는 것이다.

그 하나는 인간의 본성 자체가 불멸이며, 앞으로 지속되는 세대 속에 존속된다는 것이다. 만일 인간이 하루살이와 같은 존재로 인류의 각 세대가 서로 다르고 동떨어져 단지 시간 선상의 연속을 이어 나가는 데 불과하다면, 어떤 사고나 의도에서가 아니라 우리의 본성에 깃들어 있는 가장 내면적인 충동과 성향에서 출발하여 그토록 강하게 발동하는 정감이 개체로서의 인간에게 그렇게까지 불가침의 억센 힘으로 지배할 리가 만무한 것이다.

둘째로는 인간 본성 자체보다 종속 속에 더 많이 깊이 개재되어 있다는 것이다. 즉 모든 정사는 보잘것없는 애호에서 대단히 진지한 정열에 이르기까지 그 모든 단계에 있어서 언제나 종족의 특수한 됨됨에 의존해 있는 것이다. 이것은 사실상 모든 인간에게 가장 중대한 요건——그것이 성취되고 안 되는 것이 그에게 가장 큰 영향을 미치는 일로 여기에는 마음의 과업이라는 적절한 명칭이 부여되는 것이다.

그리하여 한번 이 종족에 대한 이해관계가 큰소리로 자기를 내세우면 개체에만 관계되는 그 밖의 이해관계는 모두 거기 굴복하며 때에 따라서는 그 희생이 되기도 한다. 이렇게 인간은 <u>스스로</u> 종족이 개체보다 더 소중함을 체험하며 자기 자신이 개체보다 종속 속에 더 많이 살고 있다는 사실을 깨닫게 된다.

대체 무엇 때문에 사랑을 하고 있는 장본인은 여인의 포로가 되어 그녀를 위해서라면 어떤 희생도 달게 받으려고 드는가? 그녀에의 연정은 그 남자 속에 깃들어 있는 영원한 불멸의 영역에 속하며, 그 밖의 모든 것은 허망한 생멸의 영역에 관련되어 있기 때문이다.

그러므로 어느 특정한 여인에 대한 불타는 사모는 그대로 우리의 본성이 불멸이라는 것을 입증하며 이것은 우리에게 빛을 던지고 있다. 요컨대 사랑에 불이 붙으면 점점 맹렬히 타오르는 것은 앞으로 다가올 인류의 특수한 개성적 소질이 후세속에 존속하는 증거이다. 그럼에도 불구하고 이러한 '존속'을 어떤 불완전하고 무의미한 것으로 생각한다는 것은 그릇된 생각이다. 이러한 생각은 종족의 생명이 지속되는 것을 단지 앞날에 우리와 비슷한 인간이 존재하는 데 불과하다고 생각하고 우리와 그들이 사실상 동일함을 염두에 두지 않는 데서 일어나며, 또한 사물의 외모에 치중하여 직관에 의해 알 수 있는 종족의 외면만 보고 그 내재적 본성을 보지 못하기 때문이다.

이 내재적인 본성이야말로 인간 의식의 핵심이다. 그것은 의식의 근저에 있으며 따라서 의식 자체보다도 더 직접적인 것, 즉 개개의 원리에서 떠난 물자체로서 일체의 개체 속에서 아무리 시간적으로나 공간적으로 곳곳에 흩어져 있을지라도 영원히 동일무이한 것으로 항존하는 것이다. 그것은 또한 내가 다른 말로 '살려는 의지'라고 부르는 것으로, 생명과 존속을 욕구해 마지않으며, 죽음이 손을 대지 않고 남겨 주는 힘이다. 동시에 그것은 있는 그대로의 현상으로——그 이상으로 자체를 개선할 수 없다.—— 개체로서의 생존을 유지하며 끊임없이 고뇌와 죽음을 면할 길이 없다. 그런데 이 죽음과 고뇌에서 벗어나는 길은 '살려는 의지'를 포기하는 데 있다. 이렇게 되면 개체 속의 의지는 종족의 근원에서 벗어나 종족 속에 있어서의 존재를 멸절할 수 있다.

그러나 이렇게 자기 자신을 내동댕이치고 난 후의 의지가 어떤 상태에 이르는지——여기 대해서는 우리의 사고력이 미치지 못하며 따라서 그 점에 대하여 분명한 재료를 전혀 마련할 수 없다. 그것은 다만 살려는 의지로, 되는 것도 안 되는 것도 다 자유로운 상태라고 볼 수밖에 없다. 불교의 열반은 이 후자의 경우, 즉 '살려는 의지'를 원치 않는 상태를 보여 주고 있거니와 아무튼 이 점에 대하여는 그 성질상 우리의 어떤 의식도 영원히 개입할 수 없는 것이다.

우리는 이제 이 마지막 달관에 도달하였다. 여기서 다시금 인생의 시끄러운 이모저모를 굽어보면, 모든 인간이 한결같이 궁핍과 우환에 사로잡혀 있으면서도 끊임없이 자기 욕구를 충족시키려고 하여 허다한 불행을 피하기 위해 온갖 힘을 기울이고 있으나 그들이 바랄 수 있는 것은 다만 이런 비참하고 괴로운 개체로서의 생존을 한동안 유지하는 데 불과하다.

이런 혼란 속에서 두 사람의 남녀가 서로 애욕의 눈초리를 교환하고 있는 것이다. 그런데 그들은 일거일동에 대하여 왜 그렇게 남의 눈을 두려워하는가? 왜 그렇게 겁을 내며 몰래 교제를 하는가? 그것은 그들이 인류를 배반하는 반역자이기 때문이다. 다시 말하면 그들은 이러한 밀책으로 성교라는 행위가 이루어지지 않으면 단절될 인류의 모든 비극을 영속시키려고 하기 때문이다. 이 인생의 비극은 그들이 조상들과 마찬가지로 이번에는 그들 때문에 단절될 수 없는 것이다.

5. 여성에 대하여

'여인'이라는 실러의 시는 세밀한 고찰을 하여 대구와 반어구의 힘으로 많은 감명을 주지만, 내가 보기에는 부인에 대한 참된 찬송은 그것보다도 존의 몇 마디의 말에 더 잘 나타나 있다.

'여인이 없으면 우리들의 일생은 처음에 도움을 받을 수 없고, 중간에 즐거움이 없으며, 종말에 위로가 없는 것이 될 것이다.' 바이런도 그 Sardanapal의 1·2막에 같은 의미를 감상적으로 다음과 같이 표현하고 있다.

"인간의 생애는 여인의 가슴에서 비롯된다. 당신이 맨 처음 지껄인 말은 그녀의 입에서 가르침을 받았으며, 당신이 맨 처음 흘린 눈물은 그녀의 손으로 닦았고, 당신의 맨 나중 숨결은 한 여인의 곁에서 거두게 마련이다."

1

여인이 커다란 정신적인 일이나 육체적인 일도 감당할 수 없도록 되어 있다는 것은, 단지 그녀들의 몸집을 언뜻 보기만

해도 알 수 있다. 여인은 생존의 죄과를 행동이 아니라 노고로 갚는다. 다시 말하면 해산의 고뇌, 유아에 대한 걱정, 남편에게 복종하며 그 인내성 있는 반려가 되어 따뜻한 손길 노릇을 한다. 심한 고뇌, 희열, 노력 등등은 여인의 천분 밖에 속하는 일로서 그녀들의 생애는 남자보다 훨씬 더 고요하고 참을성 있게 흘러가게 마련이다.

그런데 남녀의 생애는 근본적인 점에 있어서 어느 쪽이 더 행복하거나 더 불행한 것은 아니다.

2

여인이 우리들의 유년기에 없어서는 안 될 존재로 보육자나 교육자로서 적합한 것은 요컨대 그녀들이 유치하고 어리석고 근시안적이기 때문이다. 즉, 평생토록 큰 어린아이에 그치기 때문이다. 다시 말해서 그녀들은 어린아이와 남자의 중간적 존재이므로 남자만이 진정한 인간이라고 하겠다. 여자아이를 보라. 하루 종일 어린아이와 함께 시시덕거리며 뛰놀며 노래하고 있지 않은가. 만일 남자가 하루 종일 어린아이의 시중을 열심히 들면 도대체 무슨 일을 할 수 있겠는가.

3

자연이 젊은 여자에게 화장을 시키는 것은 마치 연극의 불꽃 같은 무대 효과와 같아서 얼마 동안 넘쳐흐르는 아름다움과 매력을 보여 주지만, 그 대가로서 나머지 긴 생애에 마이너스를 가져온다. 그것은 짧은 몇 해 동안에 남자의 망상을 휘어잡고, 그들로 하여금 마치 불가항력에 사로잡힌 것처럼 한평생 성실하게 그녀의 시중을 들게 하기 위해서이다. 그들은 여기까지 불러들이기 위하여 단지 이성적 사려를 촉구하는 것만으로는 되지 않으며, 아무래도 성욕이라는 본능으로 유인해야 하기 때문이다. 그리하여 자연은 그 밖의 모든 피조물과 마찬가지로 여인에 대해서도 그 존재를 확보하는 데 필요한 무기나 도구를 마련해 주거니와, 그것은 그녀들이 다만 그것들을 사용할 필요가 있는 기간뿐이다. 우리는 여기서도 자연의 통칙인 절약주의를 엿볼 수 있다. 즉, 그것은 마치 수개미가 일단 교접을 마치면 알을 깔 때에 이미 불필요한 것, 방해가 되는 날개를 상실하는 것과 같이 여자도 두서너 번 해산을 하면 아름다움을 상실하는 것이 보통인데 모두가 같은 이유에서 비롯되는 현상이다.

그러므로 젊은 여자는 가사나 사무적인 일을 마음속으로는 자기의 참된 일거리로 보지 않고 오히려 한낱 장난처럼 생각하며, 사랑을 하여 남자를 발견하고 몸을 맡기거나 혹은 거기 수반되는 일, 즉 화장이나 춤 같은 것을 자기가 참으로 애써 해야 할 일로 생각하고 있는 것이다.

4

 무엇이든지 정도가 높고 완벽할수록 서서히 성숙하는 법이다. 남자의 이성과 정신력이 성숙되는 것은 28세에 도달할 무렵이지만 여자는 18세 정도이다. 그런데 이렇게 조숙하는 여자의 이성은 명색이 이성일 뿐, 실제로 매우 열등한 것이다. 그러므로 여자는 한평생 어린이를 벗어날 수 없으며 언제나 눈앞의 것만을 보고 현재에만 사로잡히며 사물의 외관과 실상을 곧잘 오인하고 가장 중대한 일보다 사소한 일에 구애되곤 한다. 즉, 인간이 동물과 달라서 현재에만 살고 있는 것이 아니라 과거와 미래에 관심을 갖고 걱정하고 속을 썩이는 것은 이성을 갖고 있기 때문이다. 여인은 빈약한 이성을 갖고 있으므로 남자에게 비하면 이성에서 비롯되는 여러 가지 이해관계와 인연이 멀다. 따라서 여인은 정신적 근시안으로써 협소한 시야를 갖고 있으므로, 그 지성은 가까운 데만 예민하게 볼 수 있고 먼 데 것은 눈에 들지 않는다. 그러므로 그녀들에게 현존하지 않는 모든 것, 과거의 것이나 미래의 것이 우리네보다 훨씬 미약한 영향을 준다. 그녀들이 때로는 미친 듯이 낭비를 하는 것도 이 까닭이다. 여인은 마음속으로 남자의 역할은 돈을 버는 일, 여자의 그것은 돈을 쓰는 일, 가급적 남편이 살아 있을 때부터 죽은 뒤에까지 돈을 쓰는 것이 일이라고 생각하고 있다. 남자가 가계를 위해 벌어들인 돈을 주고 간섭을 하지 않는 데서 그녀들은 더욱 이런 사고방식에 젖게 된다. 이리하여 여인의 현금주의라는 사실은 대단히 좋지 못한 결과를 초래하고 있지만, 한편 거기서 오는 이득도 없지 않다. 여인은 우리보다 한층 더 현재 속에 살며, 따라서 견딜 만한 현재라면 그것을 곧잘 즐긴다. 또한 그녀들에게 고유한 명랑성으로 두통거리가 많은 남자의 마음을 맑게 가시게 하고, 때로는 큰 위로자가 되기도 한다. 그러므로 옛 게르만인처럼 곤란한 경우에 처하여 부인에게 상담하는 것은 결코 무익한 일이 아니다. 그녀들은 우리들과 전혀 상이한 견해를 갖고 있으며 언제나 목적을 달성하기 위한 가까운 길을 곧잘 발견하는데, 그것은 그녀들이 가까이 잘 보기 때문이다. 반대로 우리는 먼 곳에 한눈을 팔아 발밑에 있는 것도 못 보는 수가 많다. 그럴 때에는 부인의 조언을 들어 가깝고 단순한 것을 바라볼 필요가 있다. 또한 여인은 우리보다 훨씬 담담한 심정을 갖고 있기 때문에 사물을 실제 있는 그대로 관찰할 줄밖에 모르지만, 우리는 정열에 도취되는 경우가 많고 현실을 과장하여 보고 때로는 공상의 날개를 펴기도 한다.

여인이 남자보다 한층 더 많은 동정심, 따라서 인간애를 갖고 불행한 자들에게 많은 동정을 보내지만, 정의나 정직이나 성실에 있어서는 남자보다 못하다는 사실도, 우리는 같은 이유에서 이해할 수 있다. 즉, 그녀들은 빈약한 이성을 갖고 있으므로 현존하는 것, 직관할 수 있는 것, 직접 실재하고 있는 것이 그녀들에게 압도적인 작용을 하며, 추상적인 사상이나 일반적 격언도 결의도 그리고 대체로 과거, 미래에 대한 생각이나 현존하지 않는 먼 데 있는 것에 대한 고찰 등에는 등한한다. 이런 점에서 여인은 간장을 갖고 있으면서 담낭이 없는 유기체에 비교할 수 있다.

여인의 성격에는 부정의라는 근본적 결함이 있음을 알 수 있다. 이 결함은 주로 지금 언급한 바와 같이 그녀들의 이성이 빈약하고 사고를 충분히 못하기 때문이며 자연이 약한 그녀들을 인도하며 힘보다는 술책에 의존케 하기 때문이다. 그녀들이 본능적으로 간사하고 거짓말을 잘 하는 이유도 여기에 있다. 즉 자연은 사자에게 발톱과 이빨을 제공하고, 코끼리나 멧돼지에게 주둥이를, 황소에게 뿔을, 오징어에게 먹물을 준 것과 마찬가지로 여인에게는 그 무기로 에누리하는 수법을 제공한 것이다. 즉 용사에게 건장한 육체와 이성을 주고, 여인에게는 이 유일한 선물을 준 것이다. 그러므로 속임수는 여인이 타고난 성품이며 아둔한 여자도 이 점에 대해서는 영리한 여자에게 뒤떨어지지 않는다. 그녀들이 기회가 있는 대로 이 능력을 발휘하려고 하는 것은 자연스러운 일로, 마치 동물이 적의 공격을 받았을 때 이빨이나 발톱을 쓰는 것과 다름없다. 그녀들은 암암리에 그렇게 하는 것이 일종의 권리 행사라고 생각하고 있는 것이다. 따라서 진실하여 허위를 일삼지 않는 여인이란 거의 없으며, 또한 그 때문에 그녀들은 손쉽게 남의 허위를 간파한다. 그러므로 그녀들의 앞에서 위선이나 가장을 하는 것은 현명한 일이 못 된다. 여인의 이런 근본적인 결함과 그 부수적인 결함에서 허위, 불신, 반역, 망상 등 여러 가지 악덕이 발생하는 것이다. 법원의 증언대에서 위증을 하는 것은 남자보다 여자가 훨씬 더 많으며, 여자에게 무슨 맹세를 하게 한다는 것부터가 문제이다. 그리고 아무것도 부족할 것 없는 귀부인이 상점에서 몰래 물건을 훔치는 것은 옛날부터 어느 나라에서나 흔히 있는 일이다.

5

자연은 인류를 번식케 하고 그 올바른 형태를 유지하기 위해 젊고 건장한 남자를 도구로 사용하며, 이런 억센 자연의 의지는 사랑을 요구하는 여인의 정열로 나타난다. 이 법칙은 그 위력에 있어서 다른 어느 법칙보다도 우세하다. 그러므로 이 법칙을 무시하고 자기의 권리와 이득을 주장하는 자가 있다면 화근이 되어 그가 무슨 짓을 하더라도 그 권리나 이득은 사정없이 유린되어 버린다. 여인이 품고 있는 은밀한 무언의, 아니 무의식적이고 선천적인 신조는 '우리는 종족의 운명 이상의 권리를 행사할 수 있다고 믿는 남자에게 타격을 줄 권한을 갖고 있다. 종족의 성격과 행복은 우리들에게서 태어나는 다음 세대의 인류를 통하여 우리의 수중에 놓여 있다. 그것은 성실한 중개에 의존하므로 우리는 이 임무에만 성의를 다하면 된다'는 것이다. 그런데 여인은 이 신조를 머리로 알고 있는 것이 아니라 본능적으로만 의식하고 있으므로 기회가 이르면 행동으로 나타난다.

이리하여 그녀들은 우리가 상상하기보다 훨씬 태연한 마음을 갖고 있다. 그녀들은 자기 마음속에서 개체에 대한 의무는 버렸지만, 그만큼 보다 더 종족에 대한 의무를 다하였으므로, 종족의 권능은 개인의 그것보다 무한히 크다고 생각하고 있기 때문이다.

본질적으로 말하면 여인은 다만 종족의 번식을 위해서도 존재하고, 그 평생의 임무는 그것으로 끝난다. 따라서 그녀들은 항상 개체보다도 한층 더 종족 속에 살며, 개체에 관한 것보다 종족에 관한 것에 더욱 충실하다. 그녀들의 이러한 생활 태도는 그 행동 전체에 걸쳐서 일종의 무분별이라는 특색을 지니게 된다. 그리하여 남자의 생활이나 행동과는 근본적으로 다른 경향을 보여 준다. 남녀가 결혼한 후에 충돌이 생기는 일이 비일비재한 것은 이 때문이다.

6

본래 남자는 중립적이고 여자는 적대적이다. 그것은 경쟁자에 대한 증오감이 남자는 단체에 한정되어 있고, 여자는 그녀들 전체에 파급되어 있으며 또 그녀들은 모두가 유일한 가사를 갖고 있는 데서 비롯된다. 그녀들은 길가에서 서로 만났을 때도 그녀들은 마치 '질프'당과 '기브란'당처럼 적대시한다. 처음 교제할 때에도 남자들보다 훨씬 더 속이 들여다보이는 가면을 쓰거나 빈말을 한다. 따라서 두 여인의 인사하는 것을 들으면 남자보다 더 우스꽝스럽다. 남자는 자기보다 훨씬 신분이 낮은 자에게도 대체로 다소의 겸양과 인정을 섞어서 말하지만 여인은 그렇지 않다. 귀부인이 자기보다 신분이 낮은(그렇다고 하인도 아닌) 자에게 거만하고 몰인정한 태도로 말하는 꼴은 차마 눈 뜨고 볼 수 없을 지경이다. 여인에게는 모든 지위상의 상위가 우리들보다 훨씬 부정확하고 훨씬 빨리 변하여 없어지며(왜냐하면 우리는 수십 가지가 우열이라는 저울에 얹히나 그녀들에게는 다만 한 가지 점, 즉 어떤 사나이의 사랑을 받고 있느냐에 대한 차이밖에 없다), 그녀들이 모두가 가사에 종사하여 남자의 경우와는 비교도 되지 않을 만큼 비슷한 입장에 서 있기 때문에 더욱 신분의 상위를 내세우게 된다.

7

키가 작고 어깨도 좁고 궁둥이가 크고, 다리가 짧은——이 여자라는 족속을 아름답다고 보는 것은 다만 성욕으로 말미암아 눈에 아지랑이가 낀 사나이의 몰지각 때문이다. 여자의 미는 하나에서 열까지 이 성욕이라는 충동 속에 깃들어 있는 것이다. 여인은 아름답기는커녕 비예술적이라고 말하는 것이 옳다. 음악이나 시나 조형미술에 대해서 그녀들은 사실상 아무런 이해도 감수성도 갖고 있지 않으며, 그녀들이 그것을 이해하는 체하고 떠들어대는 것은 다만 남자의 사랑을 끌기 위한 흉내에 지나지 않는다. 그녀들이 객관적 감정 수입을 할 수 없는 것은 남자가 모든 사물을 이해나 지배를 통하여 직접 좌우하려고 하는 데 반하여 여자는 단지 간접적 지배, 즉 남자를 통하여 지배하려고 하기 때문이다. 그러므로 그녀들은 선천적으로 모든 것을 다만 남자를 손에 넣기 위한 수단으로 보고, 그 밖의 일에 관심을 갖는 것은 다만 외관상 그렇게 보일 뿐이며, 하나의 거짓 행위, 즉 애교를 파는 원숭이의 흉내에 불과하다. 그러므로 루소도 말하고 있다. '여인은 대체로 어떠한 예술도 사랑하지 않으며, 또 어떠한 예술에도 익숙할 수 없고, 아무런 천재성도 갖고 있지 않다.' 마란벨에게 보낸 편지.

　이것은 적어도 사물을 외관 이상으로 볼 수 있는 사람이라면 진작 관찰하고도 남음이 있었을 것이다. 그리고 이를 확인하려면 단지 음악회나 오페라나 연극 등을 구경할 때, 그녀들이 주의를 어떤 방면에 집중시키는가를 살펴보면 된다. 예컨대 대걸작의 가장 미묘한 대목이 연주될 때에도 그녀들이 어린애처럼 멍청한 얼굴을 하고 나불나불 지껄이는 것을 본다. 그리스인은 여인을 극장에 넣지 않았다고 하거니와, 만일 이것이 사실이라면 도리에 맞은 처사였다. 그런데 우리들의 시대에서는 '여인은 교회에서 침묵을 지키라', '여인은 극장에서 입을 다물라'고 커다란 글자로 써 붙이면 좋을 것이다. 여인이란 대체로 가장 우수한 자라 할지라도 미술 방면에서는 참으로 위대한 독창적 창작을 한 일이 없으며, 하나도 영원한 생명을 지닌 가치 있는 작품을 제작한 적이 없었다는 것을 생각해 볼 때 여자에게서는 기대할 만한 것이 없음을 알 수 있다.

이런 현상이 뚜렷이 눈에 띄는 것은 특히 회화 방면이다. 기술에 있어서는 그녀들에게도 남자들과 같은 소질이 있어 열심히 공부하지만 명화라고 부를 만한 것은 그런 예가 없다. 여성들은 정신을 객관적으로 활용할 줄 모르는데, 회화에서는 그것이 무엇보다 직접적으로 요구되기 때문이다. 그녀들은 때때로 주판 속에 매몰되어 버리는 것이다. 또한 마찬가지 이유로 대개 여자는 회화에 대하여 조금도 참된 감상력을 갖고 있지 못하다. 그도 그럴 것이 자연은 비약을 하지 않기 때문이다. 물론 예외가 있다. 그러나 그것은 대국을 변경할 수 없으며, 전체적으로 본부인은 언제나 가장 근본적인 의미에서 처치하기 곤란한 속물이다.

그녀들은 남편의 신분과 간판을 내세우는, 부조리하기 짝이 없는 관습에 젖어 있으며 언제나 남자의 공명심을 자극하여 곧잘 비열한 수단까지 취하게 한다. 여인에게는 이런 성격이 있어 앞장을 서서 꼬리를 치기 때문에 결과적으로 근대 사회가 이렇게까지 악화된 것이다. 부인이 남편의 지위를 나눠 가진다는 점에 대해서는 나폴레옹 1세의 말이 적절하다. 그에 의하면 '부인에게는 벼슬을 주어서는 안 된다'는 것이다. 그리고 그밖에 여성의 다른 점에 대해서는 생 폴이 말한 것이 옳다. 그는 말하였다. '그녀들은 우리들의 약점과 어리석음을 통하여 교제해야 하며, 결코 이성을 통해서 교제할 수 없다. 그녀들과 남편들 사이에는 겉으로만 상통하며 정신과 영혼과 성격적으로 상통하는 일은 매우 드물다.'

그녀들은 열등한 족속, 모든 점에서 뒤에 자리를 잡아야 할 아류의 종족이므로 그 약점은 관용해야 하지만 철없이 존경한다는 것은 우스운 일이며, 그녀들의 눈 아래서 우리 자신을 비굴하게 하는 소치이다. 자연은 인류를 절반으로 나누었지만 그 재단신은 한가운데 있는 것이 아니다. 또한 모든 양극에 있어서의 소극과 적극의 차이는 질에만 있는 것이 아니라, 동시에 양에도 있다.

옛날 사람과 동양 사람들은 여인을 이렇게 보아 왔다. 따라서 여자들에 대한 대우도 우리보다 훨씬 정확하였는데 우리는 기독교와 게르만적 어리석음에서 피어난 크나큰 꽃바구니──

저 프랑스에 전해 온 예절과 부인 숭배라는 악취미에 착각을 일으킨 결과 그녀들은 저렇게 건방지게 되고 철면피하게 되어 버렸다. 우리들은 때때로 베나테스의 원숭이를 상기한다. 그 원숭이는 성스런 동물로서 받들기 때문에 자신은 신성불가침적 존재로 자처하여 무엇이든지 제멋대로 높이려고 든다.

서양 여자들 가운데서도 특히 귀부인은 그릇된 지위에 놓여 있다. 옛날 사람들이 정당하게도 열등족속이라고 부른 여자란 족속은 결코 우리들의 존경이나 숭배의 대상이 될 수 없으며, 따라서 남자보다도 얼굴을 높이 치켜든다거나 남자와 동등한 권리를 가질 수 있는 자격이 없는 것이다. 이 그릇된 지위에서 비롯되는 고약한 결과는 눈이 매울 지경이다. 그리하여 가장 요망되는 것은 옛날 그리스인이나 로마인에게 보이면 필경 폭소를 자아내었음직한 저 귀부인이라는 요물 계급을 타파하는 일이다. 그렇게 되면 사회적으로, 정치적으로 매우 좋은 결과를 가져올 것이다. 저 유럽의 판에 박힌 귀부인이라는 존재는 절대로 허용해서는 안 되며, 여자로서는 가정부인과 그것을 원하는 아가씨가 있으면 충분하다. 젊은 처녀들은 거만한 귀부인이 되기 위해서가 아니라, 집안일을 돌보고 남편에게 복종하도록 교육해야 한다. 유럽에 귀부인이라는 족속이 있기 때문에 신분이 낮은 여자들, 즉 부인의 대다수는 동양보다 훨씬 불행한 입장에 놓여 있다. 바이런까지도 이렇게 말하였다. '고대 그리스시대의 여자의 위치는 지금 생각해 보면 상당히 높은 것이다.' 오늘의 사태는 기사제도와 봉건제도의 만풍에서 비롯된 여파로서 인공적이며 부자연스럽기 짝이 없다. 여인에게는 충분한 의식을 부여하여 가정을 잘 돌보게 해야 하며, 사회에 내보내서는 안 된다. 그리고 정치나 시에는 손을 대지 말고 성실하게 종교적 교육을 받아, 다만 종교 서적과 요리책을 읽게 하면 족하다. 음악, 그림, 무용 그리고 때로는 가벼운 뜰 안 일이나 논밭 일도 시키는 것이 좋다. 나는 이 '바이라스'에서 그들이 훌륭히 도로 청소를 맡고 있는 것을 보았다. 그렇다면 젖짜기쯤은 할 수 있지 않겠는가.

8

일부일처제가 채택되어 있는 유럽에서는 결혼하는 것은 자기의 권리는 반감시키고 의무를 배가함을 뜻한다. 법률이 여자에게 남자와 동등한 권리를 허용한다면 그녀들에게 남자와 동등한 이성도 부여해 주어야 할 것이다.

그럼에도 불구하고 법률이 여자에게 권리나 명예를 인정하고 그녀들의 자연스러운 상태를 무시하면 할수록 실제로 이 법률의 혜택을 입는 여자의 수가 점점 줄어들어 결국 나머지 대다수의 여자들은 그만큼 훨씬 더 많이 본래의 자연적 권리를 상실하게 된다. 법률은 여자가 어느 모로나 남자와 동등한 자가 아닌데도 전적으로 동등하게 보며 일부일처제도와 혼인법을 통하여 언뜻 보면 여자에게 유리하지만 실은 부자연스럽기 짝이 없는 입장을 부여하기 때문에 총명하고 사려 깊은 남자들은 결혼이라는 불리한 약속을 하여 그런 희생을 당하기를 주저하는 것이다.

일부다처제도의 국민 사이에서는 여자가 저마다 생활의 비호를 받고 있는데 일부일처제도의 나라에서는 결혼한 여자의 수가 얼마 안 되어 나머지 수많은 여자들이 살아 나가기가 어려운 형편에 있다. 그리하여 상류 계급에 속한 여자들은 시들어 빠진 노처녀로 하릴없이 허송세월을 하며 하층 계급에 속한 측들은 괴로운 노동을 하여 살아가거나 매춘부가 되는 수밖에 없다. 그리하여 매춘부가 되어 생활의 보람도 즐거움도 모르고 살아가는 여자들은 이런 일부일처제도의 사회에서 남자의 성욕을 만족시키기 위한 도구가 되어 있다. 그들의 직업은 법적으로 공인되어 있거니와 그 목적은 현재 남편을 갖고 있는 여자가 남편을 가지려고 하는 여자들의 그릇된 유혹에 빠지지 않도록 방어하는 데 있는 것이다. 런던만 하더라도 매춘부의 수는 8만에 달한다. 여자가 일부일처제도에 희생을 당하여 더러운 진구렁 속에 빠진 것이다. 즉, 그녀들은 일부일처제도라는 제단에 제공된 제물에 지나지 않는다. 비통하고 추악한 생활을 계속하고 있는 이 여자들은 거만한 귀부인이 존재하는 한 없어지지 않는 군상이다. 그러므로 대국적 견지에서 볼 때 여인들을 위해서는 차라리 일부다처제도가 말썽이 덜할지 모른다. 특히 아내가 만성병에 걸려 있거나 불임증이 판명되었거나, 또는 나이를 먹어서 성적 매력이 없어졌을 때 남편이 두 번째 아내를 맞이하는 것이 왜 나쁜가? 나는 이성적으로 냉정히 생각해 보면 그 이유를 찾아낼 수가 없다.

일부다처주의에 대하여는 별로 논쟁하는 자가 없다. 그것은 곳곳에서 실시되고 있는 사실이라고 하겠다. 그러므로 우리는 다만 그것을 어떻게 조절하느냐가 문제이다. 도대체 진정한 의미에서 일부일부주의자가 어디 있는가. 우리들은 모두가 적어도 어느 시기는 대개 사실상 일부다처주의자가 되어 있다. 남자가 본래 많은 여자를 필요로 하고, 이를 원하는 한, 그가 자유행동을 취하여 책임을 지고 많은 첩을 먹여 살릴 수만 있다면 이의가 있을 리 없을 것이다. 그로 말미암아 여자 자신도 종속자로서 올바르고 정당한 위치에 되돌아가며, 유럽 문명과 기독교 및 독일적 어리석음이 낳은 괴물인 저 귀부인이라는 족속이 남자의 존경과 숭배를 강요하는 웃지 못할 희극은 자취를 감추게 될 것이다. 그리하여 세상에는 단지 여자가 있을 따름이며, 오늘날 유럽에 충만해 있는 불행한 여자는 찾아볼 수 없게 될 것이다. 아무튼 모든 모르몬교에는 정당한 근거가 있다.

9

인도에서는 여자에게 독립이 허용되지 않으며 각각 부친이나 남편이나 형제의 감시를 받고 있는데, 이것은 분명히 《마누 법전》 5장 148절에서 유래되는 것이다. 남편이 죽으면 아내가 그 유해와 함께 화장되는 인도의 풍습이 비인도적이라 한다면, 오늘날 유럽에서 보는 바와 같이 남편이 자식을 위해 한평생 애써 벌어놓은 재산을 남편이 죽은 후에 나중에 과부가 다 써버린다는 것도 비인도적인 처사이다. 그러므로 그 중간을 취하는 것은 복된 일이다. 어머니의 사랑은 동물에게 있어서나 인간에게 있어서나, 원래가 순전히 본능적인 것이므로, 자식이 성장하여 육체적으로 독립하게 되면 소멸되어 버리고 대신 습관과 이성에 입각한 사랑이 나타나는 법이다. 그런데 실제에 있어서는 그것이 나타나지 않는 경우도 가끔 있다. 어머니가 남편을 사랑하지 않았을 경우에 특히 그렇다. 반대로 자기 자식에 대한 아버지의 사랑은 전혀 다르다. 그것은 대단히 견고한 것으로, 자기 자신의 가장 내면적인 자아를 재인식하는 데서 비롯된다. 즉, 그 사랑은 형이상학적 원천에서 유래된다.

옛날부터 오늘에 이르기까지 거의 모든 국민들에게 재산은 아들에게만 상속하기로 되어 있다. 그러나 다만 유럽에서만 귀족 사회를 제외하고는 이 일반적인 원칙이 준수되어 있지 않다. 남자가 오랫동안 애써 모아놓은 재산이 나중에 여자의 손에 들어가며, 게다가 그 여자가 빈약한 이성에 그릇 인도되어 한 몫에 없애 버리거나 그 밖의 여러 가지 방법으로 낭비해 버린다는 광경은 가끔 볼 수 있는 기괴망측한 일로서 여인의 상속권을 한정하여 이를 방지할 필요가 있다. 나의 견해로는 과부나 딸에게는 다만 재산을 저당한 이자를 종신 연금으로 상속케 하는 데 그치고, 남자 상속자가 하나도 없는 경우를 제외하고는 재산의 상속을 허용치 않는 것이 좋은 제도일 것 같다. 재산을 모은 자는 남자이며 결코 여자가 아니다. 그러므로 여자에게 무조건 상속해야 할 아무런 이유가 없으며 또 그 재산을 관리할 능력이 없는 것이다. 또한 여자가 자본금이나 가옥, 동산을 상속한 경우에 그것을 마음대로 처분하는 것을 절대 허용해서는 안 된다.

여자에게는 언제나 후견인이 필요하다. 그러므로 그녀들이 자식의 후견인이 될 수 없는 것이다. 여자의 허영심에는——그것이 남자에 비해 작다고 하더라도——오직 물질적인 방면, 즉 자기 육신의 아름다움이나 금빛으로 번쩍이는 장식품이나 그 밖의 고급 소지품 같은 겉치레에 쏠리는 고약한 경향이 있다. 그리하여 그녀들의 허영심은 사교 생활이라는 넓은 범위에까지 미치게 되며, 게다가 그녀들의 빈약한 이성에 힘을 입어 낭비하기 쉽다. 그러므로 옛날 사람도 이렇게 말하였다. '여자는 선천적인 낭비자이다'라고. 반대로 남자의 허영심은 물질적 우월보다도 지능이나 학식이나 용기와 같은 것에 쏠리는 경향이 많다. 아리스토텔레스도 《정치론》 제2권 9장에서 스파르타인이 여자에게 너무 많은 것을 허용하였기 때문에 그녀들은 남편의 유산을 다시 혼수 비용으로 썼으며, 방종과 자유가 허용되었기 때문에 크게 쇠퇴하였고 드디어 그 멸망을 촉진하였다고 말하고 있다.

한편 프랑스에서는 루이 13세 이래 점점 증대해 간 여자의 세력이 궁정과 정부를 날로 부패하게 하였기 때문에, 제1혁명이 일어나고, 계속해서 번번이 혁명과 내란이 일어났던 것이다. 아무튼 여자에게 부당한 지위를 준다는 것은(우리 귀부인 계급이 그 가장 뚜렷한 예이다) 분명히 사회 상태를 위태롭게 하는 원인이 되며, 그 나쁜 영향은 사회의 중심에서 비롯되어 모든 부분에 파급된다. 여자는 선천적으로 남자에게 복종하기 마련이다. 이것은 설혹 여자가 부자연한 위치에서 자주독립을 하고 있어도 바로 한 남자에게 의지하여 그 지도나 지배를 달게 받는 것을 보아도 명백하다. 요컨대 여자에게는 젊어서는 남자 애인이 필요하고, 늙어서는 참회승이 필요한 것이다.

6. 교육에 대하여

 모든 개념은 직관을 추상하는 데서 발생한다. 이것은 우리들의 지능이 성격에서 비롯되는 것을 말하며, 즉 직관은 개념에 선행한다. 이 전후 관계가 그런 과정을 밟는다면 우리는 자기의 하나하나의 개념이 어느 직관에 해당되며, 어느 직관이 어느 개념을 대표하는가를 분명히 알 수 있다. 그리고 이 양자에 대한 올바른 지식에 의하여 자기가 당면한 모든 일을 정확하게 처리할 수 있다. 이런 방법을 가리켜 자연적 교육이라고 할 수 있을 것이다.

 그런데 인공적 교육은 피교육자의 두뇌가 직관의 세계에 대하여 광범한 사실을 갖고 있기 전에 강의나 교과나 독서 등을 통하여 개념을 가득히 주입한다. 이런 개념에 대하여서는 경험이 뒤따라 거기 해당되는 직관을 지적해 주거니와, 이 개념들은 잘못 적용되어 사물과 인간관계가 그릇 생각되고 판단되고 취급되기가 일쑤이다.

 이러한 교육은 비뚤어진 두뇌를 형성하게 되므로 많은 학도들은 오랜 수강 생활과 독서 생활을 한 연후에는 뜻밖에도 우직하고 구부러진 인간이 되어 세상에 나오며, 매사에 전전긍긍하는가 하면 무모하게 고슴도치처럼 처세하려 든다. 그도 그럴 것이 두뇌에는 개념이 가득 차 있어서 그것을 적용하느라고 애를 쓰지만 언제나 거의 실패하기 때문이다. 그것은 지금 말한 뒤의 것을 먼저 하는 데 기인한다. 즉, 우리가 정신력의 자연스러운 발달 경로를 역행하여 우선 개념을 머릿속에 넣고 나중에 직관을 받아들이는 데서 오는 것이다. 그리하여 교육자가 학도의 인식이나 판단 및 사고 능력을 발달시키려고 하지 않고 단지 그들의 두뇌 속에 인연이 먼 기성 사상을 주입하려고 한다. 그 때문에 훨씬 뒤에도 개념의 그릇된 적용에서 오는 모든 판단을 경험이 시정하게 되는데, 이것도 완전히 이루어지는 일이 드물다. 따라서 박식한 사람으로서 상식이 풍부한 경우는 매우 드물며, 무식한 자들이 오히려 건전한 상식을 갖고 있는 경우가 허다하다.

교육자는 우선 인식이 실제로 어떤 순서를 밟는가를 세밀히 알고 이 순서에 따라 피교육자로 하여금 질서 있게 사물과의 관계에 대한 지식을 얻게 해야 하며, 결코 두뇌 속에 그릇된 사상을 주입해서는 안 된다. 이런 사상은 한 번 주입되면 다시 폐기되지 않는다. 그러므로 주의를 요하는 것은 직관이 개념에 선행하되 그 반대가 되지 않는 일이다. 그런데 실제로는 대체로의 교육상이 유해한 역행——개념이 직관에 선행으로——즉 아이들은 나면서부터 발로 걸어 다니고, 시는 처음부터 운율을 밟아 짓는 것으로 생각하는 모양이다. 아이들의 정신이 아직 빈약한 직관밖에 갖고 있지 못할 때부터, 그대로 선입관이 될 여러 가지 개념이나 판단을 주입하므로 아이들은 나중에 직관과 경험에 의하여 이것을 추출하지 않고, 오히려 그것을 직관이나 경험에 적응시키려고 한다. 모든 사물에 대하여 기성 개념만을 받아들여 그 때문에 한 번도 직관과 경험에서 근거가 있는 개념을 끄집어내려고 하지 않으면, 그 지식 전체가 얄팍하고 비뚤어진 것이 되지 않을 수 없으며, 오늘날 그 실례를 얼마든지 찾아볼 수 있다. 그러므로 소년 시절에는 이런 그릇된 과정을 밟지 않고 인식의 발달에 따르는 자연스러운 과정에서 교육을 받아야 한다. 어떤 개념도 직관을 통하지 않는 한 주입하여서는 안 되며, 적어도 직관의 참여 없이 덮어놓고 믿도록 하여서는 안 된다.

이렇게 교육된 아동은 소수의 개념은 갖고 있을 뿐이지만, 모두 올바르고 기본적인 것이다. 그는 사물을 남의 것이 아닌 자신의 척도로 측정할 수 있으며, 따라서 대다수의 사람들처럼 학교 교육의 대부분을 차지하고 있는 망상이나 선입관의 구제에 힘을 기울일 필요도 없다. 그 정신 상태는 근본적이고 명석한 것에 익숙하며, 자기 자신의 판단과 선입관으로부터 독립을 유지할 수 있다. 대체로 말하면 아동이 인생에 관한 지식을 배울 때 무엇보다도 원본에서 배우는 것이 긴요하며, 사본으로 배워서는 안 된다. 그러므로 교육자는 그들에게 책을 읽힐 것을 서두르지 말고 도리어 점점 순서를 따라 사물과 인간 사회의 관계를 알게 해야 한다. 무엇보다 중요한 것은 그들에게 실제의 사물을 올바르게 이해하는 습관을 붙이는 일이다. 피교육자가 언제나 자기의 개념을 실제의 세계에서 직접 끄집어내고 오직 현실에 의거해서 개념을 파악하도록 지도해야 할 것이다. 그런데 관념을 그 밖의 다른 방면, 즉 서적이나 소설, 타인의 담화 등에서 빌려오고, 이어서 그것이 고정된 것으로 현실에 적용되면 어떻게 될까? 그 허망한 사상으로 가득 찬 두뇌는 현실을 잘못 이해하거나 자기의 망상에 준해서 제조하려고 헛된 노력을 하며, 여기서 이론상의 오류가 실천에 있어서 미궁에 빠지게 마련이다.

이렇게 일찍부터 이식된 망상과 거기서 비롯되는 선입관은 커다란 해악을 초래한다. 그러므로 참된 세계와 인생이 우리들에게 베푸는 교육은, 주로 그 잘못된 것을 추려내는 데 주력하게 된다. 디오게네스의 《고문 선집》 6권 7에, 무엇이 가장 필요한 교육이냐고 묻는 말에 "나쁜 것을 분간하여, 그것을 잊어버리는 것이다"라고.

일찍부터 주입된 오류는 대체로 씻어 버리기 어려운데, 판단력은 뒤늦게 성숙되므로 아동이 18세가 되기까지는 큰 오류를 내포하고 있을지도 모르는 모든 가르침——철학이나 종교 또는 여러 가지 학문의 일반적 견해——은 피하고, 다만 수학과 같이 오류를 범할 우려가 없는 것이든지, 혹은 어학이나 박물학, 역사처럼 아무런 오류도 위험도 내포되어 있지 않는 과목만 학습시키는 것이 상책이다. 요컨대 어떤 연령에 있어서나 그 시기에 있는 학생들의 두뇌에 적응하여 완전히 이해할 수 있는 과학만을 수업해야 한다.

청소년 시절은 재료나 사실을 수집하여 하나하나 근본적으로 알아야 할 시기이므로 대체로 사물에 대한 판단은 나중에 미루는 동시에 최종의 설명은 보류하는 것이 좋다. 다시 말하면 이 시기에 처한 피교육자는 지성의 성숙과 경험에 선행하여 일어나는 판단력은 덮어두고, 여러 가지 선입관을 받아들임으로써 그것이 고정되는 일이 없도록 주의해야 한다. 그렇게 하지 않으면 판단력은 끝내 절름발이가 되어 버린다.

그런데 기억력은 바로 이 청소년기에 가장 활발하고 가장 정확하므로 그 훈련은 이 시기가 제일 적합하다. 다만 거기 따르는 소재에는 면밀한 주의를 요하며 세심한 배려와 선택을 가할 필요가 있다. 즉, 이 시절에 분명히 기억한 것은 한평생 고착되므로 이 귀중한 능력은 될 수 있는 대로 유효하게 이용해야 한다.

우리들의 생애의 시초에서 12년 동안에 알게 된 인상들은 우리가 얼마나 잘 기억하고 있으며, 그 무렵에 일어난 사건이며 경험하고 듣고 배운 허다한 것이 얼마나 깊은 인상으로 남아 있는가를 생각하면, 교육의 기초는 이러한 소년 시대의 감수성과 고착성 위에 뿌리박고 있으며 이 예민한 성능의 소산인 모든 인상을 엄밀하게 규범과 법칙에 따라 선택하고 선도하는 데 있음을 알 수 있다.

실천적이고 활동적인 인간에게 가장 필요한 것인 이 세계가 참으로 어떠한 것이며, 어떻게 움직이고 있는가에 대하여 하나의 정확한 근본적인 지식을 갖는 일이다. 그런데 이것은 다른 어떤 연구보다도 더 오랜 시일이 필요하다. 과학 방면이면 청년 시기에도 가장 중요한 것을 연구 습득할 수 있으나, 이 지식을 얻기 위해서는 만년까지 계속해야 하며, 그래도 충분히 해득지 못하는 것이 보통이다. 청소년들은 이 지식에 대해서는 저마다 초년생으로서, 처음으로 가장 어려운 과목을 배우게 되는 셈이며, 나이를 먹은 사람도 많은 보습 과정을 필요로 한다.

그런데 이 지식 자체도 매우 어려운 것이지만, 그 어려움은 소설을 읽기 때문에 배가 된다. 즉, 소설은 실제로 현실에 있지 않은 사건이나 인간관계를 그린 것인데 모든 것을 경솔하게 판단하기 쉬운 청소년들은 그것을 그대로 받아들인다. 그리하여 지금까지 지녀 온 소극적 무지 대신에 하나의 허망한 가정이 적극적으로 혼란을 초래하여 언제나 경험에 입각한 실지 교육을 훼방하므로 이 올바른 가르침이 오히려 허위처럼 보인다. 그리하여 지금까지 미지의 세계에 놓여 있던 청소년들이 이제야 미궁의 요화에 접하며 젊은 여성에게는 이러한 폐해가 더 심하다. 즉 그녀들은 소설을 통하여 인생에 대한 그릇된 견해가 주입되어, 실제로 실현될 수 없는 기대를 갖게 되며, 이리하여 그 첫발을 떼어 놓으면 평생을 두고 가장 불리한 영향을 받게 된다. 그러므로 시간적 여유가 없었거나 직업에 분주한 나머지 소설을 모르고 청년시절을 보낸 사람은 이 점에 있어서 유리한 입장에 서게 된다. 다만 몇몇 소설에는 여기 말한 비난에서 제외되는 것, 아니 정반대의 영향을 주는 것이 있다. 예를 들면 르사즈의 《*Gil Blas*》나 그 밖의 작품, 부분적으로는 월터 스콧의 소설 등 그리고 《돈키호테》는 지금 말한 혼미를 풍자적으로 묘사한 것으로 볼 수 있을 것이다.

7. 죽음에 대하여

1

 죽음은 영감을 받아들이는 정령, 철학을 주재하는 신······. 죽음이 없었던들 인간은 철학적 사색을 하지 않았을 것이다.
 삶과 죽음은 다 함께 생존에 속하며 서로 의지하여 삶이 죽음의 조건이 되고 죽음이 삶의 조건이 되어 인생의 모든 현상에 대하여 양극을 이루고 있다. 가장 우수한 인도의 신화에 이 사실이 상징의 형태로 표현되어 있다. 즉, 파괴의 신인 시바는 죽은 자의 해골을 목걸이로 하고, 생식을 나타내는 '영감'을 휴대하고 있다. 말하자면 그리스인과 로마인은 죽은 자를 위해서 값진 석관을 마련하여 그 조각에 주연, 무도, 혼례, 수렵, 짐승들의 싸움, '바쿠스'제의 소란 등등──즐거움에 충만하고 발달하고 긴장된 생존의 모습을 묘사하였으며, 때로는 많은 남녀가 성적 쾌락에 빠진 장면이나 '자탈'의 신이 양과 교미하는 광경도 그렸었다. 그들은 비통한 마음으로 매장하는 개인의 죽음과 자연의 영원불멸한 생명을 대조시켜 살아남은 자들을 위안하려고 하였던 것이다.

2

죽음은 성적 쾌락을 즐기는 생식 행위를 통해서 결합된 매듭이 처참하게 풀리고, 인간의 생존에 수반되는 근본적인 미궁이 대뜸 파괴되는 커다란 환멸이다.

3

인간이 지니고 있는 개성은 의의와 가치가 적고 측은하기 짝이 없는 것이니 죽음으로 인하여 잃어버릴 것은 아무것도 없다. 그들에게 어떤 참된 가치가 있다면 그것은 모든 인간에게 공통된 인류로서의 특질이며, 이러한 특질은 개인의 죽음에 의하여 침해되지 않는다. 영원한 생존은 인류에 대해서 기대되는 것이지, 결코 개인에 대해서 기대되는 것은 아니다. 개체로서의 인간에게 영원한 생존이 부여되었던들, 그 성격은 불변이고 그 지능은 협소하므로, 이런 개체로서 살아 나가는 것이 오히려 적막하고 단조로워 생존에 염증을 일으켜 차라리 그것을 벗어나 자살을 하여 허무를 택하게 될 것이다. 개체의 불멸을 원하는 것은 하나의 혼미를 영원히 지속시키려는 것과 다름이 없다. 왜냐하면 개성은 모두가 하나의 특수한 혼미와 과오——그러니까 존재해서는 안 되는 것으로, 생존의 참된 목적은 우리를 거기서 해탈하게 하는 데 있는 것이다. 이에 대한 충분한 실증은 대다수의 인간, 아니 모든 인간은 그가 꿈꾸고 있는 그 어떤 세계에 살게 되더라도 절대로 행복할 수 없게 되어 있는 사실이다. 다시 말해서 그것이 불행이나 고난이 없는 세계라면 그들은 권태의 포로가 될 것이요, 이 권태에서 벗어날 수 있다면 그 정도에 따라 불행이나 고뇌에 빠지지 않을 수 없는 것이다. 그러므로 인간이 행복을 누리게 하려면 보다 더 좋은 세계로 옮기는 데 그쳐서는 충분치 않으며, 그들을 완전히 개조하여 지금의 그들이 아닌 전혀 다른 존재가 되어야 한다. 그렇게 되면 인간은 당연히 지금과는 판이할 것이며, 그 예비적 단계가 되는 것이 죽음이다. 그러므로 이 견지에서 죽음에는 도덕적 필요성이 있다고 보아야 할 것이다. 또한 인간이 하나의 다른 세계로 옮겨간다는 것과, 자기 자신을 완전히 개조한다는 것은 근본적으로 같은 것이다. 죽음은 개체적 의식을 가져오는 것이다. 그러므로 이와 같은 의식이 사후에도 다시 점화되어 무한히 존속된다는 희망은 당치 않는 것이다. 설혹 그렇게 되었다고 치더라도 영원히 지속되는 그 의식의 내용은 빈약하고 비속한 사고와 걱정밖에 아무것도 없지 않는가. 그러므로 개체의 의식은 죽음으로 일단락이 나서 영원히 끝장을 보아야 할 것이다. 모든 생활 기능의 움직임이 그쳐 버리는 것은, 그것을 유지하는 힘에 부담을 덜어 주는 것이 된다. 죽는 데 필요한 자들의 얼굴에 깊은 인식이 충만해 있는 이유도 이해할 수 있다.

4

 생존을 이런 한 토막 꿈에 비하면, 그 전후에 놓인 끝없는 시간의 기나긴 밤은 얼마나 무궁한 것일까. 가을에 곤충의 세계를 관찰해 보면, 어떤 놈은 긴 동면 때문에 잠자리를 마련하고, 어떤 놈은 그냥 한겨울을 지내고 봄에 본래대로 재생되기 위해 껍질을 만들지만, 대다수의 곤충은 죽음의 팔에 안겨 영면할 것을 알고 적당한 장소에 알을 낳는 것으로써 만족하고 이 알에서 다시 새로운 벌레로 재생하려고 한다. 이것은 모두가 자연이 주는 불멸의 가르침이다. 한쪽만이 유독 존재를 위태롭게 하는 것이 아님을 보여 주고 있는 것이다. 곤충이 애써 둥지나 굴을 만들고 봄에 태어나는 유충을 위해 먹이를 장만하며 안심하고 죽어가는 것은, 마치 인간이 내일을 위해 의복과 조반거리를 마련하고 편히 잠자리에 드는 것과 비슷하다.

 그리고 스스로 모든 본성으로 늦가을에 사멸하는 곤충이——잠자리에 드는 인간과 눈 뜬 인간이 동일한 것처럼——봄이 되어 태어나는 유충과 동일한 것이 아니라면, 결코 이런 사후의 준비는 하지 않을 것이다.

5

 개를 보라. 얼마나 태연하게 살아가는가! 이 개가 태어나기 전에 몇 천만 마리의 개가 죽어 갔다. 그런데 이 사실은 조금도 개의 관념을 손상시킬 수 없으며, 아무런 구름도 끼게 하지 않는다. 그러므로 개는 그토록 유유히 마치 오늘이 개로서 마지막 날인 것처럼, 활기 있게 살아가고 있다. 그 눈에는 개로서의 불멸한 본체가 빛나고 있다. 그렇다면 죽음이 몇천 년 동안에 걸쳐 멸망시킬 것은 대체 무엇일까? 그것은 분명히 개가 아니다. 개는 너의 눈앞에 아무런 손상도 입지 않고 앉아 있는 것이다. 그러니까 죽음의 손에 멸망된 것은 개의 그림자와 개의 형상뿐이다. 그리고 우리들의 빈약한 인식 능력은 시간 속에서 이 그림자와 이 형상이 의식하고 있을 뿐이다.

6

 죽은 후의 일에 대하여 어떤 형이상학적 위안을 받을 수 없는 사람도 물질이 영속된다는 사실을 생각해 보면, 거기서 일종의 불멸관을 얻어 다소의 위안을 느낄 수 있을 것이다. 그러나 그들은 이렇게 말할지 모른다. '뭐? 한갓 티끌이나 물질이 영속된다고? 인간의 영생이란 기껏해야 이런 것인가?', '잠깐 기다리세! 당신들은 그 티끌에 대하여 얼마나 알고 있는가? 티끌이 무엇인가? 또 그 티끌이 무엇을 할 수 있다고 보는가? 티끌을 무시하기 전에 우선 알아보도록 하라. 한낱 티끌이나 재에 불과한 물질은 물에 녹아서 결정이 되기도 하고 또는 금속이 되어 빛을 내기도 하며 전광을 비춰 주기도 하고 자력으로서의 위력을 나타내기도 하며……. 혹은 식물이나 동물이 되고 결국은 그 불가사의한 품 안에서 인간의 생명──그 작은 정신이 두려워하고 고민하는──까지 탄생된다. 이런 물질로서 존속한다는 사실은 과연 아무 의미도 없을까?'

7

생사라는 이름의 유희──이보다 더 큰 승부가 어디 있는가. 우리는 모든 것이 삶과 죽음에 관련되어 있는 것으로 보이기 때문에 긴장된 마음으로 열심히 또 불안에 싸여 이 하나하나의 승부를 주시한다. 그런데 절대로 거짓이 없고 솔직하고 개방적인 자연은 여기에 대하여 전혀 색다른 의미를 가르쳐 준다. 즉, 자연은 개체의 삶과 죽음이 자신에게 하등의 관심이 없다고 언명하고 있다. 그 증거로는 동물이나 인간의 생명을 사소한 우연의 농락에 맡겨 죽은 것을 보고 외눈도 거들떠보지 않는다. 당신이 걸어가는 길바닥에 벌레가 기어가고 있는 것을 보라. 당신의 발길에 무심코 한 발짝만 어긋나면 그 벌레의 생사를 결정하는 것이다. 그리고 나뭇가지에 붙어 있는 달팽이를 보라. 도망갈 수도, 몸을 말을 수도, 그리고 거처를 속일 수도, 숨을 수도 없는 몸으로 모든 강적의 희생이 되고 있는 것이다. 또한 물고기가 움켜잡을 수 있는 개울에서 유유히 꼬리치고 있는 것을 보라. 몸집이 둔하여 도망칠 수도, 피할 수도 없는 두꺼비며, 높은 하늘에서 솔개가 노리고 있는 줄도 모르는 새 새끼며, 산림 속에서 늑대에게 발견된 산양——이 모든 희생은 연약하고 무기가 없어, 시시로 닥쳐오는 위험을 눈앞에 바라보면서도 무심히 걸어 다니고 있는 것이다. 이렇듯 자연은, 대단히 정교한 피조물인 유기체를 저항할 힘이 없는 알몸으로 내버려둔 채 보다 강한 자의 밥이 될뿐더러 맹목적인 우발 사건, 즉 길을 지나가고 있는 바보들이나 아이들의 희롱에 맡겨두는 것이다.

거기에는 자연이 이 생물들이 멸망하여도 자기에게는 하등의 영향을 끼치지 않으며, 그 죽음은 자기에게 무의미하여 그 삶이라는 원인도 죽음이라는 결과도 아랑곳하지 않는다고 간명하고도 신성한 언사로 말하고 있는 것이다.

이와 같이 자연이라는 우주의 어머니는 아무런 생각도 없이 자기 자식을 허다한 위난 앞에 버려두는데, 그것은 결국 그들이 죽더라도 자기 품 안에 되돌아올 따름이며 그들의 죽음은 당초에 태어난 고장에 되돌아가는 유희, 즉 하나의 조그마한 손장난에 지나지 않음을 알고 있기 때문이다. 그런데 지금 여기서 동물에 대하여 말한 것은 인간에게도 해당된다.

즉, 자연의 엄위가 우리에게도 비치고 있으며, 우리의 생사는 자연의 마음에 아무런 타격을 주지 않는다. 그러므로 우리도 역시 그 때문에 상심할 필요가 없다. 왜냐하면 우리도 실은 자연의 일부분이기 때문이다.

8

개체의 죽음에 대하여 이런 관찰을 한 다음에, 인류라는 종족에게 눈을 돌려, 우리들의 앞에 있는 요원한 미래를 바라보고, 다가올 허다한 세대 속에서 우리와는 풍습이 다른 무수한 개인이 나타나리라는 것을 상기할 때, 이런 의문이 스스로 일어난다. 즉 '그들은 대체 어디서 오는가? 그리고 지금 어디 있는가? 세계를 잉태하고 미래의 여러 세대를 숨겨두고 있는 허무의 태반──그 풍부한 원천은 대체 어디에 있는가?' 이 질문에 대하여는 웃는 얼굴로 이렇게 대답하면 된다. '그것은 다만 모든 실재가 있던 곳, 그리고 있을 수 있는 곳, 현재 속, 즉 현재가 지닌 바 있는 사물 속, 따라서 또한 너의 속, 다시 말해서 바보와 같은 질문을 던지고 있는 너 자신 속이다. 너는 자기 자신의 본성을 잊어버리고 마치 나뭇잎이 가을에 메말라 떨어질 때 슬퍼만 하며 봄이 되면 다시 초록빛으로 단장하는 것을 생각하여 위로를 삼지 않고 〈그 나무 잎사귀는 나의 것이 아니다. 나의 것과는 아주 다른 것이다〉 하며 슬퍼하는 것과 같다.'

──아, 못난 잎이여! 너는 어디로 가는가? 그리고 그 다른 잎들은 어디서 오는가? 네가 두려워하는 허무의 심연은 어디 있는가? 너는 차라리 너 자신이 이 나무속에서 부단히 작용하고 활동하는 힘에 의존하여 있음을 인식하고, 이 힘은 모든 나뭇잎의 세대를 통해서 삶과 죽음에 구애되지 않는다는 것을 깨달아야 한다.

그리고 여기서 우리는 인간의 세대나 나뭇잎의 세대에 대하여 똑같은 말을 할 수 있을 것이다.

8. 문예에 대하여

1

　모든 욕망은 필요와 결핍과 가난과 괴로움에서 일어난다. 욕망을 충족시키면 그것을 일단 진정시킬 수 있으나, 한 가지 욕망이 충족된 반면에 충족을 느끼지 못하는 욕망이 얼마나 많은지 모른다. 더구나 욕망은 오래 계속되며 욕구는 무한히 전개되는 반면에 향락은 짧고 적은 분량에 한정되어 있는 것이다. 그리고 욕망을 충족시켜 쾌락을 얻었다고 하더라도 그 쾌락은 한낱 외형적인 환상에 불과하며, 그 후에 제2의 쾌락이 대신 나타나면 전자는 소실되어 버리고 후자는 후자대로 환상이 계속되는 데 불과하다. 그러므로 이 세상에는 의지를 진정시켜 잠재우거나 계속해서 붙잡아 매어 둘 힘은 찾아볼 수 없다. 우리가 운명으로부터 받을 수 있는 최대의 선물도, 거지의 발아래 던져진 푼돈과 마찬가지로 오늘의 목숨에 풀칠하여 그 괴로운 생존을 내일까지 연장시킬 따름이다. 이와 같이 우리가 욕망의 지배와 의지의 주권 아래 놓여 있는 한, 그리고 우리가 희망과 두려움에 사로잡혀 있는 한, 계속해서 안식이나 행복을 손에 넣을 수는 없는 것이다.

그런데 우리는 우리들 자신의 내면적 조화의 불가사의한 혜택으로 잠시 동안이나마 끊임없는 욕구의 급류에서 벗어나, 정신을 의지의 압박에서 구출하여 주의력을 모든 의지의 대상에서 떠나게 할 수 있다. 그리하여 모든 사물은 욕구의 색소를 잃고, 탐욕의 대상이 아니라, 몰아적인 관조의 대상으로서 자기의 모든 이해관계에서 떠나 바라볼 수 있는 것이다. 이때에 우리는 욕망이 일어나 헛되이 추구하여도, 언제나 도망을 치던 마음의 안정이 거의 스스로 나타나 한 아름 흐뭇한 평화를 안겨 준다.

에피쿠로스가 찬양한 최대의 선, 즉 제신의 최고 행복도 실은 고통을 초월한 이런 상태를 가리키는 것이다. 그동안에 우리는 의지의 무거운 압제에서 벗어나, 의욕이라는 강제적 부역을 면하고 안식을 즐길 수 있다. 이때 저물어 가는 태양을 궁전 들창가에서 바라보나, 감옥 철창에서 바라보나 그 느낌은 마찬가지이다. 마음이 조화를 이루고, 순수한 사상이 의지를 능가하는 것은 어느 곳에서도 가능한 일이다. 이 점을 실제로 입증하는 것은 네덜란드의 화가들이다. 그들은 사소한 지엽적인 사물도 객관적으로 올바로 바라볼 수 있다. 그들의 정신이 정의를 떠나 아늑한 안식을 지닐 수 있다는 증거로 저 불후의 대작을 남겨 놓은 것이다. 그들의 작품을 바라보는 사람은 반드시 깊은 감명을 받으며, 작자의 고요하고 평화로운 심경과, 보잘것없는 사물에 주목하여 그만큼 세심한 필치로 묘사하기까지의 아름다운 심정을 상기하지 않을 수 없다. 우리가 자기 자신을 돌이켜보고, 이 평온한 심정에 돌아간 화가와 언제나 불안과 욕망으로 마음이 흐려지고 소란을 일으키고 있는 자기 자신을 비교해 볼 때, 지금 말한 바와 같은 주장은 한층 명백해진다.

인간과 인생의 모든 면에 대하여 초탈한 눈으로 보고 그것을 펜이나 화필로 묘사하여 놓으면, 흥미와 매력에 가득 차서 고상하고 깊어 보인다. 그러나 인간인 한 언제까지나 이런 순수한 감흥 속에만 머물러 있을 수는 없다. 괴테도 이렇게 노래하고 있다.

어지러운 인생도 그림에 그려 놓으면 아름다워 보이나니······.

나는 젊었을 때 나 자신의 행위를 마치 남의 일처럼 하나하나 적어 두곤 한 적이 있는데, 이것은 아마도 나 자신의 행위를 한층 더 세세히 감상하고 즐기려는 마음에서 그랬던 모양이다.

대체로 모든 사물은 우리들의 이해관계를 떠날수록 아름다운 것이다. 그러나 인생은 그 자체가 결코 아름다운 것이 아니다. 아름다운 것이 시의 거울에 비쳐서 반사된 인생의 그림뿐이며 이 그림이 유난히 아름답게 보이는 것은, 우리가 살아간다는 것은 무엇인지 미처 모르는 청년시대의 일이다.

영감에 의해 시의 형태를 이룬 것이 이른바 서정시이다. 그리하여 참된 서정 시인이 보여 주는 것은 인간의 완성된 모습과 그 깊은 내면세계이며, 과거와 현재와 미래의 세대에 속한 무수한 인간들이 비슷한 환경에서 경험하는 느낌은 한 편의 시 속에 생생하고 성실하게 표현된다. 시인은 세계적, 보편적 인간이며 인간의 마음속에 북받치는 모든 것과, 인간이 환경 속에서 경험하는 모든 것과, 인간이라는 허망한 생물에게 숨어서 발동하는 모든 것이 시의 대상이 되므로 그 범위는 자연 전체에 미친다.

시인은 인간의 거울이다. 그는 인간이 느낄 수 있는 것을 밝은 영상으로 묘사하는 것이 큰 임무이다. 그러므로 누구든지 그에 대하여 좀 더 고결하라거나 초탈하라거나 도덕적으로 올발라야 한다거나 신앙적으로 믿음이 돈독하라거나 이렇게 하라 저렇게 하라 해서는 안 된다——하고 명령조로 주문할 수는 없는 것이다.

훌륭한 시는 모두가 몸서리치는 인간성이나 커다란 고뇌, 인간의 우환, 악의 승리, 우연의 지배, 옳고 순결한 자의 파멸 등등을 묘사하고 있는 것은 주목할 만한 일이다. 이것은 세계의 성능과 존재의 실상이 무엇인가를 분명히 말해 주는 것이다.

비극의 작품 내용은 어떠한가. 그 속에는 그 귀한 인물이 오랜 고투와 수난 끝에 지금까지 애써 추구해 온 목적을 단념한다거나 또는 일부러 이 세상의 모든 즐거움을 단념하는 장면이 있다. 《칼네론》의 왕자, 《파우스트》의 그레첸, 또는 《햄릿》 등이 그것이며, 햄릿의 친구인 호레이쇼는 자진하여 그와 죽음을 함께 하려고 하였으나, 그의 최후를 후세에 전하여 그 이름을 더럽히지 않기 위해 이 고뇌에 충만한 세계에 잠시 머물러 있기를 결심한다. 그리고 《올레앙》의 푸셀, 《메시누》의 신부도 같은 종류의 비극적 인물들이며, 그들은 모두 고뇌에 정화되어, 그 속에 내포된 '살려는 의지'가 멸망하는 것을 기다려서 죽어 간다. 비극의 참된 의의는 그 주인공에게 나타나는 죄과가 그에게만 국한된 죄과가 아니라, 유전의 죄과, 즉 존재하는 것 자체의 죄라는 심오한 견해가 표현된 데 있다고 하겠다.

비극의 성격과 목적은 인간을 체념으로 인도하여, 생존의 의지를 포기하는 데 있지만, 반대로 희극은 우리를 사수하여 생존을 욕구하게 하려는 것이다. 희극도 물론 인생의 모든 시적인 묘사와 마찬가지로 살아가는 고뇌와 그 염세적인 무서운 장면도 보여 주지만 그것은 어디까지나 일시적인 해악으로서 마지막 환희에 용해되고, 드디어는 희망과 성공과 승리의 교향악으로 해소되는 것이다. 그리하여 세상에는 아무리 불쾌한 일이 충만해 있더라도 언제나 재미있고 우스운 일이 있어 웃음으로 꽃을 피울 수 있음을 묘사하여, 독자나 관객들이 어떤 처지에 있더라도 쾌활한 기분을 북돋아 주려고 한다. 요컨대 희극은 인생이란 대체로 살기 좋은 고장이며 때로는 몹시 재미있고 우스운 것임을 보여 주고 있다. 그런데 그 즐거운 마지막 대목에 이르면 도중에서 미리 빠져나와 결말을 보지 말아야 하지만, 반대로 거의 모든 비극은 끝에 가서는 별일 없이 원만히 끝나기 마련이다.

서사시나 희곡을 쓰는 시인은 자기가 운명 자체이며, 따라서 운명과 마찬가지로 에누리가 있어서는 안 됨을 명심해야 한다. 그는 또한 인간의 거울이므로 그 시나 희곡이나 소설에 사악한 자, 때로는 이상한 성격의 소유자, 즉 바보나 못난이, 정신박약자를 등장시키는 한편 이지적이고 신중한 인간, 때로는 선량하고 정직한 자, 그리고 특별한 경우에는 고귀하고 관대한 인물을 등용해야 할 것이다. 호메로스의 시에는 선량하고 성실한 인물은 많이 나오지만 참으로 고귀하고 관대한 사람은 하나도 찾아볼 수 없다. 셰익스피어의 희곡에는 이런 인물이 하나 둘 묘사되어 있으나, 그 고귀성은 초인간적이라고 할 수는 없다. 코디리아와 코라이어란의 두 사람이 이에 해당되며 그밖에는 거의 찾아볼 수 없으나 다른 부류의 인물들은 수두룩하다. 레싱의 《미나 폰 바른헬름》 속에는 인물마다 주로 정직하고 관대한 성격의 소유자로 되어 있어 괴테가 묘사한 모든 주인공을 한데 묶어 놓아도 포자 후작과 같은 너그러운 성격은 찾아보기가 어렵다.

인간의 행동은 그 자체가 특유한 의의를 갖고 있으며 관념은 그 행동을 통하여 여러모로 스스로 나타난다. 그리하여 인생의 모든 광경이나 회화의 소재가 된다. 네덜란드파의 오묘한 그림에 대하여 다만 그 뛰어난 기교만을 찬양하고, 그것은 대체로 일상생활의 모습을 묘사하고 인생의 중대한 문제를 다루지 않았다고 해서 기교밖에 볼 것이 별로 없다고 멸시하는 사람들도 있지만 이러한 감상법은 잘못된 것이다.

이들은 어떤 행위의 내면적인 의의와 외면적인 의의가 서로 관련이 없으며 때로는 많은 차이가 있다는 것을 알아야 한다. 어떤 행위의 외면적인 중요성은 현실에 미치는 영향과 결과에 의하여 측정되지만 그 내면적인 중요성은 인간성에 빛을 던지고 인간 생활의 특수한 면을 발굴하여 인간의 본성에 대한 깊은 진리를 깨닫게 하는 데 있다. 그러므로 예술에 있어서는 행위의 내면적 의의만이 중요하고, 역사에 있어서는 그 외면적 의의가 소중하다. 이 양자는 서로 분리되기도 하고 결합되기도 하지만, 실은 독립된 것이다. 역사에서 가장 위대한 행위도 평범하고 무의미한 것에 불과한 경우가 있으며, 반대로 사소한 일상생활이 인간의 내부에 빛을 던져 주는 한 커다란 가치를 갖고 있는 것이다. 인간의 행위는 대체로 그 목적과 그 결과가 무엇이든 간에 본질적으로 동일하다. 예컨대 몇 명의 장관이 지도 위에 머리를 맞대고 그 영토나 주민에 대하여 논쟁하는 것과, 백성이 술집에서 화투나 골패의 승부에 대하여 아웅다웅 하는 것은 본질적으로 동일한 행위이며, 장기를 두는데 금제 포를 쓰나 목제 포를 쓰나 마찬가지인 것과 같다.

음악은 외부의 현상을 표현하는 것이 아니라 오직 모든 현상의 내면적인 본질, 즉 의지 자체를 표현한다. 그러므로 특수하고 일정한 기쁨이나 괴로움이나 두려움이나 걱정이나 쾌락이나 안식 등을 표현하는 것이 아니라 다만 기쁨 자체, 비애, 고뇌, 공포, 쾌락, 안식 자체를 표현하는 것이다. 즉, 음악은 모든 동기나 상태를 떠나 기쁨이나 괴로움의 추상적·일반적 본질만을 표시한다. 그러나 우리는 이렇게 표현된 추상적 정수에 의하여 그것들을 완전히 이해할 수 있는 것이다.

음악은 말로 형용할 수 없는 일종의 내면적 비밀을 전달하여 우리에게 친근하면서도 좀처럼 가까이할 수 없는 순간적인 하나의 낙원을 보여 준다. 음악의 선율은 우리가 알고 있으면서 분명히 설명할 수 없는 것이다. 이것은 결국 음악이 우리들의 가슴 속에 움직이고 있는 의지의 몸부림을 표현하면서도 우리들의 여러 가지 사정이나 처지에 대하여서는 아무 말도 하지 않으며 그 표현에 고뇌의 그림자를 비치지 않기 때문이다.

베토벤의 심포니는 겉으로는 혼란을 일으키지만 그 밑바닥에는 놀라운 균형이 깔려 있다. 거기에는 얼마 안 가서 아름다운 조화로 끝맺는 치열한 난투가 있다. 그리하여 조화를 이루지 못한 사물이 생멸하는 무수한 형체와 헤아릴 수 없는 소음을 통하여 서서히, 그러나 끊임없이 공간을 횡단하는 이 세계의 본성을 완전히 또 충실히 묘사하고 있다. 그리고 이 심포니 속에는 인간의 모든 감정과 격정, 기쁨과 슬픔, 사랑과 미움, 절망과 희망을 무한한 뉘앙스를 통하여 완전히 추상적인 방법으로 분명히 흑백을 가리지 않고 표현해 놓았으므로 흡사 물질적인 형체가 없고 영혼만이 충만한 하늘나라와 같은 느낌이다.

나는 오랫동안 음악의 본질에 대하여 깊이 생각한 나머지 모든 향락 중에서 가장 미묘한 음악을 즐길 것을 권하고 싶다. 음악은 세계의 참된 본성을 직접 심각하게 드러내 보여 주므로 우리에게 심각하게 작용하는 것은 없다. 웅대하고도 화려한 하모니를 들으면 정신이 깨끗이 씻기는 느낌이다. 이리하여 정신은 모든 때를 씻어 버리고 사악하고 비열한 것을 제거할 수 있다. 이런 하모니는 인간을 한결 높은 데로 끌어올리고 가장 고귀한 사상과 융합되므로 거기서 우리는 자기의 참된 가치와 의의, 아니 자기가 지닐 수 있는 모든 가치와 의의를 분명히 느끼게 마련이다.

나는 음악을 들으면 언제나 모든 인간의 생애(그리고 나 자신의 생애)는 어떤 영원한 영혼의 꿈——선악과 그 밖의 여러 가지 꿈——이며 죽음은 이 꿈이 깨는 것이라는 생각이 든다.

2

시, 특히 서사시나 희곡에는 미를 제외한 하나의 특질인 '흥미'라는 것이 있다. 예술 작품이 아름다운 것은 그것이 인간의 이데아를 분명히 재현하여 우리에게 이데아를 인식시키는 데 있다. 작품은 이 목적을 달성하기 위한 수단으로서 뚜렷한 개성을 가진 인물을 등장시켜 사건을 전개시킴으로써 이 인물들이 그 개성을 나타내어 내면세계를 헤쳐 보일 수 있는 특수한 환경이나 입장을 마련하는 것으로, 인간의 이데아는 이런 묘사를 통하여 그 전모를 분명히 알 수 있다. 예술적 미는 인식할 수 있는 이데아의 고유한 특질로서, 다시 말하면 그 안에 하나의 이데아가 인식되는 무엇이든지 아름다운 것이다. 왜냐하면 미는 하나의 이데아가 명백히 표시되어 있음을 말하기 때문이다. 우리는 어떤 희곡이나 소설이 그 묘사된 사건이나 행위에 의하여 공감을 갖게 하여 실제로 그 사건을 일으킨 당사자의 한 사람으로서 느끼게 되면, 우리는 이 소설이나 희곡을 재미있다고 한다. 이때 거기 묘사된 인물의 운명이 우리 자신의 운명과 같은 것으로 느껴지기 때문에, 우리는 긴장된 마음으로 사건의 하회를 기다리며 그 진행을 주시하여 위난이 다가오면 정말 가슴을 두근거리는 것이다. 그리하여 드디어 그것이 최고조에 이르면 가슴의 고동이 그치다가 주인공이 갑자기 구출되면 다시금 심장이 뛰기 시작하여, 끝까지 다 읽어 버리기 전에는 책을 손에서 놓기가 어려운 것이다. 주인공의 비운에 동정하여 마치 자기 자신이 당하기나 한 것처럼 밤을 새우며 읽는 것은 이 때문이다. 아니, 이런 작품에서 위안이나 즐거움만이 아니라 현실이 우리들에게 가끔 경험하게 하는 모든 고통, 적어도 악몽에 사로잡혔을 때와 같은 고통까지도 느끼게 마련이다.

흥미는 문예의 제2목적이 될 수 있는가? 아니면 미를 묘사하기 위한 수단에 불과한가? 또는 미의 속성으로서 공존하여 미가 있는 곳에는 스스로 나타나는 것인가? 흥미는 적어도 미라는 중요한 목적과 부합될 수 있는가? 혹은 흥미는 미와는 반대로 그 장애물이 되는가? 그런데 흥미는 희곡이나 소설과 같은 작품에만 나타나며, 조형 미술이나 음악이나 건축에는 나타나지 않는다. 즉, 이런 종류의 예술은 흥미와 전혀 무관한 것으로, 다만 어떤 특수한 감상가가 개성적인 흥미를 느끼는 경우가 있을 뿐이다. 가령 어떤 상상화가 자기의 애인이나 원수의 얼굴을 닮았다거나, 어떤 건축물이 자기 집이나 자기가 복역하고 있는 감옥과 같다든가 혹은 어떤 음악이 신혼 무용곡이라든가, 자기가 싸움터에 쳐들어가는 행진곡이라든가 하는 경우가 그것이다. 그런데 이러한 흥미는 예술의 본질과 목적에는 전혀 관계가 없다. 아니 예술의 본질에서 한눈을 판다는 점으로 보아 그 장애가 되는 것이다. 이것은 모든 예술적 흥미에 대하여 정도의 차이는 있을망정 한결같이 적용되는 것이다.

흥미는 시적인 묘사에 대한 독자의 동감이 실제 사건에 대한 그것과 같이 느껴지는 데서 비롯되는 것이다. 그러므로 거기에는 묘사가 한동안 독자를 매혹하는 것을 전제로 하고 있다. 그런데 이 예술적인 매혹은 진실을 통해서만 작용하는 것이다. 다시 말해서 예술이 존귀한 것은 거기 진실을 표명하고 있기 때문이며, 시로서의 묘사는 자연과 마찬가지로 진실해야 한다. 그리고 본질적인 특성을 강조하고 묘사된 모든 자기표현을 요약하여, 중요하지 않은 모든 것, 즉 우연이 가미된 것을 제외함으로써 이데아를 순수한 입장에서 뚜렷이 나타내야 한다. 그리하여 이렇게 묘사된 이데아를 하나의 이상적 진실로서 자연 이상의 것으로 만들지 않으면 안 된다. 이 경우에 진실이 매혹하는 것이므로 흥미는 진실을 통해서 미와 공존할 수 있는 것이다.

그러면 제2의 의문을 생각해 보자. 즉, 흥미는 미를 나타내기 위한 수단일까? 만일 그렇다면 흥미 있는 시는 동시에 아름다워야 할 텐데 사실은 그렇지 않은 경우도 있다. 어떤 희곡이나 소설이 흥미 있다는 점에서는 우리들의 마음을 이끌지만 그 가운데 예술로서의 미가 전연 결핍되어 있기 때문에 읽고 난

다음에 시간 낭비를 한 것을 부끄럽게 여기는 경우가 많다. 이런 작품에는 특히 희곡이 많다. 그중에는 인간의 본성과 생존의 진상에 대한 순수한 묘사가 전혀 없고 그 표현을 허위이거나 과오로서 천성에 어긋난 이상한 인물을 등장시키고 있지만, 사건의 진행과 갈등이 복잡하게 구성되어 주인공의 처지가 독자의 마음을 끌도록 되어 있다. 그러므로 이 갈등이 해소되고 주인공이 안전지대에 옮아가기까지는 호기심이 가라앉지 않는다. 또한 막과 막 사이의 이동이 기술적으로 되어 있으므로 우리는 언제나 그 다음의 장면에 마음이 쏠리게 되며, 그 결과가 예측을 불허하므로 초조한 마음은 기대와 경이로 충만해진다. 이런 흥미에 끌려서 독자는 시간이 가는 줄도 모르는 것이다.

코체부(Kotzebue)의 희곡에는 이런 작품이 많다. 그런데 대다수의 인간들은 순수한 인식이 아니라 심심풀이를 원하고 있으므로 이런 작품이 적합하다. 미는 인식에 속해 있으므로 그 감수성에는 지적 능력과 마찬가지로 차이가 있는 것이다. 대다수의 인간에게는 세계의 내면적인 진실, 즉 그것이 인간의 본성에 적합하냐 하는 점은 관여할 바가 아니다. 그들에게는 표피만으로도 족하므로 인간성의 알맹이를 발굴해 보여도 아무런 반응이 없는 것이다. 그런데 흥미 본위의 묘사는 되풀이하여 읽으면 효과를 잃어 벌써 그 다음의 장면에 대하여 별로 큰 기대를 갖지 않게 되며, 이 반복이 여러 차례에 걸치면 독자나 관객들은 그 희곡을 무미건조하고 터무니없는 것으로 간주하게 된다. 미의 가치는 작품을 거듭 읽을수록 독자의 이해를 도와 더욱 큰 예술적인 효과를 거두는 것이다.

이 대중적인 희곡과 같은 부류에 속하는 것은 통속 소설이다. 이탈리아의 베니스나 나폴리에는 거리에서 모자를 벗어놓고 길을 지나가는 사람을 모아 재미있는 이야기를 하여 흥미를 자아내게 한 다음 그 최고조에 달하여 사람들이 군침을 흘리게 되면, 다음을 계속하기 전에 미리 청중으로부터 잔돈을 털어내며, 독일에서는 이러한 부류의 값싼 천재가 그런 직접적인 방법은 쓰지는 않지만 출판사나, 라이프치히 시장이나, 서점에 한몫 끼어 있다. 이들의 몸차림은 이탈리아의 동지들처럼 그렇게 하지는 않지만, 그 상상의 귀동자들의 글은 소설, 야담, 낭만적 장시나, 옛날이야기 등이 초라한 표지 속에 수록되어 있는 것이다. 민중들은 그것을 사다가 잠옷을 걸친 채 난로에 등을 구우며 뱃속 편하게 읽고 좋아한다. 이런 값싼 작품은 거의 모두가 아무런 가치도 갖고 있지 않는 것은 사실이지만, 흥미가 있는 것은 부정할 수 없다. 그렇지 않다면 그 많은 사람들이 읽으려고 할 리가 없다. 그러므로 흥미가 스스로 나지 않는다는 것은 명백한 일이다. 그렇다고 미가 자연히 흥미를 자아내는 것도 아니다.

등장인물의 뚜렷한 성격 묘사를 통하여 인생의 심오한 내부 세계가 제시되고, 그것이 비상한 행위와 고뇌를 거쳐서 묘사되어, 세계와 인간의 본성이 뚜렷이 나타나 있을 때 비로소 예술적인 아름다움이 있는 것이다. 그러므로 그 밖에 사건의 갈등을 일으킨다거나 스토리를 복잡 대담하게 꾸미거나 또는 갑자기 극적으로 해결을 지어 독자의 흥미를 끌 필요는 없는 것이다. 셰익스피어의 명작을 보더라도 흥미는 극히 적으며, 사건이 줄기차게 진행되지 않는다. 《햄릿》은 중간에서 침체되어 있고 《베니스의 상인》은 궤도에서 벗어나고 《헨리 4세》에서는 흥미가 직선적으로 연속되어 있는데 장면과 장면 사이는 원만하게 연결되어 있지 않다. 그러므로 그의 희곡은 많은 사람들에게 큰 센세이션을 불러일으키지 못한다. 아리스토텔레스가 주장한 극의 요건 가운데 행동의 통일은 곧 그 흥미에 관련된 것으로 결코 미에 관련된 것은 아니다.

지금 셰익스피어에 대하여 말한 것 그대로 괴테의 희곡에 대해서도 말할 수 있다. 그의 《에그몬드》는 스토리에 아무런 갈등도 전개되어 있지 않으므로 대다수의 관객들은 구미에 맞지 않을 것이며 《타소》와 《이피게네이아》에 이르면 말씀이 아니다. 그리고 그리스의 비극 시인들도 마찬가지이다. 그들이 흥미로 독자를 끌려고 하지 않았다는 것은 그 걸작의 소재로서 거의 모두가 이미 일반인에게 알려진 사건, 또는 전에 극으로 공연된 사건을 택한 것으로 보아도 알 수 있다. 여기 그리스인들이 미에 대하여 얼마나 날카로운 감수성을 갖고 있었는가를 능히 짐작할 수 있다. 그들은 미를 즐기기 위해 뜻밖의 사건이나 희귀한 사건으로 흥미를 느끼는 그런 문화의 조미료를 필요로 하지 않았던 것이다.

그리고 옛날 걸작을 보더라도 흥미라는 특질을 갖고 있는 것은 매우 드물다. 호메로스는 세계와 인간의 전체성을 표시하고 있으나, 사건에 갈등을 일으켜서 독자의 흥미를 자아내거나 예상 밖의 미궁에 이끌어다가 독자를 놀라게 하지 않고 그 이야기의 흐름은 침체되기가 일쑤요, 장면마다 침착하게 순서에 따라 훌륭히 묘사하도록 유의하였을 뿐 결코 흥미 본위로 붓을 움직이지는 않았다. 그러므로 호메로스를 읽으면 어떤 격정적인 공감을 일으키는 것이 아니라, 순수한 인식의 입장에 서게 되며, 독자의 의지가 어떤 자극을 받지 않고 고요히 가라앉아 큰 긴장을 느끼지 않으므로 언제나 서서히 읽어 내려갈 수 있다. 이런 경향은 단테에게 더욱 뚜렷이 나타나 있다. 그는 아닌 게 아니라 서사시가 아니라 서술시를 썼을 뿐이다.

그렇다고 걸작은 반드시 흥미가 없는 것이라고 단정할 수는 없는 것이다. 실러의 작품은 대단히 재미가 있어 많은 독자를 갖고 있다. 그리고 소포클레스6)의 《오이디푸스 왕》도 그렇고

---

6) 소포클레스(B. C. 496~406)――그리스의 비극 시인, 재물과 재능과 미모로 아테네의 우상이 되었다.

서사적인 걸작으로 아리오스토[7]의 《오를란도》도 여기 속하며, 고도의 흥미가 미와 병존되어 있는 실례로서는 월터 스콧[8]의 명작 《*The Tales of my Landlord*》 제2편에 있다. 스콧의 이 작품은 가장 재미있으며, 그것을 읽으면 내가 지금까지 흥미의 효력에 대하여 말한 것을 분명히 이해할 수 있을 것이다. 이 작품은 재미있는 동시에 대단히 아름답다. 거기엔 놀랄 만치 진실하게 인생의 가장 다채로운 모습을 보여 주고 등장인물들의 상반되는 여러 가지 성격이 정확하고 또 충실하게 묘사되어 있다.

그러므로 흥미가 미와 공존될 수 있는 것도 사실이다.――이것으로 제3의 의문은 풀린 셈이다. 그러나 미를 뚜렷이 나타내기 위해서 어느 정도의 흥미가 가미되면 충분하며 예술의 목적은 어디까지나 미이지 흥미는 아니다.

그러나 희곡이나 소설은 어느 정도 흥미가 가미되어야 한다. 그것은 한편으로는 흥미가 사건 자체로부터 스스로 우러나게 마련이고, 다른 한편으로는 독자가 흥미로운 눈에 보이지 않는 실에 이끌려 갈 필요가 있으며, 그렇지 못하면 공감이 가지 않는 인식 능력 안으로 장면에서 장면, 정경에서 정경으로 옮아가는 동안 독자나 관객에 싫증이 나서 지쳐 버리기 때문이다. 하기는 사건의 줄거리가 있는 한 독자는 공감을 느끼는 것

---

[7] 아리오스토(1474~1533)――이탈리아의 시인, 《오를란도》는 1516년의 작.
[8] 월터 스콧(1771~1832)――영국의 소설가, 시인.

이 당연하며, 이 공감은 주의력을 집중시키는 길잡이가 되어 독자의 마음을 이끌어 작가가 묘사한 모든 장면을 보여 준다. 그런데 유의해야 할 것은, 흥미가 이런 역할을 담당할 수 있을 정도면 된다는 것이다. 흥미는 작자가 우리들에게 이데아를 인식시키려고 묘사한 정경을 연결시키는 역할을 하는 것이다. 다시 말하면 염주의 실로 많은 구슬을 꿰어 염주라는 전체의 형태를 이루도록 하면 그만인 것이다. 따라서 흥미가 그 정도를 지나치면 미는 곧 침해를 당하게 마련이다. 흥미가 너무 강한 공감을 일으켜, 작가가 하나하나의 장면에 필요 이상으로 상세한 서술을 하거나 또는 등장인물에게 긴 감회를 늘어놓으면 독자는 민망하여 사건을 빨리 전개시켰으면 하고 작가에게 회초리라도 가하고 싶은 심정을 갖는 경우가 있다. 서사시나 희곡에서 미와 흥미가 병존될 때 흥미는 그 운동을 일으키게 하는 시계의 태엽에 견줄 수 있다. 그 태엽이 조절해 주지 않으면 시계는 몇 분이 안 되어 결판이 난다. 한편 미는 사건의 흐름을 떠나 하나하나의 내용에 대한 상세한 묘사나 관념과 친하게 하는 구실을 한다. 그러므로 태엽의 동체에 비할 수 있다. 흥미는 시의 육체요, 미는 그 혼이다. 서사시와 희곡에서는 사건과 행위에서 자연히 일어나는 흥미를 물질이라고 본다면 미를 형상이라고 볼 수도 있을 것이다. 다시 말해서 후자가 존재하기 위해서는 전자가 필요한 것이다.

9. 윤리에 대하여

　천재와 마찬가지로 덕은 가르쳐야 하는 것이 아니라 우리가 덕에 대하여 골똘히 생각하더라도 그것은 곧 실제의 덕으로 실천하게 되는 것이 아니라, 예술에 있어서의 기법과 마찬가지로 다만 도구로서의 역할을 할 따름이다. 도덕적인 주장이나 윤리학이 유덕한 인간, 고결한 인간, 성스러운 인간을 만들 수 있다고 생각하는 것은, 미학이 시인이나 조각가나 화가나 음악가를 낳는다고 생각하는 것과 같은 어리석은 것이다.

　인간의 행위는 세 가지의 근본적인 원천에서 시작되며, 행위의 모든 동기는 여기서 비롯된다. 첫째는 자신의 이익을 욕구하는 이기심, 둘째는 타인의 손해를 바라는 잔인한 배타심, 셋째는 타인의 복리를 원하는 동정심으로, 이것이 발전되면 고귀하고 관대한 덕성이 된다. 인간의 모든 행위는 이 세 가지 원천의 하나 혹은 둘로 귀결 지을 수 있는 것이다.

1. 이기심

 인간의 이기심은 실로 무서운 것이다. 그러므로 우리는 예의를 고안하여 마치 음부처럼 숨겨두려고 하지만, 그것은 언제나 그 가면의 껍질을 뚫고 나와, 남과 새로 어울릴 때마다 그를 이용하여 자기 자신의 무수한 계획의 어느 한 구석이라도 유용하게 부리려는 본능적인 의도로 표면에 나타나곤 한다. 남을 대할 때, 우리는 언제나 우선 그가 자기에게 어떤 이득을 줄 수 있는가를 생각한다. 그리하여 만일 자기에게 이득이 되는 사람이 아니라고 생각되면, 곧 무가치한 존재로 간주하여 무시해 버린다.

 이기심은 워낙 끝이 없는 것이다. 인간은 자기의 존재를 유지하고 모든 고민과 빈궁을 면하려는 절대적 욕구를 갖고 있으며, 최대의 안락을 확보하려고 모든 쾌락을 염두에 두고 여러모로 머릿속에 그리며 온갖 향락을 누리고자 한다.

 그리하여 그 이기심과 탐내는 대상 사이에 장애물이 나타나면 언제나 불쾌와 증오와 분노를 일으켜 그것을 타파하려고 한다. 그는 되도록 모든 것을 즐기고 소유하려고 하며, 만일 그것이 불가능하면 적어도 자기의 지배하에 두려고 한다. '나에게는 모든 것을 다오, 다른 사람은 아무것도 없어도 좋다'——이것이 그의 슬로건이다. 인간의 이기심처럼 큰 것이 없다. 우주도 그것을 다 포장할 수는 없다. 누구에게나 우주의 전멸과 그 자신의 멸망 중에서 어느 것을 택하겠느냐고 물어보라. 그가 어떤 대답을 할는지 뻔한 일이다. 인간은 저마다 자기 자신을 세계의 중심에 놓고 모든 것을 자기에게 결부시켜 본다. 사소한 일에서 큰일에 이르기까지——심지어 국가의 파멸까지도 우선 자기와의 이해타산의 입장에서 생각해 본다. 세상에서 이렇게 심한 대조가 있을까? 누구나 자기의 이해득실을 첫손가락에 꼽고 남의 입장을 돌보지 않는다. 대다수의 인간은 마치 자기만이 참된 존재이며, 남은 한낱 그림이나 우상처럼 여기고 있는 것이다. 얼마나 가소로운 일인가.

나는 이기심을 강조하기 위해 이렇게 생각하게 되었다. '대부분의 인간은 남을 죽여서 그 기름을 짜 가지고 자기의 장화를 닦는 것도 사양치 않는다'고. 다만 나는 '이것이 과연 지나친 비유일까' 하고 하나의 의문을 갖고 있다.

이기주의는 지능과 이성의 도움을 받아 이루어진 걸작이다. 그리고 개인의 모든 이기주의를 합친 것이 곧 국가이다. 이 국가는 개인의 권능보다 훨씬 탁월한 권능의 손에 각 개인의 권리를 위임하고 있으며, 이 유일한 권능은 개인으로 하여금 타인의 권리를 존중케 한다. 이리하여 거의 모든 개인의 무한한 이기주의와 사실과 흉포성은 사슬에 매여 좀처럼 표면화하지 못하기 때문에, 언뜻 보아 허위에 불과한 평화가 나타난다. 그러나 국가의 이러한 보호적 기능이 그 위력을 잃으면 인간의 그칠 줄 모르는 물욕과 야비한 탐욕, 위선, 불성실, 사악, 불의, 불신은 곧 활개를 치며 나타난다. 이것은 지금까지 몇 번이고 있었던 사실이다. 우리는 그런 광경에 몸서리치며 비명을 올리고 마치 처음 보는 괴물에게 습격이라도 당한 것처럼 느끼지만, 만일 법률의 압박이 없고, 또 인간이 서로 명예를 존중할 필요가 없었던들 하루하루의 인간 생활은 지금 말한 바와 같은 사욕의 도가니에 빠져 버릴 것은 뻔한 일이다. 인간의 가슴속에 무엇이 깃들어 있을까? 도의란 어느 정도의 가치가 있을까? 그것을 알아보려면 유명한 소송사건이나 역사에서 무정부 시대에 관한 이야기를 읽으면 될 것이다. 우리 앞을 오가는 수천 수만의 저 인간들은 피차에 평화를 유지하려는 것처럼 보이지만 실상 그들은 호랑이요, 늑대며, 단지 튼튼한 마스크를 하고 있기 때문에 물어뜯지 않을 뿐이다. 사회의 억압이 제거되고 마스크를 벗어버리면 어떻게 되겠는지 생각해 보라.

그 순간부터 나타날 처참한 광경에 대해서는 누구나 손쉽게 상상할 수 있을 것이다. 이런 점으로 미루어 보더라도 우리들의 종교나 양심이나 선천적인 선이 어떤 토대 위에 서 있다고 하더라도 걸핏하면 아무짝에도 쓸모가 없음을 알 수 있을 것이다.

인간의 양심은 그 천성에 뿌리를 박고 있는가? 여기에는 의심할 여지가 있다. 거기 불순한 양심이 진정한 양심과 엇갈리는 것을 볼 수 있다. 우리가 어떤 행위로 말미암아 고민하거나 후회하는 것은, 단지 그 결과를 두려워하는데 불과한 경우가 많다. 우리는 양심의 가책과 다름없는 어떤 심한 불안을 느낄 때가 있다. 그것은 마치 일부 유대인이 토요일에 담뱃불을 붙여 물고 문득 모세의 훈계(35장 3절 '너희는 안식일에 집에서 어떤 불도 켜지 말라')에 어긋난 것을 깨닫고 괴로워하는 것과 같다. 일반적으로 무엇이고 자기에게 부합되지 않는 일, 부주의에서 일어난 일, 졸렬한 일, 어리석은 일을 하게 되면, 나중에 몰래 마음을 깨무는 벌레, 마음을 찌르는 가시가 나타나게 마련이다. 만일 대다수의 사람들이 끔찍하게 생각하는 양심이 어떤 요소로 되어 있는지 알게 되면 그들은 꽤 놀랄 것이다. 즉, 그것의 약 5분의 1은 타인에 대한 두려움, 5분의 1은 종교적인 두려움, 5분의 1은 선입관에서 오는 두려움, 5분의 1은 허영에서 오는 두려움, 5분의 1은 관습상의 두려움으로 영어의 'I can no afford to keep a conscience──나는 양심을 지킬 여유가 없다'라는 문구도 지금 말한 의미에서 유래된 것이다.

개인이나 국민의 행위는 교리나 관습에 따라서 상당히 변화된다. 그러나 모든 행위 자체는 공허한 현상에 지나지 않으며, 거기에는 다만 정신의 방향이 있을 따름이다. 그리하여 이 방향이 우리로 하여금 어떤 행위에 이르게 하며 거기에 하나의 도덕적 의의를 부여하는 것이다. 이 정신적 방향은 동일한 것으로 존속하는 것이 상례이며, 다만 그 외면에 여러 가지 차이가 있을 뿐이다. 가령 여기 같은 정도의 고약한 마음씨를 가진 두 사람이 있다고 하자. 그 한 사람은 길가에서 비참하게 쓰러져 죽고, 다른 사람은 일가친척에게 에워싸여 고요히 세상을 떠날 수도 있는 것이다. 또한 같은 악이 어느 국민에게는 만행, 살상, 인육적으로 나타나고, 어느 국민에게는 궁정의 음모나 학대나 간계로 몰려 나타나는 경우도 있다. 그러나 그 근본은 두 가지 경우가 모두 같은 행동이다. 또한 우리는 모든 범죄를 방지할 수 있는 안전한 국가나 사후의 형벌이라는 신앙의 교리를 상상할 수 있다. 그러나 이것은 정치적으로 보면 대단히 좋은 일이나 도덕적으로는 아무것도 기여하는 것이 없다. 이 경우에는 의지가 아니라 행위만 사슬에 매여 있다. 그러므로 행위는 아무리 올바르다고 하더라도 의지는 사악한 채 그대로 남아 있는 것이다.

2. 동정

동정(sympathy)은 신비적인 놀라운 사실이다. 우리가 이성의 눈으로 보면 이 경계선이 허물어져 나 아닌 남이 참된 의미에서 나로 간주되는 것이다. 따라서 모든 자발적인 정의와 순수한 자선은 이 동정을 유일한 그리고 진실한 토대로 하고 있다. 동정은 인간의 양심에 속한 부인할 수 없는 하나의 사실이다. 그것은 양심의 본성에 외부에서 주입된 어떤 사상이나 관념이나 교리나 신화나 교육이나 그리고 수양을 근거로 하고 있지 않고 인간의 천성에서 직접 한결같이 자발적으로 움터 모든 시련에 견디며 어느 시대나 어느 나라에도 나타난다. 그러므로 우리는 어떤 인간에게도 동정심이 있음을 확신하며, 또한 어디서든지 확실한 기대를 갖고, 거기에 호소하고 의지하고자 한다. 동정의 신에 기대인 자는 일찍이 한 번도 이단으로 보인 예가 없다. 동정을 모르는 자가 있다면, 그는 인간 세계에서 멀리 떠나 살고 있는 생물로서 인도라는 말 자체가 때때로 동정과 같은 말로 사용되는 것이다.

단지 종교적 신념에서 이루어진 선행이라면 그것은 으레 자기가 받아야 할 상벌이라는 견지에서 나온 것이다. 그러므로 순수한 도덕적 선행이라고 할 수 없다. 한편 동정이라는 도덕적 원동력에 대하여 생각해 보면 어느 시대나 어느 국민에 있어서도 인생의 모든 현실, 즉 무정부 상태 속에서나, 혁명과 전란 속에서나, 크고 작은 모든 사사건건 속에서 날마다 시시로 이 동정은 놀라운 자비를 베풀어 많은 불의와 부정을 미연에 방지하며, 보수를 바라지 않고 인간을 여러 가지 선행에 이르게 한다. 그리고 어느 때나 이 동정이 다른 의도가 없이 나타날 때 우리는 감격과 찬탄을 느끼며 순수한 도덕적 가치를 인식하게 마련이다.

인간은 누구나 자기 자신 속에 선망과 동정——이 두 가지 정반대의 심정을 갖고 있는데, 이것은 우리가 자기의 입장과 남의 입장을 비교해 보는 데서 나온 것이다. 그리고 비교가 그 개성에 어떤 반응을 일으키느냐에 따라 이 둘 중에서 어느 하나가 기본적인 자세를 취하게 되며 그것을 토대로 하여 행위를 하게 된다. 선망은 자기와 남의 사이에 놓인 장벽을 높이고 견고히 할 뿐이지만, 동정은 그것을 엷게 그리고 투명하게 하며, 때에 따라서는 그것을 뿌리째 뽑아 버리기도 한다. 그렇게 되면 나와 남의 구별은 흔적도 없이 깨끗이 사라진다.

우리는 남과 사귀기 시작하면 으레 상대방의 지능이나 도덕적 가치를 알아보려고 한다. 그리하여 상대방의 마음 자세가 흉악하고 이성이 협소하며 판단력이 불확실함을 발견하면 그를 멸시하거나 푸대접하게 된다. 그러나 우리는 그의 고뇌와 불행과 번민과 우환을 생각해 줘야 한다. 그렇게 되면 우리는 그와 매우 친근하다는 것을 느끼게 되며, 여기서 동정심이 생겨 그를 미워하고 무시하는 대신에 그를 측은히 생각하고 사랑하게 된다. 복음서가 우리를 초대하는 유일한 '사랑의 만찬회'인 것은 이런 마음의 발로인 것이다.

어떤 사람의 사악한 면을 보고 분노를 느끼면 바로 눈을 돌려 그의 생존이 얼마나 참혹하고 괴로운 것인가를 생각해 봐야 할 것이다. 한편 그의 참상과 고뇌를 목격하고 두려운 생각이

들면 반대로 사악함을 상기할 일이다. 그렇게 되면 쌍방이 서로 균형을 이루어 영원한 정의가 성립될 것이며, 이 세상은 스스로 그 판결을 내리고 있음을 알 수 있으리라.

우리의 가해자에 대한 정당한 분노는 그가 하나의 불행한 인간이라는 것을 상기하면 곧 마음이 부드러워지고 가라앉는다. 불에는 물, 분노에는 동정을――만일 가해자에 대하여 참혹한 보복을 하고 싶은 생각이 들면 우선 그 보복을 끝낸 것으로 간주하라. 그리고 상대방이 고뇌에 허덕이고 불행과 궁핍에 흐느끼고 있는 모습을 선명히 머릿속에 그려보고 '이것이 내가 보복하여 그가 받은 타격이다'고 중얼거려라. 그러면 그 보복의 결과가 너무나 참혹하다는 것을 깨닫고 실제로 보복을 할 엄두가 나지 않을 것이며, 나중에 후회할 것을 미연에 방지할 수 있다. 세상에서 분노의 불길을 끄기 위해서는 이 방법밖에 없을 것이다.

병신자식일수록 귀엽다는 것이 부모들의 심정이다. 그것은 언제나 그 자식을 보고 동정을 하기 때문이다.

모든 도덕의 근본이 되는 동정은 짐승에게까지 애호와 자비의 손길을 뻗치게 된다. 그런데 나 이외의(다른 유럽의 윤리학설에 의하면), 동물에 대한 도덕적인 관계는 찾아보기가 매우 어렵다. 동물은 아무 권리도 없다든가, 그들에 대한 인간의 행동에는 윤리적 의의가 없다든가, 동물에 대한 인간의 의무는 있을 수 없다는 것이다. 그들의 그릇된 주장은 몰인정하기 짝이 없으며, 차마 들을 수 없는 서양의 만풍으로서 그 근원은 유대교에서 비롯된다.

동물에게 이런 견해를 갖고 유대화한 서양 사람들에게 상기시키고 싶은 것이 있다. 즉 그들은 젖으로 자랐으며, 개도 그 어미개의 젖으로 자랐다는 사실이다.

동물에 대한 자비심은 선량한 성격과 밀접한 관계를 갖고 있다. 그러므로 동물을 학대하는 자는 선량한 인간이 아니라고 단정하여도 무방하다.

모든 생물에 대한 끝없는 자비는 무엇보다 선량한 행위를 보증하는 것이며, 이 점에 대해서는 아무런 신학적 양심론도 불필요하다. 이 자비심에 충만한 자라면 적어도 남을 해치지 않고 남의 권리도 침범하지 않으며, 남에게 악을 행하지 않을 뿐만 아니라 모든 사람을 용서하고 사랑하며 그들을 힘이 미치는 데까지 도와준다. 그리하여 그 모든 행동에 정당성과 인간애를 입증한다.

'저 사람은 도덕가이다. 그러나 동정심이 없다.' 또는 '저 사람은 악한 사람이지만 동정심은 대단히 많다.'──이런 말에 쌍방이 양립될 수 없음은 분명하다. 인간은 서로 취미가 다르지만, 적어도 나의 견해로는 인도의 고대극 마지막에 나오는 기도만큼 아름다운 것은 없을 것 같다. 그것을 의역하면 이러

하다. '모든 중생이 고뇌에서 벗어나기를!'

3. 사리·금욕·해탈

혼미의 안개가 벗겨지고 자기와 남 사이에 유아론적인 차별을 하지 않게 된 사람은 남의 괴로움에 대하여 자기의 고뇌와 같은 괴로움을 느낀다. 그리하여 헌신적으로 남을 도와 그들의 복리를 위해 자신이 희생하는 것도 사양치 않는 경지까지 도달한 사람은 모든 생물 중에서 자기 자신을 재인식하고 모든 생명체의 고뇌를 자기의 고뇌로 간주한다. 따라서 그에게 있어서는 전 세계의 참상과 고뇌가 자기 것이 되어 어떤 사람의 우환도 이미 남의 일이 아니다. 자기가 눈앞에 보면서도 도울 힘이 부족하면 모든 고뇌와, 자기 뒤에 들려오는 남들의 모든 슬픔과, 자기 가슴에 떠오르는 남들의 모든 번민을 자기 일처럼 생각하고 자기가 그 희생이 되어 있는 것처럼 아프게 느끼는 법이다.

자기 운명 속에 계속해서 나타나는 선악과 행·불행을 거들떠보지 않고 모든 이기심을 초탈한 그에게는 개체로서의 혼미의 안개가 빤히 들여다보인다. 살아생전에 괴로움을 당하고 있는 모든 중생은 모두가 자기의 친척이 되어 사물의 본질과 그 끊임없는 유전과 공허한 노력이 마음의 조바심, 그리고 가시지 않는 고뇌를 통찰한다. 그리하여 사방 어디를 바라보나 고뇌에 찬 인간과 괴로워하는 동물과 끊임없이 멸망하여 소실되는 이 세계의 만상을 목격하고, 그는 이기주의가 자기에게만 뿌리박고 있기나 한 것처럼 자기 자신에게 세계의 고뇌의 책임을 돌린다. 세계를 이렇게 인식한 그가 어찌 자기 욕심을 부려 생존의 의지를 주장하고 생존에 악착같이 집착할 수 있겠는가. 개체적 생존의 혼미에 빠진 자나 이기심의 노예가 된 자는 사물 속에서 자기와 관계되는 면만 눈여겨보며 거기서 언제나 새로운 욕망이 일어난다. 그러나 사물의 본성을 투시하여 그 전모를 여실히 통찰하는 자에게서는 모든 욕망이 사라진다. 그는 생존 의지가 개체의 영속을 도모하는 쾌락을 두려워하고 자기 자신을 멀리한다. 이 경지에 이른 사람의 체념, 사리, 진리에의 안주, 생존 의지의 단멸을 체득할 수 있다.

악한 자는 그 의지와 욕망이 강하기 때문에 언제나 심신을 찢는 듯한 고민에 사로잡히게 마련이지만, 모든 쾌락의 원천이 고갈하면 남의 불행을 목격하고 자기 욕망의 허기증을 면하려고 한다. 한편 욕구의 절대적 포기를 감행할 수 있는 사람은 외관상 아무리 초라하더라도, 그리고 어떤 기쁨이나 소유물이 그의 손에서 사라졌다 하더라도, 흘러넘치는 하나의 대환희에 젖어 참으로 별천지 안식을 누릴 수 있다. 그는 아무런 불안에 찬 불가결한 조건으로서 고민에 선행하면 고민에 그쳐 버린다——하나의 확고한 안식과 깊은 휴식과 내면적인 명랑성을 지닐 수 있는 것이다. 그리하여 그것을 통찰하고 숭상하는 사람은 누구나 가장 위대하고 올바른 유일한 세계로서 동경하여 마지않는 우리들의 지고한 최상의 경지, 즉 현자로서의 내부의 소리가 우리를 촉구하여 인도하는 경지에 이른다. 그에게는 충족된 모든 욕망과 현실의 비참한 고뇌 속에서 빼앗은 행복은, 거지가 손에 넣은 푼돈과 같은 것으로 거지는 그것으로 오늘을 보낼 따름이며 내일은 다시 목마름에 직면하게 된다. 하지만 욕구의 포기는 조상 대대의 부동산과 같은 것으로, 그 복된 소유자는 영원히 생활의 궁핍에서 벗어날 수 있는 것이다.

그림을 보고 삼매경에 이르면 모든 탐욕을 떠나 흡사 공중에 떠 있는 것처럼 느낀다. 그리하여 한동안은 우리가 경험할 수 있는 가장 행복한 시간이 계속된다. 우리는 이런 미의 몰아적 관조에 있어서와 마찬가지로 잠시 동안이 아니라 영원히 자기 자신의 생존 의지를 진정시킨 자, 즉 그 의지가 전혀 발동하지 않고 다만 최후의 희미한 불꽃을 튀기며 여생을 유지하는 데 그치며, 신체의 노화와 함께 멸하기 마련인 자가 안주하는 지상의 복된 경지가 무엇인가를 상상해 볼 수가 있다. 이러한 사람은 허욕에 항거하여 허다한 마음의 투쟁을 거쳐서 비로소 세상의 참된 승리자가 되어 결코 그 무엇으로도 흐려질 수 없는 세계의 거울, 즉 올바른 눈을 가진 자로서 살아가고 있는 것이다. 그는 우리를 이 세상 줄에 붙잡아 매어놓은 채 욕구,

공포, 질투, 분노 등의 끊임없는 고뇌 속에서 인간을 사방으로 끌고 다니는 무수한 허욕의 사슬을 끊어 버렸으므로 이미 그는 고민이나 유혹을 받지 않는다. 그는 얼굴에 조용히 미소를 띠며 일찍이 자기를 괴롭히고 혼란에 빠지게 한 이 세상의 어지러운 욕구의 그림자를 몰아내고, 지금은 마치 승부가 끝난 후의 장기판을 바라보듯, 또는 사육제의 전날 밤 기뻐서 미칠 듯이 날뛰게 한 카니발의 가면이 이튿날 아침에 여기저기 흩어진 것을 보는 것처럼, 세상에 대하여 무관심한 그리고 담담한 눈초리를 던질 뿐이다. 그에게는 세상의 삼라만상이 마치 눈앞에서 번쩍이다가 사라져 버리는 그림자요, 선잠에 꾼 가벼운 새벽꿈으로 진리의 빛을 담뿍 받아 흔들리지 않는 야음처럼 흘러갈 따름이다. 그리하여 그의 생활은 마지막 담담한 꿈과 같이 가벼이 사라져 버리므로, 죽음은 삶에서 급격히 옮아가는 과정일 수 없는 것이다.

인간의 구원에 있어서 불행과 궁핍이 얼마나 필요한가를 분명히 안다면 우리는 남의 행복을 부러워하기 전에, 그 불행을 부러워해야 할 것이다. 이와 같은 이유에서 우리는 운명의 압박을 무시하는 스토아주의가 실제는 혼령에 두꺼운 껍질을 씌워 생활의 괴로움을 벗어남으로써 현실을 손쉽게 견디어 나가게 할 뿐, 영혼 구제의 참된 길이 아님을 잘 알 수 있다. 즉, 스토아주의는 마음을 견고하게 할 뿐이다. 그러므로 이를 신봉

하여 돌덩이처럼 감응이 없는 자는 도저히 고뇌를 물리칠 수 없는 것이다.

그러면 자살하는 자는 어떠한가. 그들 대부분은 역시 삶을 원하고 있으며, 단지 자기에게 주어진 생활 조건에 절망하고 있을 뿐이다. 즉 그는 살려는 의지 자체를 끊으려는 것이 아니라, 현재의 생존을 포기하여 개체에 나타난 일시적인 생존의 현상을 단멸시킬 뿐이다. 그가 살기를 포기하는 것은 끝내 삶을 원치 않을 수 없기 때문이며, 이 경우에 자기라는 생명의 한 현상을 끊음으로써 살려는 자기의 그 욕망을 주장하는 것이 된다. 다시 말해서 즉 그가 벗어나려고 하는 것은 생존 자체가 아니라 고뇌이며, 이 고뇌는 오히려 의지를 설복시켜 그를 사리와 해탈로 인도하는 고마운 것이다. 그러므로 자살자는 거의가 마치 고통이 많으나 나을 수 있는 외과 수술을 감당할 수 없어 병을 기르고 있는 환자와 같다. 만일 그가 용기를 내어 고뇌를 견디었더라면 의지의 단멸을 초래할 수 있었을 것이다. 하지만 그는 즉 의지의 현상인 자기 육신의 괴로움을 멸하려고 한다. 그러므로 의지 자체는 이런 죽음으로 조금도 지장을 받지 않고 존속된다.

세계나 인간 사회를 깊이 파고 들어갔을 뿐 개별적인 원리(Prineipium indinduationis)라는 혼미를 간파하는 사람은 매우 드물며, 선량하고 박애 정신에 충만해 있어도 한 걸음 나아가 세상의 모든 고뇌를 재인식하여 생존의 의지까지도 포기하는 경지에 도달한 사람은 더욱 드물다. 이 최고의 경지에 가까이 다가선 사람에게는 일신의 안락이나 그때그때 의지에 아부하는 즐거움, 희망의 유혹, 끊임없는 욕정 등등은 사리에서 정진을 방해하는 장해물이요, 의지를 낚는 저주스러운 미끼에 불과하다. 그러므로 우리를 유혹하는 많은 사념과 탐욕은 자고로 악마로 의인화되어 있다.

우리들의 의지가 자발적으로 자신을 포기하려면, 그 이전에 미리 어떤 커다란 고뇌에 의해 일단 좌절될 필요가 있는 것이다. 날로 들볶는 여러 가지 고뇌를 힘껏 저항한 뒤에 드디어 절망의 낭떠러지에 서면 인간은 갑자기 제정신으로 돌아와 스스로 세계 자체를 인식하게 되며, 자신을 초월하고 모든 고뇌를 벗어나 일찍이 겪어 보지 못한 높은 곳으로 그 영혼은 앙양되는 법이다. 이리하여 그는 정화되고 성화되어 하나의 안식을 얻고 확고한 복지를 손에 넣어 일반 사람이 가까이 갈 수 없는 경지에 도달하여 지금까지 자기가 탐내던 모든 것을 버리고 죽음이 다가오는 것을 고요한 마음으로 맞이하게 된다. 이때 해탈(즉 살려는 의지의 포기)은 파란 전광처럼 고뇌의 불꽃 속에서 갑자기 튀어 오른다.

그리고 죄인도 역시 큰 고뇌의 정화로 새 사람이 되는 경우가 있다. 그렇게 되면 그의 죄는 이미 양심의 가책을 느끼는 원인이 되지 않는다. 그는 하루속히 죽어 가서 그 죄의 보상을 하려고 하며 자기라는 가상이 벌써 자기와 관련이 없는 무서운 물건으로 간주되어, 그것이 죄와 함께 소멸되기를 원하게 된다.

괴테는 《파우스트》에서 그레첸의 입을 빌려 의지가 커다란 불행과 절망을 통하여 자기 포기에 이르는 모습을 묘사하고 있는데, 그 솜씨는 매우 훌륭하다. 이 그레첸의 이야기는 사리에 이르는 제2의 과정, 즉 전 세계의 고뇌를 통찰하고 자기 자신을 일체 중생과 동일시하여 그 고뇌를 한 몸에 걸머지는 것이 아니라 자신이 커다란 고뇌를 맛보았기 때문에 해탈에 이르는 간접적인 길을 제시한 대표적인 묘사이다.

커다란 고뇌와 불행은 우리에게 생존 의지가 모순에 빠져 있음을 깨닫게 하며, 이 의지에서 비롯되는 노력이 공허한 것임을 분명히 가르쳐 준다. 국왕이나 영웅이나 그 밖에 기구한 생애를 보낸 자들이 강한 정욕을 추구하여 파란 많은 나날을 보낸 뒤에 별안간 자기 자신이 돌변하여 사리와 깨달음으로 인하여 승려나 은둔자가 되는 것도 이 때문이다. 그리고 진정한 전심을 묘사한 모든 이야기도 이러한 사실을 소재로 한 것으로 그 한 보기는 레이몬드 루레에 대한 이야기이다. 그는 어느 날 오랫동안 사모하여 온 어떤 미인으로부터 비로소 만나자는 전갈을 받고 미칠 듯이 기뻐하며 그녀의 방에 뛰어 들어간즉, 그녀는 저고리를 벗고 무서운 암종으로 결판난 가슴을 그에게 보여 주는 것이었다. 그는 지옥을 엿본 듯싶어 곧 마음을 돌려 마요크의 왕궁을 등지고 거친 황야로 발길을 옮겨 고독과 고행 속에서 생애를 보내게 되었다.

저 란세의 깨달음도 레이몬드와 비슷하다. 그는 일찍이 청년시절에 온갖 향락에 빠졌으며, 나중에 저 만바존 어두컴컴한 방 안에 여러 가지 가구 등속이 흩어져 있었다. 그때 마침 난데없이 발길에 부딪치는 것이 있었다. 그것은 바로 정부의 머리였다. 즉, 그녀가 급사하였으므로 사람들이 그 시체를 연으로 만든 관에 넣으려고 하였으나 들어가지 않으므로 머리만 베어서 밖에 동댕이쳤던 것이다. 란세는 말할 수 없는 고뇌를 겪고, 1663년에 그 무렵의 트라피스트 교단이 본래의 교의를 망각하고 있음을 통탄한 나머지 그 개혁에 나섰으며, 이윽고 우리가 오늘날에도 찾아볼 수 있는 저 철저한 금욕 생활을 실천하게 하였던 것이다. 이 교단은 금욕의 실행 기관이라고 할 수 있다. 그 안에 일단 들어간 자는 심한 궁핍 생활을 감수하며 생존 의지의 단멸을 위해 외부에서는 미처 상상할 수 없는 엄격한 교리와 노동에 종사하고 있는 것이다.

그 승원에 찾아간 사람은 승려들이 단식과 추운 밤의 성행과 기도와 노동으로 인하여 전신이 야위어 가면서도, 현세의 아들이요 죄인인 방문객의 무릎에 엎디어 이들의 복을 빌어 마지않는 지순한 태도에 거룩한 두려움마저 느낀다는 것이다. 여러 교단 중에서도 이 교단만은 많은 풍파를 잘 견디어 오늘날까지도 그 순결한 모습을 보존하고 있다. 이것은 그 생명이 되는 정신이 심오하고 진실하여 2차적인 모든 교의에 사로잡히지 않는 데 기인하는 것이다. 여기서 우리가 주의해야 할 것은, 이런 교단이 가장 명랑하고 낙천적이고 경쾌한 저 프랑스인들 속에서 창설되었다는 사실이다. 다른 종교는 타락하여도 이 교단만은 그 영향을 입지 않은 것은 필시 그 깊숙한 뿌리가 어느 기성 교리보다 한층 더 인간성의 깊은 곳에 닿아 있기 때문이라고 생각한다.

우리는 자기의 빈약한 성품과 비좁은 소견과 여러 선입관에서 떠나 세계를 극복한 사람들, 즉 그 의지가 자기 자신에 대해 충분한 인식에 도달하여 모든 사물 속에 자기를 재인식하고, 자진하여 자기를 포기하고 마지막 남은 목숨이 붙어 있는 육체와 더불어 소멸되어 가기를 대기하고 있는 사람들의 모습을 잘 보아야 할 것이다. 그렇게 되면 억센 성욕의 발동과 욕구에서 두려움이 기쁨에서 괴로움으로 옮아가며, 무엇으로도 만족을 누리지 못하는 소망 대신에 모든 이지를 초월한 평온, 고요한 마음, 깊은 인식, 굳건한 확신, 정령이 숭고한 명랑성 등을 얻을 수 있을 것이다. 생존 의지에 매여서 움직이는 자는 모든 사념과 허욕만을 삶의 꿈으로 삼고 있지만, 생존 의지의 속박을 벗어난 자의 심경은 그 얼굴에도 나타나 있으니 라파엘이나 콜리지가 보여 주는 존엄한 용모는 단지 그것만으로도 우리가 머리를 숙일 만한 참된 복음이 아니겠는가. 그들 속에는 이미 인식만이 남아 있고 의지는 소멸되어 있는 것이다.

승원 생활이나 고행하는 생활이 진실하게 이루어지는 경우의 내면적인 정신과 행실은, 그 장본인이 자기는 이 세상 가장 고귀한 존재가 될 수 있다고 자각하고 이 세상의 공허한 모든 쾌락을 무시하고 배격하여 그 확신을 지지하고 강화한다. 이리하여 그들은 죽는 날과 시각을 오직 해탈의 계기로 맞이하기 위해 분명한 기대를 갖고 모든 미혹이나 유혹을 물리치며 그날그날의 조용한 생활에 안주하여 그 종말을 기다리고 있는 것이다.

조용한 교도의 생활——첫째로 모든 욕념을 버리고, 둘째로 고행 즉 일정한 방법에 의해 이기적 의지를 좌절시키며, 셋째로 자기 자신이 일체의 사물 또는 우주의 근원과 동일하다는 신비가의 생활을 깨닫는 세 가지 태도——인간의 정령에 발생하는——는 밀접한 관련을 갖고 있으며, 누구나 그 하나를 터득한 자는 어떤 체험을 통해서든지 스스로 다른 데 이르게 된다. 오늘날 이 가르침을 가장 놀라운 사실로서 역설한 사람들은, 국토나 종교가 매우 다름에도 불구하고 그 정신에 있어서 서로가 일치하며, 그 내면적 체험을 전달하는 말에는 한결같은 확신과 반석 같은 굳건한 심증이 나타나 있는 것이다.

사실 '모든 것이 이상적이다'라는 입장에서는 유대교나 바라문교 및 불교를 대조하여 보면, 그 정신과 도덕적 색채가 기독교와 밀접한 관계를 갖고 있는 것은, 전자가 아니라 후자이다. 종교의 본질은 정신과 도덕적 행위에 있는 것이지 표면적인 신화나 교의에 있는 것은 아니다.

구약의 '모든 것이 이상적이다'가 순수한 기독교에 있어서 이단적인 세계관임은 의심할 여지가 없는 것이다. 신약을 읽어보면 세계는 가는 곳마다 못마땅하며, 따라서 세계를 정을 붙일 수 없는 악마의 지배하에 있는 고장으로 보고 있다. 세계를 이렇게 보는 것은 고행과 사리와 현세 극복의 정신과 합치된다. 이 정신은 이웃을 사랑하고 남의 죄를 용서한다는 가르침과 함께 기독교, 바라문교, 불교의 근본 특징이며 이 세 종교 사이에는 밀접한 관계가 있다. 다만 기독교에 대해서는 역사적인 여러 가지 사실을 털어놓고 진실한 내부 세계를 들여다보아야 할 것이다.

'프로테스탄트'는 금욕주의와 독신주의를 부인하였다. 이것은 기독교의 정신에서 이탈된 것으로, 이런 의미에서 하나의 배교자라고 볼 수도 있다.

진정한 기독교의 가르침은 인간이 단지 세상에 태어났다는 사실만으로도 무거운 죄과를 짊어지고 있다는 것이며, 인간의 해탈은 가장 쓰라린 희생, 욕념의 사리와 자아의 단멸 등——

인간성의 전면적인 개변에 의해서만 이루어진다고 가르치고 있다.

낙천주의의 근원에 대하여 생각하여 보면, 세계의 유일한 제1원리인 '살려는 의지'가 조성한 현상을 거울에 비춰보고 자기의 모습에 현혹되어 멋대로 떠드는 찬사의 일종에 지나지 않는다. 그러므로 그것은 허망한 주장으로 인심을 타락시킨다. 그것은 인생을 이상적으로 보고 그 목적은 인간의 행복에 있다는 것이다. 따라서 모든 인간은 자기의 행복과 환락에 대하여 적당한 청구권을 갖고 있다고 생각하며, 그것을 손에 넣을 수 없는 사람은 그릇된 운명으로 하여 인생의 목적을 달성하지 못하였다고 한다. 그러나 참된 인생관에 의하면 인간의 존재는 노동과 궁핍과 불행과 고뇌와 그리고 죽음으로 끝나는 것으로, 바라문교도 불교도 또한 진정한 기독교도 이렇게 보고 있다.

이 견해가 정당하다는 것은 이러한 해악이 생존 의지의 기각으로 우리를 인도하는 것으로도 알 수 있다. 신약에는 이 세계를 눈물의 골짜기라고 보고, 인생은 영혼을 정화하는 고장이라고 주장한다. 또한 기독교의 상징으로 되어 있는 것은 순교의 도구인 십자가이다.

인도인의 윤리는 《바라문경》과 시편과 그 밖에 처세에 관한 가르침과 격언 속에 여러 가지 형태로 주장되어 있으나, 특히 강조되고 있는 것은 나를 저버리고 이웃을 사랑하라는 것이다.

아니 인간만이 아니라 일체의 생물을 사랑할 것을 주장한다. 그리하여 자비를 위해서는 자기의 피땀으로 얻은 소득까지도 희사하며, 자기를 해치는 자에게 끊임없는 온정과 인내를 베풀라는 것이다. 남이 아무리 자기를 해치더라도 호의와 사랑으로 보답하고 기꺼이 모든 죄를 용서하며 일체의 육식을 금할 것을 주장한다. 그리고 성경에 도달하려거든 순결한 동정을 지켜 온갖 향락을 멀리하고 모든 재물을 천시하며 가옥과 모든 소유물을 버리고 깊은 고독에 돌아가 정관과 회오와 의지를 소멸하기 위한 끊임없는 고행으로 일관하여, 드디어는 아사함으로써 악어의 밥이 되거나 히말라야 산정에서 몸을 던지거나 성행을 마친 자이면 자기를 땅속에 생매장을 하거나 군중들의 환호와 무기의 춤과 찬가 속에 굴러가는 거대한 꽃상여에 치여서 죽으려는 것이다. 이 가르침은 4천 년 이상의 역사를 갖고 있으나, 오늘날에도 역시 인도인 사이에는 그 본래의 위엄을 갖고 생생하게 남아 있다. 무수한 사람들에게 이렇게 오랫동안 실행하여 온 관습과 이처럼 큰 희생을 강요하는 가르침이란 결코 단지 환상에 사로잡힌 몇몇 사람의 독단적 가르침일 수가 없으며 반드시 인류의 본 자체에 깊이 뿌리박고 있어야 한다. 또한 인도의 고행자의 전기와 기독교의 그것을 비교해 보면 거기에는 전적으로 공통된 심리 상태를 찾아볼 수 있어 우리를 놀라게 한다. 이것은 주목할 만한 일이다.

그들의 성스러운 행동과 내면생활은 교의나 관습이나 환경이 다른데도 불구하고 교묘한 일치를 보이고 있다. 그리고 기독교의 신비설과 베다(Veda) 철학은 모두가 종교 생활이 완전히 성경에 도달한 자에게는 불필요한 것으로 보는 점도 서로 일치하고 있다.

유럽인과 인도인 사이에 시대적인 간격을 두고 이런 일치가 이루어진다는 것은, 쌍방의 고행주의와 금욕주의가 결코 평범한 낙천론자들이 의기양양하게 말하고 있는 그런 안이한 것, 즉 정신과 상식의 착각에서 비롯된 것이 아님을 입증하며, 거기에는 인간의 본성이 나타나 있다.

이러한 성자들의 모습을 살아서 친히 접하기를 바란다는 것은 매우 드문 일이지만, 우리는 그들의 전기를 읽음으로써 덕이 높고 거룩한 모든 성자의 생활까지도 허망하다는 암담한 생각을 버려야 할 것이다.

10. 종교에 대하여

인간이 철학적인 사색을 하고 세계를 형이상학적으로 해석하려고 한 가장 큰 이유는 인간의 고뇌와 불행을 바라보고 죽음을 불가피한 사실로 인정하였기 때문이다. 만일 인간의 생명이 무한하고 괴로움이 없다면 아무도 세계가 무엇 때문에 존재하며, 어찌하여 이 지경이 되었는가 하는 의문은 일어나지 않았을 것이고, 모든 현상은 스스로 해명되었을 것이다. 우리가 철학이나 종교에 많은 흥미를 느끼는 것도 이 때문이며, 우리들의 관심은 주로 사후에 어떤 형태로든지 불멸할 수 있다는 가르침에 쏠려 있다.

이에 종교는 우선 신이 있다는 것을 주장하며 그 논증에 힘쓰고 있지만, 신의 존재에 인간이 영생한다는 교리를 결부시켜 양자는 서로 긴밀한 관련성이 있다고 주장하기 위해서며, 특히 인간의 불멸에 대하여 강조하고 있다. 만일 다른 어떤 방법으로 인간의 영생이 입증되면 신에 대한 기성 종교의 열렬한 믿음으로 곧 식어 버릴 것이다.

또한 만일 영생이 불가능하다는 사실이 분명히 입증되면, 신앙은 아무도 거들떠보지 않을 것이다. 그러므로 철저히 유물론적이거나 회의적인 세계관은 그 옳고 그름을 불문하고 일반인에게 계속해서 감화를 줄 수는 없는 것이다.

어느 시대에나 건축미의 극치로서 세워진 사당, 교회, 사원, 절 등은 인간이 형이상학적 욕구를 갖고 있다는 증거이며, 이 욕구는 물적 요구와 보조를 같이하고 있다. 다만 형이상학적 욕구는 물질적 욕구보다 약하여 얼마간 제공되면 만족한다. 즉, 그것은 조잡하게 꾸민 이야기나 천박한 신화만으로 만족하는 경우가 더러 있다. 인간은 어릴 적부터 그런 이야기를 들려주면 그것이 곧 자기 존재에 대한 충분한 설명 또는 도덕 생활의 지주가 되는 것이다.

예컨대 《코란》을 생각해 보라. 그런 유치한 책이 하나의 종교를 낳게 하고, 그 종교는 전 세계에 보급되어 1200년 이래로 수천만 명의 형이상학적 욕구를 만족시키고 그들의 도덕적 이념이 되어 죽음도 돌보지 않게 한다. 그리하여 번번이 인간을 피비린내 나는 격전에 몰아넣어 큰 승리를 얻게 하였지만 실상 그 속에는 가장 속되고 경박한 유일신교의 주장이 들어 있을 따름이다. 우리가 지금 읽고 있는 《코란》은 여러 차례 번역되는 동안에 개악된 면도 물론 많겠지만, 나는 거기서 어떤 의미에서나 가치가 있다고 생각되는 대목은 전혀 찾아볼 수 없다.

이것은 인간의 형이상학적 이해 능력이 그 욕구와 병행되지 않음을 입증하고 있는 것이다.

인간은 이 세상에서 일어나는 괴로움이나 근심 걱정만으로도 모자라 수백 가지 미신의 형태로 된 공상 세계를 세워 모든 심신을 괴롭히고 있다. 즉, 인간은 현실세계가 조금이라도 휴식을 주면, 이것을 즐기지 못하고 이 공상 세계를 위해 시간의 부분과 최선의 능력을 소모한다. 어떻게 이런 일이 일어나게 되었는가? 우리는 인도인 다음에 그리스인, 로마인, 훨씬 뒤늦게 이탈리아인, 스페인인들의 생활 모습을 보면 짐작할 수 있다. 그들은 온화한 기후와 비옥한 땅의 혜택을 입어 편히 생활할 수 있었으므로 충분히 휴식을 취할 수 있었던 것이다. 이에 인간은 자기들과 유사한 모습을 한 악마나 신들의 성도를 조직하여 제물을 바치고 기도를 드리고 사원을 훌륭하게 장식하고 소원을 풀고 엎드려 절을 하고 성지 순례를 하고 그림을 봉납하고 초상을 조각하는 등등 여러 가지 일거리가 생기게 되는 것이다.

그들은 공상과 현실이 혼돈되고, 전자가 후자를 은폐하여 인생의 크고 작은 모든 사건이 신의 조화로 보인다. 그리하여 그 신비적인 신과의 교섭으로 하루의 절반이 소모되며, 언제나 신에 의지하여 모든 희망을 걸게 된다. 그리고 때로는 신을 섬긴다는 데서 어떤 미묘한 영상을 보게 되어 살아 있는 인간을 상대하기보다 훨씬 더 큰 즐거움을 누릴 수도 있다. 인간의 내면적인 불행으로 마치 기아에 빠진 것처럼, 마음의 의지와 원조와 어떤 위안을 필요로 하고 있다는 사실이 이를 뒷받침하고 있다. 그리고 우리에게 갑자기 뜻밖의 위험이 닥쳤을 때 자기가 섬기고 있는 영혼의 세계를 굽어보고 귀한 시간과 소중한 정신을 무익한 기도나 제물을 바치는 데 소비하여 그것만을 위난의 응급 구호 수단으로 삼고 다른 것은 거들떠보려고 하지 않는다. 그러나 거기에는 이런 미신에서 오는 이득은 없지 않으므로 함부로 무시할 수는 없다.

인간의 야수성을 조절하여 부정이나 횡포에서 떠나게 하려면 무엇이 필요할까? 진리는 쓸모가 없다. 왜냐하면 사람들이 진리를 깨달을 수 없기 때문이다.

그렇다면 어떤 혼미, 또는 꾸며낸 이야기나 비유로 가르치는 수밖에 없다. 여기서 삶들에게 기성 종교를 믿게 할 필요가 생긴다.

기독교 그리고 다소 차이는 있지만 그 밖의 종교가 가르치고 주장하는 숭고한 윤리와, 그 신도들이 실제로 행하고 있는 길을 비교해 보고, 정부나 국가의 권위가 죄악을 막을 수 없다면, 이 윤리 하나만으로 과연 얼마나 효과를 거두었는가를 생각해 보라. 또한 만일 단 하루라도 모든 법률이 폐지되면 얼마나 무서운 광경이 벌어질 것인가를 생각해 보라. 그러면 누구나 도덕적 이념에 대한 종교의 감화가 실상 매우 박약함을 고백하게 될 것이다. 이것은 분명히 신앙의 약점이 아닐 수 없다. 이론상으로는 물론 신도가 경건한 생각에 잠겨 있는 한 저마다 두터운 신망을 갖고 있는 것으로 믿고 있으나, 자기 자신에 대한 모든 시금석은 오직 행위인 것이다. 그러므로 신도들이 만일 어떤 행위를 하게 되었을 때, 커다란 손실과 희생이 따르기 때문에 자신의 신앙을 포기하였다면, 그 신앙 자체의 능력이 미약함을 입증하는 것이다. 누가 어떤 악을 저지르려고 했다면 그는 이미 순수한 의미에서 도의를 범할 것이지만, 이 경우에 그가 실천에 옮길 수 없는 것은 무엇보다 사법권과 경찰권이 건재함을 알고 있기 때문이며, 그것을 모면할 수 있다는 견지에서 행동으로 옮기려고 하여도 이번에는 자기의 체면을 손상시킨다는 제2의 난관이 가로놓여 있다.

그런데 그가 이 두 가지 난점을 무난히 넘길 수 있다면 어떻게 될까? 그들의 종교적 교리에 그 악을 제지할 만한 힘이 있을까? 우선 없다고 보는 편이 확실성이 있다. 왜냐하면 눈앞의 두려움이 사라졌을 때 단지 신앙에만 의거한 먼 두려움이 어떻게 그 악에 대한 유혹을 물리칠 힘이 있겠는가.

그리스의 종교에 내포되어 있던 윤리는 점점 위축되어 드디어 맹서를 지킨다는 정도에 그치고 윤리나 교의로 공인된 것은 없어졌다. 그렇다고 대다수의 그리스인들이 기독교 시대의 각

국민들에 비하여 도덕적으로 손색이 있었다고 할 수는 없다.

기독교의 원리는 유럽에서 발생한 어느 종교의 윤리보다 대단히 훌륭한 것이지만 유럽인의 도의가 그만큼 향상되었다든가 또는 다른 민족들보다 우월하다고 볼 수는 없다. 만일 그렇게 생각하면 큰 잘못으로, 마호메트교도나 배화교도, 인도교도, 불교도 등을 보더라도, 그들에게서 적어도 기독교 국민들과 견줄 만한 정직, 성실, 관용, 온유, 선량, 인자, 극기 등을 찾아볼 수 있는 것이다.

한편 기독교로 인하여 일어난 야만적인 참극을 헤아려 보면 어마어마하다. 부정한 십자군, 아메리카나 아프리카에 침입하여 많은 원주민을 학살하여 하등의 권리도 없으면서 그들이 태어난 정든 고장을 빼앗아 식민지로 만들고, 그들의 소유물을 약탈하였을 뿐만 아니라, 동족을 사방으로 흩어지게 하여 죄수와 같은 노예 생활을 강요하였으며, 이교도에 대하여는 악착같이 박해를 가하고 천국의 죄악인 종교 재판소 '산 팔텔미'의 밤, '알브후'의 1만 8천 명의 그리스인 처형 사건 등등 헤아릴 수 없이 많다. 이것으로 보더라도 기독교가 다른 종교보다 우수하다고 보는 것은 큰 의문이다.

가톨릭은 천국에 들어가기가 어렵기 때문에 그것을 구걸하려는 종이다. 그리고 승려들은 이 걸인 입국의 중개자이다.

승려 앞에서 참회한다는 것은 재미있는 생각이다. 우리는 저마다 정의를 정확히 분간하여 훌륭히 도덕적 재판관이 되어 있으며, 성자도 선을 사랑하고 악을 미워하는 한 그런 역할을 할 수가 있다. 그런데 거기 한 가지 조건이 있으니, 이 재판의 심문은 자기 자신에 대하여 하는 것이 아니라 남에게 대하여 하며, 자기는 단지 가부를 따질 뿐이고 재판의 결과는 남의 부담이 된다는 사실이다.

그러므로 길을 걸어가는 사람을 아무나 불러다가 앉혀 놓아도 참회승으로서 훌륭히 신의 대리를 맡아볼 수 있는 것이다.

종교는 대중에게 많은 혜택을 주는 생활필수품이다. 그러므로 종교가 진리를 배격하여 인류의 발전을 가로막더라도 될 수 있는 대로 비난은 삼가야 한다. 그러나 괴테나 셰익스피어와 같은 위대한 정신의 소유자에게 어떤 종교의 교리를 그대로 믿기를 바란다는 것은 마치 거인에게 난쟁이의 구두를 신으라고 명령하는 것과 같다.

모든 기성 종교는 철학의 왕좌를 빼앗으려고 한다. 따라서 철학자는 종교를 하나의 필요악이요, 빈약하고 병적인 대다수의 인간의 정신을 보호하기 위한 지팡이로 보는 한편 언제나 적대시하여 싸워나가야 한다.

근대 철학에서 문제 삼는 신은 궁중 감독관의 실권 하에 놓인 프랑크 왕과 같은 존재이다. 이 신이라는 낱말은 교권이나 정부에 매어 달려 손쉽게 영달할 것을 꿈꾸는 저속한 학자들에 의하여 신의 관념보다 자기네들의 이득과 편의를 위해 보존되어 있다.

11. 정치에 대하여

　국가란 인간이라는 육식 동물에게 해독을 끼치지 않고 초식 동물과 같은 인상을 보여 주기 위한 것에 불과하다.
　인간은 결국 속을 들여다보면 야수요 맹수이다. 우리는 물론 인간만을 알고 있지만, 이들도 기회가 있는 대로 야수성을 발휘하는 것을 볼 때 새삼 소름이 끼친다. 국법의 사슬이 풀어졌을 때, 무정부 상태가 돌발했을 때, 인간은 무엇인가를 곧 폭로한다.
　인간의 사회조직은 전제정치와 무정부 상태의 두 극단——두 개의 대립된 해악 사이에 놓여 있으며 그 한쪽에서 멀어질수록 다른 쪽에 가까워진다. 그렇다고 그 중간 상태가 가장 이상적이라고 생각하는 것은 잘못이다. 이 두 개의 해악은 결코 한결같이 두렵거나 부당한 것은 아니다. 전자는 후자에 비하면 그다지 두려울 것이 없다.
　전제정치의 폐단은 가능한 범위 내에서 국한되어 있으며 피해자는 백만 인에 한 사람 정도이다. 그런데 무정부 상태에서는 모든 국민이 날마다 그 피해를 입게 마련이다.

그러므로 모든 정치 체제는 무정부 상태보다도 전제정치 쪽으로 기울어지는 편이, 즉 약간의 전제적인 요소를 내포하고 있는 편이 좋다.

국왕은 모름지기 '우리는 하느님의 은총으로'라고 말하는 대신에 '큰 악이 아니라, 작은 악인 나'라고 말해야 할 것이다. 국왕이 없으면 나라의 모든 일이 잘되어 나가지 않는다. 국왕은 이를테면 건물의 붕괴를 방지하는 돌기둥이다.

어느 나라, 어느 시대에도 정치 체제와 법률과 제도에 대하여 불만의 소리가 높은 법이다. 인간에게서 떠나지 않는 고뇌가 언제나 이것들의 탓인 것처럼 보이기 때문이다.

그런데 기독교의 신화에 의하면 삶의 고뇌는 아담을 통하여 모든 인간이 신의 저주를 받았기 때문이라고 믿게끔 되어 있는데, 이 신앙을 공격의 무기로 하여 철면피와 허구의 극단을 감히 주장하는 것이 이른바 국민론자들이다. 그들은 기독교를 증오하고 낙천주의자로 자부하며, 이 세계는 자기의 행복 이외의 아무런 목적도 없고 세계 자체가 본질적으로 잘되어 행복의 유토피아이지만, 제도가 나쁘기 때문에 현실은 당치 않은 참상과 고뇌를 벗어나게 된다는 것이다. 그러므로 만일 정부가 그 의무를 올바로 수행만 한다면 지상 천국이 이루어져 모든 사람은 노고도 불안도 없이 식성대로 배부르게 먹고 즐길 수 있을 것이라고 주장한다. 그들은 세계의 목적이 인류의 끝없는 진보에 있다고 보아 그럴듯한 말들을 늘어놓지만, 그 진보란 요컨대 물욕이 한층 더 만족되는 것을 의미한다.

인간은 세상에 태어났을 때부터 고뇌와 멸망이라는 운명을 지니고 있는 것이다. 따라서 국가의 힘이나 인위적인 제도의 힘으로 부정과 고뇌가 제거되어, 극락세계가 이루어졌다고 하더라도 인간은 권태에 사로잡혀 피차 물고 뜯으며 싸우거나 또는 인구 증가로 말미암아 기근이 일어나 전멸하게 될 것이다.

누구나 자기의 행동을 거울에 비춰 보면, 마음속에 숨어 있는 무서운 악의 욕념이 다 나타날 것이다. 그러나 그것을 눈으로 똑바로 바라보는 자는 대단히 드물다. 당신네들은 로베스피에르, 보나파르트, 마르크의 제왕, 그리고 길가의 암사자들을 악인이라고 생각하는가? 그렇게 생각한다면 큰 잘못으로 주위의 사정만 갖추어지면 이런 부류의 인간은 얼마든지 찾아볼 수 있다.

보나파르트는 실상 여느 사람들보다 더 흉악하지는 않았다. 그가 갖고 있는 것은, 남을 희생시키고 자기가 득을 보려는 일반 사람에게 공통된 이기심에 지나지 않았다. 그가 여느 사람보다 다른 존재가 된 것은, 그 의욕을 충족시키기 위한 보다 강력한 욕구와 지능과 이성 및 용기를 갖고 있었기 때문이다.

그에게는 이 모든 조건이 구비되어 있었기 때문에, 여느 사람들이 마음속으로만 원하고 실천에 옮기지 못한 일을 한 것뿐이다. 품팔이 일꾼이 본래 타고난 고약한 마음에서 동료에게 손해를 끼쳐 얼마간의 이득을 보았다면, 그 동료에게 준 손해가 아무리 보잘것없는 것이라도 그는 보나파르트나 다름없는 악한인 것이다.

여러분이 만일 유토피아적인 계획을 갖고 있다면 정치와 사회 문제에 대한 유일한 해결책은 소수의 현명하고 고결한 자가 전제정치를 하는 데 달려 있다고 나는 말하고자 한다. 이 소수자는 진실하고 순결한 귀족 계급이라고 볼 수 있으며, 그들을 배출시키려면 성품이 고귀한 남자와 지능이 뛰어난 여자를 결혼시키는 것이 가장 정확한 방법이다. 이 제안이 나의 유토피아인 동시에 플라톤의 이상국이다.

12. 사회에 대하여

 이 세상에서 일어나는 모든 것은 고티에의 희곡을 보는 것 같다. 그의 희곡에는 어디서나 본질적으로 같은 인간이 같은 소원과 같은 운명을 짊어지고 나타난다. 그리하여 그들의 이야기마다 동기와 사건은 다르지만, 그 정신은 같으며, 어느 한 장면의 등장인물은 다른 장면에서 무슨 사건이 일어났는지를 전혀 모르고 있지만 아무튼 그들은 거기서 활동하고 있었던 것이다.

 그러므로 희곡을 통하여 어떤 짓을 하든, 또 어떤 경험을 쌓든 간에 판타론은 조금도 전보다 더 똑똑하거나 관대하지 않으며 탈타그리아도 별로 정직하지 않고 부리게라도 그다지 용감하지 않으며 코론비누도 남달리 도덕적으로 되어 있지 않다.

 우리들의 문명사회는 하나의 커다란 구실에 불과하다. 거기에는 장교, 졸병, 친구, 의사, 변호사, 목사, 철학자가 있고 그 밖에 여러 사람들이 있지만 그들의 직업이 참으로 그들을 대표하고 있는 것은 아니다.

직업은 하나의 가면에 불과하며, 거의 모두 그 밑에 돈벌이꾼이 숨어 있다.

그들은 저마다 자기가 가장 잘난 듯이 보이기 위해 혹자는 변호사가 되어 정의와 권리의 가면을 쓰고 있으며, 혹자는 종교의 가면을 쓰고 있다.

또한 자선이니 뭐니 하는 가면 밑에 숨겨둔 남모를 목적은 여러 가지이며 철학이라는 가면 밑에도 그것이 두셋은 반드시 숨어 있다. 그런데 숙녀의 가면은 대체로 정조를 지키고 선량하고 얌전하고 상냥스러운 것 등이다.

그런가 하면 가면무도회의 도노반처럼 일반인이 어디든지 갖고 다니는 가면이 있다. 예컨대 의리, 예절, 그럴 듯한 동정, 히죽히죽 웃기를 잘하는 우정 등이 그것이며, 그 밑에는 품팔이꾼, 장사꾼, 사기꾼이 숨어 있다.

그러고 보면 가장 정직한 층은 상인이다. 그들만은 돈벌이라는 가면을 쓰지 않고 돌아다니며 사회적으로 알맞게 낮은 위치를 차지하고 있다.

의사의 눈에는 병자투성이요, 법률학자 눈에는 악투성이요, 신학자의 눈에는 죄악투성이다.

식물학자가 잎사귀 하나만 보아도 나무 전체를 알고, 퀴비

에가 한 토막 뼈다귀만으로 능히 그 동물 전체의 됨됨이를 알 수 있는 것처럼 인간의 행위도 마음속에서 나온 이상 그 하나만 보고도 어떤 인간인가를 정확하게 알 수 있다. 그런데 이런 관찰을 할 때에는 일상생활에서 흔히 찾아볼 수 있는 기회를 택해야 한다. 누구나 중대한 사건에 부딪히면 자신을 굽히고 덮게 마련이지만, 사소한 일에는 자유로이 천성대로 행동하기 때문이다. 만일 어떤 사람이 비록 사소한 일이라도 남을 전적으로 무시하는 이기심을 나타내어 정의와 성실에서 완전히 이탈하면, 충분한 저당을 잡지 않고 단돈 한 푼도 주어서는 안 된다. 같은 이유에서 친구로 자처하는 자라도 사소한 일이나마 사악하고 위선적이고 비열한 성격을 나타내면 큰일을 당했을 때 그의 기만에 속지 않도록 즉시 절교하는 것이 상책이다.

그리고 이 말은 하인에게도 적용된다. 어쨌든 사기한(詐欺漢)에게 에워싸이기보다는 혼자 지내는 것이 훨씬 마음 편하다.

자기 자신의 분노와 증오를 말과 얼굴에 나타내는 것은 부질없고 위태롭고 주책없고 속되고 우스꽝스러운 일이다. 분노나 증오는 행동을 통해서만 나타내야 한다. 정말 독한 것은 냉혈동물뿐이다.

예절은 현자가 지키는 일이고, 무례는 바보가 지키는 일이다. 함부로 무례한 짓을 하여 적을 만드는 것은 어리석은 짓으로 자기 집에 손수 불을 지르는 것과 같다. 예절은 일종의 부도수표이며, 실제로 화폐로서의 가치가 없는데도 아껴 쓴다는 것은 우둔한 일이요, 반대로 낭비한다는 것은 상식이 풍부한 처사이다.

남을 신뢰하는 것은 단순히 우리 자신의 게으름과 이기심과 허영심에서 비롯되는 경우가 허다하다. 즉 자기가 깊이 생각하거나 감시하거나 행동하는 것이 귀찮기 때문에 남을 의지하는 것은 게으름에서 비롯되며, 자기의 이야기를 해야 할 필요에서 상대방을 신뢰하는 것은 이기심에서 비롯되고, 자신을 과장하기 위해 이야기하는 것은 허영심에서 비롯된 것이다. 그런데 이 경우에 상대방이 자기의 신뢰에 보답할 수 있는가의 여부를 확인하지 않는 것은 신기할 정도의 불찰인 것이다.

남자나 여자를 막론하고 사귀어 두는 것이 현명한 일이다. 이렇게 하면 그들과 우의를 언제나 두렵게 할 수 있을 것이다. 그리고 대다수의 인간에게는 이야기의 도중에 가끔 그들을 무시하는 듯한 암시를 주는 것도 한 가지 방법이다. 그렇게 하면 그들은 보다 더 당신과의 우의를 끔찍이 여기게 된다. 이탈리아의 속담에도 '존경을 받는 자는 존경하지 않는 자이다.'

만일 어떤 사람에게 이용 가치가 많으면 그런 이쪽의 생각을 그의 앞에서는 마치 죄라도 되는 듯이 숨겨둘 필요가 있다. 이러한 속임수는 유쾌한 일은 못 되지만, 거기에는 그렇게 해야 하는 이유가 있는 것이다. 개는 귀여워만 하면 이쪽을 주인으로 알아주지 않는 법이다. 인간에게도 이와 같은 버릇이 있다.

우리의 유일한 친구인 개에게는 다른 동물에게서는 좀처럼 찾아볼 수 없는 독특한 점이 있는데, 그것은 부드러운 표정으로 호의적이고 성실에 넘치는 듯이 꼬리치는 모습이다. 이 개의 인사와, 허리를 굽실거리거나 얼굴을 히쭉거리면서 예의를 갖추는 체하는 인간의 인사와 비교해 보라. 양자 사이에 어떤 대조를 이룰까? 개에게 나타나 있는 우정과 성실은 적어도 그 순간만은 인간의 그것보다 몇천 갑절이나 순수하고 정직하다.

나는 개와 사귀기를 매우 즐긴다. 개는 솔직하기 때문이다. 특히 내가 기르는 개는 유리알처럼 투명한 마음씨를 갖고 있다. 만일 이 세상에 개가 있지 않았더라면 나는 도저히 살아나갈 수가 없었을 것이다.

친구가 많다고 해서 그에게 참된 역량과 가치가 있기 때문이라고 생각하는 것은 인간학에 대한 무지 때문이다. 인간이 남의 진가를 인정하고 거기 비례하여 우정을 베푼다고 생각하는 것은 망발이다. 인간도 또한 개와 마찬가지로 이쪽에서 별로 수고도 하지 않는데 어루만져 주거나 먹다가 남은 뼈다귀라도 던져 주는 자를 따르는 것이다.

따라서 인간을 교묘히 조종하는 자가 많은 친구를 거느리는 것이며, 그 인간의 열등함 여부에 달려 있지는 않은 것이다.

'사랑하지 않고 미워하지도 않는다'는 인간학의 전반부이며 '아무와도 말하지 않고 아무것도 믿지 않는다'는 그 후반부이다. 이런 표어가 필요한 세계라면 차라리 등을 돌리는 것이 통쾌한 일이다.

우리는 오랫동안 자기의 적이며 반대편이던 자가 죽으면, 거의 친구의 죽음에 접했을 때와 마찬가지로 유감스럽게 생각한다. 그것은 자기가 앞으로 아무리 빛나는 승리나 발전을 하여도 그에게 자랑할 수 없기 때문이다.

허영심과 자부심이 다른 점은 이러하다. 즉, 후자가 모든 점에서 남보다 우월하다고 자부하는 데 대하여, 전자는 이런 확신을 남에게 야기하려는 욕망이다. 거기에는 이렇게 함으로써 나중에 스스로 자기를 우월한 자로 자부하고 싶다는 은근한 기대가 내포되어 있다. 자부심은 자신의 가치에 대한 확신에 의거하고 있으나, 허영심은 그런 확신을 얻기 위해 남에게 의지하여 우선 남이 그렇게 여기도록 하려는 것이다.

그리고 허영심은 인간을 다변자로 만들고, 자부심은 침묵가가 되게 한다. 그러나 허영심이 강한 자는 다음과 같은 사리를 잘 분간해야 한다. 즉, 그가 노리는 타인의 존경을 말보다도 침묵에 의하여 더 많이 얻을 수 있는 것이다. 이 경우에 자기가 아무리 큰소리를 할 수 있는 처지라도 마찬가지이다.

거만한 자는 참된 고답성을 지니고 있지 않으며, 기껏해야 그럴 듯이 보일 수 있는 데 불과하지만, 그나마도 다른 모든 가장과 마찬가지로 도저히 계속해서 연출할 수는 없다. 참된 오만은 자기가 뛰어난 특성을 지니고 있다는 확고부동한 깊은 신념에서 오는 것이다.

이 확신은 물론 사실과 다른 경우가 있으며 외부적이고 인습적인 특질에 기인하는 경우도 있지만, 그 확신이 진지하고 성실하면 그 때문에 오만이 손상되는 일은 없는 것이다. 왜냐하면 오만은 본인의 확신에 의거하며, 자신에 대한 그 밖의 지식과 마찬가지로 제멋대로의 기분에서 비롯된 것이 아니기 때문이다.

그리고 오만이 최악의 적이요 최대의 장애인 허영은, 남의 찬양을 토대로 하여 자기가 높은 평가를 얻으려고 하지만, 오만은 이 평가가 확정된 것이라고 생각하고 있다. 오만을 공격하고 비난하는 사람들이 많은데 그들이 필경 자신 속에 존대한 것이 아무것도 있지 않은 모양이다.

세상 사람들은 흔히 대인물의 도량이 너그러움을 찬양한다. 그런데 이 관용은 타인에 대한 깊은 모멸에서 비롯되는 것이 보통이다. 그리하여 위대한 정신의 소유자가 이 모멸감에 가득 차게 되면 주위 인간을 자기와 동등하게 보지 않으며, 그들에게는 자기 자신에게 기대할 수 있는 것을 바라지 않게 되어, 마치 우리가 다른 동물이 미욱하고 지각없음을 탓하지 않는 것처럼, 세상의 속물들에게 아량을 베풀게 되는 것이다.

적어도 미에 대한 감수성을 지닌 자라면 육체적인 미든 또는 정신적인 미든, 이 인간이라는 생물에게서 찾아보려고 할 때마다 또한 그들과 접촉할 때마다 언제나 추악, 평범, 비열, 부정, 우애, 흉악 등으로 이루어진 생물의 표본——그나마 새롭고 독창적인 표본을 보는 느낌을 갖게 될 것이다.

처음 대하는 여러 사람들에 에워싸여 있으면 테니에르가 그린 성 앙투안의 유혹, 또는 그와 비슷한 그림을 연상한다. 이 대작을 보면, 눈에 엇갈리는 마귀가 괴물의 괴상한 얼굴을 바라보고 그렇듯 천하의 악상이 독창적으로 잘 묘사된 데 대하여 경탄을 금할 수 없다.

천재란 어느 의미에서는 저주받은 인간이라고 할 수도 있다. 다시 말하면 남들은 자기를 위대하다고 놀라운 인간으로 볼수록, 그 자신은 남들을 보잘것없는 존재로 보는 법이다. 그리하여 다른 사람들은 이 굴욕적인 감정을 덮어 두려고 하지만 그는 한평생 존대한 자기 자신을 마치 고독 속에 유형된 자처럼 생각해야 한다.

그가 살고 있는 주위에는 원숭이나 앵무새가 있을 뿐, 자기와 비슷한 자를 찾아볼 수 없다.

그리하여 언제나 멀찌감치 바라보고는 저것이 인간이거니 하고 생각하였는데, 나중에 역시 원숭이임을 알고 실망하여 안타깝게 생각한다.

솔직히 말해서 나는 동물만 보면 곧 마음이 환히 열려 저절로 즐거워진다. 특히 개를 비롯하여 자유를 얻은 모든 동물——새, 곤충 등을 보았을 때 그렇다.

그러나 인간을 보면 거의 언제나 반드시 염증을 느끼곤 한다. 왜냐하면 극히 작은 예외는 있겠지만 인간은 누구나 가장 조잡하고, 흠이 많은 실패작, 즉 더러운 육체와 천한 욕정과 속된 야망과 온갖 치우와 사악이 충만한 외모 및 부자연스럽고 타락한 생활에서 비롯되는 천박하고 거친 모습을 보여 주고 있기 때문이다. 그러므로 나는 가급적 그들과 대하기를 피하고 자연의 품속에서 동물들과 사이좋게 지내며 즐거움을 나누려는 것이다.

13. 행복에 대하여

아리스토텔레스는 인생의 행복을 첫째로 사회적인 행복, 둘째로 정신적인 행복, 셋째로 육체적인 행복으로 구분하였다. 나는 이 세 가지 구분을 그대로 이어받아 인간의 운명에 차이를 가져오는 것은, 다음의 세 가지 근본적인 요소에 귀착될 수 있다고 생각한다.

1. 참된 자아──가장 넓은 의미의 인격으로서 거기에는 건강, 체격, 체력, 용모, 성격, 품성 및 여러 가지 이지 등이 포함되어 있다.

2. 물질적 자아──모든 소유물

3. 사회적 자아──남의 눈에 비치는 '자아(인간과 접촉하는 자아)', 즉 남의 머릿속에 깃들여 있는 자아로서 자신의 명예, 지위, 명성 등을 내포하고 있다.

첫째의 참된 자아는 자연의 손에 의해 직접 결정된 것으로, 이 한 가지 사실로 미루어 보아도 행복과 불행에 대한 영향은 인력으로 결정지을 수 있는 물질적 자아나 사회적 자아보다 더욱 심각하고 근본적인 것임을 알 수 있다. 아닌 게 아니라 지위나 문벌, 왕족이나 부호라는 특권과 위대한 정신이나 품성과 같은 순수한 인격적 특권과의 관계는 마치 무대 위에 나타난 황제와 진짜 황제와 같은 것이다. 에피쿠로스9)의 제자 메트로도루스도 그의 저서에서 이렇게 서술하고 있다. 즉, 우리들의 행복에 도움이 되는 것의 대부분이 사물에서 비롯되기보다 오히려 우리들 자신으로부터 기인되는 것이다.

사실 인간의 행복에 있어서, 아니 인간의 모든 생활에 있어서 가장 긴요한 면은, 분명히 자기 자신 속에 깃들어 있으며, 그 속에서 비롯되는 것이다. 인간의 참된 행복이나 불행은 결국 자기 자신의 감수성과 의욕과 사고 등의 종합적인 결과이며, 외부에서 일어나는 모든 사항은 단지 사소하고도 간접적인 영향을 줄 따름이다. 그러므로 역시 행복과 불행은 근본적으로 자기의 됨됨이와 경험에 의존한다고 하지 않을 수 없다. 우리는 외부에서 일어나는 같은 사건이나 처지에 대하여 각각 다르게 느끼며, 동일한 환경에서도 각자 별개의 세계에 살게 마련이다. 그리하여 자기 자신의 생각과 느낌과 의지의 작용만이 우리가 살아가는 데 유일한 결정적인 요건이며, 외계의 사물은 그것들을 불러일으켜서 간접적인 영향을 줄 뿐이다. 이 세상은

---

9) 에피쿠로스(B. C. 341~270): 그리스의 철학자. 원자론적 자연론과 이기주의적 윤리학을 제창함.

모든 인간에게 공통된 거처이지만, 그것은 개개인의 견해와 태도에 따라서 다르게 보이며, 두뇌의 차이에 따라서 별개의 세계로 간주되는 것이다. 즉 다시 말하면 주관의 작용에 따라서 혹은 빈약하고 공허하고 평범한 것으로 보이며, 혹은 풍부하고 다채롭고 의미심장한 것으로 보이기도 한다.

이 사실을 잘 입증하는 것은 괴테나 바이런의 시로서, 그 소재는 현실에서 흔히 찾아볼 수 있는 것들이지만, 둔한 독자들은 이 시인들의 뛰어난 관찰력이나 상상력에 의해 일상생활에서 일어나는 사건들 중에서 아름다운 시의 소재를 발견할 수 있었다는 사실을 저버리고, 오직 이들만이 이런 시적인 사건에 접한 것처럼 생각하고 있는 것이다. 같은 이유에서 우울한 사람은 곳곳에서 비극을, 명랑한 사람은 희극을, 무관심한 사람은 무미건조한 광경만을 바라보게 마련이다.

이 모든 사실은 마치 물이 산소와 수소의 일정한 비례로 밀접하게 화합되어 있는 것처럼, 개개의 현실이 객관과 주관의 두 가지 요소로 되어 있기 때문이다. 그러므로 현실적인 반면의 요소가 같은 객관인 경우에도, 다른 반면의 요소, 즉 개인의 주관이 다르면 현실의 성격은 전혀 다른 것이 되어 버린다. 비록 가장 아름답고 이상적인 객관이라도 소중한 주관이 우열하면 현실도 초라한 것으로 나타난다.

이것은 마치 날씨가 나쁜 때에 훌륭한 경치를 바라보거나,

변변치 못한 사진기로 촬영하는 것과 같다. 인간은 저마다 피부 속에 쌓여 있는 동시에 자기의 의식 속에 갇혀 있으므로, 잠시도 거기서 탈출할 수 없다. 그러므로 외부의 작용은 거의 아무 효과도 없다고 볼 수 있다. 극장에 가면 배우들 중에서 어떤 사람은 왕후를, 어떤 사람은 고문관을, 또 어떤 사람은 하인, 사병, 장군 등 여러 가지 임무를 맡고 있지만, 이런 인물들은 단지 껍데기에 불과하며, 사실은 저마다 무대 배우로서의 가련한 소인이며, 그들은 어디까지나 자기 자신의 본질에 의존하고 있을 뿐이다.

인생을 살펴보아도 역시 마찬가지이다. 즉, 지위와 재산의 차이는 인간에게 각각 다른 역할을 맡게 하지만, 이 역할로 행복의 차이가 심해지거나 또는 실제의 인간적인 차이에 부합되는 것도 아니다. 그리하여 대부분의 인간을 백일하에 드러내 놓으면 실은 누구나 한결같이 가련한 한계 있는 바보에 불과하다. 그리고 그 고뇌의 질에 있어서는 사람마다 다르지만, 그 기본적인 실제에 있어서는 거의 동일하며, 다만 어느 정도의 차이는 있더라도 그것은 결코 지위나 재산에서 오는 것은 아니다.

모든 인간이 저지른 일들은 언제나 당사자의 의식에 나타나는 사실과 사건이므로, 의식 자체의 차이가 무엇보다도 근본적인 것이다. 그리하여 언제나 의식에 작용하는 외부 세계의 형태보다도 오직 의식 자체가 결정적인 역할을 하게 되는 것이다. 아무리 화려하고 즐거운 것이라도, 우둔한 자의 흐린 의식에 비치면 곧 빈약하게 된다. 세르반테스10)는 매우 명석한 두뇌를 갖고 있었으므로 비참한 감옥에서도 흥미진진한 소설 《돈키호테》를 쓸 수 있었다.

현실의 객관적인 절반은 운명의 손에 달려 있으므로 변하기 쉽다. 그러나 주관적인 반면은 바로 우리들 자신이므로 대체로 변화하지 않는다. 그러므로 인간의 한평생은 외부에서 여러 가지 변화를 받더라도 언제나 동일한 특징을 갖고 있으니, 이것은 마치 음악의 변주곡에 대한 주제와 같은 것이다.

누구나 자기의 개성에서 떠날 수 없다. 동물에게 어떤 환경을 조성하여 주더라도 자연에 의해 결정적으로 제약된 협소한 테두리 속에 갇혀, 가령 우리가 개나 고양이를 아무리 행복하게 하여 주려고 해도, 그들의 본성과 의식에는 일정한 한계가 있기 때문에 언제나 제한된 범위 안에서 귀여워할 수밖에 없다. 인간의 경우에 있어서도 개인이 누리는 행복의 최대 한계는 그들의 개성에 의해 최종적으로 예정되어 있으며, 더구나 비범한 높은 쾌락을 맛볼 수 있는지의 여부는 그들의 정신 능력에 의하여 스스로 결정되어 있는 것이다. 따라서 이 소중한

---

10) 세르반테스(1547~1616): 스페인의 작가. 군인 생활을 거쳐 포로, 빈곤, 투옥 등 비참한 생활을 보냈는데 이 경험을 살려 유머 소설 《돈키호테》를 옥중에서 저술함.

정신면이 협소하면 외부적인 모든 시도나 타인 또는 운명의 모든 도움도 그를 속된 졸장부로서의 저급한 행복과 쾌락의 테두리를 벗어나게 할 수 없는 것이다. 그들은 흔히 육체적인 쾌락이나 평범한 가정생활 또는 유치한 사교 등, 이 선천적인 한계를 충분히 넓힐 만한 힘은 없다. 왜냐하면 가장 고상하고 복잡하고 오래 지속되는 쾌락은 소수의 몇몇 사람에게만 허용되는 정신적인 쾌락이며, 이러한 쾌락은 이를 받아들일 만한 선천적인 정신 능력이 있어야만 비로소 느낄 수 있는 것이다. 우리들의 행복과 우리들의 자아, 즉 개성과의 밀접한 관계는 이 설명에도 잘 납득할 수 있으나, 세상 사람들은 흔히 인간의 운명이나 재물과 명예를 내세우는 것이 보통이다. 그러나 운명은 갑자기 호전될 수도 있으며, 게다가 정신력이 풍부한 사람은 운명에 대하여 그다지 기대할 필요를 느끼지 않는다. 이와 반대로 어리석은 자들은 비록 어떤 환경에 놓여 있더라도——천국에서 아름다운 선녀들에게 에워싸여 있더라도, 여전히 어리석고 비참한 졸장부로 남게 마련이다. 그러므로 괴테의 시에도 다음과 같은 것이 있다.

평민, 농노, 귀족을 가릴 것 없이 어느 때나
뭇사람에게 으뜸가는 행복은 마음속에서 우러나게 마련이니,

인간의 행복과 쾌락은 객관적인 것보다도 주관적인 것이 단연 근본적이고 결정적인 요건이라는 것은, 흔히 말하는 기갈이 감식이라든가, 젊은이의 우상이라고도 할 수 있는 아름다운 아가씨도 노인에게는 아무렇지도 않게 보인다거나, 또한 천재나 성자의 독특한 언행과 그 밖의 인생의 모든 사실들에 의해 입증된다. 특히 건강은 행복 중의 행복으로 건강한 거지는 병든 제왕보다 더 행복하다고 할 수 있는 것이다. 훌륭한 건강과 체질에서 비롯되는 명석하고 침착한 성격과, 명석하고 쾌활하고 민첩하고 또한 정확한 지능과, 절도 있고 건전한 의지와 이에 따르는 선량한 양심은 결코 어떤 지위나 재물과도 바꿀 수 없는 성질의 것이다. 왜냐하면 자기에게 속하여 아무리 고독한 고장에도 동반할 수 있으며, 아무도 주거나 빼앗을 수 없는 것은 분명히 그 밖의 모든 물질이나 또는 다만 남들의 눈에 비칠 따름인 미덥지 못한 사회아로서의 자기보다 훨씬 긴요하고 소중한 것임에 틀림없기 때문이다. 정신이 풍부한 사람은 아무리 고독한 곳에 갈지라도 자기의 사상과 사색에 의해 충분히 기쁨을 누릴 수 있지만, 우열한 인간은 언제나 많은 인사들과 교제하거나, 연극을 구경하고 여행을 하며 세속적인 향락에 젖더라도, 그림자처럼 따르는 권태에서 벗어날 수 없다. 선량하고 온순하고 절제 있는 사람은 불우한 처지에서도 능히 만족을 느낄 수 있지만, 욕심과 샘이 많은 흉악한 인간은 아무리 많은 재물을 소유하여도 만족을 누릴 줄 모른다. 한 걸음 나아가서 세상 사람들이 간절히 원하는 것의 태반은 무용지물이요, 정신을 산란케 하며 그 번거로운 짐이 되는 것으로 호라츠[11]도 자기 자신을 이렇게 말하고 있다.

> 그는 보석도 대리석도 상아도
> 티레나의 장식물도,
> 목걸이도 황금도 그리고 아프리카 무늬와 나들이옷도 없는 자
> 이런 것들을 가지려는 생각조차
> 하지 않는 자이어니

소크라테스도 골동품 시장을 바라보고 자기에게는 전혀 필요하지도 않은 물건이 이렇게 많이 쌓여 있다고 말한 적이 있다.

상술한 바와 같이 인간의 참된 자아로서의 인격은 확고부동하며, 모든 경우에 한결같이 영향을 주는 것이다. 그것은 물질적 자아나 사회적 자아와는 달라서 운명의 손에 달려 있는 것도 아니고, 남에게 빼앗길 염려가 없는 것으로, 우리들의 참된 자아, 즉 인격이 평생의 행복에 있어서 가장 근본적인 요소임을 입증하고도 남음이 있다. 물질적 자아나 사회적 자아가 단지 상대적인 가치를 지니고 있는 데 반하여, 인격은 유일한 절

---

[11] 호라츠(B. C. 65~8): 로마의 시인, 철학자. 그의 시작법은 아리스토텔레스의 《시학》에 못지않은 명저.

대적인 가치를 갖는다고 보아도 무방하다. 이 경우에도 시간이 불가항력의 큰 권능을 발휘하므로, 육체적 및 정신적 특질도 점차로 쇠퇴하여 버리지만 골수에 박힌 최고의 도덕적 성격만이 시간이 주는 파멸에도 능히 견디어 나가며, 시간을 초월하므로 특수한 경우로 간주하고자 한다.

이 시간의 파괴력을 계산에 넣고 보면, 물질적 자아와 사회적 자아의 손에 빼앗긴다고 하더라도 이것은 우리 자신에게 속한 것이 아니므로, 그 점에 있어서는 인격적인 요소보다 소극적인 것으로 생각된다. 그리고 이 요소들은 외부 세계에 속한 쾌락적인 것으로 그 성질상 노력하는 데 따라서 다시 손에 넣을 수 있다. 이와 같이 모든 사람들이 그것을 획득할 가능성이 부여되어 있는 것도 취할 점이라고 보겠다.

한편 주관에 속한 인간의 참된 자아는 시간에 의해 파멸되지 않는 한, 인간의 힘으로는 도저히 움직일 수 없으며, 신법에 의하여 부여되어 한평생 영구불변한 것으로 존속될 수 있다. 이에 대한 확고한 진리는 다음과 같은 괴테의 시에서도 찾아볼 수 있다.

> 그가 태어난 날을 비춰준 태양은
> 하늘의 이치에 따르게 마련이고
> 그대 역시 그대를 낳은 운명의 이 법을 좇아

맨 처음 외마디 소리를 지른 그날부터
목숨을 이어왔거늘
그대는 그대 자신을 벗어날 수 없느니라
옛 신관님네, 예언자들도 저마다
그렇게들 말하여 오거니
평생을 살기 위해 운명이 짝지어 준 나를
시간도 건드릴 수 없느니라

그러고 보면 우리 힘으로 능히 할 수 있는 일은, 이미 자기에게 주어진 인격을 잘 이용하는 것이다. 다시 말하면 자기의 본성에 알맞은 일을 하도록 노력하여, 이를 북돋아 주기 위한 가장 적절한 방법을 취하되 이에 합당치 않은 모든 방법을 피할 것, 즉 자기에게 가장 알맞은 지위와 직업과 생활을 택하는 일이다.

가령 헤라클레스와 같이 비범한 체력을 가진 자가 어떤 외부의 사정에 의해 집안일을 하거나 복잡하고 세밀한 수공업에 종사하거나, 또는 전혀 색다른 재능이 필요한 학구 생활이나 정신노동에 종사하게 되면 타고난 재능을 발휘할 수 없어, 이를테면 자기를 죽여 버리는 결과가 되므로, 이런 사람은 평생 동안 불행할 수밖에 없다. 한편 선천적으로 체력보다 뛰어난 지력을 타고난 자가, 이와는 인연이 먼 속된 직업을 갖거나 격에 맞지 않는 육체노동을 하게 되어, 모처럼 타고난 재능을 발휘하지 못하면, 그 사람의 불행은 이만저만 한 것이 아니다. 그러나 청년시절에는 될 수 있는 대로 자부라는 함정에 걸리지 않도록 주의할 필요가 있다. 그리하여 자기가 실지로 갖고 있지도 못한 기능을 과신하는 나머지 평생의 방향을 그르치는 일이 없도록 해야 한다.

이와 같이 신체적 자아가 물리적 자아나 사회적 자아보다 한층 더 근본적인 요소라면, 마땅히 재물을 얻기보다 자신의 건강을 유지하여 두뇌를 발달시키는 데 몇 갑절 주력하는 것이 보다 현명한 방법이라고 하겠다. 그렇다고 어느 정도 필요한 재물을 손에 넣는 것까지 등한시하여도 무방하다는 말은 아니다. 그러나 너무 많은 물질적 소득은 실상 우리들의 행복에 이바지하는 바가 가장 적은 것이다. 아닌 게 아니라 부자들은 대체로 자기 자신을 도리어 불행하다고 느끼기가 일쑤이며, 그들에게는 진정한 의미의 정신적인 교양도, 깊은 지식도 없으므로, 정신면에 적당한 위안과 도움을 줄 만한 흥미를 발견하지 못한다. 재물이란 단지 생활의 요구를 충족시켜 주는 것이 고작이며, 참된 행복에 미치는 영향은 보잘것없으므로, 너무 많은 재물을 소유하는 것은 그 때문에 자연히 일어나는 여러 가지 걱정 때문에 오히려 인간의 진정한 내면적 행복을 무너뜨리는 것이다.

참된 자아가 인간의 소유물보다 행복을 훨씬 좌우한다는 것은 분명한 사실이요, 또한 진리이지만 정신수양보다도 재물을 얻는 데 커다란 힘을 기울이는 것이 많은 사람들의 인습이 되어 있는 것이다. 이웃에 사는 사람들의 생활 상태를 보면 저마다 재물을 더 많이 벌기 위해 동분서주하여, 개미처럼 부지런히 서두르며 종일 악착같이 돈벌이에 눈이 어두워 물질 이외의 세계에 대하여는 거의 무감각한 상태에 놓여 있다. 따라서 최고의 정신적인 쾌락은 그들이 알 바 아니므로, 그들은 언제나 다만 순간적이고 육욕적인 그리고 영속성이 없는데도 많은 돈이 필요한 속된 향락을 취하여 정신적인 즐거움을 보충하려고 하지만, 이것은 물론 당치도 않은 일이다. 그들이 생애를 마칠 때에 다행히 운명의 혜택에 큰 변화가 없다고 하더라도 다만 오랫동안 애쓴 수확인 황금덩이를 목격할 뿐, 그나마 그 황금덩이는 앞으로 더 늘어날지 줄어들지도 알 수 없는 상속인에게 넘겨주어야 한다. 그러므로 이러한 생애는 아무리 진지하고 호화롭게 보낸 듯이 보여도, 실은 잃기 위해 돈을 벌어들이고, 빼앗기기 위해 돈을 모아 둔 것뿐이다. 따라서 그것은 오랜 세월에 걸친 못난 짓의 연속으로서, 미치광이의 생애와 별반 다를 것이 없다.

그런데 이 행복의 원천으로서의, 참된 자아는 곳곳에 있을 듯하면서 좀처럼 찾아보기 어려운 것이다. 그것은 손에 곧잘 붙잡힐 듯싶으면서도 결코 손쉽게 손에 넣을 수 없는 것이 보통이며, 대다수의 사람들은 극히 희박하여 있는 듯 마는 듯하다. 그리하여 진작 생존경쟁에 승리를 거둔 자라도 자기 자신을 돌이켜볼 때, 자기는 아직도 여전히 의식주를 위해 악전고투하는 사람들과 마찬가지로 행동한 인간에 지나지 않는다고 생각하게 마련이다. 그리하여 그들을 공허한 자아와 싱거운 의식과 빈약한 정신의 적막에 못 이겨, 그 해결책으로 남들과 애써 사귀려고 들지만 상대방도 머리가 텅 빈 족속이므로 함께 노름이나 위안을 일삼으며 육욕의 향락을 비롯하여 그 밖의 온갖 속된 쾌락에 빠져 드디어 방탕에 흐르게 마련이다. 부호의 아들이 대체로 막대한 유산을 순식간에 탕진하는 것은 흔히 볼 수 있는 일로서, 이런 엄청난 낭비나 방탕은 결국 궁핍(생활난을 제외한)과 정신의 공백에서 비롯되는 권태의 일종이다. 따라서 이러한 족속들은 겉보기에는 부유한 자이지만, 내면적으로는 가난뱅이를 면치 못한 자이다. 이들은 모든 것을 오직 외부로부터 얻을 수 있다고 생각한 나머지, 마치 젊은 여자를 가까이함으로써 젊어지려는 늙은이처럼, 외부의 부로 내부의 부를 삼으려고 하기 때문에, 결과적으로는 내부의 빈곤이 외부의 가난을 초래하게 된다.

행복의 요소로서의 물질적 자아와, 사회적 자아의 가치에 대해서는 새삼 논할 필요가 없을 것이다. 재물이 소중함은 오늘날 저마다 인정하는 바이므로 새삼스럽게 말할 필요가 없다.

또한 사회적 자아는 단지 남의 견해에 의존하는 것이므로, 물질적 자아에 비하면 한층 미약하고 무가치한 것으로 보지 않을 수 없다. 명예는 대체로 커다란 보배로 간주되고 있으며, 명성에 이르러서는 인간에게 가장 탐나는 것, 따라서 소수의 비범한 자에게만 허용되는 영예의 왕관으로 생각하지만 어리석고 허영에 찬 인간이 아닌 한, 작위보다 재물을 택하는 것이 일반적인 현상이다. 그리고 물질적 자아와 사회적 자아는 서로 통하는 작용을 하므로 페트로니우스의 격언 "풍족하다. 그러면 남들이 받들게 될 것이다" 하는 말은 사실이며, 자기에게 제삼자가 가진 호감은, 그 성질의 여하를 막론하고 어느 정도 자신의 물질적인 소득에 좋은 영향을 미치게 되는 것이다.

14. 자아에 대하여

 인간의 참된 자아가 재물이나 명예보다 훨씬 더 많은 행복을 준다는 것은 앞에서 말한 바와 같다. 우리와 관계가 있는 모든 사건은 참된 자아에게 돌아오고 집중되며, 우리의 개성은 언제나 어느 고장에서나 우리 안에 깃들어 있으므로, 우리가 경험할 수 있는 모든 사물과 사건에 '자기 경험'으로서의 독특한 의미와 가치를 부여하게 되는 것이다. 그리고 정신적인 쾌락은 물론, 육체적인 쾌락을 취할 때에도 그 성질과 종류의 여하를 불문하고 언제나 반드시 자기 자신을 즐기게 마련이다.

 이 즐긴다는 말을 영어로 자기 자신을 즐긴다(to enjoy one's self)고 하는 것은 이치에 맞는 것으로서, 예를 들어 '파리'에서 자기 자신을 즐긴다. 'He enjoy himself at Paris'라고 하지만 '파리'를 즐긴다고는 하지 않는다.

 그리하여 자기의 개성이 쾌락을 받아들이지 못하면, 흡사 쓴 담즙을 바른 입술로 향기로운 술을 맛보는 것처럼 순식간에 모든 즐거움이 사라진다. 그러므로 큰 재난은 별도로 치고, 우리가 흔히 말하는 행운이나 재앙은 우리가 그것을 받아들여 느끼는, 즉 모든 경우에 적용되는 우리 자신의 느낌의 정도에 의존하는 것이다. 인간의 내부에 깃들어 있는 진정한 소유, 즉 인격과 그 가치는 우리들의 행복과 안락을 규정하는 유일하고 직접적인 요소이며, 그 밖의 모든 것은 단지 간접적인 조건에 불과하므로 그 영향력과 효능은 취소되기도 하고 소멸될 수 있지만, 인격의 가치는 취소하거나 소멸될 수 없는 것이다.

우리에게 의식의 성질과 바탕은 영구히 불변한 것이므로, 우리의 개성은 끊임없이 영향을 끼치지만 그 밖의 모든 것은 언제나 그때그때에 영향을 끼칠 뿐이며, 그 자체도 시시각각으로 변화하는 것이다. 그러므로 아리스토텔레스는 본성은 언제나 불변하지만, 사물과 재화는 그렇지 못하다고 하였다. 자기 이외의 외부로부터 일어난 불행은 자기가 초래한 불행보다 견디기 쉬운 것도 이 때문이며, 운명은 변할 수 있지만 자기의 본성과 선천적인 소질은 결코 변화하지 않는다. 요컨대 주관적인 요소, 즉 고귀한 인격이나 비범한 두뇌, 선량한 성격, 명랑한 기상, 튼튼한 체격 등, 유베날리스가 말한 '건전한 정신[12])에

---

12) mens sana in corpore sano――이 문구의 전후는 '참된 성자가 하늘에 요구하는 것은 건전한 육체와 건전한 정신에 불과하다'이며, 흔히 '건전한 정신은 건전한 육체에서 비롯된다'고 번역하여, 마치 건전한 육체가 건전한 정신의 원천이 되는 것으로 해석하지만, 여기서 in이라는 전치사는 가벼운 의미의 '안에 깃들인' 또는 '와 아울러'의 뜻이다.

건전한 육체'는 행복을 위해 가장 중요한 것이므로 우리는 외부적인 재물이나 명예를 얻는 것보다 이 두 가지, 즉 건전한 정신과 건전한 육체를 발달시켜 유지해 나가는 데 한층 더 힘을 기울여야 한다.

그런데 이 가운데서 가장 직접적으로 인간을 행복하게 하는 것이 명랑한 기분으로서, 그 효력은 매우 신속하고 정확하며 또한 즉각적이다. 명랑한 기분을 가지면 언제나 행복하게 되는 법이니, 즉 명랑한 기분을 갖고 있다는 자체가 행복함을 뜻한다.

그러므로 이 명랑한 기분처럼 그 밖의 모든 것을 보충하고 대신하는 것은 없으며, 그 기분 자체는 무엇으로도 보상될 수 없는 것이다. 어떤 사람의 행·불행을 판별할 경우에 젊고 미남이고 부자이며 남들의 존경을 받고 있다거나, 그 밖의 이와 비슷한 일들보다도 본인이 실제로 명랑한 기분을 갖고 있느냐의 여부가 우선 문제시된다. 반대로 그 명랑한 기분만 갖고 있다면, 그것이 곧 행복한 자임을 입증하는 것으로 그가 젊었거나 늙었거나, 꼿꼿하거나 구부러졌거나, 가난하거나 부자거나, 그런 것은 문제가 되지 않는다.

이것은 내가 어릴 적에 있은 일이지만, 하루는 무심코 어떤 헌 책을 펴보다가 '잘 웃는 자는 행복하고, 잘 우는 자는 불행하다'는 대목이 눈에 띄었다. 이것은 물론 유치하기 짝이 없는 말이며 평범하다면 평범하지만, 그 속에는 단순한 대로 무시할 수 없는 진리가 깃들어 있기 때문에 지금도 잊을 수가 없다. 그러므로 우리는 언제나 이 명랑을 맞아들일 수 있도록 창문을 활짝 열어 놓아야 한다. 이 명랑만은 언제 찾아와도 무방하다. 그런데 우리는 흔히 명랑하게 되기 전에 우선 자기 처지가 명랑할 수 있느냐의 여부를 생각해 본다거나 또는 자기가 갈망하는 큰 불안으로 해서 교란되지 않을까 두려워하며, 쓸데없는 주저를 한다. 그런데 이런 생각이나 걱정에 의하여 우리의 처지가 나아지느냐 하는 점은 대단히 불확실하지만, 반대로 명랑은 즉시 우리를 명랑하게 한다. 비유해 말하자면 명랑성만이 행복을 살 수 있는 현금이며, 그 밖의 모든 것은 은행 어음 정도에 지나지 않는다.

그러므로 우리는 만사를 제쳐놓고 우선 명랑을 손에 넣어 이를 증진하도록 힘써야 한다.

그런데 명랑에 무엇보다도 잘 이바지하는 것은 건강이며, 명랑에 대한 영향이 뜻밖에도 가장 적은 것은 재물이다. 하류 계급의 노동자나 농민들은 즐겁고 만족스러운 얼굴을 하고 있지만, 반대로 부자나 상류 계급 사람들은 언제나 우울하고 어두운 얼굴을 하고 있는 것으로도 저간의 사실을 알 수 있다. 이것은 이론에 앞선 하나의 증거이다. 따라서 우리에게는 건강이 무엇보다 중요하며, 건강의 나무가 번식하면 저절로 명랑한 꽃이 된다. 이를 위해 지나친 방탕과 분노와 걱정 같은 모든 격렬한 감정의 동요와 일체의 정신적 과로를 피할 것, 적어도 날마다 두 시간쯤은 문밖에서 활발히 운동해야 하며, 때때로 냉수욕을 하며 음식을 잘 섭취할 필요가 있다. 특히 중요한 것은 날마다 알맞은 운동을 하는 일이다. 일찍이 아리스토텔레스도 '인생은 운동하는 가운데 영위된다'고 말하였지만, 인간의 생명은 운동에 의해 시작되고, 운동에 의해 이루어지며, 운동 그 자체를 토대로 하고 있는 것이다.

우리들의 행복이 활달하고 유쾌한 기분에 따라 좌우되는 경우가 얼마나 많으며, 또 이 기분이 건강과 얼마나 밀접한 관계가 있는지 모른다. 이 문제에 대하여 동일한 외부의 환경이나 사건이 육체가 건장하고 활기 있는 때에 주는 인상과, 병들어 암담한 걱정에 싸여 있을 때에 주는 인상을 견주어 보면 분명히 알 수가 있다. 우리를 행복하게 하고 불행하게 하는 것은 객관적인 실제의 사물이 아니라, 거기에 대한 우리들 자신의 느낌이나 사고이다. 그러므로 에픽테토스도 "인간의 마음을 산란케 하는 것은 사물이 아니라, 사물에 대한 자기의 견해이다"라고 말하고 있다.

행복은 건강에 좌우되는 것이 보통이다. 건강하기만 하면 모든 사물이 기쁨과 즐거움의 원천이 되고, 건강하지 못하면 외부의 어떤 복된 조건도 즐거울 수 없을뿐더러, 행복에 대한 다른 주관적인 요소, 뛰어난 지식·정·뜻까지도 그 때문에 사실상 능력이 감퇴된다. 우리가 보통 인사할 때에 먼저 피차의 건강의 여부부터 묻고 건강을 빌며 헤어지는 것은 당연한 일이다. 사실 건강만큼 인간의 행복에 중요한 것은 없다. 그러므로 재물이나 영달 혹은 지식과 명성, 일시적인 쾌락이나 육체적 즐거움, 그 밖의 무엇이건 건강 이외의 것을 위해 건강을 해치는 것은 어리석은 짓이며, 차라리 건강을 위해 그 밖의 모든 것을 나중으로 미루는 것이 현명한 처사이다.

　이와 같이 행복의 요건이 되는 '유쾌한 기분'이 건강에 의존하는 면이 상당히 크지만, 그것이 반드시 건강에 의해서만 이루어진다고 볼 수는 없다. 따라서 건강을 충분히 보유하고 있으면서도 우울한 기분과 어두운 심정을 갖고 있는 자가 수두룩하다. 이것은 천성으로 타고난 체질, 특히 지력과 의지력 및 체력 사이에 불균형이 일어나는 데서 비롯되며, 지력이 큰 감응력을 갖고 있으면 기분에 불균형을 일으키기 쉬우므로, 갑자기 명랑해지기도 하고 우울해지기도 한다. 누구보다도 천재는 저마다 보통 사람 이상으로 신경이 날카로운 자, 다시 말해서 지각이 예민한 자이므로 아리스토텔레스의 말대로 출중한 인물, 즉 철학자, 정치가, 시인, 미술가 할 것 없이 모두가 우울한 족속이다. 셰익스피어도 이 쾌활과 우울의 극단적인 차이를 재미있게 표현하였다.

세상엔 괴상망측한 사람들이 많이 살고 있다.
어떤 사람은 눈을 껌벅이며 대수롭지 않은 일에 주책없이 웃어대는가 하면,
어떤 사람은 언제나 식초라도 먹은 듯이
빙그레 눈웃음치는 부처님도 아랑곳없이
결코 웃는 일이 없는 족속도 있다.

플라톤이 인간의 성질을 '즈스코로스'와 '유코로스'로 나눈 것도 이 우울과 쾌락의 차이를 구분해 말한 것이다. 이것은 필경 쾌·불쾌에 대한 느낌이 사람에 따라서 차이가 있기 때문에 A를 거의 절망케 하는 일도 B로 하여금 가볍게 웃어넘기게 하는 일이 많다. 그리고 쾌감에 대한 감수성이 약할수록 불쾌감에 대한 감수성은 강해진다. 그리하여 어떤 일에 대한 성패의 가망이 반반일 때, 천성이 우울한 사람은 성공할 것은 생각지 않고 실패할 것만 염려하고, 쾌활한 사람은 실패할 것은 염두에 두지 않고 성공할 것만 기대한다. 전자는 일을 열에 아홉까지 성취하여도 별로 기뻐하지 않고, 단지 나머지 하나를 실패한 것을 안타까워하며, 후자는 열에 아홉은 실패하여도 한 가지 성공으로 충분히 위로를 받는다. 하긴 어떤 괴로움에도 다소의 보람은 있는 것이다. 즈스코로스에 속한 사람들, 즉 우울한 성격을 가진 사람들은 상상에서 오는 재앙을 남달리 맛보는 대신에 실제로 그 재난에 부딪치는 사람은 적다. 모든 것을 비

관적인 눈으로 보는 사람은 언제나 최악의 경우를 예상하여 여기에 대한 대책을 세우므로, 모든 것을 낙관적인 색안경을 쓰고 있는 사람들보다 일을 그르치는 경우가 드문 것이다. 그리고 선천적으로 우울한 사람이 신경이나 소화기의 지장으로 더욱 악화되면, 본인은 언제나 불안과 불쾌에 사로잡혀 나중에는 극단의 염세관으로 인하여 자살하려고 하는가 하면, 조그마한 불쾌감 때문에도 우울이 최고도에 이르면 강압적인 불안에 싸여 냉정한 지각과 확고한 결의를 갖고 자살을 하게 된다. 특히 우울증이 심한 정신병자는 가장 자연스럽고 이상적인 자기 자신의 구제책으로 자살을 결심하고 주위 사람들의 눈을 피하여 아무런 주저도 고민도 두려움마저 잊고 죽음의 길을 택한다. 그러나 경우에 따라서는 건강하고 쾌활한 사람도 자살하는 수가 있다. 그것은 눈앞의 고뇌나 날로 가까이 다가오는 불행에 대한 절망감으로 하여, 죽는 두려움을 말살해 버리는 경우가 있는 것이다.

건강에 어느 정도의 관계를 갖고 있는 것은 미모이다. 그 소득은 행복의 직접적인 요소가 아니라 남의 인상을 통하여 작용하는 간접적인 요소에 불과하지만, 남의 호감을 기대할 수 있는 하나의 공개된 추천장으로, 여자는 물론 남자에게도 중대한 가치를 갖고 있다. 다음의 호메로스의 시는 미모와 관련시켜 생각해 보아도 좋을 것이다.

여러 신의 아름다운 선물을 소홀히 하지 마라
그들밖에는 그것을 보여 줄 수 없고
아무나 뜻대로 손에 넣을 수 없고
아무도 이를 거절할 수 없느니라

인간의 생활에서 행복을 위협하는 것은 고뇌와 권태라고 하겠다. 요컨대 인생은 이 고뇌와 권태 사이를 내왕하는 강하고 약한 진동으로서, 그 한쪽을 피하면 다른 쪽에 가까이 가고, 다른 쪽을 멀리하면 그만큼 반대쪽에 가까이 가게 마련이다. 본래 이 양자 사이에는 대립 관계가 성립되어 인간의 외면적인 생활과 내면적인 생활에 이중의 작용을 한다. 즉, 우리들의 외면적인 생활을 살펴보면 부족과 결핍은 고뇌를 낳고 안전과 풍족은 권태를 낳게 되어 있다. 오늘날 하류층에서는 생활난이라는 고뇌와 씨름하며, 부유층은 권태로 하여 승산도 없는 싸움을 계속하고 있다.

한편 우리들의 내면적인 생활에 있어서도 고뇌와 권태의 다른 편에 대한 감수성은 서로 반비례하며, 그 강약 여하는 정신 능력의 정도에 따라 결정된다. 다시 말하면 머리가 예민한 사람은 권태를 덜 느끼는 대신에 고뇌나 불쾌를 많이 느끼고, 머리가 둔한 사람은 신경의 작용이 활발하지 못하므로 고뇌나 비애는 적게 느끼는 반면에 권태에 빠지기 쉽다. 이들은 대체로 의식 내용이 무미건조하기 때문에 권태가 일어나기 쉬우며—

―그들의 자아가 얼마나 공허한가에 대하여는 세상 사람들의 어딘가 쓸쓸한, 그리고 궁색한 얼굴을 하고 있는 것을 보아도 알 수 있다. 언제나 무슨 일이 일어나지나 않나 하고 눈을 밝히고 있다. 이와 같이 자아의 공허를 느낀다는 것이 바로 권태의 원천이다. 그들은 언제나 자극을 구하여, 마음과 기분에 일시적인 반응을 일으키려고 하며 이를 위해서는 수단 방법을 가리지 않는다. 이것은 그들의 위안이나 오락이 얼마나 공허하고 빈약한 것인가를 생각해 보아도 짐작할 수 있으며, 또한 그들의 사교나 대화의 성질과 내용을 살펴보거나 혹은 그들이 언제나 사물을 훔쳐보고 노려보는 것으로도 알 수 있다. 사람들이 사교를 즐기고 위안이나 오락을 원하며, 사치를 하고 싶어 하는 것은 자아의 공허를 메우기 위한 부질없는 방법이다. 특히 사치는 많은 사람들에게 낭비를 시켜 궁지에 빠지게 하므로 두려운 일이 아닐 수 없다.

그런데 우리들을 무엇보다도 이러한 고뇌에서 벗어나게 하는 것은 풍부한 마음의 재산이며, 그 액수가 클수록 권태가 침입할 여지는 없어진다. 즉, 객관적인 모든 사물과 주관적인 체험에 새로운 의미와 가치를 발견할 수 있는 지능은 정신생활을 끝없이 변모시켜 흥취 있는 것으로 만들어 주기 때문에 머리가 흐리멍덩한 경우는 별문제로 치고 우리는 권태를 벗어날 수 있는 것이다. 그러나 뛰어난 지능은 작용이 예민하여 강한 의지와 예리한 감정을 동반하며, 거기에 하나의 부수 조건이라고 할 수 있는 풍부한 상상력은 모든 사물──특히 불쾌하고 여의치 못한 일을 뼈저리게 머릿속에 그리므로, 뛰어난 두뇌의 소유자는 외부의 모든 인상에 대하여 격동하기 쉽다. 또한 심신의 고통에 대하여도 매우 예민하여, 어떤 사고나 실패 또는 사소한 불쾌에 대하여도 참을성이 없다.

앞에서 내가 말한 것은 바보에서 천재에 이르는 모든 인간에게 해당된다. 그러므로 객관적으로나 주관적으로 '생존의 고행'으로서 고뇌와 권태에서 벗어날 수 없다. 그쪽에서 멀어질수록 다른 쪽에 가까이 가므로 자기가 타고난 소질을 잘 살펴보고, 되도록 '객관'을 '주관'에 조화시키도록 해야 한다. 그리하여 자기가 가장 뼈아프게 느끼고 범하기 쉬운 고뇌나 권태의 어느 한쪽의 충분한 방비책을 마련해야 한다. 즉, 뛰어난 정신적인 재능이 있는 사람은 무엇보다도 괴로움이 없고 편안하며 한가한 생활──안전하고 간소하여 특히 속인들에게 시달림을 받지 않는 생활을 해야 한다. 그리하여 세상 사람들을 멀리하고 되도록 독신 생활을 할 필요가 있다. 특히 뛰어난 천재라면 절대라고도 볼 수 있을 정도의 독신 생활을 택할 일이다. 왜냐하면 자기의 참된 자아(참된 소유물)가 풍부할수록 외부세계에 의존할 필요가 없고 제삼자의 협조도 소용없기 때문이다. 아닌 게 아니라 뛰어난 재능을 갖고 있으면 자연히 비사교적인 인간이 되게 마련이다. 친지나 친구가 많을수록 정말 이롭다면, 교제가 넓은 것보다 더 좋은 일은 없겠지만, 세상에서 참으로 사귈 만큼 총명한 사람은 백에 하나도 있을까 말까 한 것이 탈이다. 이와는 다른 평범한 사람들은 생활난에서 조금이라도 떠나면 사람을 찾고 유흥에 빠지며 색다른 일에 흥미를 느껴 자기 자신의 공허에서 벗어나 이를 잊어버리려고 한다.

누구나 고독하게 되면 자기의 정체가 드러나 자기가 지니고 있는 것이 들여다보인다. 그리하여 타고난 속인이 몸에 제왕과 같은 주홍빛 옷을 걸치고 있다고 하더라도 홀로 냉정히 자신을 돌이켜보면 영원히 벗어날 길이 없는 짐, 즉 온갖 모순과 고뇌에 가득 찬 무거운 짐으로 하여 절로 한숨을 쉬게 마련이다.

그러나 참된 자아가 풍부한 사람은 아무리 쓸쓸한 광야에 놓일지라도 자기 자신의 사상으로써 능히 주위를 번창한 네거리로 만들 수 있다. 그러므로 다음과 같은 세네카의 말은 정당하다. '모든 바보는 그 자신에게 해로운 존재이다.' 그리고 《전도서》에도 '미련한 인간의 생애는 죽음보다 나쁘다'고 되어 있다. 요컨대 인간은 대체로 정신이 가난하고 비천하며, 속인일수록 더욱 사교적이다. 왜냐하면 이 세상에서는 초인으로 행세하느냐, 또는 속인으로 살아가느냐, 즉 고독과 사교의 어느 한쪽을 택해야 하기 때문이다. 그러므로 모든 인종 가운데서 가장 사교적인 것은 지능이 제일 낮은 흑인이다.

인간의 두뇌는 손발을 비롯하여 그 밖의 다른 육신이 애써 노동을 하여 길러 낸 안일한 식객이다. 그리하여 무위와 한산한 시간은 자기의 내부 세계를 즐길 수 있는 요건으로 생명의 꽃이요 열매이며, 그 밖의 다른 것은 오직 무의미와 노고와 노동에 불과하다. 그러나 많은 사람들은 이 한산한 시간을 오히려 권태와 타성에 사로잡혀 괴로워하지 않으면 육체적인 향락이나 부질없이 어떤 위안을 찾아 낭비할 뿐 전혀 이용할 줄 모르므로, 모처럼 피어난 인생의 꽃송이도 무용지물이 되고 만다. 즉 그들의 한가한 시간은 아리오스토[13]가 말한 '속인의 지루한 무의미'이다. 보통 사람은 시간을 어떻게 보내느냐 하고 궁리하기에 급급하고 지능이 뛰어난 자는 그 이용 방법에 고심한다. 그리하여 지능이 빈약한 자가 권태에 빠지기 쉬운 것은 그들의 지능이 외부 세계에서 일어나는 자극을 기다려 의지에 동기를 주는 매개물에 불과하기 때문이다. 따라서 그 동기가 될 외부의 자극이 끊어지면 의지나 지능에 자발적으로 작용할 만한 힘이 없으므로, 전신에 퍼지는 무서운 정지 상태, 즉 '권태'에 사로잡히게 된다.

그들은 의지에 수시로 약간의 동기를 주어, 이를 자극하는 동시에 한편 그것을 다시 거두어들이는 재주도 부리면서 권태

---

13) 아리오스토(1474~1533)ーー이탈리아의 시인, 르네상스의 대표적인 작가의 한 사람.

를 막으려고 하지만, 이런 인공적인 동기와 자연스러운 동기에는 흡사 지폐와 금화 같은 차이가 있다. 예컨대 골패 같은 것은 이런 목적으로 만들었지만 그런 것마저 없으면 그들은 할 수 없이 무엇이고 닥치는 대로 손으로 매만지거나 두들기면서 심심풀이를 한다. 담배도 이런 대용품으로서 머릿속의 공허를 연기로 메워 버리는 것이다. 어느 나라를 막론하고, 골패가 모든 클럽 회원이나 집회에 모여드는 자들에게 환영을 받고 있지만, 이것은 결국 그들의 됨됨이를 나타내는 것으로 사상적인 파산을 당한 인간임을 보여 주고 있다. 즉, 그들은 사상적인 빈곤으로 인하여 골패 쪽을 매만져 가며 상대방의 돈을 빼앗으려는 것이다. 딱한 족속들이다. 그렇다고 실생활에 대한 좋은 예비 훈련은 아니다. 이 노름을 하고 있으면, 운명에 의하여 행운이 부여된 경우(골패가 들어맞을 때)를 교묘히 이용하여 힘껏 이윤을 취하는 방법을 배우며, 한편 져도 태연한 체하는 것이 도박의 예의이므로 어떤 액운에 처하여도 당황하지 않는 습관을 기를 수 있다. 그러나 다시 생각하면 지금 말한 것이 바로 인간의 덕성을 파괴하는 이유도 된다. 즉, 도박의 목적은 온갖 방법과 수단과 술책과 꾀를 부려 상대방의 소유를 앗아가려는 것이므로, 이윽고 이러한 약탈주의가 마음에 도사려 일상생활에서도 그 두각을 나타내며, 타인과 재물에 대한 경쟁이 생기면 이 도박의 수법으로 법률이 허용하는 범위 안에 있는 모든 권리를 총동원하여 자기 자신의 이득을 도모하려 드는 것을 오늘날 곳곳에서 찾아볼 수 있다.

이미 언급한 바와 같이 무사태평은 우리를 자기 자신으로 돌아가게 하므로 이야말로 꽃피고 열매 맺는 황금 시절로서 능히 자기 안에 깃들인 참된 가치를 발견할 수 있으며, 이러한 자야말로 행복한 사람이라고 할 수 있을 것이다. 그런데 세상 사람들은 대개 얼마 동안 한가해지면 여전히 그대로의 목적이요, 보잘것없는 소인이요, 권태의 벌레요, 자기 자신의 무거운 짐에 시달리는 가련한 속물에 불과하다.

우리는 모름지기 참된 자아를 지닌 인간으로서, 순수한 행복을 체득하여 진정한 의미의 자립 생활을 즐기도록 해야 한다. '그런즉 형제들아, 우리는 계급의 자녀가 아니요, 자유로운 여인의 자녀들이니라'(갈라디아 4~31).

또한 약간의 수입으로도 만족하거나, 외국에서 아무것도 수입할 필요가 없는 나라가 가장 복된 나라인 것처럼 인간도 자기 자신 속에 충분한 물자를 갖고 있어 쾌락을 위해 외부의 사물이 조금 필요하거나, 전혀 필요치 않은 자가 가장 행복하다고 할 수 있다. 왜냐하면 외부로부터의 수입은 물질적인 손실과 정신적인 굴종을 초래하여 불쾌를 느끼게 하며, 따라서 자기 땅에서 산출하는 '참된 자아'라는 이름의 국산품의 초라한 대용품에 불과하기 때문이다. 우리가 남이나 재물에 의해 이득을 얻을 수 있는 면은 사실상 매우 희소한 것으로, 남이나 외부로부터 많은 것을 기대할 수는 없는 노릇이다. 따라서 결국 인간은 누구나 다만 자기 자신으로서 존재할 수밖에 없으며, 자기가 어떤 인간이냐 하는 것이 현재나 미래에 걸쳐서 가장 중요한 문제이다. 괴테가 《시와 진실》 속에서, '언제나 인간은 자기 자신에게 돌아갈 수밖에 없다'고 말하고 있다. '우리는 언제 어디서나 자기밖에 의지할 데가 없으며 행복을 찾는 것도 자기 손에 달려 있다.'

모든 사람에게 최고의 가치가 있는 것은 바로 '자기 자신'이며, 따라서 이를 소유하고 이루어나가는 자도 자기 자신인 것이다. 이 점에 대하여 성공하면 할수록 또 자신의 기쁨과 즐거움의 원천을 깊이 파낼수록 참된 의미의 행복을 차지할 수 있다. '행복은 자족하는 사람에게만 있다'는 아리스토텔레스의 말은 역시 진리이다.

외부에서 맞아들이는 모든 행복과 쾌락은 불확실하여 착각을 일으키기 쉽고, 순간적이므로 변모하기 쉬우며, 또한 손쉽게 중단되거나 사라지는 법이다. 또한 이런 것은 언제나 몸에 지니고 다닐 수 없으므로 심히 못 미더운 존재이다. 그뿐만 아니라 노년에 이르면 이런 것들은 거의 자취를 감춰 버린다. 즉, 색정도 오락도 여행하는 재미도, 승마의 즐거움이나 사교의 취미도 시들하게 되고 친구나 친지들이 차례로 죽어 간다. 그러므로 만년에는 자신의 '참된 소유물'이 더욱 소중하게 된다. 자기 안에 깃들어 있는 것만이 가장 영속성이 있어 죽을 때까지 자기를 떠나지 않기 때문이다. 그러나 비단 노년기뿐 아니라 연령의 고하를 막론하고 자기의 참된 소유만이 불변하는 행복의 원천인 것이다. 왜냐하면 외부세계로부터 많은 것을 손에 넣을 수는 없기 때문이다. 게다가 이 세상은 궁핍과 고뇌에 가득 차 있으며 이를 간신히 면하면 곧 권태에 사로잡히게 마련이다. 또한 이 세상에서 패권을 잡고 있는 것은 사악이요, 여론의 본질은 어리석음이요, 운명은 참혹하며, 인간이라야 가련하고 보잘것없는 족속들뿐이다.

이런 세상에서는 오직 풍부한 자기 자신의 내부에 안주해야 하는 것이다. 그곳은 흡사 눈과 어둠에 싸인, 달밤에 즐겁게 보내는 '크리스마스'의 아늑한 안방에 비유할 수 있다. 그러므로 고상한 인격과 풍부한 정신적인 천분을 지닌 사람의 운명은 겉보기에는 세속적인 화려한 행운에 비할 바가 못 되는 듯이 보이지만, 실은 인간으로서 가장 행복한 자이다. 이것은 의심할 여지가 없는 사실이다. 스웨덴의 크리스티네 여왕은 나이 열아홉에, 20년 동안이나 네덜란드에서 고독한 생활을 지속하여 온 칼테지우스(데카르트)의 단편적인 글을 읽고서 '데카르트야말로 모든 사람들 중에서 가장 행복한 자이다. 나는 그가 부럽다'고 했는데, 이것은 실로 현명한 말이라고 하겠다. 물론 인간이 정신적인 독립을 유지하려면 어느 정도의 외부 조건도 필요하며, 따라서 데카르트도 약간의 물질적인 보장은 있었다. 《전도서》에서 '지혜에 보수가 따르는 것이 이상적이며, 우리는 날마다 햇볕을 즐기노라'고 하였다. 자연과 운명의 은총으로 이런 행운을 손에 넣은 사람은 물질적인 혜택도 누리는 동시에, 언제나 자기 안에 깃들어 있는 행복의 샘에 가까이 다가갈 수 있도록 이에 필요한 시간을 얻도록 유의하여야 한다. 그런데 이것은 절제와 절약의 습성만 갖게 되면 손쉽게 이루어질 수 있다.

이런 사람은 현직이나 특권 또는 세상의 갈채와 같은 유혹도 거부하여, 속인들의 비루한 목적과 저속한 취미에 영합하여서는 안 된다. 그러나 경우에 따라서는 호라츠가 메체나스에게 보낸 편지의 요지에 따라야 할 것이다.14)

요컨대 밖에서 얻으려다가 안에서 잃는 일이 있어서는 안 된다. 즉, 영락과 지위와 호사, 작위 및 명예를 위해 마음의 안정과 시간의 여유와 독립된 생활을 희생하는 것은 큰 잘못이다. 그러나 괴테는 어느 정도 이런 과오를 저질렀다. 그러나 나는 어떤가? 나는 나의 천재와 천직을 확신하므로 조심성 있게

---

14) 호라츠는 한때 매우 곤궁하여 메체나스의 호의인 생활비로 약간의 장원을 받게 되었다. 편지의 내용은 의식을 위한 약간의 원조라면 고맙게 받겠다는 요지를 적은 것으로 짐작된다.

여기에만 몰두할 수 있다.

아리스토텔레스는 행복의 본체를 자기의 특기가 아무 지장도 받지 않고 활동하고 있는 것이라고 하여, 그의 《니코마코스 윤리학》에도 '모든 참된 쾌락은 어떤 활동, 즉 오직 어떤 능력을 행사하는 데서만 얻을 수 있는 것이다'라고 말하였는데, 이것은 실로 명언으로서 내가 앞에서 말해 온 진리, 즉 인간의 행복은 주로 그 자신의 내부에 깃들어 있다는 주장을 확인한 것이다.

그런데 인간의 체력과 지력은 본래 생활에서 일어나는 모든 고난과 궁핍에 도전하기 위한 것이지만, 이 싸움이 불필요하게 되면 쓸모없는 '힘'은 무거운 짐이 되므로, 그것을 '유희의 도구'로 삼아 아무 데고 적당히 사용하게 된다. 그렇게라도 하지 않으면 생존에 으레 따르게 마련인 또 하나의 고민——우리에겐 하나의 적인 권태에 시달리게 되기 때문이다. 이로 말미암아 가장 많이 시달리는 것은 특히 부자나 상류 계급에 속한 사람들로서, 루크레피우스도 이 사실을 다음과 같이 표현하고 있지만, 오늘도 큰 도시에서 우리가 날마다 볼 수 있는 일이다.

어떤 사람은 권태에서 벗어나기 위하여
화려한 자기 집을 등지고 밖으로 행복을 찾아다니지만,
이윽고 실망한 나머지 다시 자기 집에 돌아온다.

> 어떤 사람은 다시 불난 집에 달려가듯, 허둥지둥
> 여러 나라를 싸돌아다니며 행복을 찾으려고 하지만,
> 한껏 손에 넣은 것은 '권태'뿐이므로
> 허망한 마음으로 고향에 되돌아온다.
> 그는 이윽고 할 수 없이
> 낮잠이라도 자면서 망향의 심연 속에 잠길 밖에 없다.

 이 상류 계급에 속하는 사람들은 건강과 섹스의 힘으로 장년시절까지 그럭저럭 넘길 수 있지만, 늙어서는 자기 자신의 정신 능력밖에 의지할 데가 없으므로, 만일 정신력이 결핍되어 있거나, 충분히 발달되어 있지 못하거나, 또는 그것을 활동할 만한 기반과 기회가 없을 때에는, 그들의 고뇌는 헤아릴 수 없을 정도이다. 이 경우에도 역시 의지는 유일한 힘이 되며, 그들은 잠자코 있을 수는 없기 때문에 억지로라도 감정을 자극하여 일시적이나마 어떤 반응을 일으키려고 한다. 저 부도덕하기 짝이 없는 모든 투기적인 유희도 결국은 이 부류에 속한 것으로, 사람들은 먹고살 걱정에서 일단 벗어나 권태에 사로잡히게 되면, 자기의 가장 뛰어난 능력대로 가장 부합되는 유희를 택하게 된다. 예컨대 마작, 장기, 사냥, 그림, 경마, 음악, 골패, 나아가서는 시가, 고고학, 철학 등이 그것이다.

 원래 인간의 모든 생활과 활동의 근원이 되어 있는 것은, 생리적인 태도가 체력과 의지력 및 지력으로서 쓸데없는 유희―

―한낱 권태를 방지하기 위한――에 적용하면 여러 가지 쾌락을 맛볼 수 있으므로, 각자 그 가운데서 자기 성미에 맞는 것을 골라 취미대로 쾌락을 취하게 된다. 첫째는 체력, 즉 힘에 의한 쾌락으로서 음식, 휴식, 숙면 등이 이에 속한다. 이러한 쾌락은 일반적으로 흔히 있는 것이므로, 때로는 개인뿐만 아니라 국민 전체의 쾌락이 되는 수가 있다. 둘째는 의지력에 의한 자극적인 쾌락으로서 여행, 광대, 씨름, 춤, 펜싱, 승마, 그 밖에 각종의 운동 경기, 사냥 등이며, 때로는 싸움이나 전쟁까지도 이런 쾌락이 되는 경우가 있다. 셋째는 지식에 의한 쾌락으로, 관찰하고 사색하여 지각하는 시작, 조각, 음악, 연구, 독서, 명상, 발명, 철학 등에 몰두하는 것이다.

이런 쾌락의 가치와 효용과 연속성은 복잡다단하며, 이에 대한 연구는 독자들에게 맡기고자 한다. 그러나 자기의 능력으로 얻는 쾌락과, 그 반복 및 연속성에 의하여 맛볼 수 있는 행복은, 그 기본조건이 되는 '힘'의 정도에 비례하여 증가함은 누구나 아는 사실이며, 지력은 인류에게 특히 중요한 역할을 하여 인간과 다른 동물을 구별하는 척도가 되는 것이다. 인식 능력도 이 지력에 속하며, 이 지력은 체력과 의지력보다 우위에 속한다. 그리하여 인식에서 비롯되는 쾌락, 즉 정신적 쾌락은 지력의 크기에 비례한다.

그런데 보통 사람은 체력과 의지력이 강하므로 이들에게 커다만 흥미를 느끼게 하는 것은 오직 의지에 자극을 주는 것, 즉 이들에게 직접 이해관계를 갖는 것뿐이다. 그러나 의지에 대한 계속적인 모든 자극은 고통이 따르는 법이다. 다만 저 골패 같은 것은 단지 일시적으로 의지를 자극하며, 또한 그 자극이 그때에만 가볍게 작용하므로 계속적으로 고통을 줄 우려도 없다. 그것은 이를테면 의지를 건드리는 자극제이므로 옛날부터 모든 국민들에게 애용되며, 특히 권태증에 시달림을 받기 쉬운 상류층의 상습적인 유희로 도처에서 성행되고 있다. 이와는 반대로 정신적인 능력을 위주로 하는 사람들은 의지 이외의 작용에 의해 모든 사물과 복잡한 교섭을 갖고 가장 신선한 흥미를 느낄 수 있다. 이러한 교섭과 흥미는 정신생활의 필수조건으로서, 그들을 보다 높은 세계, 즉 유유히 살아가는 신들의 나라에 끌어올리는 것이다.

일반 사람들의 생애는 이와는 달리 덧없이 살 수밖에 없으며, 그들의 뜻과 오직 자기 자신의 이득이라는 천박하고도 협소한 입장에 있는 것이다. 따라서 온갖 모순과 고뇌에 가득 차 있으며, 그 때문에 활동이 정지되어 자기 모습으로 돌아오면 곧 권태에 사로잡힌다. 정욕의 발동 이외에는 그러한 흐리멍덩한 상태를 깨우쳐 주지 못하지만, 뛰어난 두뇌를 가진 자의 생활은 사상이 충만하고 활기에 넘쳐 뜻깊고 성실하다. 그들은 시간이 허용하는 한 가치 있고 흥미진진한 사유로 인하여 흥취를 느끼며, 자기 내부에 가장 고상한 쾌락을 쌓아 둔다. 그들에게는 자연계의 모든 형상과 인간 사회의 양상, 그리고 고금동서의 위인이나 예술가들에 의해 전해 온 모든 정신적 유산이 가장 흥미로운 자극이 된다. 특히 이 정신 유산은 오직 그들만이 충분히 이해하고 깨달을 수 있는 것으로, 좀 더 정확히 말하면 오직 그들에 의하여서만 감상될 수 있다. 그러니까 이 정신의 거인들은 오직 이들을 위해서만 생존하는 셈이며, 이들에게 보여 주기 위해 쓰이고 제작된 것으로, 그 밖의 사람들은 단지 구경꾼으로서 그 표지를 만져 볼 뿐이다.

그러나 권리가 있는 곳에는 동시에 책임도 따르게 마련이다. 그러므로 이런 정신 능력을 지닌 사람들은 다른 사람보다 한층 더 많은 필요, 즉 공부하고 관찰하고 연구하고 사색하며, 수련을 쌓을 필요가 있다. 따라서 우선 시간의 여유가 있어야 한다. 볼테르의 말대로 '참된 필요가 있을 때 비로소 참된 즐거움이 있다'는 것은 사실이며, 이 필요 자체가 자기 자신의 쾌락을 가져오는 전제조건이 된다. 그러나 평범한 사람들은 이 고상한 쾌락을 맛볼 만한 자격도 미련도 없다. 그러므로 자연의 아름다움이나 훌륭한 예술 작품이나 그 밖의 모든 정신적 소산이 주위에 산더미같이 쌓여 있어도, 마치 늙은이가 젊은 연인을 가까이하는 것처럼, 그것을 음미하고 함께 즐길 수 없는 것이다. 따라서 그들에게는 싱겁고 공허하고 고뇌에 가득 찬 생활만이 유일한 목적이 되어 있다. 한편 전자는 이런 개인적 생존뿐만 아니라 또 다른 제2의 존재, 즉 이지적 존재가 있으며, 이 제2의 존재가 그에게 있어서 점차로 참된 존재가 되고 개인적 생존은 단지 이를 위한 방편이 된다.

이러한 이지적 생활은 점차 자신의 모든 활동을 지배하게 되어 언제나 판단력과 인식 능력을 향상 진화시켜, 마치 하나의 예술 작품을 완성하는 것처럼 드디어 종합, 동화, 통일 그리고 완성을 보게 되는 것이다. 그리고 평범한 사람들은 다만 실용적이고 개인적 이득에 그치고, 따라서 길이는 있지만 깊이가 없는 고뇌에 가득 찬 가련한 것——전자에겐 한낱 수단에 불과한 것이 그들에겐 유일무이한 목적이 된다.

인간의 적나라한 생존은 정욕에 사로잡히지 않으면 싱겁고 조금도 흥미 없는 권태로운 것이며, 한편 정욕에 사로잡히면 바로 고뇌가 따르게 마련이다. 인간의 분별력이 의지에 예속되어 있는 때에는 행복은커녕 언제나 고뇌가 따르게 되므로, 행복을 얻기 위해서는 반드시 보통 이상의 지력을 갖고 있어야 한다. 그렇게 되면 현실 생활에서 떠난 이지적 생활이 시작되며, 전자의 경우처럼 고뇌가 따르지 않고 언제나 색다른 흥미와 즐거움에 가득 차게 된다. 이러한 생활을 하기 위해서는 단지 한가하여 지력이 잠시 의지의 손에서 떠난 것만으로는 부족하며, 거기에는 반드시 의지와는 다른 풍부한 지력이 필요하다. 이런 불변의 독립된 힘이 있어야만 의지를 떠나 순수한 정신 활동을 할 수 있는 것이다. 세네카는 말하였다. '지력이 작용하지 않는 한산함은 죽음과 같으며, 인간을 매장하는 것이다.'

이지적 생활에 필요한 힘의 정도에 따라서, 아래로는 한낱 곤충학자, 조류학자, 광물학자 그리고 고고학자들이 종사하는 일에서, 위로는 시인이나 철학자의 가장 차원이 높은 일에 이르기까지 여러 단체가 있는 것이다. 이러한 세계에서 생활하면 권태뿐만 아니라, 권태에서 비롯되는 많은 해독, 예컨대 흉악한 친구와의 교제나 그 밖의 여러 가지 위험, 재난, 손실, 낭비 등을 막을 수 있지만, 행복을 현실에서만 찾으려 들면, 조만간 반드시 이런 함정에 빠지게 마련이다.

예를 들어 나의 경우를 보건대, 나의 철학은 아무런 물질적인 혜택은 가져오지 못하였지만, 나에게 많은 것을 절약하게 하였다. 반대로 세속적인 사람들은 재물, 지위, 아내, 자식, 친구 그리고 서클 회원 등등 자기 이외의 것에서 행복을 구하기 때문에 이런 것들이 없어지거나 자기의 기대에 어긋나면 그 행복도 곧 사라져 버린다. 결국 이들의 생활 태도는 자기의 중심을 자기 밖에 두고 있는 셈이다. 따라서 그들의 내면생활은 대체로 뿌리가 없고 안정되어 있지 못하며 모든 소원과 생각이 항상 흔들리고 있다. 그들의 대다수는 경제적인 여유가 있으므로 별장을 장만하고 승마를 즐기며, 호화로운 파티를 열거나 여행을 하는 등 호강을 일삼는다. 이와 같이 자기 이외의 사물에 의지하여 피부로부터 어떤 만족을 얻으려고 하는 것은, 마치 신체가 약한 사람이 자기의 체력을 근본적으로 향상시킬 생각은 하지 않고 영양이 좋은 음식이나 보약으로 건강과 기력을 얻으려는 것과 같은 것이다.

다음에 범속과 비범의 양극단 중간에 있는 사람들, 그러니까 뛰어난 두뇌는 갖고 있지 않지만, 일반 수준을 넘는 정신력을 소유한 사람들의 경우를 살펴보기로 하자. 그들은 외부에서 오는 행복을 잃어버리거나 이에 만족할 수 없게 되면 아마추어로서 미술에 손을 대거나 식물학, 광물학, 물리학, 천문학, 역사학 등등의 과학을 연구하여 거기서 새로운 즐거움과 위안을 얻는다. 그러므로 이들도 중심을 자기 안에 갖고 있는 사람이라고 할 수 있다. 그러나 미술의 아마추어로서의 솜씨와 참된 독창력 사이에는 커다란 차이가 있으며, 한편 형이하학적인 일반 과학은 상호 간에 나타나는 현상적인 의의와의 관련에서 벗어날 수 없으므로, 도저히 생명 전체가 이러한 생활과 하나로 동화되거나, 연구에의 생명 자체가 몰입되어 다른 사물에 대하여는 전혀 흥미를 잃는 일은 없는 것이다.

그러나 최고도의 정신력을 지닌 자, 즉 흔히 '천재'라고 하는 사람들이 종사하는 일은 사물의 실체를 송두리째 직각적으로 다루며, 그들의 활동과 감흥은 철두철미하므로 능히 개인 생활을 초월하여, 참된 이지적 생활에 들어갈 수 있는 것이다. 그들이 힘을 기울이는 것은 자기 자신의 정밀한 관찰과 심오한 사상을 그 기능에 따라 미술이나 시, 또는 철학의 형식을 빌려 발표하는 것이다. 그러므로 이러한 사람들은 무엇보다도 남의 간섭을 받지 않고 자기 사상과 자기 과업을 갖고 자기 자신 속에서 충분히 활동할 수 있어야 한다. 따라서 그들에게 고독보다 더 큰 소원이 없고 정적보다 이상적인 것은 없으며, 그 밖의 모든 것은 없어도 견딜 수 있다기보다는 있으면 대체로 쓸모없는 거추장스러운 것이 된다.

엄밀히 말해서 그들만이 자기의 중심을 자기 안에 갖고 있는 것이다. 아닌 게 아니라 이 천재는 비록 최고의 덕을 갖고 있다고 하더라도, 그 친구나 가족이나 그 밖의 공공 이익에 대하여 보통 사람들처럼 끝없는 애착을 갖고 대할 수는 없으며, 그들은 오직 그들 자신만을 갖고 있으며 그 밖의 것은 없어도 무방한 것이다. 그들이 깊은 고독에 사로잡히는 것은 요컨대 자기 이외의 남에게서 만족을 누릴 수 없기 때문이다. 그들은 수많은 타인 속에 끼어 있으면서도 자기와 비슷한 동료를 한 사람도 발견할 수 없고, 언제나 자기가 특출한 존재임을 절실히 느끼게 되므로 대중들 사이에서 별천지 인간으로 행동하며, 세상 사람들에 대하여 생각할 때에는 복수의 1인칭 '우리'가 아니라 3인칭인 '그들'을 사용한다.

그러고 보니 가장 풍부한 이지의 소유자가 가장 행복한 인간이라고 할 수 있다. 즉, 주관에 속한 것은 객관에 속한 것보다 우리에게 한층 더 친근하며, 후자의 영향과 작용은 그 성질의 여하를 막론하고 언제나 전자의 매개를 거쳐서 비로소 우리에게 주어지는 2차적인 것이다.

다음에 기록한 루치안의 아름다운 시의 구절에도 이 점에 대하여 묘사하고 있다.

> 마음의 재산이 유일한 것
> 그 밖의 것은 고뇌를 품고 있나니

이와 같은 마음의 부자가 외부에서 필요로 하는 것은 하나의 소극적인 선물, 다시 말하면 정신 능력의 발달과 완성을 도모하고, 자기 속에 깃들인 보물을 즐길 수 있는 시간적 여유——평생을 통하여 언제나 자기 자신으로서 존재하기 위한 자유로운 시간이다.

아닌 게 아니라 정신생활의 성과를 어떤 형식에 의해 인생에 이바지함을 천직으로 알고 있는 사람에게는 오직 하나의 행복과 하나의 불행이 있을 뿐이니 마음껏 자기의 천분을 발휘하여 큰일을 성취하거나, 혹은 여기 대하여 어떤 지장이 있는 것이 가장 큰 문제이며 그 밖의 것은 거의 아무 가치도, 관계도 없는 것이다. 그러므로 자고로 정신적 거물들은 저마다 자유로운 시간적 여유에 대하여 커다란 가치를 인정하였던 것이다. 한 인간이 지닌 시간의 가치는 그 됨됨이에 따라 얼마든지 높아질 수 있기 때문이다. 아리스토텔레스는 '행복은 시간 속에 깃들어 있다'고 말하였으며, 디오게네스 라엘티우스(그리스의 철학자)도 '소크라테스는 한적함을 찬양하여 가장 좋은 재산이라고 말하였다'고 기록하였다. 아리스토텔레스가 《니코마코스 윤리학》에서 철학자의 생활이 가장 행복하다고 말한 것도 이를 가리킨 것이다. 또한 그의 《정치학》의 한 구절에 '참된 행복은 자유로이 자기의 재능을 발휘하는 데 있다'고 하였는데, 이것 역시 '한적함'을 이용할 것을 주장한 말이다. 괴테가 《빌헬름 마이스터》 가운데서 '재능을 타고난 자라야 그 재능 속에 자기의 가장 아름다운 존재를 발견한다'고 쓴 것도 아리스토텔레스의 말과 비슷한 뜻이다.

그런데 이 한적함은 보통 사람으로는 좀처럼 얻을 수 없는 것이며, 더구나 이를 즐긴다는 것은 그들의 천성으로 볼 때 대단히 부자연스러운 일이다. 그들에게는 역시 모든 시간을 자기와 가족을 위해 생활에 필요한 물품을 얻어 들이는 데 보내는 것이 자연스럽다. 그들은 본래가 궁핍이 아들로 태어난 것이지 결코 자유로운 '이지의 아들'로 태어난 것은 아니기 때문이다. 그러므로 그들은 혹시 시간 여유가 생겨도 여러 가지 순간적인 목적을 위해 유희나 오락이나 그 밖의 시시한 일에 소비해 버리게 마련이며, 그나마도 불가능한 시간 여유가 곧 무거운 짐이 되고 고통이 되며, 나아가서는 '한가로운 것은 위험하다'는 속담과 같이 많은 해악을 가져온다.

그런데 한편 보통 이상으로 과대한 지능도 한적함과 마찬가지로 일종의 변태요 부자연스러운 것이지만, 이런 지능의 소유자에게는 일반 사람들에게 괴로움과 해악의 원천이 되어 있는 한적함이, 오히려 자기의 행복을 얻기 위한 필수품인 것이다. 그러므로 그가 만일 한가한 시간 여유를 얻지 못하면 마치 멍에를 걸친 신성한 말처럼 가련하고 불쌍한 존재가 되어 버린다. 그러나 그에게 충분한 시간 여유가 있으면 커다란 행복을 얻게 되어, 그 자신은 인생의 두 가지 재앙인 고뇌와 권태에서 벗어난다. 그리하여 먹고 살기 위한 수고와 권태로운 괴로움에서 벗어나 초탈한 삶을 즐길 수가 있다. 그런데 이 두 가지 고뇌는 교대로 나타나므로 보통 사람은 어느 한쪽을 벗어나기가 무척 어렵다.

한편 커다란 정신 능력은 엄청난 신경 작용과 더불어 고통에 대하여 대단히 예민하여 그 근원인 동시에 반사 작용인 열광적인 성질과 명석한 인식 능력은 이로 말미암아 일어나는 모든 감정을 매우 날카롭게 한다. 그런데 본래 인간은 쾌감보다 불쾌감을 더 느끼게 마련이므로 감정의 동요가 심할수록 불쾌감이 증진된다. 그리하여 천재는 그 소질이 크면 클수록 자기 이외의 주위에서 찾아볼 수 있는 것은 극히 적으며, 일반 사람들에게 큰 쾌락을 주는 모든 사물도 자기에게는 무미건조하기만 하므로 그들에게서 떠나 참된 의미의 고독에 잠기지 않을 수 없으며, 보통 사람들이 상상도 못 할 행복과 쾌락을 느끼는 동시에 한편 고독에서 오는 심각한 적막과 비애를 맛보게 마련이다. 생각건대 이 경우에도 일장일단의 일반적인 이법이 적용되는 것이다. 그리하여 정신적으로 가장 빈약한 자가 실제로 행복하다는 주장도 자고로 많은 사람들 입에서 되풀이되었으며, 이 말에는 분명히 일리가 있는 것이다.

그런데 이런 행복을 원하는 자는 한 사람도 없는 것은 주목할 만한 사실이다. 이 점에 대하여는 소포클레스도 다음과 같이 전혀 상반되는 말을 할 정도이므로, 나도 이 문제에 대한 최종 견해는 독자들에게 맡기고자 한다.

> 지혜는 행복의 부분을 차지한다. (안티고네 · 1338행)
> 지혜로운 자의 생활은 반드시 즐거운 것이 못 된다. (아약스 · 550행)

구약에서 가르치는 것도 이 점에 대하여는 서로 모순된다.

> 어리석은 자의 생애는 죽음보다 못하다. (전도서 22-12)
> 지혜가 많은 곳에 고뇌도 많으니라. (전도서-18)

속인이란 지능이 보통 수준이고 아무런 정신적 욕구도 갖고 있지 않는 자를 가리킨다.

독일어에 속물(Philister)이라는 말은 본래 '무식한 장사치'를 가리킨 학생들의 용어로서, 나중에 보다 넓은 그리고 어느 정도 높은 의미로 일반인을 지적하게 되었지만, '학문과 담을 쌓은 자'라는 본래의 의미에는 변함이 없는 것이다. Philister란 요컨대 '뮤즈'[15]에게 알려져 있지 않는 자, 즉 이지의 동산에 살지 못하는 자를 가리키는 것이다. 나는 더욱 높은 입장에서 이 속물을 '실재 아닌 실재 위에서 성실하게 살아가는 자'라고 말하고 싶으나 이런 정의는 이미 순수한 철학적인 것이 되어버리므로, 이 처세론에 알맞지 않을뿐더러 대부분의 독자들은 그 의미를 잘 모를 것이다. 그러므로 처음 대하여도 문제의 핵심과 속인에게 고유한 모든 근본적인 특징이 포함되어 있고, 또 여러 가지 상세한 이야기를 하려면 이것이 더 편리한 것 같다.

이 최초의 정의에 의해 속인의 정체를 통찰해 보면 얼마든지 할 말과 쓸 글이 있다. 첫째로 속인이란 어떤 자인가? 전에도 말한 바와 같이 참된 쾌락은 욕구가 있어야 비로소 나타나므로 정신적 쾌락을 맛볼 수 없다는 것은 당연한 일이다. 그들은 지식과 지혜에 대한 순수한 욕구가 없으므로 정신력과 밀접

---

15) 학술의 신—주

한 관계가 있는 예술적 쾌락을 누릴 수 없는 것이다. 만일 이런 종류의 쾌락이 세상에 성행되거나 어떤 권력에 의하여 강요되면 어떤 현상이 일어날까? 강압적인 고역으로 생각하여 되도록 재빨리 제거해 버리려고 들 것이다. 그들이 참된 쾌락으로 인정하는 것은 모두 육체적인 것으로, 이것만 있으면 족하다고 생각한다. 그들의 생활에서 가장 소중한 것은 굴과 샴페인이며, 그들이 살아가는 목적은 모두 육체적 안락을 누릴 수 있는 모든 것을 손에 넣는 데 있다. 이런 목적을 위해 모든 일이 잘 되어 가면 얼마나 좋을까. 그러나 이런 것들을 손에 넣어도 기대한 행복은커녕 오히려 권태로운 채찍을 받게 마련이다. 그리하여 여기서 벗어나려고 춤, 연극, 사교, 골패, 도박, 승마와 여자와 술, 여행 등등 여러 가지 방면에 손을 대지만, 정신적 욕구가 없어 정신적 쾌락을 느낄 수 없는 곳에서는 이 권태를 면하기 위한 노력은 수포로 돌아가고 마는 것이다.

속인들의 용모나 태도 및 행위에는 흔히 동물에게서 찾아볼 수 있는 일종의 어둡고 아둔하며 모자라고 끈덕진 면이 있는데, 이것은 결국 그들이 언제나 이중으로 된 인생의 고뇌에 짓눌리고 시달리기 때문이다. 그러므로 그들은 무엇에 대해서나 참된 즐거움을 맛보지 못하고 깊은 감동을 느끼지 못하며, 진심으로 남에게 동정을 베풀지도 못한다. 왜냐하면 감각적인 쾌락은 곧 사라져 버리고 속인끼리 교제하며 곧 권태로워지며,

여러 가지 오락도 결국 심신에 피로를 가져올 따름이기 때문이다. 그들이 마지막으로 부질없이 애쓰는 또 하나의 허사는 저마다 누리려는 이른바 허영의 즐거움으로, 예컨대 재산, 지위, 권력, 권위 등에 있어서 남의 위에 도사리고 많은 사람들의 존경을 받으려고 하거나, 하다못해 이런 방면에 성공한 자들과 교제하며 그들의 후광으로 한몫 보자는 것이다. 이것을 영어로 스노브(snob)라고 말한다.

위에서 말한 것이 이 속인들의 특징이거니와, 다음에는 남에 대한 그들의 태도를 살펴보기로 하자. 그들은 물질적 욕구만을 갖고 있을 뿐 정신적 욕구를 갖고 있지 못하므로 그들이 바라는 인간은 모두 그 물질적 욕구를 제공해 줄 만한 자로서, 정신적 욕구를 충족시켜 줄 수 있는 사람은 왼눈으로 거들떠보지도 않는다. 그들은 자기보다 뛰어난 정신력에 대해서는 알 바가 아니며, 도리어 친지나 친구들 사이에서 이런 자를 찾아내면 그에게 반감을 갖거나 때로는 증오까지도 한다. 즉, 그들은 열등감에서 오는 고뇌와 불길 같은 질투를 느끼면서도 조심스럽게 그것을 외부에 나타내지 않을뿐더러, 자기 자신에게까지 감춰 두려고 하지만, 도리어 뿌리 깊은 적대감을 갖기도 한다. 따라서 정신적으로 뛰어난 인물을 소중히 여기고 존경하는 것은 어림도 없는 일이며 그들이 애지중지하는 것은 역시 지위, 재산, 권력, 위세 등이다. 그들에게는 이것만이 참으로 훌류한 것이며, 따라서 이런 것을 손에 넣는 일만이 유일한 소망이다.

이것은 결국 그들이 정신적인 욕구를 갖고 있지 않다는 데 기인하며, 모든 속인들에게 반드시 따르는 커다란 고민은 '관념적'인 것이 그들을 조금도 즐겁게 하지 못하기 때문에 언제나 '실재적'인 것을 찾는 데 있다. 이 실재적인 것은 심신에 권태와 피로를 남기고 곧 사라지는 것이며, 게다가 대체로 여러 가지 해독을 끼치지만 관념적인 것은 영구불변하고 해독을 끼칠 우려가 없다.

이 장에서는 행복에 필요한 요소로서 주로 육체와 지능에 관한 것만을 이야기하였지만, 인간의 도덕적인 성격과 행복의 가장 긴밀한 관계에 대하여는 일찍이 〈윤리의 근본 문제〉에 관한 현상 논문 22장 275절에 설명하였으므로 그것을 읽어 주기를 바라며, 여기서는 생략하기로 한다.[16]

---

[16] 이 대목을 요약해 말하면, 인간은 다만 시간과 공간에 의해 세분된 관찰이며 참된 실재는 그 등 뒤에 편재되어 있다. 이리하여 모든 중생은 동일한 자아이므로, 피차의 행복과 불행에 대하여 진심으로 동정을 아끼지 말아야 한다는 것이다. 누구나 자기의 분신인 개별적인 자아이나, 그러므로 인자하고 관대한 사람은 '초자연적 인격'으로서 책에서 찬사를 받을 가치가 있는 것이다.

15. 재물에 대하여

 에피쿠로스는 인간의 욕구를 다음의 세 가지로 구분하였다. 그는 윤리학에서 최초로 쾌락주의를 주장한 석학인 만큼 실로 교묘하고 정밀하기가 이를 데 없다. 즉, 첫째는 없어서 안 될 자연적 욕구로서, 이것은 충족되지 못하면 곧 심한 고통을 느끼지만 이것을 충족시키는 것이 그다지 어렵지 않으니 그것은 곧 음식과 의복의 두 가지이다. 둘째의 요건은 자연적이지만 반드시 없어서는 안 될 것이라고 말할 수 있는 성욕의 만족이다. 셋째의 요건은 자연적인 것도 아니고 없어서는 안 되는 것도 아닌 사치, 즉 부유, 명예, 영화 등에 대한 욕구로서 그 수는 헤아릴 수 없을 정도이며 이를 충족시키기는 대단히 어렵다.
 인간의 소유욕에 일정한 한계를 정하는 것은(불가능하지는 않더라도) 매우 어려운 일이다. 왜냐하면 물질적 욕구를 만족시키는 것은 어떤 절대적인 수량이 아니고 상대적인 분량이며, 각자의 욕구와 소유의 관계에 의해 결정되기 때문이다. 따라서 다만 소유하는 것 자체만으로는 마치 분모가 없는 분자처럼 거의 무의미한 일이다. 즉 자기가 전에 원한 일도 없고 또 요구하려고도 하지 않은 것은 아무리 부족하여도 무방하며 그것이 없더라도 족한 것이다. 반대로 이것을 백 갑절 소유하고 있어도 자기가 원하는 것이 오직 하나라도 손에 들어오지 않으면 그것만으로도 큰 불만을 느끼게 마련이다. 이 경우에 사람들은 각각 자기 나름으로 욕구의 지평선을 갖고 있어 자기의 능력으로 손에 넣을 수 있는 것만을 그 안에 진열하기 때문에, 욕구의 범위도 거기 머물고 그 밖에까지 이르지 못한다. 따라서 그 한계 내에 있는 어떤 사물을 손에 넣을 가망이 있을 때에는 행복을 느끼지만 그것이 어떤 장해로 손에 넣기가 어려워지면 불행을 느끼며, 이 한계 밖에 있는 사물은 그들에게 조금도 영향을 주지 않는다. 예컨대 부자의 막대한 재산은 가난뱅이가 알 바 아니며, 또한 큰 부자라도 자기의 어떤 소원이 이루어지지 않으면 많은 재산을 지니고 있어도 행복을 느끼지 못한다(재물은 바닷물과 같은 것으로, 마실수록 목이 마른다. 명성도 마찬가지다).

그리고 우리가 재물과 안락을 잃었을 경우에 그 괴로움을 참고 나가면 그 후에는 종전과 기분이 별로 다를 것도 없는데, 이것은 결국 운명이 소유물의 지수를 대폭으로 삭감하였기 때문에 우리도 이에 따라 욕구의 지수를 인하한 데서 비롯된다. 불우한 경우에 당하는 유일하고도 참된 고통은 이렇게 자기의 욕구를 인하하는 일이다. 그러나 일단 과거의 욕구를 크게 삭감하면 당초의 고통은 점점 사라지고 나중에는 전혀 느끼지 않게 되어 상처는 이윽고 아무는 법이다.

한편 우리가 어떤 행복을 얻으면 우리의 욕구는 그 압축기를 풀어 놓고 멋대로 팽창해 나가므로 이때 우리가 갖는 기쁨은 이 팽창 작용을 느끼는 데 불과하다. 그런데 이 기쁨도 고통과 마찬가지로 영원히 지속되지 않고 다만 욕구가 팽창되기까지 작용할 뿐이다. 그리하여 새로 넓혀진 욕구의 범위에 익숙해지면, 이에 따르는 모든 소유는 당연한 것으로 알고 별로 달갑게 여기지 않게 된다.

이에 대하여는 호메로스의 《오디세이아》 18권 130~138행에 기록되어 있으며 그 마지막 구절은——

> 세상 사람들의 마음은 이렇게 변덕스럽도다
> 하늘나라 아버지가 일으키시는 나날의 사건 모양

우리가 불만을 느끼는 것은, 욕구의 지수를 높이려고 하여도 자기의 능력이나 재력의 지수를 올릴 수 없기 때문에, 언제나 모처럼 발동한 자기의 의도가 좌절되는 데서 온다.

많은 욕구를 지닌 모든 인간에게는 재물이 가장 중요시되는데, 이것은 별로 신기할 것도 없는 일이다. 권력도 오직 재물을 손에 넣는 수단으로 존중되고 철학 교수가 도매금으로 철학을 팔아넘기는 판이니 말이다.

돈을 벌기 위해 모든 것을 무시하고 포기하는 것도 자고로 여러 번 비난의 대상이 되어 왔지만, 금전이란 지칠 줄 모르는 '프로테우스'로, 인간의 여러 가지 욕구를 시시각각으로 실현시켜 다종다양한 사물로 변모되어 나타나므로, 이런 만능의 힘을 소중히 여기는 것은 당연하고 자연스러운 일이며, 또 불가피한 노릇이기도 하다. 그런데 금전 이외의 다른 소유물들은 다만 어떤 한 가지 욕구를 충족시켜 줄 뿐이다. 예컨대 음식물은 건강한 사람에게 요긴한 것이고, 술은 음주가들이 즐기며, 약은 병자에게 소중하고, 모피는 추울 때의 필수품이며, 여자는 젊은이들이 좋아한다. 즉, 이 모든 것들은 다만 상대적인 의미에서 좋은 것이지 절대로 좋은 것은 돈밖에는 없다.

돈은 어느 한 가지 욕구를 구체적으로 충족시켜 줄 뿐만 아니라, 모든 욕구를 추상적으로도 충족시켜 주기 때문이다.

자기가 현재 갖고 있는 재산이 눈에 보이지 않는 많은 재난과 불행의 방파제가 된다고 생각하거나, 부자는 세상의 즐거움을 마음껏 누릴 권리와 의무까지도 있다고 생각해서는 안 된다.

대체로 큰 가난을 몸소 체험한 사람은 이를 간접적으로 보고 들은 사람보다 파산을 두려워하지 않으므로 더욱 헤프다. 전자는 어떤 요행이나 재능에 의해 가난뱅이가 대뜸 부자가 된 자들이며, 후자는 부유한 집에서 자란 자들이다. 이들은 전자보다 대체로 앞날에 대한 걱정이 많으며, 따라서 절약가이다.

이 두 가지 경우를 종합해 볼 때, 가난은 실제로 당해 보면 생각보다는 두려운 것이 아니라고 할 수 있다. 그러나 재산을 상속한 자는 그것이 자기에게 없어서는 안 될 것으로 생각하며, 때로는 공기와 같은 생명의 요소라고까지 간주하여 재산을 목숨처럼 아끼고 지키며, 건실하고 침착하며, 즐겨 검소하게 살아간다. 그러나 가난한 집에 태어난 자는 궁핍을 당연하고도 자연스러운 것으로 생각하므로 나중에 부유하게 되면 재물을 덤으로 간주하여 오락으로 탕진하고는 전과 같이 곤궁 속에 안주할 수 있다고 생각하기 쉽다. 그것은 셰익스피어의 다음과 같은 말에 잘 나타나 있다. '거지가 말을 타면 지쳐서 죽는다는 저 속담은 사실이다(헨리 6세).'

나는 재산을 소중히 할 것을 권고하지만 그렇다고 내 글의 가치가 떨어지는 것은 아니라고 생각한다. 나에게 비록 가족이 없다 하더라도, 하나의 목숨을 위해 일하지 않고 독립된 생활을 하며, 안전하게 살 수 있는 재산을 갖는다는 것은 커다란 혜택이다. 이러한 재산은 생활에 따르는 궁핍과 고뇌를 면하게 하고 인간의 피할 길 없는 운명처럼 되어 있는 저 비천한 부역으로부터 해방시켜 준다. 적어도 운명의 은총을 이 정도는 받은 자라야 진정한 의미의 자유인이다. 왜냐하면 이런 자만이 비로소 독립할 수 있으며, 자기 시간과 능력에 대한 주권을 보유하고, 아침마다 '오늘도 나의 것'이라고 할 수 있기 때문이다.

1년에 1000탈르(Talr)[17]의 수입이 있는 사람과 10만 탈르의 수입이 있는 사람의 차이는 큰 것 같지만, 전자와 한 푼도 없는 자의 차이와 비교해 보면 대단히 사소한 것이다. 세습적인 재산이 최대의 가치를 나타내는 것은 그 소유자가 높은 정신력을 지니고 있어 돈벌이에서 떠난 일에 종사할 때이다. 그는 운명적으로 두 가지 은총을 받고 천분에 따라 평생을 천직에 종사할 수 있다. 그리하여 세상에서 아무도 감히 엄두를 내지 못한 큰일을 이루어 인류에게 복리와 영광을 누리게 하고 자기의 천분에 대한 부채를 백 갑절이나 늘려서 갚게 된다.

이들 가운데는 자선가가 되어 타고난 특혜를 자선사업에 활용하는 사람도 있을 것이다. 그런데 막대한 유산을 갖고도 이런 영구성이 있는 고귀한 사업에 손을 대지 않는 자, 아니 아예 해 보려는 엄두도 내지 않는 자, 하다못해 무슨 과학이라도 연구하여 그 발달을 도모하려고도 하지 않는 자는 햇빛을 헛되이 쬐고 덧없는 가장 비천한 존재이다. 이러한 자들은 결코 행복을 누릴 수 없다. 왜냐하면 궁핍에서 벗어나면 곧 고뇌의 다른 극단인 권태의 손에 의해 온갖 채찍에 얻어맞게 되기 때문이

---

17) 독일의 은화—주

다. 그들은 차라리 가난에 못 이겨 일정한 직업을 갖고 있는 것이 훨씬 행복할 것이다. 이 권태는 그들을 자연히 방종과 방탕에 빠지게 하여 그들의 손에서 유해무익한 금품을 앗아간다.

그들에게는 돈이 오히려 우환이 되어 있다. 그리하여 언제나 권태의 압력에 못 이겨 한때나마 이를 완화하기 위해 모처럼 간직한 재산을 탕진하여 빈궁에 허덕이는 자가 허다하다.

나라의 공직에 종사하며 출세하려는 자는 선배나 친지 또는 집단의 힘을 빌려 점차로 승진해 올라가야 하므로, 이 경우에 재산의 가치나 성격 및 그 권리 행사에 있어서 사정이 달라진다. 그러나 원칙적으로 말하면, 이런 때에는 차라리 맨주먹으로 맞서는 것이 상책이다. 특히 문벌이 없어 자기의 재능만 의지하는 사람에겐 청빈이 하나의 우선권이 되어 대체로 누구보다도 먼저 윗자리에 추천을 받게 마련이다. 인간이 무엇보다도 바라고 또 좋아하는 것은 남이 자기보다 열등하다는 사실이다. 이것은 사람들이 흔히 주고받는 이야기에도 곧잘 나타나곤 한다.

특히 자기 밑에 부려서 그 소득을 취하는 경우의 즐거움은 말할 나위도 없는 것이다. 그렇다면 어떤 자가 가장 상사의 눈에 들까? 다시 말하면 어떤 사람이 열등한 존재로서 그 위치에 만족할 수 있을까? 그것은 물론 가난한 자이다. 좀 더 상세히 말하면 가난한 자이면서 고귀한 아무런 자신도 자존심도 없는 자라야 스스로 무능하고 무가치함을 인정하고 그 뿌리 깊은 열등감으로 하여 권력 앞에 무조건 머리를 숙이게 되는 것이다. 이들만이 몇 번이고 또 언제까지나 굽실거리며 90도의 경례를 할 수 있고 얼굴이 비겁한 웃음으로 얼버무려 가며 실력보다 처세술을 소중히 여기고, 선배나 권력가가 쓴 유치한 글을 대걸작이라고 치켜세우며 크게 떠들어대고 비겁하게 거지 흉내도 곧잘 낸다. 따라서 이들만이 어릴 때부터 저 괴테가 말한 밀교 신도가 될 수 있다.

속된 악은 한탄하여도 쓸데없다. 그것은 뭐니 뭐니 해도 권력을 갖고 있으니까.

그러나 생활의 어려움을 느끼지 않을 정도의 재산이 있는 사람은 거의가 존대하고 자신이 서며, 고개를 똑바로 들고 걸어가므로 위에서 말한 모든 희비극은 배울 기회가 없다. 그들 중에서 누가 자기의 뛰어난 재능을 믿고 학문을 연구하게 되면, 세상에서 떵떵거리고 있는 것은 평범하고 비열한 무리들이라는 사실을 곧 깨닫고 자기의 재능은 도저히 세상에 용납되지 않음을 알게 된다. 그리하여 자기보다 상좌에 도사리고 있는 자들이 졸렬함을 간파하고 일종이 의분을 느끼며, 불손한 태도를 취하게 마련이다. 그러나 이렇게 해서는 세상에 용납되지 않으므로, 나중에는 뱃심 좋은 볼테르처럼 '어차피 짧은 인생이므로 어리석은 자들이 우쭐거리는 꼴을 보는 것도 잠시 동안의 괴로움이다' 하고 단념하게 된다.

  이 세상에는 이 '비천한 열등감'이라는 말에 어울리는 자들이 웅성거리고 있다. 유베날리스가

    가난 속에서는
    몸에 지닌 빛도 자취를 감추나니.

라고 말한 것은, 속인들보다 오히려 사상가나 예술가들에게 적용된다. 나는 '자기의 소유물' 가운데 처자는 넣지 않았다. 그것은 우리가 그들의 소유물도 되기 때문이다. 그리고 그 속에는 친구를 넣어도 좋지만, 친구란 실상 서로 주고받는 사이이므로, 자기가 친구를 갖는 동시에 친구가 그를 소유하고 있는 것이다.

16. 명예에 대하여

　사회적 자아, 즉 제3자의 평가 속에 들어 있는 우리의 존재는, 인간이 타고난 약점으로 말미암아 대체로 곳곳에서 실질적인 가치 이상으로 중요시되지만 냉정히 생각해 보면 이런 체제와 본질적인 관계가 없는 것이다. 제3자가 호의를 베풀거나, 조금이라도 자기의 허영심을 자극해 주면 누구나 좋아서 어쩔 줄을 모르지만, 이것은 이해하기 어려울 정도로 무의미한 일이다. 고양이가 등을 어루만져 주면 언제나 기분이 좋아 목청을 골골대는 것처럼, 인간도 칭찬을 들으면——특히 자기의 특기를 칭찬해 주면——그것이 비록 하나의 사탕발림이라는 것을 빤히 들여다보면서도 흐뭇한 얼굴을 한다. 또한 현재 불우한 입장에 놓여 있고 앞에서 말한 '참된 자아'와 '물질적 자아'가 아무리 빈약하더라도, 남들이 자기를 치켜세우면 흐뭇하게 생각하는 자가 많다. 이와 반대로 조금이라도 자기의 허영심이 손상되거나 모욕을 받거나, 또는 무시당하거나, 멸시를 받으면, 불쾌하게 생각할 뿐만 아니라 때로는 커다란 고통까지도 느끼게 된다. 인간의 명예욕이 제3자를 기준으로 하고 있으므로, 대부분의 세상 사람들에게는 '모럴'의 대용이 된다. 그리하여 남의 기분을 존중하고 스스로 언행을 조심하므로 좋은 결과를 가져오기도 하지만, 이러한 작용을 자기 자신의 행복과의 관계——특히 행복의 요소로서의 안정된 기분과 심신의 관계를 생각해 보면, 사회적인 자아는 행복을 촉진시키기는커녕 도리어 행복을 교란하여 나쁜 영향을 준다. 그러므로 곰곰이 생각해 보면, 타인 본위의 공명심에 대하여는 사리에 맞는 일정한 한계를 설명하여 올바르고 가치 있고 유리한 모든 것에 대하여 적절한 사고와 정확한 판단을 내림으로써 남의 견해에 대한 지나친 관심을 되도록 완화할 필요가 있다. 이것은 남의 호감이나 비난을 샀을 경우에도 마찬가지이다. 왜냐하면 그 어느 경우에 있어서도 모든 점을 누비고 있는 것은 오직 하나의 접선, 즉 자기의 태도에 달려 있기 때문이다. 그렇지 못하면 우리는 남의 사고나 견해의 노예가 되고 만다.

찬사를 즐기는 자의 혼령을 지배하는 것은
비천하고 설익은 것이어니

우리가 행복을 증진시키려면 우선 진정한 자아와 제3자의 눈에 비친 자신을 비교하여, 전자의 가치를 분명히 판단할 필요가 있다. 자기의 모든 생활을 충실하게 하는 것과 그 내면적인 본질, 즉 앞에서 '참된 자아'와 '물질적 자아'라는 제목으로 이야기한 모든 요소는 모두가 진정한 자아에 속한 것이다. 왜냐하면 이 모든 것이 작용하는 영역은 자기 자신의 의식이고, 반대로 타인에 대한 자아로서의 자기가 작용하는 영역은 신빙성이 없는 제3자의 의식이며 우리가 반영된 남의 심리적 환상과 여기 따르는 여러 가지 생각이나 느낌에 불과하기 때문이다. 제3자의 관념은 본래 우리에겐 간접적인 것이 직접 우리와는 아무 관계도 없는 것이다. 그것은 우리에 대한 언행을 규정할 뿐이므로 결과적으로 남의 태도에까지 실질적인 어떤 영향을 주어 '참된 자아'에 변화를 일으키는 경우에 한하여 의미가 있는 것이며, 그렇지 못하면 남이 우리를 무어라 생각하건 전혀 상관할 바가 아닌 것이다.

 게다가 제3자의 머리가 어느 정도며 어떻게 작용한다는 것을 간파하고 거기에는 온갖 편견과 오해가 충만해 있으며, 사상이 천박하고 무가치하며, 소견이 비좁고 생각이 빈약하며, 사고나 견해가 잘못되어 있을 뿐만 아니라 세상의 풍속대로 우리와 일단 이해관계가 없거나 눈앞에 보이지 않으면 터무니없는 욕설을 퍼붓는 것을 경험하고, 더구나 반 타스나 되는 돌대가리 바보들이 위대한 인물을 멋대로 악평하는 꼴을 볼 때, 우리는 남의 견해란 도저히 믿을 수 없음을 잘 알게 된다. 그러므로 남의 견해에 큰 가치를 인정하는 사람들은 결과적으로 터무니없는 경의를 표시하는 것이다.

　　최고의 지위에 올라 모든 영광과 호사와 권력을 갖고 매우 존엄하며, 위풍을 떨친 사람들도 다음과 같이 고백하지 않을 수 없을 것이다. 즉, 우리들의 행복은 완전히 우리 자신 밖에 놓여 있으며 남의 머릿속에 깃들어 있다.(저자—주)

요컨대 자기의 행복을 '참된 자아'나 '물질적 자아' 속에서 찾지 못하고 이 제3자의 자아, 즉 남의 관념 속에서 찾으려는 사람들은 개성이 빈약한 족속이다. 인간의 본질이요, 행복의 근원이 되어 있는 것은 대체로 자신의 동물성이다. 그러므로 우리들의 행복에 있어서 근본이 되는 것은 건강이요, 다음으로는 생활을 유지할 만한 기반, 즉 의식주에 지장이 없는 수입이다. 명예, 작위, 명성 등은 아무리 사람들이 소중히 여기더라도 이 근본적인 요소에 필적하지 못하며, 그 대용품도 될 수 없다. 그러므로 건강이나 수입을 위해서는 지체 없이 명예를 단념하고 포기해야 하는 경우가 많다. 우리가 만일 진작 이 간단한 사실, 즉 인간은 우선 자기 자신 속에 살아가며, 결코 남의 관념 속에서 살아가는 것이 아니므로, 자기 자신의 참된 모습——건강, 기분, 능력, 수입, 처자, 친구, 주택 등이 자기에 대한 제3자의 터무니없는 견해보다 훨씬 더 행복과 불행을 지배한다는 사실을 깨달으면 행복을 얻는 데 반드시 도움이 될 것이며, 이와 반대의 견해를 갖게 되면 불행을 초래한다. '명예는 목숨보다 더 소중하다'고 떠드는 것은, 자기의 존재나 행복은 있으나 마나하고 자기에 대한 제3자의 견해만이 가장 소중함을 의미한다. 이 격언은 고작해야 저 평범한 진리——세상 사람들에게 자기의 존재와 그 영화를 보이기 위하여 명예, 즉 자기에 대한 남들의 좋은 평가가 필수조건이라는 것을 내포한 지나친 말이다. 이 점에 대해서는 앞으로 다시 이야기할 기회가 있겠지만 인생을 잘 관찰해 보면 인간이 한평생을 두고 많은 위험과 노고를 무릅쓰고 끊임없이 노력을 계속하여 갈망하는 최종 목적의 거의 대부분은 자기 자신에 대한 제3자의 호의를 더욱 많이 얻으려는 데 있다. 그것은 비단 관직이나 호칭, 작위만이 아니라, 재산이나 예술 및 학문까지도 이에 종사하는 장본인의 마음을 속속들이 파헤치면 결국은 같은 목적을 추구하여 저마다 언제나 갈망하는 최후의 목표는 보다 많은 남의 존경을 받으려는 데 있다. 이것이야말로 어리석은 인간의 뿌리가 얼마나 가슴 깊이 박혔는가를 입증하고 있는 것이다.

그대의 박식도 남들이 몰라주면 무슨 소용이 있으랴.

이와 같이 자기에 대한 남의 견해를 과대하게 평가하는 것은 자고로 성행하여 온 일반적 미신으로서——비록 인간의 성품에서 비롯된 것이건, 또는 사회의 진화와 문명의 발달에 기인하는 것이건——모두가 인간 활동의 부자연스럽고 격에 어울리지 않는 것으로 우리들의 행복에 해롭고 불리한 영향을 미치는 것이다. 적게는 '남이 무어라 할까' 하고 노예처럼 비겁한 생각을 하거나, 크게는 자기 딸의 가슴에 빌기니우스18)의 단도를 박는 것은 물론, 사후의 명예를 위해 자신의 안정과 재산 및 건강, 아니 목숨마저 희생하는 것은 모두가 그 나쁜 영향에서 일어나는 것이다. 이런 그릇된 환상은 대중을 통치하거나 지배하는 자에게는 좋은 미끼가 되므로, 사람의 명예욕을 북돋아 주는 것이 남을 조종하는 비결이지만, 여기서 지금 말하고자 하는 것은 남을 부리는 것이 아니라, 자기의 행복을 얻는 것이 목적이므로 관점이 다르다. 내가 여기서 강조하고 싶은 것은 자기에 대한 남의 견해에 지나친 관심을 갖지 말라는 것이다. 그러나 오늘날 우리가 목격하는 바와 같이, 대부분의 사람들은 자기보다 남에게 의존하여 자기의 의식 속에 실재하는 것보다 남의 의식 속에 깃들어 있는 것을 더욱 소중히 여긴다. 그리하여 자연스럽고 올바른 이치에서 벗어나 제3자의 견해에 참된 가치를 부여하고 소중한 자기 자신에게는 이를 전적으로 무시하여 2차적인 것을 1차적인 것으로 오인함으로써 남의 두뇌 속에서 맴도는 환상에 자기의 실체보다 더 큰 권위가 있는

---

18) 빌리기우스――로마의 백부장으로 자기의 딸이 산관 크라터우스에게 능욕당하자 평민의 명예와 자유를 존중하는 뜻에서 군중들 앞에서 딸을 사살하였다.

것으로 간주하여 간접적인 가치와 직접적인 가치를 혼동한다. 이것은 다름 아닌 저 허영이 저지르는 미련한 행동으로서, 수전노의 탐욕과 마찬가지로 수단을 위해 목적을 저버린 가장 못난 짓이다.

우리가 마땅히 명심해야 할 노력을 무시하고 제3자의 의견을 과대평가하여 언제나 불안과 괴로움에 시달리는 것은 일종의 세계적인 전염병으로 인류의 고질이라고 할 수 있다. 우리는 그 일거일동에 있어서 우선 남의 눈치를 보며, 우리가 경험하는 모든 고뇌의 절반 이상은 실상 이런 타인 본위의 심려에서 오는 것이다.

이러한 심려는 병적인 과민과 희박한 자부심을 낳고 모든 허영과 겉치레의 원천이 되며, 사치와 교만의 터전을 이루고 있다. 이런 불필요한 근심 걱정에서 떠나면 인간의 사치와 호사는 현재의 10분의 1로도 족할 것이다.

자존심이나 명예의 형태는 각양각색이지만 그 뿌리는 하나이다. 그러므로 우리는 그 엄청난 희생을 잊어서는 안 된다.

이러한 현상은 연령의 고하를 막론하고, 심지어 어린이들에게서도 찾아볼 수 있을 정도이지만 가장 심한 때는 만년으로서, 인간은 노경에 이를수록 애욕을 맛볼 체력이 고갈되는 대신에 허영과 오만이 날로 탐욕과 결부되어 주권을 행사하게 마련이다.

이런 경향이 많은 백성은 프랑스인이다. 그들에게는 속된 명예욕과 가소로운 허영심, 그리고 유치하고 철면피한 허세가 일종의 풍토병처럼 되어 있음을 엿볼 수 있다. 이 모든 노력은 그 성질상 마땅히 허사에 그치고 말 터이지만, 한편 그들은 그들대로 다른 나라 국민들의 비웃음을 사게 마련이며 이른바 '대국민'이라는 말은 하나의 모욕적인 대명사가 되어 있다.

이 유전적인 광태를 좀 더 구체적으로 설명하기 위해 하나의 적절한 실례를 들기로 한다. 그 보기로는 인물과 환경이 가장 적절하며, 이것으로 미루어 보더라도 인간의 허영심이 얼마나 뿌리 깊은 것인가를 알 수 있다. 그것은 토마스 빅스라는 노동자가 홧김에 주인을 살해하고 사형을 당했을 때의 일로, 자세한 기사는 1846년 5월 31일 신문에 실려 있는데, 여기 그 일부를 소개하려고 한다. '처형을 당하는 날 교도소 목사가 그에게 마지막 설교를 할 때, 그 죄수는 조용히 설교를 듣고 있는 것이 아니라, 자기의 수치스러운 죽음을 구경하려고 사방에서 모여든 사람들에게 큰 뱃심을 보여 그들을 놀라게 하려고 곰곰이 생각하고 있었다. 이윽고 그는 그의 마지막 "죽음의 꽃"을 피울 수 있었다. 즉, 뜰 안을 지나 단두대로 걸어가는 도중에 갑자기 그는 큰소리로 "자, 여러분! 돗드 박사의 흉내가 아니라, 나는 이 세상 맨 밑바닥의 비밀을 탐지하려오" 하고 외치고는 양쪽 팔을 결박당한 채 홀가분히 사닥다리를 올라가 단두대

에 이르자, 사방의 구경꾼들에게 일일이 윙크를 보냈다. 군중들은 이때 우레와 같은 박수갈채를 보냈다.'

추악한 죽음과 캄캄한 미래를 눈앞에 두고도, 그 구경꾼들의 반응과 그들의 머리에 남는 인상이 끝까지 유일한 관심사였으니 실로 적절한 실례라고 하겠다. 그리고 프랑스에서 반란죄로 사형을 받은 콩트의 경우도 이와 비슷한 데가 있다. 그는 재판을 받고 있을 때, 그에게 가장 불쾌한 일은 상원 앞에 훌륭한 복장으로 나타날 수 없는 것이었으며, 처형되는 순간에도 그가 가장 괴로워한 것은 머리를 말끔히 깎는 것을 허가해 주지 않은 점이라고 하였다. 이것은 예나 지금이나 마찬가지로, 마테오 알레만[19])이 그 유명한 소설 《*Guzmán de Alfarache*》의 첫 구절에서 '이 못난 죄수들은 자신의 영혼을 구제받기를 기원하기 위해 마련된 처형 직전의 몇 시간을 단두대의 사다리 위에서 무슨 놀라운 말을 할까 하고 궁리하기에 바쁘다'고 쓴 것을 보아도 저간의 소설은 짐작할 수 있다. 그러나 그러한 소행은 오늘날에도 얼마든지 찾아볼 수 있으며, 무슨 일에서나 참된 실례는 사실을 입증하는 것이다. 인간의 불안, 번민, 고뇌, 울분, 불만, 초조는 십중팔구가 제3자의 견해를 염려하는 것으로, 방금 말한 죄수들과 비슷한 얼토당토않은 일이다. 또

---

19) 스페인의 작가—주

한 우리들의 질투나 증오도 대체로 같은 뿌리에서 자란 가지들이다.

우리의 행복은 주로 안정된 기분과 흐뭇한 만족감에서 비롯되는 것이다. 그러므로 타인 본위의 허영심을 누르고 감소시키는 것이 행복을 증진시키는 중요한 방법이다. 이 허영심을 철저히 삭감하면 아마도 현재의 50분의 1 정도로 줄어들 것이며, 따라서 그만큼의 육체를 괴롭히는 가시를 뽑아 버리는 셈이지만, 그것은 결코 쉬운 일이 아니다. 그것은 선천적인 병폐를 제거하려고 하기 때문이며, 타키투스[20]는 '현자도 더러운 명예욕에서 좀처럼 벗어나지 못한다'고 하였다. 이 세계적인 어리석은 병마에서 벗어나기 위하여는 우선 모름지기 병마를 병마로 인식해야 한다. 또한 그러기 위해서는 인간의 견해란 거의 언제나 허망하고 당치않고, 그릇되고 불합리하며, 전혀 터무니없는 것임을 간파하고 그것이 사실상 우리에게 참된 영향을 미칠 수 없는 데도 우리가 이를 중대시함으로써 얼마나 커다란 손실을 보게 마련인가를 분명히 알 필요가 있다. 이리하여 저 유전적인 광태를 벗어날 수 있으면, 자신의 안정과 평화는 상상도 못 할 정도로 중대할 것이며, 따라서 매사에 태연자약한 태도와 자유롭고 자연스러운 행동을 할 수 있을 것이다. 은둔 생활

---

20) 55~120, 이탈리아 역사가—주

이 커다란 행복을 가져오는 이유는 남의 눈치를 볼 필요가 없고 타인 본위의 생활에서 자기 본위의 생활로 돌아갈 수 있기 때문이다. 실로 태반의 재앙이나 불행은 제3자를 위주로 하는 관념적인 생각——그것은 불치의 병——에서 비롯되는 것이 보통이므로, 자기를 남의 관념 이상의 경지에 올려놓고 참된 자아를 지켜 나가면, 이 모든 재앙에서 벗어날 수 있으며, 더욱 직접적이고 확실성 있는 복리를 위해 노력하게 되므로, 자기의 생활을 뜻대로 즐길 수 있는 것이다. 그러나 좋은 일은 실천하기 어려우니 탈이다.

이 세계적인 유전병의 세 가지 증상은 명예욕과 허영심과 자부심이며, 그 가운데서 허영심과 자부심에는 다음과 같은 차이가 있다. 즉, 자부심은 자기에 대한 확고한 자신이며, 허영심은 자기에게 제3자가 이런 신념을 갖고 싶다는 은밀한 희망이 일게 마련이다. 즉, 자부심은 자기에게서 비롯되는 직접적인 자기 존중이요, 이것을 외부로부터 간접적으로 손에 넣으려는 것이 바로 허영심이다. 그러므로 허영심은 말이 많으며, 자부심은 말이 적다. 그런데 다변보다 침묵이 언제나 한층 더 손쉽게 남의 존경을 받는다는 사실을 모든 사람들은 깨달아야 할 것이다. 그리고 자부하려는 생각만으로는 단지 그럴싸하게 보일 따름이므로, 일시적인 모든 다른 가상과 마찬가지로, 이러한 그릇된 존대는 반드시 곧 무너져 버리게 마련이다. 참된 자부심은 오직 자기의 우수한 장점과 뛰어난 가치에 대한 확신에 의해서만 이루어지기 때문이다.

그리고 이 자부심이 확신에서 비롯되는 한, 모든 지식과 마찬가지로 의지의 힘에 의해 뜻대로 손에 넣을 수는 없다. 그 최악의 적, 즉 최대의 장애물은 바로 허영심으로, 그것은 우선 제3자의 찬사 위에 자기의 자존심을 쌓아올리려고 하는 데 반하여, 자부심은 자기 존중을 선행조건으로 하고 있다. 또한 이 자부심은 대체로 비난과 공격의 대상이 되어 있지만, 그것은 자기의 힘으로는 자부할 건덕지가 없는 자들의 소행에 불과하다. 참으로 특출한 자라면 모름지기 어느 정도의 자부심을 갖고 세상 사람들은 염치없고 어리석고 변덕스럽고 주책이 없다는 것을 알아야 한다. 섣불리 호인인 체하여 그들에게 너그러운 태도를 취하거나 자기와 동등한 인물로 대하면 그들은 곧 웃음을 머금고 자기와 같은 족속으로 간주한다. 특히 최고의 인격적인 우월은 훈장이나 호칭과는 달라서 언제나 제3자에게 보여줄 수 없으므로 그 장본인은 존귀한 태도를 취할 필요가 있으니, 그렇지 않으면 반드시 미네르바[21])에게 돼지가 설교하는 꼴을 보게 된다. 아라비아의 속담에 '노예에게 농담을 걸면 금세 꼬리를 친다'는 말이 있거니와, '고귀한 사람은 존대할지

---

21) 키케로의 독창어. 미네르바는 지혜의 신이요, 돼지는 가장 둔한 동물이니 바보가 현자 앞에서 동등한 언행을 한다는 뜻이다.

니라'는 호라츠의 말은 명언이다. 그러므로 흔히 찬양되는 겸손의 미덕은 실상 대다수의 소인들이 자기 자신의 편의를 위해 내세울 것으로, 자기를 낮추어 이러한 무리들과 동등한 인간이 되는 것이 겸손이고 보면, 모든 인간을 같은 계열로 취급하는 데 편리하겠지만, 그렇게 되면 세상은 완전히 소인들의 독무대가 되어 버린다.

그런데 가장 싱거운 것은 국민적인 자부심이다. 이러한 자부는 수백 수천만 인구의 공동 소유를 자랑하는 것으로, 그런 사람은 자기의 참된 자부심을 지닐 만한 자격――그만한 개인적 특성――이 없음을 말하는 것이 뛰어난 재능을 가진 사람은 언제나 하나의 성인으로서 자기 나라 국민들의 단점을 명확하게 인식하는 법이다. 다만 저 가련하고 미욱한 속인들이 자기가 우연히 태어난 국적에 대하여 최후의 유일한 수법으로서 거만을 부려, 그 빈약한 개성에 금박을 칠하고, 자기 나라 백성들에게 고유한 모든 결점과 바보짓을 두둔하는 것이 된다. 만일 다른 나라 사람들이 저 영국인의 비열한 미신에 대하여 정당한 비평과 비난을 한다면 어떻게 될까? 아마도 고분고분 받아들이는 영국 사람은 50명에 한 사람이나 있을지 모를 일이며, 있다고 하면 그는 분명히 비범한 두뇌의 소유자이다. 독일 사람들에게는 대체로 국민적인 자부심이 없다. 다른 나라 사람들로부터 국민성에 거짓이나 허식이 없다는 말을 듣는 것은 자기

나라 자랑을 하는 병에 걸려 있지 않기 때문이다.

그런데 근래에 와서는 독일당과 민주당이 창당되어 국민들에게 아부하며 가소로운 방법으로 국민적인 자부심을 고취하고 있는데, 이런 무리들은 예외에 속한다. 그리고 어떤 사람은 우리 독일인이야말로 위대한 일을 할 수 있는 백성이라고 하지만, 나는 도무지 곧이듣기가 어렵다. 리히텐베르크[22]도 '독일인이 아닌 자가 독일인이라고 하거나 또 국적이 애매한 자가 큰 사업이나 발명을 하면 으레 프랑스인 아니면 영국인이라고 말하는 것은 어찌 된 일이냐?'고 반문하고 있다.[23]

국민성에 비하면 개성은 훨씬 소중한 것으로, 우리가 어느 개인을 관찰하는 경우에는 전자보다 후자에게 몇 갑절 더 주의를 기울여야 한다. 국민성이란 대다수의 사람들에게 공통된 것이므로 누구나 맑은 정신으로는 도저히 찬사를 보낼 수 없는 성질의 것이다. 아니 어느 국민의 어떤 국민성을 살펴보아도 그것은 단지 무능하고 미약하고 아둔하고 사악한 인간의 속성이 여러 가지 형태를 취하고 있을 뿐이며, 이것이 이른바 국민적인 성격을 이루고 있는 것이다. 우리들은 그중에서 어느 하나를 혐오하고 다른 하나를 찬양하지만, 거기에는 형식적인 차이가 있을 뿐이며, 후자도 이윽고 전자와 마찬가지로 환멸을

---

22) 1741~1799, 독일 물리학자―주
23) 당시의 유럽에선 흔히 있는 일이다.

느끼게 마련이다. 따라서 모든 국민들은 저마다 다른 나라의 국민성을 비웃는 것은 일리가 있지만, 결국 승부는 있을 수 없다.

인간의 사회적인 자아, 즉 제3자의 관념 속에 나타난 우리 자신은 명예와 지위 및 명성으로 나눠서 생각할 수 있다.

지위나 훈장이 대다수의 속물들에게 아무리 훌륭하게 보이고 또한 국가를 위해 아무리 소중한 도구가 되더라도, 행복의 요건으로서는 설명이 간단히 끝난다. 지위의 가치는 사회제도와 관례에 의존한다. 요컨대 그것은 하나의 허수아비이며, 따라서 이에 대한 세상 사람들의 존경도 표면적인 것으로 지위의 고하는 대중을 상대로 하는 값싼 연극에 불과하다.

훈장은 대중의 견해에 대하여 발부하는 수표로서, 그 가치는 단지 발행자의 신임을 표시할 뿐이지만, 국가는 물질적 보수를 대행할 수 있으므로 막대한 경비를 절약할 수 있다. 그런데 이런 점을 도외시하더라도, 그것이 정확한 판단 아래 공정하게 수여되기만 하면 훌륭한 것임에 틀림없다. 대부분의 세상 사람들은 눈과 귀를 갖고 있을 따름이며, 그 밖에 더 가진 것이 있다면 참새의 눈물만한 판단력과 잊어버리기를 잘하는 기억력 정도로서, 그들은 인간의 뛰어난 많은 공적을 이해하지 못하며, 어떤 특수한 공적에 대하여만 한때 이해하고 찬양도 하지만, 그나마 잊어버리는 것이 예사이므로 십자 훈장이나 성형 훈장에 의해 시대와 국적을 떠나서 '이 사람은 너희들과 동등한 인간이 아니다' 하고 가르쳐 주어야 한다. 그렇다고 이런 훈장을 불공평하게 남발해서는 가치를 나타내지 못하므로 국가나 왕후는 상인이 수표에 서명할 때처럼 용의주도하게 수여해야 한다.

명예는 지위보다 한층 더 까다롭고 복잡하다. 우선 정의부터 내려 보자. '명예는 외부의 양심이고, 양심은 내부의 명예다'라고 한다면, 많은 사람들이 긍정할지 모르지만 어구의 뉘앙스는 어쨌든 명확한 정의는 못 된다. 그러므로 '명예란 객관적으로는 우리의 진가에 대한 제3자의 견해이며, 주관적으로는 제3자의 견해에 대한 우리의 두려움이다'라고 해 두기로 한다. 명성 있는 자들이 순수한 도의심은 박약하지만, 스스로 언행을 조심하는 것은 명예의 주관적인 성질에서 고유한 가치에 대하여 상당히 관심을 갖게 마련이다. 그 근원과 유래를 살펴보면, 본래 인간은 고독한 로빈슨으로, 자기가 할 수 있는 일은 보잘것없는 것이며, 많은 사람들과 협력하여 일함으로써 자기 자신의 존재에 대하여 큰 의의를 찾고 큰일을 성취할 수도 있으며, 이러한 자각은 자의식이 조금만 발달하면 갖게 된다. 그리하여 그 의식 속에는 사회의 유능한 일원이 되어 인류의 복지를 위해 일하려는 분발심이 생긴다. 또한 그러기 위해서는 지위나 신분의 고하를 막론하고 사회가 인간으로서의 임무와 자기가 맡은 직책을 수행할 필요가 있으므로 분발심과 제3자의 인정을 받으려는 마음에서 남의 호의를 중대시하여 이를 얻도록 애쓰게 마련이다. 거의 일종의 본능이라고 할 수 있는 이러한 자발적인 태도가 곧 명예심 또는 수치심이다. 아무런 죄가 없어도 어떤 동기로 갑자기 남의 호의를 상실하였거나, 일시적이나마 짊어진 의무 이행을 소홀히 한 것이 남에게 알려지면 곧 얼굴을 붉히는 것은 우리에게 명예심이나 수치심이 있기 때문이다.

한편 자기가 남의 호감을 사고 있다는 확신만큼 삶에 대한 활기를 북돋아 주는 것이 없다. 왜냐하면 자기에 대한 남들의 호감은 이윽고 애호와 협조를 은연중에 기대할 수 있으며, 자기 하나만의 힘보다 다수의 힘이 인생의 재난을 당하였을 때 훨씬 더 큰 의지가 되기 때문이다.

모든 인간관계는 매우 복잡하므로 명예에도 여러 가지 종류가 있다. 인간은 이러한 관계를 맺음으로써 상호 간의 교제와 신뢰와 우의를 유지하지만, 특히 중요한 것은 재물과 의무와 남녀 간의 관계이다. 이에 해당되는 명예는 개인으로서의 명예와 관직의 명예 및 남녀의 명예로서, 각각 그 아래 위에 속하는 여러 가지 명예가 있다.

그중에서 범위가 가장 넓은 것은 개인으로서의 명예이며, 각자는 남의 권리를 존중하며 부정이나 불법으로 자기 혼자만의 이득을 취해서는 안 된다는 것이 그 기본적인 전제가 되어 있는 것이다. 이러한 개인으로서의 명예를 지켜나가는 것이 평화로운 사회생활에 참여하는 유일한 조건이 된다. 그러므로 한번이라도 남의 앞에서 이 사회적인 묵계를 저버리는 행동을 하거나 법률상 정당한 형벌을 받게 되면, 그의 명예는 영원히 매장되고 만다. 본래 인간의 도덕적 성격은 고정된, 불변한 것이므로, 어떤 사람의 부정행위는 앞으로도 환경이나 조언이 그때와 유사하면 번번이 반복되는 것으로, 모든 명예는 이 불변한 도덕적 성격의 토대 위에 서 있는 것이다. 그것은 영어의 성격(Character)이라는 말이 명성이나 면목이라는 뜻도 갖고 있는 것을 보아도 알 수 있다.

그러므로 한번 상실한 명예는 도저히 다시 회복할 길이 없는 것으로, 다만 예외가 있다면 그것은 남의 모략중상에 걸렸을 경우, 그러니까 명예의 진정한 상실이 못 되거나, 외관상 일시적으로 상실하였을 경우이다.

명예는 어느 의미에서 소극적이고 명성은 적극적이다. 명예는 특수한 개인이 지닌바 뛰어난 성격으로 인하여 얻어지는 것은 아니며, 인간으로서 누구나 갖고 있어야 하는 성격, 다시 말하여 개인으로서의 필수 조건이라고 일반이 인정하는 성격으로 얻게 되는 것이다. 명예는 일반적인 것을 나타내지만 명성은 특수한 것을 표시한다. 명성은 뛰어난 일인자로서 손에 넣는 것이며, 명예는 보유하려고 애쓴 끝에 손에 넣게 되는 것이다. 명성이 없다는 것은 세상에 알려져 있지 않다는 소극적인 결과를 가져오고, 명예가 없다는 것은 하나의 수치로서 적극적인 결과를 초래한다. 명예는 수동적인 것이 아니라 어디까지나 능동적인 것으로 자기 자신의 모든 행동에 기인하며, 남의 행동이나 외부의 사정에 의해서는 얻을 수 없는 일종의 내부적인 특성이다. 이것이 참된 명예와 기사의 명예나 그 밖의 사이비 명예와는 다른 점이다. 그리고 명예에 대한 외부의 유일한 침해는 모략중상이며, 이에 대한 방책은 공공연히 상대방의 거짓을 드러내고 철저히 반박하는 데 있다.

우리가 연장자를 존경하는 것은, 젊은이들의 명예란 다만 하나의 가정으로서 인정될 뿐 충분한 시련을 겪고 있지 않으므로, 정확히 말하자면 하나의 '신용'에 불과한 것이지만, 연장자의 경우에는 그 명예를 유지하는 데 따르는 시련을 겪어 명예를 사실상 지니고 있기 때문이다. 연장자라는 사실이나 또 풍부한 경험만으로는(경험이란 보다 상세한 실사회의 지식이다) 도저히 이러한 존경을 받을 만한 이유가 못 되며, 고령이 한낱 고령에 그친다면 연장자는 그 심신이 쇠퇴하였다는 이유로 젊은이들의 위로는 받을 수 있어도, 그들의 존경은 받을 만한 자격은 없는 것이다.

앞에서도 말한 바와 같이, 명예의 가치는 간접적인 것이다.

우리가 자기 자신에 대한 남의 견해에 영향을 받는 것은 대체로 그들이 우리에게 어떤 태도를 표시하는 경우이다. 우리가 사회생활을 하고 있는 한 이런 영향을 받지 않을 수 없으며, 특히 오늘날과 같은 문명 시대에 있어서 우리의 생명과 재산을 보호하여 주는 곳은 '사회'라는 집단이다. 그러므로 무슨 일을 하든지 남의 힘을 빌려야 하고, 그들과 함께 일을 하려면 신용을 얻어야 하므로, 비록 간접적이기는 하지만 우리에 대한 남들의 견해와 평가는 중요한 가치를 갖고 있다고 보아야 하겠지만, 나로서는 여기에 도저히 어떤 직접적인 가치를 부여할 수는 없다. 이 점에 대하여는 키케로[24]도 나와 의견을 같이하고 있다. 디오게네스[25]가 '만일 명예에서 발생하는 이득이 없었다면, 그 때문에 손가락 하나 애써 움직이려고 하지 않았을 것이다'라고 말하였는데, 나도 그들의 견해에는 동감이다.

엘베시우스[26]도 그의 주 저서인 《Da léspr》에서 이 점에 대하여 상세히 논하고 있는데, 그 결론은 다음과 같다. 즉, '우리는 명예에서 생기는 이득이 있기 때문에 어른을 존중할 따름이다.' 그리고 수단이란 목적 이상의 가치를 지니고 있지 못하므로 저 '명예는 목숨보다 소중하다'는 화려한 격언은 앞에서도

---

24) B. C. 106~43, 로마의 철인, 정치가—주
25) B. C. 412~323, 스토아학파의 현자—주
26) 1715~1771, 프랑스의 철학자—주

말한 바와 같이, 하나의 과장이다.

개인으로서의 명예에 대하여는 이 정도에서 그치고, 다음에 관직에 대한 명예를 이야기하고자 한다. 그것은 어떤 관직을 갖고 있는 자가 남들에게 보여 주는 독특한 인상으로, 그가 실제로 그 자리를 감당할 만한 천성이나 능력을 갖고 있으며 어떤 일이 있더라도 자기의 직책을 완수하는 인물이라는 데 대한 세상 사람들의 신뢰와 존경인 것이다.

그리하여 국가에서의 활동 범위가 넓고 중요하며, 그 직책이 무거울수록 이에 따르는 재능과 덕망에 대한 신망이나 존경이 높아지며, 따라서 그만큼 명예를 갖게 마련이다. 직위의 등급이나 추천 및 추대는 이러한 명예의 구체적인 표현이다. 지위의 고하는 대체로 명예의 척도가 되지만, 때로는 대중들이 그 중요한 지위에 대하여 이해가 없기 때문에, 사실상 그 척도가 맞지 않을 때도 있다. 소극적인 명예만을 갖고 있는 개인보다 특별한 공직에 종사하는 인사에게 더 큰 명예를 부여하는 것이 보통이다. 그리고 어떤 관직을 갖고 있으면, 자기의 부하나 후계자를 위해 관직 자체의 위엄을 유지하는 것이 자기의 명예를 유지하는 길이 된다. 즉, 자기의 직책을 완수하는 동시에 만일 그 관직의 대표자로서 비난——자기가 직책에 충실치 않는다거나, 관직 자체가 사회에 조금도 이바지하는 바가 없다는——을 받았을 경우에 어떤 수단을 써서라도 그들의 오해와 착각을 입증해 보여 줄 필요가 있는 것이다.

이 관직의 명예에는 모든 관리, 의사, 변호사, 교사 아니 모든 학교의 졸업자──즉, 어떤 정신적인 일에 종사하는 자로서 널리 알려지고 이를 위해 그 책임과 의무가 있는 자──요컨대 공적인 의무를 지닌 자들의 명예가 속해 있다. 따라서 군인의 명예도 여기 속하며, 그것은 조국의 수호를 의무로 하는 자에게 필요한 특질인 용기와 담력과 체력을 지니고, 조국을 위해서는 목숨을 기꺼이 내던지는 각오와 충성을 다하는 결의를 갖고 있는 데서 비롯된다. 관직의 명예라면 흔히 관직 그 자체에 대한 존경을 뜻하지만, 나는 보다 더 넓은 의미를 부여하려는 것이다.

섹스의 명예──즉, 남녀의 명예에 대해서는 좀 더 상세히 말할 필요가 있다. 이를 근본적으로 검토하여 보면 다른 모든 명예와 마찬가지로 결국 이해득실에서 온다는 것을 알 수 있다. 이 명예는 그 성질상 남성의 명예와 여성의 명예로 구분되지만, 모두가 남성과 여성 동지의 단체정신에 기인하며, 그중에서도 여성의 명예는 큰 의의와 가치가 있다. 왜냐하면 여성의 생애에서는 성생활이 가장 중대한 일이기 때문이다.

여성의 명예란 처녀의 경우에는 어떤 남자와도 접촉을 하지 않았다는 것이고, 아내의 경우에는 자기 남편밖에는 몸을 허락하지 않았다는 것이다. 이러한 명예가 소중한 것은 여성이 모든 소원과 생활필수품을 남성에게 의존하는 반면에, 남성이 여성에게 바라는 것은 시종일관 단지 하나밖에 없기 때문이다. 그러므로 남성에게 이런 밑지는 거래를 받아들이도록 납득시키기 위해서는 어떤 사회적인 제도, 즉 결혼이라는 방법을 취하여 남자가 여자에게서 요구하는 단 하나의 조건을 허용해 주는 것은, 여자의 생활에 대한 책임과 앞으로 태어날 자녀들에게 대한 모든 의무를 짊어지는 것을 전제로 함을 못 박아 놓아야 한다. 이렇게 해야만 비로소 여성 전체의 행복이 이루어질 수 있다는 것이다.

이 제도에 실제로 큰 권능을 부여하기 위해서는 모든 여성들이 합심하여 단체정신을 지닐 필요가 있다. 이렇게 함으로써 그녀들은 커다란 집단 속에서 피차 긴밀한 연락을 취하여 어느 의미에서는 공통된 적이라고도 볼 수 있는 남성에게 은연중에 하나의 적대 세력을 이룰 수 있는 것이다. 남성은 뛰어난 체력과 지력으로 생활필수품을 소유하고 있으므로 여성은 이들을 정복하여 그 소유물을 빼앗을 필요가 있다. 이 목적을 달성하기 위한 여성의 불문율은, 정식으로 결혼을 하지 않고는 어떤 남자에게도 몸을 맡기지 않는다는 것이며, 그 때문에 모든 남자들은 일종의 맹약으로서의 결혼을 강요당하며, 여기서 비로소 여성들은 생활에 대한 보장을 받게 된다. 그러나 이 목적을 이루려면 앞에서 말한 불문율을 엄격히 준수하여야만 하므로,

여성들은 하나의 단체정신으로서 모든 동료들에 대하여 그 준수 여부를 감시하여야 한다.

그러므로 어떤 처녀가 몰래 정을 통하여 이 규약을 어기고는 반역죄——여성 전체에 대한——를 범했을 경우에, 이런 일이 여성들 사이에 악폐가 되면 모든 여성들의 안녕과 질서가 파괴되므로, 그런 범죄자는 여성 전체의 건강을 해치는 병균으로 보고 여성으로부터 이단자 취급을 받게 마련이다.

한편 간통한 여자도 이런 봉변을 당한다. 왜냐하면 이런 여자는 자기 남편에 대한 맹약을 지키지 못하였으며, 이러한 일로 해서 많은 남성들이 결혼이라는 불리한 맹약을 기피하면 여성 전체의 행복을 위협하게 되므로, 이러한 반역자는 쫓아낼 필요가 있기 때문이다. 또한 그녀는 그 행동으로 커다란 허위와 사기를 저질렀으므로 여성 전체의 명예뿐만 아니라 인간으로서의 명예도 크게 손상된다.

그러므로 결혼 전에 몸을 제공한 처녀에 대하여는, 놀아난 여자라는 관대한 말을 쓰지만, 간통한 여자는 도저히 그 말 정도로서는 용납이 되지 않는다. 처녀는 몸을 제공한 상대방과 결혼하여 명예를 회복할 수도 있지만, 간통한 여자는 딴 남자와 재혼을 하더라도 명예를 회복할 수는 없는 것이다.

여성의 명예를 지나치게 내세우는 것은 다른 모든 극단적인 주장과 마찬가지로 수단을 위해 목적을 저버린 것이며, 여기

대하여 부당하게 절대적인 가치를 부여하는 것이 된다. 그 가치란 사실상 다른 명예와 마찬가지로 단지 상대적이요 관례적인 것으로, 오늘날 토마시우스[27]의 축첩론에도 서술되어 있는 바와 같이 루터의 종교개혁까지는 어느 시대나 거의 모든 백성들에게 법률로 축첩이 공인되어, 첩은 정식 아내와 마찬가지로 취급하였다. 여기에 대한 증거는 '바빌론'의 머리타[28]를 비롯하여 얼마든지 들 수 있다. 그리고 이혼이 절대로 허용되지 않는 가톨릭을 믿는 나라에서는 물론이고 어느 다른 나라에 있어서나 특수한 개인 사정으로 결혼이라는 형식을 취할 수 없는 경우가 있는 것이다. 그 가장 현저한 예로서 왕후의 경우를 들 수 있다. 그들은 마음에 맞는 결혼을 못 하기 때문에 첩을 거느리는 편이, 당치 않는 결혼을 하느니보다 더 도덕적인 행위라고 하겠다.[29]

이런 외부의 모든 조건을 무시한 결혼은 요컨대 여성과 승려에 대한 양보이며, 이 양자에게는 조그마한 양보도 되도록 피해야 한다.

일반 백성들은 자기 나라에서 마음에 맞는 여자와 결혼할

---

27) 1655~1728, 독일의 철학자—주
28) 성적 쾌락과 방종의 사랑을 다스리는 여신. 헤로도트에 의하면, '바빌론'에서는 그 제곡을 이용하여 기혼 미혼의 남녀들이 밀회하여 소위 데이트를 한다는 것이다.
29) 여성 전체의 지위를 높여 교회의 권위를 강화하는 것이 된다.

수 있지만, 왕후는 가련하게도 이런 자연의 권리마저 누리지 못하는 것이다. 이들의 결혼으로 국시, 즉 나라의 이익을 목적으로 하는 것이다. 그러나 그들도 인간이므로 자기의 정감에 끌리지 않을 수 없다. 그러므로 황제의 축첩을 거부하거나 비난하는 것은 저급한 평민 도덕의 입장에서 보는 견해로, 냉혹한 행위이다.

남자의 성적 명예는 여자의 그것에 대항하기 위한 집단정신에서 비롯된다. 즉, 여자와 결혼이라는 불리한 계약을 맺는 사람은 충분히 경계하여, 그 계약이 아내 측에서 엄격히 준수되어야 한다는 것이다. 그리하여 경계를 게을리 하여 이 맹서가 그 효력을 상실하거나, 아내에게 모든 것을 부여하면서도 그 유일한 대가인 아내의 독점마저 상실하는 일은 없어야 하겠다는 것이 남성 전체의 묵계이다. 그러므로 남성의 명예는 아내의 간통을 처벌하되, 적어도 이혼으로 이를 징계할 것을 요구하며, 이를 묵인한 남자는 뭇 남성들로부터 멸시를 받고 체면을 상실하게 된다. 그러나 남자의 이러한 불명예는 여성의 그것에 비하면 그다지 심각하지 않으며, 오히려 사소한 오점으로 간주한다. 왜냐하면 남자의 성생활은 어디까지나 2차적인 것이며, 그들은 보다 더 중대한 여러 가지 일에 관여하고 있기 때문이다.

근대의 2대 희곡작가 셰익스피어와 칼데론[30]은 각각 두 번씩 작품에서 이 남성의 명예를 다루고 있다.──전자는 《오셀로》와 《겨울 이야기》에서, 후자는 《의사의 명예》와 《능욕에는 복수로》에서──그런데 이 명예가 간통녀만 처벌을 요구하고 간통녀의 상대인 남자의 처벌을 요구하지 않는 이유는 그것은 불필요한 일이라고 생각하기 때문이거니와, 이것으로도 남성의 명예가 근본적으로 남성만의 이익을 위한 집단정신에 입각하여 있다는 것을 알 수 있다.

내가 지금까지 원칙에 따라 설명한 세 가지의 명예는, 어느 시대에나 모든 국민에게 흔히 찾아볼 수 있는 것으로, 그중에서 여성에 대한 명예만은 지역에 따라 약간의 차이가 있을 뿐이다.

그런데 이러한 일반적인 명예와 전혀 다른 또 하나의 명예가 있다. 그것은 일찍이 그리스인이나 로마인도 미처 알지 못했으며, 오늘날에 있어서도 중국 사람이나 인도 사람, 그리고 이슬람교도들 사이에서는 찾아볼 수 없는 것이다. 이 명예는 중세기에 이르러 비로소 생긴 것으로, 유럽의 기독교 국가에서만 성행하였으며, 그나마 국민의 일부분에 국한되어 이른바 상류 계급과 그 주변의 사람들만 존중한 소위 '신사의 명예'라고 하는 사이비 명예이다. 그 원리는 다른 명예의 그것과는 전혀

---

30) 1600~1680, 스페인의 희곡가─주

다르며, 전자는 '명예가 있는 자'를 배출하고 후자는 '명예를 위한 자'를 배출하는 등 어느 면에는 정반대로 되는 것이므로, 나는 여기서 그 요점과 개관을 적으려고 하며, 그 본질을 규명하면서 상세히 설명하려고 한다.

(1) 이 명예는 우리들의 가치를 평가하는 남의 견해 속에 있는 것이 아니다. 다만 이런 견해의 표시라고 할 수 있는 남의 언행 속에 깃들어 있는 것이다. 그리하여 우리들에 대한 제3자의 언행이 타당하며, 충분한 근거가 있느냐의 여부에 대하여는 문제 삼지 않으니, 남이 아무리 당치 않은 견해를 갖고 있거나, 또 마음속으로 아무리 우리를 경멸하더라도 그것을 입 밖에 내지만 않으면 이 명예는 아무런 손상도 입지 않는 것이다.

이와는 반대로 제3자의 견해에 일종의 압력을 가하여, 자기의 성품이나 행위에 대해 그들의 존경을 강요하였는데도, 오직 한 사람——그가 비록 모자라고 어리석은 자라도——이 우리에게 모욕을 주었다면 현장에서 명예 회복을 강구하지 않으면, 신사로서의 명예가 여지없이 손상되고 영원히 상실된다. 그리고 명예가 남의 견해의 진부를 검토하지 않고, 단지 그 표시만을 중요시한다는 또 하나의 증거는 상대방이 자기가 가한 모욕을 취소하거나, 때에 따라서는 취소를 원하기만 하여도 원상복구가 되는 점이다. 이 경우 모욕의 근거가 되는 상대방의 의견 자체까지도 변하였기 때문에 그 모욕을 취소한 것이냐의 여부는 전혀 문제 삼지 않고, 좌우간 취소만 하면 모든 것이 해결되는 것이다. 요컨대 문제는 존경을 받는 데 있지 않고 존경해 주기를 강요하는 것이다.

(2) 이 명예는 당사자의 행동이 아니라 남의 반응, 다시 말하면 남의 눈치에 의거한 것으로, 장본인이 인품에 의거하고 있는 일반적인 명예와는 달리 남의 언행——남의 손이나 혀끝——에 적을 두고 있다. 누구나 한 마디만 모욕적인 언사를 던지면 언제 어디서나 순식간에 명예를 상실하여 버리므로 당사자는 특별한 방법——나중에 이야기하겠지만——에 호소하여 곧 그것을 취소시켜야 하며, 이를 위해서는 자기의 생명과 건강, 그리고 자유와 재물과 안정에 위험을 가져오는 것이다. 따라서 아무리 올바른 성품과 깨끗한 심정과 우수한 두뇌를 갖고 있어도, 누가——가장 어리석은 짐승 같은 무능, 무지, 무뢰한이다——한 번 뜻밖의 모욕을 하기만 하면, 그 하나의 이유로 순식간에 그의 명예는 짓밟혀 버리는 것이다. 그런데 이런 무모한 모욕을 곧잘 감행하는 것은, 언제나 이런 쓸개 빠진 축들이다. 왜냐하면 일찍이 세네카가 설파한 바와 같이 '모멸과 무시를 당하는 자일수록 그 혓바닥이 예리하다.' 그러므로 이러한 자일수록 뛰어난 인물에 대하여 철면피한 공격을 가하고 싶어 한다. 이들의 반감은 곧 증오이며, 우수한 자의 장점은 은연중에 열등한 자의 분노를 사기 때문이다. 그러므로 괴테도 다음과

같이 말하고 있다.

> 적대시하는 자에게 무어라 중얼거리느냐?
> 그대와 같이 뛰어난 자는
> 영원히 그들의 눈에 든 가시로다.
> 이들이 그대의 벗이 되리라 생각하느냐?

이 명예는 이런 열등한 자들에게 잘 어울린다. 그들은 이렇게 함으로써 감히 쳐다볼 수 없는 바보와 동등한 위치에 설 수 있는 것이다. 또한 그들이 상대방의 인품이나 성격에 대하여 모욕적인 폭언을 가하면, 적어도 그 당시에는 객관적으로 근거가 있는 판단, 그러니까 법률과 같은 힘을 지닌 일종의 포고가 되며, 만일 현장에서 피로써 그것을 씻지 않는 한 언제까지나 유효한 결정적인 탄핵이 되어 모욕을 받은 자는 그대로 공인되고 만다. 이유는 간단하다. 즉, 규탄을 그대로 받아들였기 때문이다. 그리하여 명예를 존중하는 자들은 그를 경멸하고 전염병자처럼 취급하여 접촉을 꺼리며, 그가 드나드는 곳에 발도 들여놓지 않으려고 한다.

이 가소로운 명예는 어디서 비롯되는 것일까? 내가 보기에는 분명히 중세기의 재판법에 기인한다. 베히터의 『독일사와 형법(1845년 판)』에 의하면, 15세기 이전의 형사재판에서는 원고가 피고의 유죄를 입증할 필요가 없고, 다만 피고만이 무죄를 입증하도록 되어 있었다. 이를 위해서는 몇 사람의 공증인이 필요하며, 이들 피고가 거짓 맹세를 하지 않는 사람임을 선서하고, 피고가 자기의 결백을 서약하면 그것으로서 족하지만, 만일 이런 공증인을 세울 수 없거나 또는 원고가 그들을 기피하면 이른바 '하느님의 심판'에 회부되는데 그 방법으로서는 주로 결투를 하게 마련이었다. 즉, 피고는 명예를 더럽힌 자이므로 결투에 의해 불명예를 씻어 버려야 하는 것이다. 이것이 오늘날 명예를 존중하는 사람들 사이에서 성행되는 모든 충돌의 근원이요, 더럽혀진 명예의 원형으로, 다만 선서 하나만이 빠져 있을 뿐이다. 이들이 제3자로부터 만일 '거짓말쟁이'라는 오명을 듣게 되면 극도로 격분하여 무슨 큰 의무라도 느끼는 것처럼 상대방을 살상하여 보복을 하려고 드는 것은, 거짓말을 인간이 예사로 저지르는 습성임을 생각할 때, 당치않은 일이지만 영국 같은 나라에서는 뿌리 깊은 일종의 미신적인 습성이 되어 있는 것이다. 중세기에는 단지 피고가 원고에게 '네가 한 말은 다 거짓말이다'라고 항변하면 바로 소위 '하나님의 재판'에 회부되는 풍습이 있었는데, 이것은 오늘날 신사의 명예로 말미암아 '거짓말쟁이'라는 말 한마디를 던진 자가 상대방에게 곧 무기를 손에 들게 하는 것과 흡사한 일이다.

입으로 퍼붓는 모욕에 대하여는 이 정도로 해 둔다. 그보다 더 어처구니없고 용납할 수 없는, 따라서 여기서 운운하는 것조차 명예를 존중하는 사람들에게 양해시켜야 할 정도로 두려우며, 생각만 해도 소름이 끼칠 지경이고 세상에서 제일 흉악하여 죽음이나 영원한 신의 형벌보다도 감당키 어려운 것은 말하는 것조차 두렵지만 남의 뺨을 때린다거나 주먹질을 하는 일이다. 그것은 이 세상에서 가장 무서운 일로서 자기의 명예가 송두리째 짓밟혀 버리며 그의 다른 모든 명예의 상처가 단지 상대방의 피만 보면 씻기는 것과는 달라서, 이 경우에 명예의 치명상에 대하여는 상대방을 죽여 버리는 도리밖에 없는 것으로 생각된다.

(3) 이 명예는 인간의 참된 자아나 도덕적 성격과는 아무런 관계가 없으며 만일 그것이 손상되었을 때에는 바로 그 현장에서 공인된 하나의 형식, 즉 결투로 그 명예가 완전히 회복되는 것이다. 만일 가해자가 이를 시인하지 않거나 파기하면, 그 모욕이 행동으로 나타났을 때에는 두말할 것도 없고, 단지 입 밖에 내었을 경우에도 신속히 상대방을 죽여 버려야만 명예가 곧 회복되는 것이다. 그러나 상대방이 이 살해에 따르는 여러 가지 성가신 일을 당하기 싫어하거나, 결투를 승낙할 가망이 희박할 때에는 이른바 폭력이라는 편법을 쓸 수도 있다. 바꾸어 말하면 상대방이 무례한 짓을 할 경우에 그 몇 갑절 되는 복수를 하거나, 그것으로도 충분치 못하면 바로 한 칼에 베어 버리는 것이다. 이것은 명예 회복의 방법으로 뺨을 맞았을 경우에

는 회초리로, 회초리에는 몽둥이로, 몽둥이에는 얼굴에 침을 뱉음으로써 보복을 하는 것이다. 그런데 이러한 방법으로는 충분한 명예 회복을 할 수 없다고 생각되면, 피를 보는 최후 수단을 취할 수 있다.

(4) 모욕을 받는 것은 수치요, 모욕을 주는 것은 명예로 알고 있다. 즉, A에겐 진리와 정의와 도리가 있어도 B가 그를 모욕하면 A의 정의와 도리는 매장되고 B의 소유가 되어, A는 자기의 명예를 한동안 상실하게 된다. A가 상실한 명예는 정의나 도리가 아니라, 권총이나 장검에 의하여 회복하기까지는 언제나 그대로 지속된다. 따라서 이 명예에는 폭력이 압도적인 역할을 하며, 최대의 폭력을 발휘하는 자가 승리를 얻게 마련이다. 그리하여 어떤 사람이 가한 어리석은 행동과 무례와 폭행은 이 폭력에 의하여 완전히 변상되고 취소되어 정당성을 갖게 된다.

그리고 논쟁이나 담화에서 혹자가 자기보다 더 정확한 지식과 진실한 태도와 건전한 판단력과 이해력을 갖고 있으면, 다시 말해서 정신적으로 우월하여 이채를 띠고, 자기가 그 그늘에 묻혀 있다고 생각되면 폭행을 가해 상대방을 모욕하여 그 우월과 자기의 열등감이 곧 해소됨으로써 자기가 곧 바보의 위치에 설 수 있다는 것이다. 왜냐하면 폭언이나 난행은 모든 이론을 억누르고 온갖 지혜를 짓밟아 버리므로, 상대편이 이에 대항하여 더 큰 폭행을 가하지 않는 한, 폭행의 당당한 승리로 돌아가 명예는 그들의 편이 된다. 이러한 폭력 만능 앞에서는 진리나 지식이나 이해, 지혜, 재능 등은 도망칠 수밖에 없다. 그러므로 이런 명예를 숭상하는 사람들은 혹자가 그들에게 이의를 제기하고 좀 더 명확한 논증을 하게 되면, 곧 폭행에 호소한다. 폭행은 상대방을 설복시킬 자신이 없을 때에는 가장 손쉬운 무기이며, 당당한 반대론과 같은 효과를 발휘하는 최후의 수단이므로 그것으로 승리를 거두곤 하는 것이다.

(5) 이 명예를 존중하는 사람들이 정의에 관한 최고 법정으로서, 언제나 누구에게나 도전하는 완력은 다름 아닌 인간의 동물성에서 비롯된다. 그리하여 모든 폭언이나 폭행은 지력과 도리를 무용지물로 간주하는 대신에 주먹다짐을 일삼는 것이다. 그리하여 이 투쟁은 일찍이 프랭클린[31]이 '도구를 만드는 동물'이라는 정의를 내린 인간들 사이에서 그들의 재래 무기인 결투라는 형식으로 이루어지며, 마지막 시비곡절을 따지게 마련이다. 그러므로 이것은 '신사의 명예'가 아니라 '완력의 명예'라고 보아야 할 것이다.

(6) 자타의 소유나 의무 또는 언약 등을 존중하는 것은 개인으로서의 명예이지만, 반대로 여기에 대하여 귀족적으로 가장

---

31) 1706~1790, 미국 정치가 겸 저술가—주

방종한 태도를 취하는 것이 이 '신사의 명예'이다. 이에 의하면 명예에 대한 유일한 언사인 '명예의 이름으로'라는 말은 무시하면 안 되지만 그 밖에 거기서 비롯되는 다른 말들은 무시하여도 무방하다. 즉, 수틀리면 결투라는 공공연한 방법에 호소하여 상대방을 물리치면 그만인 것이다. 그리고 그들이 꼭 갚아야 할 부채는 오직 도박의 부채 하나뿐이며, 그 때문에 '명예의 부채'라고 부른다. 따라서 그 밖의 부채는 채권자가 유대인이라도 갚지 않으면, 또 아무리 많이 떼어먹어도 불명예가 되지 않는다.

이 괴상망측하고 가소롭기 짝이 없는 명예는 결코 인간의 참된 본성에 기인한 것이 아니며 인생의 건전한 통찰에서 비롯된 것이 아니라는 것은, 적어도 편견에 사로잡혀 있지 않은 사람은 곧 이해할 수 있을 것이다. 가장 분명한 확증은, 이를 감행하는 자가 귀족과 군인 및 그들과 접촉하는 극히 일부의 인사들에 그친다는 사실이다. 즉, 그리스인과 로마인 그리고 고도의 문화를 지닌 아시아 민족도 자고로 이런 명예의 원리에 대하여 전혀 백지였던 것이다. 그들의 대부분은 위에서 말한 세 가지 명예가 그 전부였으며, 가장 중대한 것은 자기 자신의 언행으로, 결코 남의 주책없이 떠드는 비난이 아니었다. 따라서 그들은 자신의 언행으로 말미암아 명예를 상실하는 일은 있어도, 남의 견해로 자신의 명예를 빼앗기는 일은 없었다. 그들에겐 남이 가하는 구타는 어디까지나 한낱 구타에 그치며, 소나 말에 채인 정도밖에 되지 않는다. 때로는 그로 인하여 격분하거나 곧 보복을 하기도 하지만, 그것은 명예에 관계된 것은 아니다.

플라톤의 글에서 '폭행'에 대하여 쓴 대목을 보면, 폭행을 당하였다고 명예 운운하는 일은 그들 사이에는 없었다는 것을 알 수 있다. 소크라테스는 날마다 논쟁을 일삼았으므로 몇 번이고 폭행을 당하였지만, 결코 냉철한 마음을 잃는 일이 없었다. 그 인내심에 놀라 의아스럽게 생각하고 있는 자에게 오히려 이렇게 말하는 것이었다. '노새의 발길에 차였다고 고발할 수 있나?'(Diog Leart 11. 21) 또 하루는 어떤 자가 그를 비난하고 비웃을 때 측근자가 '선생님은 이런 모욕을 당하고도 수치로 여기지 않습니까?' 하고 물었더니 그의 말은 '나에게 하나도 해당되지 않네' 하고 대답하였다(상동 36).

이번엔 명성에 대하여 이야기하려고 한다. 이 명성과 명예는 쌍둥이라 할 수 있으나 디오스쿠로이32)에 있어서도 폴리데우케스는 영생하고 카스토르는 죽음을 당한 것처럼, 명성은 불멸하고 명예는 일시적인 것이다. 그러나 여기서 말하는 명성은

---

32) 로마의 최고신. 주피터의 쌍둥이 카스토르와 폴리데우케스를 함께 '디오스쿠로이'라 함. 둘 다 반신반인의 용사. 전자는 마술에 능하고, 후자는 권투에 능하였다.

고귀하고 순수한 참된 명성을 가리키며 결코 세상에 흔히 있는 일시적인 명성이 아니다. 명예는 당사자의 처지만 같으면 누구나 차지할 수 있으며 따라서 세상에 흔히 있는 일반적인 성격에 관여하고, 명성은 당사자의 특수한 성격에 관련된다. 그리고 명예는 다만 자기를 개인적으로 알고 있는 사람들에게만 미치지만, 명성은 그 범위를 넘어가는 곳마다 새로운 친지를 만들어낸다. 명예는 누구나 손에 넣을 수 있는 것이고, 명성은 뛰어난 인물에게만 허용되는 것으로, 특별한 공적이 있어야 얻을 수 있다. 이러한 공적에는 행위와 작품의 두 가지가 있으며, 따라서 명성을 얻는 길도 두 가지이다. 전자에게 요구되는 것은 주로 위대한 용기이며, 후자에게 요구되는 것은 뛰어난 두뇌이다. 그리고 이 두 가지 길에는 각각 일장일단이 있으며, 양자의 차이는 '행위'가 소멸되지만 '작품'은 존속된다는 점이다. 아무리 고귀한 행위도 그 영향은 일시적인 것이지만, 천재적인 작품은 어느 시대에나 세상 사람들의 마음속에 영원히 살아있다. 또한 행위는 사람들의 기억에 남을 뿐이며 그나마도 차차로 퇴색되고 변화하여 희미해졌다가 이윽고 전혀 흔적이 없어지거나 혹은 역사의 기록에 의해 생기 없는 화석처럼 전해지는 것이다. 그러나 작품은 그 자체 속에 불멸의 생명을 지니고 있으며, 특히 글로 된 작품은 모든 시대를 통하여 영원히 존속되는 것이다. 예컨대 알렉산드로스 대왕에 대하여는 오늘날 그 이름과 단편적인 기억이 남아 있을 뿐이지만, 플라톤, 아리스토텔레스, 호메로스, 호라츠 등은 아직도 살아서 우리에게 직접으로 영향을 미치고 있는 것이다. 인도의 베다33)와 우파니샤드는 오늘도 남아 있으나, 그 당시 사람의 뛰어난 모든 행위에 대하여는 아무것도 전해있지 않다. 행위의 또 다른 단점은 그것이 어떤 기회에 지배되어, 그 기회가 없으면 실현되지 못한다는 점이다. 따라서 행위에 대한 명성은 그 행위에 내포된 가치에서만 비롯되는 것이 아니라, 그 행위에 의의와 빛을 던진 주위의 사정에도 기인하는 것이다. 그리고 예컨대 전자에서 일어난 개인 행위에 대한 명성은 다만 몇몇 목격자의 보고에 의하여 나타나는 것인데, 이들이 언제나 지켜보고 공정한 보고만 한다고 볼 수는 없는 것이다.

그러나 행위의 장점은 그 성질상 어디까지나 실질적인 것으로 일반 대중에게 손쉽게 이해가 간다는 점이다. 따라서 그 행위가 정확히 전달만 되면 곧 올바른 평가와 인정을 받을 수가 있다. 다만 그 동기에 대한 정당한 이해와 올바른 비판에 오랜 시일이 필요할 경우에는 그 명성이 얼마 후에야 비로소 나타나

---

33) 베다는 범어로 '지'를 의미하여, 우파니샤드는 '가르침'을 뜻한다. 전자는 B. C. 300년부터 800년 사이에 쓰인 것으로 기도문, 찬가, 제식예배의 절차 등으로 되어 있으며, 후자는 B. C. 500년 이후의 것으로 전자에 대한 철학적, 도덕적 해설이다.

게 된다. 그것은 모든 행위를 이해하려면 그 동기에 대하여 잘 알아야 하기 때문이다.

그러나 '작품'은 이와 사정이 다르다. 작품을 창작하는 것은 주위 환경의 소치가 아니고 오직 작자에게만 의존하며, 그 작품이 존속하는 한 그 본질을 완전히 보전할 수 있는 것이다. 다만 불리한 점은, 작품에 대한 비판이 쉽게 이루어질 수 없다는 데 있으며, 그 작품이 위대하고 심오할수록 더욱 그렇다. 그리하여 이 경우에는 비평가의 견식이 부족하거나 불공평하거나 또는 부정직하기가 보통이다. 그러므로 행위에 대한 명성과는 달리 작품에 대한 명성은 초심에서 결정될 성질의 것이 아니라, 재심과 삼심을 기다려야 한다. 왜냐하면 전에도 말한 바와 같이, 행위에 대하여는 그 기억만이 후세에 전달되지만, 작품은 파손되었거나 지워진 부분은 별도로 치고 언제까지나 그대로의 모습으로 전달되기 때문이다. 따라서 작품은 그 내용이 곡해될 우려가 없으며 시간의 흐름에 따라 당초의 불리한 외부의 조건이 제거되어 결국 공평한 평가를 받게 된다. 다시 말해서 시간이 감에 따라 차차로 소수의 참된 비평가가 나타나, 경건한 태도로 위대한 선각자의 작품에 올바른 비평을 남겨 놓기 때문에, 때로는 몇 세기의 장구한 시일이 경과한 후에 비로소 완전한 최종적인 평가가 내려지기도 한다. 요컨대 작품에 대한 명성은 착실하고 에누리가 없지만, 그것이 작가의 생전에 실현되느냐의 여부는 다만 외부의 사정에 의하여 결정되며, 특히 작품이 고매하고 난해할수록 명성은 뒤늦게 나타나게 마련이다.

세네카도 '아름다운 그 작품의 업적에 명성이 따르는 것은, 마치 육신에 그림자가 따르는 것처럼 분명한 일이지만, 때로는 명성이 앞서기도 하고 뒤지기도 한다'고 말하고, 이렇게 덧붙였다. '우리와 같은 시대에 살고 있는 사람들은, 그 작품에 대한 질투심에서 묵살하는 일이 있어도 반드시 후일 이런 사사로운 감정에 사로잡히지 않는 자가 나타나 우리에게 정당한 가치를 부여해 줄 것이다.' 이 말로 알 수 있는 것은, 범속과 우열을 옹호하고 비범과 우월을 억압하려는 그릇된 마음에서 참된 가치를 묵살 또는 무시하는 기술은 오늘과 다름없이 세네카의 시대에도 비열한 악당들의 일거리가 되어왔다는 사실이며, 예나 지금이나 그들의 혓바닥을 뜨겁게 하는 것은 질투이다. 명성은 마치 큰 그릇은 늦게 차는 것처럼, 영원한 생명을 지닌 것일수록 서서히 나타나게 마련이다. 만고에 불변한 큰 명성은 마치 조그마한 씨앗에서 점차로 자라난 참나무와 같으며, 일시적인 명성은 성장률이 빠른 일년초와 같고 그릇된 명성은 잡초처럼 쉬 싹트기도 하지만 뽑히는 것도 빠르다. 그 사명과 활동 범위가 후세에, 즉 인류 전체에 속할수록 당대에는 이단시되기 쉽다. 왜냐하면 그가 제공한 것은 당대만을 상대로 하지 않고, 인류와 영원한 연관성을 지닌 한 부분으로서 동시대에 관련되어 있으므로 거기에는 같은 시대에만 작용하는 단편적인 내용이 없기 때문이다.

동시대의 사람들은 작품에 다만 그 당시의 풍속이나 사건을 취급한 것, 즉 같은 시대만을 목표로 하고 같은 시대에만 속하여 그들과 함께 살고 죽을 수 있는 내용을 좋아하는 반면에, 보편적인 의의와 영원한 가치를 지닌 작품은 이단시하여 묵살하는 것이 보통이다.

마술사나 문예사를 보아도 알 수 있는 바와 같이 인간이 지닌 가장 좋은 예지의 활동은 언제나 냉대와 비난을 받았으며, 어느 비상한 비평가에게 인정되어 큰 권위와 가치가 부여될 때까지는 좀처럼 인정받지 못하였다. 일반 사람들이 이해하고 평가할 수 있는 것은 다만 자기와 본질적으로 유사한 것에 한정되어 있기 때문이다. 다시 말하면 평범한 자에게는 평범한 것, 사악한 자에게는 사악한 것, 산만한 자에게는 산만한 것, 아둔한 자에게는 아둔한 것만이 동족이다. 그리하여 누구나 자기가 몸소 경험한 것을 즐기게 마련이다. 왜냐하면 이것은 자기와 질이 같기 때문이다. 그러므로 옛날 에피알모스[34]도 이렇게 말하였다.

---

[34] B. C. 450년경 피타고라스학파의 철학자—주

나는 내 생각대로 말하고, 남들은
그들의 취미대로 삶을 즐긴다.
이는 또한 이것대로 족하나니
개에게는 개가, 소에게는 소가
세상에 가장 아름다운 것이다.

  기운이 센 사람이 가벼운 물체를 힘껏 던지더라도 무난히 먼 곳에까지 날려 보내거나 큰 충돌을 일으키게 하지 못하고 이윽고 그 물체가 근방에 힘없이 떨어지는 것은, 본질적으로 그 힘을 받아들일 만한 능력이 없기 때문인 것과 마찬가지로, 모처럼 싹튼 위에 한 사상을 내포한 천재의 걸작도 세상 사람들이 천박하고 아둔한 두뇌를 갖고 있으면, 그들에게 아무런 감화나 영향도 줄 수 없는 것이다. 이것은 옛날부터 모든 현자들이 이구동성으로 개탄하고 있는 바이다. 예컨대——주스 지라하[35]——도 '바보와 말하는 것은 잠든 자와 말하는 것과 같다. 내가 말을 끝내면 그는 무슨 소리냐고 반문하는 것이다'라고 말하였다. 《햄릿》도 '지혜가 있는 자의 이야기를 바보에게 들려주면 귓속에서 잠들어 버린다'고 하였으며, 괴테는

그대의 언쟁은 아무 자극도 주지
못하고

---

35) 구약 전도서 저자—주

아무 반응도 끼칠 수 없구나.
그러나 걱정할 것은 없다.
커다란 돌멩이도 깊은 못에 던지면,
파문을 일으킬 수 없는 법이다.

라고 하였다. 리히텐베르크는 '만일 하나의 두뇌와 하나의 책이 동시에 공허한 소리를 내거든, 그 소리는 언제나 두뇌에서 나는 것으로 알면 된다'고 말하고, 이어서 '이 책은 거울과 같다. 원숭이가 비쳐 보면 성자의 모습을 찾아볼 수는 없다'고 하였다. 또한 이에 대한 게렐트36)의 교묘하고도 절실한 영탄은 특히 여기 소개할 필요가 있을 것 같다.

뛰어난 천재는 언제나 소수의 숭배자를 갖고 있으며, 세상 사람들은 그릇되고 악한 것을 진실하고 아름답게 본다.
이런 폐단은 우리가 언제나 목격하는 것으로,
그 해독을 근절시킬 수 없다.
이 재앙을 제거하려는 것은 부질없는 소망이리라.
이 세상에서 오직 하나의 방법이 있기는 하나
그것은 무척 어려운 일이다. 모든 바보가
지혜로운 현자가 되어야 하기 때문이다.
보라, 그들은 바보같이 살다가 미혹 속에서 죽어 간다.

---

36) 1715~1769, 독일 철학자, 시인 겸 평론가—주

> 그들은 사물의 참된 이치를 모르고
> 이지가 아니라 눈으로 사물을 판단하여
> 옳고 아름다운 것은 인정한 적이 없고
> 언제나 속되고 사소한 것에 찬사를
> 보내곤 한다.

 이지적으로 무능한 인간의 친구는 도의적인 사악이며, 괴테가 말한 바와 같이 '비범'과 '우월'에 대하여 정당하게 이해와 평가를 하지 못하는 것은 빈약한 이지 때문이며, 사악은 질투에 부채질을 한다. 혹자는 명성을 얻으면 동료들보다 높은 위치에 놓이게 되므로 모두들 어깨가 처지게 마련이다. 따라서 큰 업적을 세우면 명성을 얻게 되는 것은 그렇지 못한 자들을 정신적으로 희생시키는 결과를 가져온다.

 뛰어난 인물이 나타나면, 곧 범속한 무리들이 공모하여 그 앞길을 가로막고, 되도록 그 참된 가치를 짓밟아 버리려는 것도 무리가 아니다. 그들의 묵계는 '모든 진가를 분쇄하라'이다. 그런데 이들뿐만 아니라, 스스로 어떤 진가를 지니고 일찍이 이에 대한 응분의 명성을 얻은 자까지도, 새로운 명성을 지닌 제3자가 나타나면 방해 공작을 벌이려고 한다. 이것은 물론 그로 말미암아 자기의 명성이 무색해지는 것이 두렵기 때문이다. 그러므로 괴테의 시에도 이런 구절이 있다.

> 나는 명성을 떨치게 되더라도
> 세상에서 알아주기는 어려울 것이다.
> 당신도 알다시피 세상 사람들은
> 조그마한 '자기'를 간직하기 위해,
> 나 같은 것은 알아주려고 들지 않는다.

 명예는 대체로 공평한 심판자를 갖고 있으며, 남의 질투를 받는 일이 없이 잠정적이나마 모든 사람들에게 용납되지만, 명성은 뭇사람들의 질투의 집중 사격을 막고 이를 쟁취해야 하며 그 월계관을 심판자에 의해 마지못해 씌워지게 마련이다. 왜냐하면 명예는 누구나 타인과 함께 소유하려고 하고 또 소유하고 있지만, 명성은 자기 이외에 한 사람이라도 소유하고 있으며, 그만큼 자기 명성의 광채가 흐려지거나, 다시 그 명성을 얻기가 어렵기 때문이다. 그리고 저술에 의해 명성을 얻기가 대단히 어렵다는 것은, 그 명예가 독자의 수에 반비례한다는 사실을 염두에 두면 충분히 이해할 수 있다. 특히 교훈적인 저술이 오락적인 저술보다 명성을 얻기가 무척 어려운 것은 그 때문이다. 그중에서도 철학적인 저술이 그러한데, 이것은 그 견해가 어느 정도 모호한 성격을 띠고 있을뿐더러 조금도 물질적인 혜택을 주지 않으므로 독자의 범위가 소수의 인사에게 국한되어 있는 데다가, 그들 대부분은 자기의 식견을 고집하는 학설의 경쟁자들이기 때문이다.

이와 같이 저술과 명성은 인연이 먼 것이다. 그러므로 명성을 얻을 만한 큰 저술을 하려고 하는 자가, 저술 자체를 즐기려고 들지 않고 명성만을 노리고 있으면 불후의 대작은 좀처럼 세상에 나오지 못할뿐더러 자취를 감춰 버릴지도 모른다. 적어도 악과 거짓을 배격하고 선과 순수한 것을 강조하려는 사람은 대다수의 평가에 대하여 초탈한 태도라기보다 차라리 무시하는 태도를 취할 필요가 있다. 그러므로 오조리우스[37]를 비롯하여 많은 사람들이 말해 온 명언, 즉 '명성은 구하면 잃고, 피하면 얻는다'는 말도 쉽사리 납득이 간다. 왜냐하면 명성을 구하려는 사람은 동시대의 사람들에게 영합하려고 하다가 오히려 묵살되고, 명성을 피하는 사람은 이들을 무시함으로써 그 질투를 짓밟아 버리기 때문이다.

한편 처음으로 새로운 명성을 얻으려면 매우 어렵지만, 이미 손에 넣은 명성을 보존해 나가는 것은 그다지 힘들지 않는다. 이런 명성과는 정반대인 명예는 누구에게나 문호가 열려 있으나 이를 보존하기가 상당히 어려우며, 어떤 과오로 그것을 잃어버리면 다시 회복할 수 없는데, 명성은 한번 손에 넣으면 잃을 염려가 없다. 왜냐하면, 그 행위나 작품은 불변한 것으로서 영원히 생명을 지니기 때문이며, 본인이 거기에 새로운 업

---

37) 1506~1580. 포르투갈의 철학자―주

적을 더하지 않아도 그에게서 떠나가지 않는다. 그런데 그 명성이 본인의 생존 시에 사실상 소멸되면, 그것은 결국 순수한 가치에서 비롯되는 것이 아니고, 일시적으로 얻은 저 헤겔[38]의 명성과는 다른 종류의 것—리히텐베르크가 명예에 부여한 정의와 같은 것이기 때문이다. 즉, 친구나 제자나 한 동조자들이 추켜세워 무지한 대중을 현혹시킨 명성이 후세의 웃음거리가 된다는 것은 당연하다. 왜냐하면 말만 그럴 듯한 고루함, 붓으로 겉만 화려하게 칠한 큰 누각, 썩어빠진 학벌이나 학과의 무너진 전당을 찾아가 본들, 그 속에 들어 있는 초라한 것은 빈 방뿐이며, 힘차게 '어서 오시오' 하는 사상의 목소리는 들을 수 없다.

명성은 근본적으로 인간과 인간의 비교에서 비롯되는 상대적인 것이므로, 그 가치도 역시 상대적이다. 따라서 다른 사람들이 자기와 동등한 가치를 지니게 되면, 그 명성은 자연히 소멸되게 마련이다.

절대적인 가치를 갖고 있는 그 자체의 영구불변한 것——직접 자기 자신으로서 지니고 있는 실체이다. 그러므로 위대한 영웅이나 대학자의 가치와 행복도 오직 그들의 참된 자아 속에만 깃들어 있다. 따라서 우리가 소중히 여겨야 하는 것은, 명성

---

[38] 같은 베를린 대학에 재직하면서 위대한 철학자는 때때로 토론하고 비판도 하였는데, 피차의 사이는 언제나 물과 불이었다.

이 아니라 명성을 얻는 것——비유해 말하면 전자는 우연성이고, 후자는 실질에 지나지 않는다.

명성에는 언제나 분명한 가치가 수반되는 것이 아니라 오히려 세상에는 진가가 따르지 않는 명성도 있고 명성이 따르지 않는 진가도 있다. 다음과 같은 레싱의 말은 참으로 타당하다. 즉, '어떤 사람은 값없이 명성을 얻고, 어떤 사람은 값있어도 명성이 없다.' 만일 자기의 가치를 타인의 견해 여하에 의해, 다시 말해서 명성의 유무로만 규정한다면 그야말로 가련한 소인이다. 이것은 영웅이나 천재의 경우도 자기의 진가를 명성과 인기에서 가름한다면, 그들은 졸장부와 다를 것이 없다.

인간은 무엇보다 과거 자신을 위해 살고, 또 자기 자신으로서 살아야 한다. 참된 '자기'는 그 자신 속에 깃들어 있으며, 그 가치가 볼품없으면 무슨 분장을 하여 어떤 장소에 내어놓더라도, 결코 그 본래의 가치가 올라가는 것이 아니다.

또한 남의 머릿속에 반영된 '자기'는 2차적인 복사에 불과하며, '참된 자아'에 대하여 단지 간접적인 관련을 맺고 있을 뿐이다. 대체로 세상 사람들의 두뇌는 초라하기 짝이 없으므로 충만한 행복이라면 몰라도 결코 자기의 참된 행복을 맡길 만한 곳이 못 된다. 이론보다도 현실을 살펴보기로 하자. 대장과 장관, 흥행사와 요술쟁이, 배우와 광대, 부자와 고리대금업자 등등, 명예의 전당에 모신 면모를 보라. 얼마나 다채로운가. 이러한 무리들은 정신적으로 우월한 자들보다 더 높이 인정되어 존경을 받지만, 그것은 결국 흉내 내는 존경에 불과하다. 행복론의 입장에서 볼 때, 명성은 요컨대 인간의 자존심과 허영심을 북돋아 주는 진미이며 따라서 혓바닥의 행복에 지나지 않는다. 그런데 대부분의 사람들은 겉으로는 시치미 떼고 있지만, 실은 저마다 이 두 가지 자존심과 허영심에 갈증을 느끼고 있다. 그것을 특히 심하게 느끼는 자는 명성을 얻을 수 있는 뛰어난 재능이 있으면서도 그 진가를 인정받을 기회가 없어 불평에 가득 찬 초조한 나날을 보내는 사람들로서, 그들은 언제나 사회에서 푸대접을 받고 있는 것으로 생각하고 있다. 그러나 자기에 대한 타인의 견해를 존중하는 것은 이미 언급한 바와 같이 당치 않은 것으로, 홉스[39]도 이 점에 대하여 날카롭게 설파하고 있다. '마음의 모든 즐거움과 만족은 자기를 타인과 견주어 본 연후의 자부심에서 비롯된다.' 대다수의 사람들이 명성에 큰 가치를 인정하고 그것을 손에 넣으려고 심신을 아낌없이 바치는 것도 이해가 간다.

　　명성을 얻기 위해서는 현명한 사람들까지도
　　뜻대로 되지 않아 괴로운 나날을 보내노니,
　　고결한 인물들도 이런 폐단을 극복하기 어렵다.

---

[39] 1588~1676, 영국 철학자—주

혹은 또

높은 다락 위에 앉은 눈부신 명성
거기 이르기가 얼마나 어려운가.

가장 허영심이 강한 국민(프랑스)이 명성을 운운하여, 오직 그것만이 위대한 행위와 작품에 대한 가장 큰 원동력이 되는 듯이 생각하는 것도 무리가 아니다.

그러나 엄밀히 말해서 명성 자체는 어디까지나 2차적이고 반사적인 것으로, 언제나 경탄의 원인은 그 경탄 자체보다 더욱 가치가 있는 것이다. 그러므로 우리들의 참된 행복은 결코 명성이 아니라, 명성을 낳은 우리들의 진가——다시 말하면 명성의 근원이 되는 도덕적인 성격과 이지적인 재능에 있는 것이다. 왜냐하면 인간의 가장 행복한 부분은 인간 자신 속에 깃들어 있으며, 그 자신에 속해 있기 때문이다. 따라서 남의 두뇌에 비친 견해에 의존하는 명예는 하나의 덤이요, 부록이며 우리 자신에 대해서 단지 세속적인 관계를 갖고 있을 뿐이다.

그러므로 명성은 갖지 못하더라도 이에 해당하는 진가를 지니고 있으면, 그것만으로 이미 8.9%의 혜택을 입고 있는 것이며, 나머지 미흡한 부분은 자기의 진가에 의해 충분히 위로를 받을 수 있다. 왜냐하면 우리가 참으로 부드러운 것은 무지한 대중의 터무니없는 호응에 의해 거물 취급을 받는 것이 아니라, 그 자신이 참된 거물이라는 데 있으며, 최고의 행복은 후세에 이름을 떨친 데 있지 않고, 그가 능히 여러 세기를 두고 보전되어 연구할 만한 위대한 사상을 제시한 데 있기 때문이다. 이 후자만이 누구에게도 빼앗길 우려가 없는 '자기에게 속한 것'이며, 그 밖의 모든 것은 '자기에게 속하지 않는 것'이다.

그런데 만일 누가 세상 사람들의 찬양만을 중요시한다면, 그가 지닌 찬양의 대상 자체는 찬양할 가치가 전혀 없는 것이니, 가령 허위의 명성이나 매수한 명성 등이 그것이다. 그것은 무형의 꼭두각시 같은 명성으로 때때로 불안과 걱정을 불러일으킨다. 즉, 아무리 엄청난 자부심과 자존심을 갖고 있어도 자기의 힘으로는 엄두도 못 낼 성질의 것이므로, 때로는 정신적인 현기증을 일으키기도 하고 자기 자신이 금화는 고사하고 동전밖에 못 되지 않나 싶어 의심스럽기도 하고, 혹은 자기의 진가가 폭로되는 경우 당해야 할 수치를 예상하고 두려움에 사로잡히거나, 참으로 현명한 인사들이 자기를 조금도 거들떠보지 않기 때문에 후세의 심판을 걱정하는 등, 어울리지 않는 명성은 오히려 무거운 짐이 되고 사나운 악몽의 원인이 되는 수가 허다하다. 이러한 자들은 흡사 유언장을 위조하여 유산을 가로챈 상속인과 같다.

참된 명성은 먼 후일에 나타나 본인의 귀에 들어가지 않는 것이 보통이지만, 이러한 인사의 행복을 의심할 사람은 하나도 없을 것이다. 그의 행복은 이러한 명성을 낳게 한 뛰어난 성격과 재능에 있었던 것이다. 그는 이것을 발전시킬 기회와 여유를 갖고 있었으므로 타고난 본성대로 살아가면서 자기 일에 종사할 수 있었던 것이다. 뛰어난 천분과 특수한 환경에서 이룩된 작품이었다. 그의 행복은 자기 자신의 위대한 정신과 풍부한 두뇌 속에 깃들어 있으므로, 그 구체적인 표현으로서의 작품에 따르는 커다란 찬사는 하나의 자연스러운 결말이다. 다시 말하면 그의 행복은 자신의 사상, 즉 후세의 사람들을 계몽하고 인도할 수 있는 뛰어난 사상에 깃들어 있었던 것이다. 이러한 명성의 가치는, 그 대상이 되는 개인적 진가에 불과하며, 이러한 진가를 지니고 있다는 것 자체가 그 참된 보수도 되는 것이다.

불후의 명성을 받을 만한 작품이 동시대의 사람들에게 곧 유명해지는 경우는 하나의 우연에서 비롯되므로 크게 문제시할 것이 못 된다. 왜냐하면 세상 사람들의 대부분은 독립된 판별력이 없으며, 더구나 고상하고 난해한 작품은 평할 만한 능력이 전혀 없고, 언제나 몇몇 사람의 찬사를 얻어듣고 다만 그 흉내를 낼 뿐이기 때문이다. 다시 말하면 이 부여한 명성은 거의가 부화뇌동한 것에 불과하다. 그러므로 참된 사상가는 동시대의 사람들이 자기에게 굉장한 박수갈채를 보내더라도 절대로 달갑게 여기지 않는다. 이러한 갈채는 몇몇 사람의 찬사에 맞장구를 치는 합창이며, 그리고 몇 안 되는 이 선창자들도 참된 비평가라기보다 하나의 우연적인 찬동자라는 것을 간파하기 때문이다. 가령 어떤 음악가가 청중의 갈채를 받았다고 하더라도, 이 청중은 한두 사람을 제외하고는 모조리 귀머거리에 불과하며, 그 한두 사람의 손이 움직이는 것을 보고 자기들이 음악에 귀머거리임을 감추기 위해 몰라도 아는 체 손뼉을 치는 것이며, 동시에 이 한두 사람도 서투른 연주가의 인기를 올려주기 위한 도구로 매수되었음을 알 때, 과연 그 명성을 흐뭇한 마음으로 받아들일 수 있을까?

이것을 보더라도 동시대의 사람들이 부여한 명성은 불후의 생명을 가진 예가 드문 까닭을 알 수 있는 것이다.

그리고 생전에 동상 등을 세우는 것은, 죽은 연후에 돌아올 후세의 비판에 신뢰를 가질 수 없음을 공포하는 셈이다. 위대한 명성이 생전에 빛을 내는 경우가 있다면 그것은 청년시절보다 만년의 일이며, 화가나 시인 중에는 다소의 예외가 있으나, 철학자의 경우는 거의 하나의 철칙처럼 되어 있다. 유명한 예술가나 사상가의 초상은 거의가 각자 그 이름을 날리던 무렵의 모습인데, 철학자는 백발노인으로 묘사되어 있는 것이 그 증거이다. 그러나 행복론에서 보면 명성이 뒤늦게 찾아오는 것은 오히려 다행한 일이다. 명성과 청년시절을 동시에 즐기는 것은 연약한 인간으로는 너무 힘에 벅찬 노릇이다.

　인간의 생활 내용은 대단히 비좁고 빈약하므로, 그 향락도 극히 미약하게 마련이다. 청년시절에는 그 자체의 즐거움으로 명성의 힘을 빌리지 않고도 만족을 누릴 수 있으나, 늙어서 마치 한겨울의 화초처럼 쾌락과 즐거움이 메말라 버린 무렵에, 명성의 등나무가 싹트는 것은 시기에 적합한 일이다. 늘그막의 명성은 여름철에 여물어 겨울에 따 먹을 수 있는 늦은 배와 마찬가지이다. 장년시대의 창작 능력을 고갈시키지 않고 작품으로 열매를 맺게 하였다는 만족감은 노년기의 커다란 위안이 아닐 수 없다.

　그리고 일반 대중과 직접적이고 실제적인 관계를 갖고 있는 과학적인 업적으로 명성을 얻으려면 특수한 지력으로 새로운 공헌을 해야 하며, 그 대상은 여러 가지이지만 그것이 널리 알려진 분야일수록 명성은 커진다. 예컨대 그것이 수학, 생리학, 동물학, 식물학, 해부학 또는 논란이 많은 고전이거나, 마모해 가는 비명이나 상형 문자의 비문 또는 역사적인 숨은 사적에 대한 새로운 견해로 말미암아 얻을 수 있는 명성은 대체로 은퇴의 생활을 하며 동일한 연구를 전문적으로 하는 몇몇 학자들에게나 알려지지만, 이와는 달리 인간의 지정의에 관한 근본적인 심리작용이나, 눈으로 볼 수 있는 자연계의 운동이나 현상에 관한 명성의 크기는 언제나 연구의 난이에 비례한다. 대상이 널리 알려진 것이면, 많은 사람들이 연구하여 거의 모든 해결을 보고 있으므로, 여기에 새로운 공적을 남기는 것은 무척 어려운 일이다.

그러나 많은 사람에게 알려져 있지 않으며, 다만 알아내려고만 하여도 힘든 대상에 대해서 새로운 발명과 해석을 할 여지가 언제나 있는 고로 뛰어난 재능이 없어도 정확한 이해와 건전한 판단력을 가진 사람이라면, 다시 말해서 단지 평균 이상의 두뇌를 가진 자라 할지라도 끈기 있게 자기가 맡은 일을 해나가기만 하면 나중에는 반드시 전문적인 과학자로서 일가를 이룰 수 있다는 것이다. 그러나 그 명성은 거의 그 대상이 알려진 좁은 범위에 국한된다. 그리고 전에도 말한 바와 같이 이러한 문제를 해결하려면 다만 그 대상에 접근하는 데도 많은 연구와 노력이 필요하지만, 반대로 보다 큰 명성이 따르는 문제 해결에는 그 대상이 무진장이므로 전자의 경우처럼 많은 노력은 필요치 않으나 그만큼 더 큰 재능이 아닌 특수한 천재를 갖고 있어야만 한다. 그리고 노고와 끈기에 의한 명성과 지능이나 천재에 의한 명성의 가치와 사회의 존경은 도저히 비할 바가 못 된다. 그렇다고 해서 건실한 두뇌와 정확한 판단력은 갖고 있지만 뛰어난 천재를 지니지 못한 사람들이 결코 학구적인 노고를 저버리는 일이 있어서는 안 된다. 이들은 그네의 천직으로 알고 끈기 있게 특수한 자기의 연구 분야를 개척하여 두각을 나타내야 한다. 이러한 특수한 입장이나 전문적인 분야는 경쟁자가 적으므로 어느 정도 우수한 두뇌를 갖고 있으면 새로운 학설을 손쉽게 세울 수 있으며, 때로는 그 재료 자체에 대한 연구나 발견이 업적의 하나로 간주되는 유리한 점도 있는 것이다.

다만 이렇게 해서 얻은 찬사, 다시 말해서 이 전문적인 방면에 밝은 동료 사이의 찬사는 많은 사람들의 귀에는 먼 바람결로 들리는 것이다. 그리고 전공 분야와 명성의 극단적인 예는 그 재료의 발견과 수집이 어렵다는 이유로 해서 새로운 공적을 남기지 않고 다만 그것을 제공만 하여도 명성을 얻을 경우, 예컨대 먼 미지의 나라를 탐험하고 돌아온 여행가의 경우가 그것인데, 본인은 자신의 사고력에 의해서가 아니라 보고 들은 것을 전하기만 하면 유명해질 수 있는 것이다. 우리가 머리로 짜낸 것보다 실제로 견문한 것이 남에게 전달하기 쉽고 이해가 잘 가므로 이런 이들이 있는 것이다. 사상적인 저술보다 견문을 쓴 글이 더 많은 독자를 끌 수 있기 때문이다. 아스무스[40]도 말한 바와 같이 '누구나 긴 여행에서 돌아오면 대중을 위한 화제가 끊어지지 않는다.' 이런 사람들과 접촉해 보면 때때로 호라츠의 말이 생각난다.

---

40) 1835~1892. 독일 시인—주

산 너머 바다 건너 두루 다녀도
장소가 다를 뿐, 마음은 언제나 한결같도다.

그러나 이 과학적인 두뇌보다 한층 더 뛰어난 천분을 갖고 있는 사람은 특수한 전문 분야 이외의 일반적이고 전체적인 면에 관한 중대하고 어려운 문제들을 다룰 수 있는 인물이므로 마땅히 연구의 범위를 여러 방면에 확대하여 해박한 지식을 습득하여야 하며, 몇몇 사람들에게만 알려진 어느 특정한 분야, 즉 어떤 특수한 과학에만 몰두하여 전문적으로 깊이 들어가지 않도록, 더구나 현미경만 매만지는 일이 있어서는 안 된다.

그는 구태여 많은 경쟁자를 피하여 특수한 분야에 파고들 필요가 없으며, 모든 사람의 눈앞에 산재한 문제에 대하여 정확하고도 새로운 해명을 해야 할 것이다. 따라서 이 방면에서 이룩한 공적은 인류의 대다수에게 인정되어, 그 명성이 알려지는 범위도 인종과 국경과 시대를 초월하게 마련이다. 그리하여 시인이나 철학자의 명성과 물리학자, 화학자, 해부학자, 광물학자, 동물학자, 언어학자, 역사가들의 명성 사이에 놓여 있는 커다란 차이는 위에서 말한 설명에서 해명되어야 할 것이다.

17. 처세에 대하여

 이 장에서도 나는 이야기의 범위를 넓힐 심산은 없다. 왜냐하면 만일 그렇게 된다면 테오그니스나 포이도 살로모로부터 롯쉬피코41)에 이르기까지 모든 시대의 사상가들이 서술한 '처세법'에서, 각각 단편적인 진리를 지닌 그들의 주장과 가르침을 모조리 반복하게 되어, 이미 낡아빠진 광대한 사상의 식민지에서 벗어날 수가 없기 때문이다.

 그리고 이야기의 범위뿐만 아니라 체계적인 순서도 중요시하지 않기로 한다. 이런 서술에서 너무 분량과 형식에 치중하면 무미건조하게 되므로, 독자는 거기서 얻는 소득보다는 손실이 많을 것이다. 그러므로 나는 다만 몸소 생각한 것 중에서 독자들에게 들려줄 만한 가치가 있다고 생각되는 것과 또 내가 알고 있는 한 아무도 동일하게 주장한 일이 없는 것만을 기록하려고 한다. 「처세법」이라는 넓은 밭에서 선인들이 빼놓고 떨

---

41) 프랑스의 영주—주

어뜨린 것을 주워 모으려는 것이다. 그러나 내용이 복잡하므로 어느 정도 순서에 따라,

Ⅰ. 일반적인 처세
Ⅱ. 자기 자신에 대한 처세
Ⅲ. 타인에 대한 처세
Ⅳ. 시대와 운명에 대한 처세

로 나눠서 서술하고자 한다.

Ⅰ. 일반적인 처세

1

내가 처세의 가장 높은 가르침이라고 생각하는 것은 아리스토텔레스의 《니코마코스 윤리학》 속에 들어 있는 다음과 같은 구절이다. 그것은 '현자가 원하는 것은 쾌락이 아니라, 고통이 없는 상태이다.' 또한 '현자는 고통이 없기를 바라고 쾌락을 원치 않는다'로 되어 있다. 이 진리의 근거는 모든 쾌락과 행복은 소극적인 것이지만, 고통은 적극적인 것이라는 데 있다. 이에 대한 상세한 해설과 논증은 《의지와 표상으로서의 세계》의 제

1권, 58절에 서술하였지만, 여기서는 일상적인 사실에 입각하여 설명하려고 한다.

우리는 몸에 조그마한 상처가 나거나 통증이 있으면, 건강한 전신에 대해서는 조금도 달갑게 여기지 않고, 오직 그 환부의 고통만이 언제나 마음을 괴롭혀 생활에 대한 즐거움을 도무지 느끼지 못한다. 그리고 우리들의 사업이 대체로 순조롭게 진행되어도 단지 한 가지만 뜻대로 되지 않으면 그것이 비록 사소한 일이라도 걱정이 되어 원만히 진행되는 중요한 모든 일을 거의 염두에 두지 않는다. 피해자가 되어 괴로움을 맛보는 것은 그 어느 경우에서나 의지이다. 그런데 의지의 만족은 언제나 소극적이므로 직접적인 느낌을 주지 않고, 단지 반성을 거쳐서 비로소 의식에 떠오르며, 반대로 의지의 불만은 적극적이고 직접적인 것이다. 모든 쾌락은 다만 의지에 대한 장애가 제거된 상태에 불과하며, 그것은 잠시 계속될 뿐이다. 앞에서 말한 아리스토텔레스의 가르침은 이 점에 착안한 것으로 우리는 쾌락과 안일을 목적으로 삼을 것이 아니라, 오히려 인생에 수반되는 여러 가지 재앙을 힘껏 예방하고 피하는 방도를 강구해야 할 것이다.

만일 이런 '처세법'이 허망한 것이라면, 저 볼테르의 명언인 '행복은 한 조각의 꿈이며, 고통만이 실재이다'라는 말도 거짓일 터이지만, 그것은 논란할 여지조차 없는 분명한 사실이다.

그러므로 우리가 '행복론'의 입장에서 자기 자신의 평생에 대한 총결산을 하는 마당에서는 결코 자기가 맛본 즐거움과 기쁨의 합계가 아니라, 자기가 회피한 재앙과 불행의 총계에 의하여 측정한다. 아니 '행복론' 자체의 이름부터가 하나의 미화법으로 '행복하게 살아간다'는 말은 단지 '될 수 있는 대로 불행하지 않도록, 즉 간신히 견딜 만하다'는 의미이다. 인생은 결코 향락을 누리기 위한 것이 아니라, 고역을 참아야 하는 고장이다.

따라서 가장 행복한 운명의 제비를 뽑은 사람은 일생을 통하여 정신적으로나 육체적으로 별로 큰 괴로움을 느끼지 않고 살아가는 자이며, 흔히 생각하듯이 가장 큰 기쁨과 쾌락을 맛본 자가 아니다. 기쁨과 쾌락으로 평생의 행복을 측정하는 것은 흡사 산의 높이를 재는 데 됫박을 사용하는 것처럼 그릇된 방법이다. 왜냐하면 모든 쾌락은 언제나 소극적인 것이기 때문이다. 쾌락이 우리를 행복하게 한다는 것은 하나의 망상으로서 도저히 실제로 이루어지지 않으며, 이런 망상에 사로잡히면 자기 자신에 대하여는 불평을, 남에게 대하여는 질투를 느껴, 언제나 괴로움을 느끼게 마련이다. 그러나 고통은 적극적으로 느끼게 되므로, 행복의 척도는 고통이 없다는 데 있다. 만일 고통이 없고 권태도 느끼지 않으면, 그것으로 이 세상에서 행복의 절정에 이른 것이며, 그 밖의 모든 것은 뿌리도 잎도 없는, 따라서 실재하여 있지 않는 행복의 환상에 불과하다. 그러므로 우리는 고통이나 고통을 초래할 우려가 있는 모험을 지불해서까지 쾌락을 사들일 필요가 없는 것이다. 왜냐하면 그것은 하나의 소극적인 망상에 대하여 적극적인 실재를 대가로 치르게 되기 때문이다. 따라서 고통을 피하기 위해서 쾌락을 희생시키는 경우에는 이득은 있어도 손실이 없다.

고통과 쾌락 중에서 어느 편이 먼저 오느냐 하는 문제는 결국 동일하며, 실제로는 고통만을 경험하게 된다. 도대체 고뇌로 충만한 인생이라는 것을 즐거운 장소로 만들려는 것은 터무니없는 생각이며, 쾌락과 기쁨을 얻으려고 하기보다 되도록 고통이 없기를 원해야 한다. 그러나 대부분의 사람들은 스스로 그 반대편을 택한다.

비관적인 눈으로 이 세상을 일종의 지옥이라고 간주하고 그 불길이 미치지 못하거나 가책을 받지 않는 사람은 이치에 맞게 행동하는 것이다. 어리석은 자들은 쾌락을 찾아 빈번히 실패하고, 현명한 사람은 실재적인 재앙을 피하고 비실재적인 쾌락을 구하지 않으므로 절망에 빠지는 일이 없다. 물론 이들도 때로는 재난에 봉착한다. 그러나 그것은 운명의 꾀이며, 자신이 모르고 저지른 죄가 아니기 때문에 직접적인 고뇌가 될 수 없다. 우리는 재앙의 예방이 지나쳐 쾌락을 지나치게 희생시켜도, 본래 쾌락이란 환상의 산물로서 아무 가치도 없으므로 손실을 보지 않는다. 쾌락을 노렸다고 후회하는 것은 소인의 증거이며 가소로운 일이다.

위에서 말한 진리를 무시하고 천박한 낙천주의에 빠지면 원인이 결과를 가져오는 것처럼, 여러 가지 불행을 자초하게 된다. 보통 사람들은 조금이라도 고뇌의 사슬에서 벗어나면 곧 욕망의 유혹을 받아, 실제로 있지도 않은 행복이라는 도깨비불 같은 쾌락을 쫓아가다가 고뇌를 사들인 연후에야 비로소 전에 고통이 없던 시절을 그리워하고, 모처럼 찾아온 낙원을 저버리고 고뇌의 함정에 빠진 것을 후회하며, 목전에 닥친 불행을 두려워하는 것이 보통이다. 그런데 갓 나온 청년들은 세상 영문을 모르고 인생은 향락을 누리는 곳이요, 행복을 손에 넣는 고장이므로 그것을 상실하는 것은 오직 노력과 재능이 부족한 탓이라고 생각하며, 경솔하고 신중한 차이는 있어도 저마다 쾌락의 실재를 확인하고 행복을 찾기 위해서는 모험도 무릅쓰는 것을 당연한 일이라고 생각한다. 그들은 가공의 목적을 노리므로 거의가 정반대의 결과를 초래하여 커다란 불행, 즉 고뇌와 질병과 손실, 고민, 빈곤, 굴욕, 그 밖에 허다한 재앙이 나타난다. 나중에서야 간신히 이 허망한 꿈에서 깨어나면 이미 때가 늦는 것이다.

그러나 앞에서 말한 처세법에 의해 생활의 목표를 고역에서 벗어나는 데 두고, 결핍과 질병, 그 밖의 불행을 회피하는 데 치중하면, 그는 실재하는 고뇌에서 벗어나려고 하므로 반드시 어떤 소득이 있을 것이며, 행복이라는 환영에 미혹되지 않는 한 반드시 많은 수확이 있을 것이다. 괴테의 소설 《친화력》에 등장하는 미틀러는 언제나 남의 행복을 위하는 인물이며, '재앙을 피하려는 사람은 자기가 무엇을 원해야 하는지 알고 있다. 그러나 자기의 소유보다 더 좋은 것을 원하는 사람은 눈뜬 장님이다'라고 말한 것도 내 이야기와 유사하다. 또 생각나는 것은 '더 좋은 것은, 좋은 것의 적이다(Le mieuxest L' ennemi du bieu)'라는 프랑스의 유명한 속담이다. 견유 철학의 근본 사상도 여기에 있다. 이 학파에 속하는 철학자들이 모든 쾌락을 동댕이친 것은, 행복이 직접·간접으로 고뇌를 가져오므로 이를 피하는 것이 행복의 추구보다 훨씬 중요하다고 생각하고 있다. 그들은 쾌락의 소극성과 고통의 적극성을 확신하고 있었으므로 불행에서 벗어나기 위해서는 수단과 방법을 가리지 않는 쾌락이야말로 고통을 낳는 함정이라고 생각하여, 동시에 모든 쾌락을 포기하였던 것이다.

레싱이 말한 바와 같이 우리는 저마다 알카디엔에 태어난 줄 알고 있다. 우리는 행복과 쾌락에 대한 허망과 기대로 가득 차서 세상에 태어나지만, 이윽고 운명에 의하여 모든 계획이 허사가 되고 터무니없는 재앙을 입고 이 세상에서 자기 소유라고 할 만한 것은 하나도 없으며 모든 것이 운명의 손에 있다고 깨닫게 마련이다. 이 운명은 우리들의 소유물과 처자와 심지어 우리들의 손과 발, 눈이나 귀에 대해서까지도 절대적인 권리를 지니고 있다. 그러므로 누구나 조금이라도 인생의 체험을 얻으면 쾌락과 행복은 아지랑이처럼 먼 데서만 보이고 가까이 다가가면 그림자도 형체도 없어지며, 반대로 고뇌는 가장 확실한 실재로 직접 나타난다는 사실을 알 수 있다. 이러한 진리를 충분히 이해하면 누구나 행복과 쾌락의 추구를 단념하고, 오히려 번민과 고뇌에 대한 예방에 힘쓰게 될 것이다. 이 세상에서 손에 얻을 수 있는 가장 이상적인 것은 평온하고 고통이 없는 생활임을 알아야 한다. 그러므로 평생을 즐기려면 되도록 행복과 쾌락에 대한 욕구를 억제해야 한다. 큰 불행을 피하는 가장 확실한 방법은 큰 행복을 구하지 않는 것이기 때문이다.

이 점에 대하여는 괴테와 젊었을 때 가까이 사귄 멜크도 '인간 생활에서 모든 것을 더럽히고 좀먹는 것은 행복을 원하는 천한 욕심이며, 이 욕심을 끊고 필요 이상으로 탐내지 않는 자만이 인생의 애로를 극복하여 참된 승리자가 될 수 있다'고 말하였다. 그러므로 가장 현명한 생활 태도는 쾌락과 영화의 명예가 지위에 대한 욕구를 최소한도로 인하하는 일이다. 커다란 불행은 행복과 쾌락에 대한 지나친 노력에서 비롯되기 때문이다. 또한 이런 과욕주의가 현명하고 영리한 태도인 소치는 큰 불행에 빠지기는 매우 쉬우나, 큰 행복을 손에 넣기가 어렵다기보다 불가능하기 때문이다. 그러므로 옛날 세상을 잘 알고 있던 시인42)의 견해는 옳다.

> 절도를 황금보다 소중히 여기는 사람은,
> 오두막에서 가난에 울 필요가 없다.
> 그는 허욕을 부리지 않는다.
> 남들처럼 고급 저택의 꿈도 없다.
> 큰 떡갈나무는 폭풍우에 꺾이기 쉽고
> 높은 다락은 무너지기 쉬우며,
> 산봉우리에는 자주 벼락이 친다.

나의 철학의 가르침을 잘 이해하면 누구나 생존보다도 무가 좋다는 것을 깨달을 줄 안다. 심오한 형이상학의 입장에서 보면, 인생 자체는 아무 가치도 없으며 생존을 거역하는 것이 가장 큰 지혜요, 깨달음이다. 이러한 사실을 안다면 무슨 일에 대해서도 큰 기대를 하지 않으며, 따라서 일에 열광하지 않고 어떤 것을 상실하더라도 별로 한탄하지 않으므로, 플라톤이 말한 바와 같이 '인생엔 하나도 열중할 만한 것이 없다'는 진리와, 또한 다음 시가 타당함을 알 수 있다.

> 그대 세상을 잃어도
> 한탄하지 말라. 이는 허무의 허무

---

42) 호라츠를 말함―주

그대 세상을 손에 넣어도
기뻐하지 말라. 이는 허무의 허무
괴로움도 즐거움도 잠시 동안이로다
이 세상의 모든 득실과 선악은
허무의 허무, 무의 무.
안바리 조헤리(12세기 페르시아 시인)

그러나 이 참된 예지에 도달하는 것은 결코 쉬운 일이 아니며, 그 최대의 장애물은 이미 말한 인간 사회의 형식주의이다. 인생은 언제나 허위와 허식으로 짙은 화장을 하고 있어, 본래는 빈약하기 짝이 없지만, 그럴듯하게 보이므로, 대다수의 세상 사람들은 여기에 현혹되어 쾌락의 실재를 믿고 행복의 가능성을 꿈꾸며, 언제나 욕망의 사슬과 고뇌의 채찍에서 헤어나지 못하는 것이다. 쾌락의 결정이요, 행복의 산더미로 보이는 모든 호사와 영화의 극치는 하나의 피상적인 외관이요, 연극의 '세리프'와 같은 것으로, 알맹이가 없는 것이다. 예컨대 함정의 진수식에서 보는 바와 같은 축포와 네온사인, 큰 북과 나팔소리, 환호성과 갈채 등등——외모뿐이고 실속이 없는 기쁨은 속이 비어 있다. 즐거움은 초대장이나 안내장 없이 허례를 차리지 않고 몰래 스며드는 것이 예사이며 화려하고 소란한 회합이나 의식을 따라오는 경우란 극히 드물고, 대체로 사소한 이유로 일상생활의 환경 속에서 스스로 나타나는 법이다. 행복이

오스트레일리아의 금덩어리처럼, 우연의 손으로 퍼져서 커다란 덩어리로 엉켜 있는 것은 극히 드물고, 대체로 조금씩 발견된다. 그러므로 축제나 연회와 같은 것은 단지 거의 엄청난 기쁨이 있는 듯이 보여 주는 허수아비의 장난이며 우환이 있을 경우에도 즐거움과 마찬가지의 법석들을 한다.

저 마차가 줄지어 정중히 지나가는 장례식 행렬의 내부를 통찰해 보라. 모든 것이 빈 형식에 그치며, 실제로 송장을 묘지까지 끌고 가는 것은 다만 마부뿐이다. 이것은 우의와 경의의 삽화라는, 바로 내가 말하는 인간의 허식과 형식주의이다.

또 하나의 실례는 범절이 도저한 연회이다. 성장을 한 손님들이 법석대지만 이른바 '상류 계급의 교제'나 '고급 사교'가 이루어지기는커녕 일종의 강압 관념과 부자유와 혐오심이 넘쳐 있을 뿐이다. 왜냐하면 손님이 많을수록 가슴에 훈장을 찬 인간 열등생이 많기 때문이다. 큰 연회나 회합은 으레 공허하기 짝이 없으며, 거기 아름다운 우정을 지닌 친구란 몇 안 되어 부조화의 분열을 내포하고 있다. 즉, 외관상 호화로운 모임은 인생 본래의 모습인 고뇌와 공허에 반대되는 것이므로, 그 명암과 미추의 대조로 말미암아 인생의 고유한 내면적인 공허를 더욱 선명히, 그리고 절실하게 느끼게 한다.

요컨대 이런 회합은 단지 속인들을 상대로 한 기만적인 효과를 갖고 있으므로 그것을 노린 것이다. 그러므로 다르[43])도

다음과 같이 교묘히 말하고 있다. 인생은 단지 하나의 아마추어 연극이나 싸구려 가극에 불과하여 아무런 흥미도 없으며, 집회나 클럽이나 사교장은 여러 가지 범절과 옷차림과 허식으로 충만해 있다. 이와 마찬가지로 대학과 그 철학 강좌는 진리의 간판을 내걸 뿐이며 소중한 진리는 찾아볼 수 없어 참으로 진리를 찾으려면 전혀 동떨어진 곳을 찾아가야 한다. 그리고 교회의 종소리와 번쩍이는 승복과 모든 사이비 신도들은 신앙의 형식과, 경신의 외모에만 치중하고 있다.

그밖에 이와 비슷한 예를 들자면 끝이 없다. 따라서 이 세상의 거의 모든 일은 알맹이가 없는 호두처럼 공허하기 짝이 없다. '진실'이란 원래가 매우 드문 것이므로 외피에 들어 있을 리가 만무하다. 그것은 외피가 아니라 전혀 색다른 곳──흔히 뜻하지 않은 곳에서 우연히 발견되는 것이다.

2

한 인간이 누리는 행복이 어느 정도인가를 측정하려면, 그 즐거움보다도 우환을 살펴보아야 한다. 우환의 내용이 사소할수록 그가 누리는 행복은 크기 때문이다. 즉, 사소한 일에 대하여 한탄하는 것은 어느 정도의 행복을 이미 누리고 있기 때문

---

43) 1741~1794. 프랑스의 사상가—주

이다. 큰 불행이 닥치면 사소한 걱정은 거들떠볼 경황이 없는 것이다.

3

물욕을 토대로 한 터전 위에 행복의 전당을 쌓으려는 것은 무엇보다도 삼가야 한다. 이런 전당은 반드시 많은 불행을 초래하고, 쉽게 무너지기 때문이다. 행복의 건축과 그 밖의 건축물은 이 점에서 이해가 상반되며, 후자는 기초가 넓고 튼튼할수록 견고하지만, 전자는 이와 반대이다. 요컨대 자기 자신의 능력과 재력에 따라 욕구를 되도록 억제하는 것이 뜻하지 않은 불행을 면하는 가장 확실한 방도이다.

대체로 우리가 범하기 쉬운 가장 큰 잘못의 하나는 한평생에 너무 엄청난 설계를 하는 점이다. 인간으로 태어난 이상, 이것저것 다 이루고 싶은 것이 우리들의 소망이지만, 이것은 특수한 경우를 제외하고는 절대로 실현되지 않는 것이다. 비록 늙도록 수명을 유지하여도, 계획이 너무 원대하고 번거로우면 우선 시일부터 모자란다. 모든 계획을 실현하려면 예상보다 시일이 많이 필요하며, 실수와 장애가 일어나기 쉬우므로 이를 완성하거나 달성하기가 매우 어렵기 때문이다. 또 비록 그 계획이 이루어졌다고 하여도, 그동안에 우리 자신에게 커다란 변화가 일어나기 때문에 과거의 목적은 오늘에 와서는 무용지물이 되어 버리기 쉽다. 즉, 사업이나 인생의 향락에 있어서 인간의 두뇌와 체력은 결코 한결같이 유지되는 것이 아니므로 당초의 목적을 겨우 달성한 무렵이면 이미 쓸모가 없어지고, 혹은 일을 성취하기 위해 많은 세월을 소비하면, 어느새 이를 완성할 기력이 소모되는 경우가 많다. 예컨대 오랫동안 많은 신고와 모험 끝에 막대한 재산을 마련하여도 그때엔 이미 돈으로 쾌락을 맛볼 만한 체력이 쇠퇴하여 마치 남을 위해 일한 꼴이 되기도 하고, 오랫동안 갈망하던 지위를 차지하였을 때에는 이미 두뇌나 기력이 그것을 감당하기가 어려운 것이 보통이다.

이러한 사례는 우리 자신보다 일이 늦게 이루어진 경우이지만, 반대로 우리가 일보다 늦어지기도 한다. 예컨대 저술자나 예술가의 경우는 특히 그렇다. 자기 자신도 모르는 사이에 시대의 풍조가 일변하여 새 세대가 되고, 자기의 작품은 아무 반응도 일으키지 못하고 후진들이 앞질러 가게 된다. 이렇게 '나'와 '현재'를 토대로 하는 인간의 모든 노력이 시대와 운명의 커다란 압력에 억눌리게 된다는 것은 호라츠의 시에도 있다.

어찌하여 끊임없이 계획을 세워
연약한 마음에 짐이 되게 하느냐

거의 모든 사람들이 자기의 일생에 이런 오산을 하는 것은,

요컨대 인간에게 고유한 정신적 착각의 소치이다. 즉, 시력이 착각을 일으키면 바른 것도 비뚤게 보이고 짧은 것도 길게 보이는 것과 같이, 인생은 젊었을 때 그 입구에서 바라보면 상당히 길게 보이며, 늘그막에 그 출구에서 뒤돌아보면 매우 짧은 듯이 보인다. 그런데 이 정신적인 착각에는 이런 불리한 점도 있지만, 한편 유리한 점도 없지 않다. 왜냐하면 만일 자기의 일생이 젊었을 때부터 사실대로 짧게 보여 오래 연장시킬 수 있을는지 의심스럽게 되면, 아무도 큰 사업에 손을 대지 않기 때문이다.

인간의 생애는 요컨대 하나의 여행과 마찬가지로, 모든 사물은 먼 데서 바라보았을 때와는 판이하여 막상 가까이 접근하면 거의 전과는 다르게 보는 법이다. 그런데 인간의 의욕이나 소망의 대상에도 이러한 변화가 있어, 우리가 무슨 일에 손을 대면 이미 생각했던 것과는 전혀 달라 혹은 엄청나게 좋기도 하고, 혹은 처음에 헛되이 찾아다니던 것을 전혀 다른 세계에서 발견하는가 하면, 쾌락과 행복과 즐거움을 구한 끝에 당치 않게 예지와 각성을 얻어 일시적인 허망한 만족 대신에 영구적인 참된 만족을 누리는 경우도 더러 있다. 괴테는 이것을 빌헬름 마이스터의 토대를 이루는 일관된 테마로 삼았었다. 그 소설이 높은 의미를 지니고 있는 것은 '이지적인 소설'이기 때문이다. 그 밖의 많은 소설, 예컨대 월터 스콜[44)]의 소설은 윤리적으로, 즉 인간을 의지적으로만 다루었기 때문에 전자에 비하면 훨씬 가치가 떨어진다. 저 환상적이고 심각한 '마술피리'도 가극으로서 거칠고 굵은 선으로 동일한 근본사상을 상징한 것이다. 그러나 그 클라이맥스는 타미노가 파미나에 대한 사랑으로 말미암아 돌변하여 덕이 높은 성자가 되어 '지혜의 성전'에 오르고, 그와 정반대의 인격을 대표한 파파게노가 피파게나를 손에 넣도록 하는 편이 좋았을 것이다.

요컨대 세속을 벗어난 고결한 천성의 소유자들은 미리부터 위에서 말한 운명의 가르침을 납득하고, 묵묵히 아니 기꺼이 이를 지켜나가는 것이다. 그들은 이 세상에서 얻을 수 있는 것은 '예지'요, 결코 행복이 아님을 깨닫고 여기 익숙하여 만족을 누리는 것을 유일한 낙으로 삼고, 예지를 위해서라면 희망도 즐겨 버리게 되어 이윽고는 페트라르카처럼

    이 이상 더 많은 즐거움을 원치 않는다.

라고 부르짖게 마련이다.

그들이 자기의 욕구를 추구하는 것은 다만 외관적인 유희에 불과하여 본심으로는 오직 지혜만을 기대하는 것이다. 따라서 그 깨끗하고 고상한 마음씨는 명상적이고 천재적인 거룩한 특

---

44) 1771~1832, 영국 소설가—주

징으로 얼굴에도 나타나게 된다. 옛날의 연금사는 금덩어리를 찾아다니다가 화약과 도자기와 약품과 그리고 자연계의 법칙까지도 발견하였거니와, 우리도 쾌락 대신에 지혜를, 행복 대신에 깨달음을 얻기도 한다.

II. 자신에 대한 처세

4

 건물을 세우는 인부들은 그 설계에 대해서는 아무것도 모르며, 또 알려고도 하지 않는다. 이와 같이 우리가 생애의 하루하루를 보내는 것도 그 전체적인 됨됨이와 특질을 미리 내다보는 것이 아니다. 그러나 자기의 생애에 가치와 의의와 계획과 특질을 지니고 있을수록 때때로 그 전체적인 설계도를 바라볼 필요가 있으며, 그것은 매우 중요한 일이기도 하다. 그런데 이 설계도를 작성하려면 어느 정도 자기 자신에 대한 지식이 필요하다. 자기가 참으로 원하는 것이 무엇이고 행복을 가져오는 기본 조건이 무엇이며, 또 그 제2, 제3의 조건은 무엇인가를 아는 동시에, 인생에 대한 자기의 사명과 직분의 관계를 대충 알 필요가 있다. 그리고 이 모든 것이 중요하고 위대할수록 자기 인생의 설계도를 바로 보며 용기를 북돋아 주고 위안을 배가하며 의욕을 고무하고 그릇된 길에 들지 못하게 한다.

그런데 여행을 하는 자가 높은 곳에 올라가서 비로소 지금까지 걸어온 대로와 지름길을 한눈에 내려다볼 수 있는 것과 같이, 우리도 일생의 어느 시기나 그 말년에 이르지 않고서는 자기의 행위나 사업이나 작품 등의 정확한 내면적인 모습이나 가치를 알 수 없다. 다시 말해서 거기 종사하고 있을 동안에는 오직 자기의 성격과 동기에 의해 움직이며, 자기 능력의 범위 내에서 자기에게 가장 적절하고 자연스럽게 생각되는 것만을 취급하고 있지만, 그 모든 결과가 나타나면 비로소 정체가 드러나 저간의 경로와 사정을 돌아보고 어찌하여 그런 결과를 가져왔는가를 알 수 있는 것이다. 그러므로 아무리 위대한 행위를 하거나 불후의 대작을 쓰는 사람이라도 그것이 완성되기까지는 스스로 그런 엄청난 일을 하고 있다고는 느끼지 못하며, 자기는 단지 눈앞의 목적을 위해 일하고 그때그때의 뜻대로 행동하였을 뿐이다.

즉, 다만 자기의 필요를 충족시켰다고 생각할 뿐이지만 일단 일을 마치고 자기 손에 떨어지면 그 됨됨이와 내용과 성취한 경로하며 앞뒤의 순서가 객관적으로 인식되어 자기의 천분과 능력에 대하여 명확히 이해할 수 있으며, 그동안의 노력과 의도를 회고하고 마치 선천적인 영감을 갖고 있었던 것처럼 느끼기도 하고, 혹은 자기의 신념에 따라 행동한 것같이 생각되기도 하며, 용케 허다한 애로를 피하여 올바른 길을 걸어왔다고 깨닫게 된다.——지금까지 말한 것은 이론적으로나 실제적으로도 진리이며, 이와 반대되는 그릇된 생애나 실패한 일생에 대하여는, 나의 주장을 뒤집어 생각하면 알 수 있을 것이다.

5

처세의 비결은 현재와 미래에 대하여 유의하는 데 있으며, 이렇게 하면 현재를 위해 미래를 그르치거나, 미래를 위해 현재를 오인하는 폐단이 없다. 천박하고 분별이 없는 대다수의 사람들은 현재에만 몰두하여 살고 있는 데 반하여, 나머지 소심하고 근심이 많은 사람들은 너무나 미래에 살고 있다. 언제나 미래를 내다보고 행복은 앞날에만 있는 것으로 생각하여 현재를 돌보지도 즐기지도 않고 덮어두는 사람은 혼자서 원대한 계획 아래 큰 지혜를 숭상하고 있는 것으로 생각하더라도, 실은 이탈리아의 노새와 비슷한 족속이다. 이탈리아에서는 풀잎을 묶어 노새의 머리 앞에 매어 두면, 노새는 항상 쳐다보고 한 걸음만 더 나가면 삼킬 수 있을 줄 알고 발길을 재촉하여 잘 걷는다. 요컨대 이런 사람은 자기의 생애에 대한 근본적인 태도와 처세 방법을 그르친 것으로, 언제나 희망과 기대 속에 일생을 마친다. 우리는 결코 미래의 계획에만 고심하거나, 과거에 대한 후회만을 일삼지 말고 현재만이 가장 확실한 실재임을 잊어서는 안 된다.

　미래의 일은 언제나 예상과는 정반대의 결과를 가져오기가 일쑤이며, 과거의 일도 우리가 생각하는 것이 사실이었는지 대단히 의심스러운 것이다. 그러므로 미래나 과거도 현재를 통하여 보는 것보다 훨씬 가치가 없는 것이라고 보아야 할 것이다. 왜냐하면 일정한 간격을 두고 사물을 바라보면, 눈으로는 실물보다 작게 보이고, 사고나 상상으로는 실물보다 크게 보이기 때문이다. 그러나 현재는 진실이고, 실재이고, 사실이고, 존재를 유지하고 있는 것이므로, 언제나 이를 존중해야 한다. 그리하여 직접 어떤 지장이나 괴로움이 없는 무사한 시간은 그 가치를 충분히 인정하여 이를 즐기도록 할 일이며, 결코 과거에 대한 추리나 미래에 대한 걱정으로 모처럼 지니고 있는 편안한 현재를 우울하게 만들어서는 우리가 마땅히 환영해야 할 현재를 푸대접하거나, 후회 혹은 기우로 해서 따분하게 하는 것은 못난 짓이며, 걱정이나 후회하는 시간은 얼마든지 짧아도 무방하다. 즉, 과거의 일에 대하여는

　　과거는 안타까워도 망각의 손에 맡기고,
　　회한과 고민을 속히 일소하라.

　고 생각하고, 미래에 대하여는

모든 것은 신의 손에 달렸도다

고 생각할 일이다. 그리고 현재에 대하여는 세네카가 말한 바와 같이 '하루는 생애의 한 토막이요, 한 토막이 곧 생애이다'라고 생각하여, 현재라는 유일한 실재를 되도록 즐겁게 보내야 한다. 참으로 두려워해야 할 앞날의 재앙은 반드시 일어나고 그 시기도 확정된 것이라야 하거니와, 이 두 가지 확실성을 지닌 것은 극히 드물다. 대체로 미래의 재앙에는 일어날 가능성이 있는 것과 분명히 일어나는 두 가지가 있으며, 실현될 시기만은 둘 다 확실치 않다. 그런데도 이런 재앙을 두려워한다면 마음 편할 사이가 없다. 그러므로 막연한 재난을 예상하여 마음의 안정을 잃는 일이 없도록 하려면 언제나 일어날 가능성이 있는 재앙에 대하여는 애써 일어나지 않으리라고 믿고, 분명히 일어날 재앙에 대하여는 곧 닥치지 않을 것으로 보고 빈틈없는 대책을 서서히 강구하도록 해야 한다.

　그런데 한편 미래에 대한 두려움이 없어지고 마음에 여유가 생기면, 이번에는 소망과 욕구와 의욕이 마음의 안정을 교란한다. 괴테의 유명한 시 〈나는 이제 아무것도 원치 않는다〉는 의미도 인간은 실재에 접하여 자신의 꿈이 깨어지고, 모든 욕망이 거부되어 생존의 참된 모습으로 돌아가, 인생의 모든 거짓을 벗어나야 확고한 정신적 안정을 누릴 수 있다는 것이다. 이런 마음의 안정이야말로 행복을 얻는 근원이 되며, 하루하루를 가장 분명히 맛보고 즐길 수 있는 것이다. 이와 같이 현재를 즐기려면, 오늘이라는 하루는 한 번밖에 없다는 것을 염두에 두어야 한다. 우리는 오늘과 같은 날은 내일 다시 찾아온다고 생각하지만, 내일은 내일로서 오늘과 다르며, 그나마 한 번밖에 오지 않는다. 우리는 전 생애와 하루의 관계를 전체와 개체의 그것으로 보지만, 사실상 하루하루는 생애의 피와 살이며, 무엇으로도 대용하거나 보충할 수 없으며, 떼어 버리거나 제외할 수 없는 유기적인 부분이다.

현재를 즐기는 또 하나의 좋은 방법은, 마음이 평안하고 건강할 때는 괴로워하고 병들었던 지난날을 회상하고, 그때 얼마나 고통과 장해가 없는 나날을 부러워하고 그 잃어버린 낙원을 애석하게 여겼던가를 상기하는 일이다. 그러나 우리는 마음이 평안하고 건강할 때에는 무심히 그날그날을 보내고, 우환과 재앙이 있을 때에 비로소 지난날을 추억하지만, 수백 수천의 명랑한 현재를 즐기려 들지 않을뿐더러 오히려 불만을 갖고 지내며, 우울하고 불쾌한 날에야 그 부질없는 후회나 탄식을 하게 마련이다. 그러므로 우리는 시시각각의 무사한 현재가 아무리 일상적인 평범한 것이라도 결코 냉대하고 무심히 보내는 일이 없어야 하며, 결코 불만과 초조한 마음으로 이를 푸대접하지 말고 이를 존중하여야 한다. 현재는 시시각각으로 과거라는 전당에 사라져 그 속에서 언제나 불멸의 후광을 발산한다. 그리하여 후일——그것도 대개는 일이 여의치 못할 때, 기억의 포장이 걷히면 우리들의 부질없는 추억의 우상이 될 뿐이다.

6

우리를 행복하게 하는 것은 '사소한 일을 지키는 데' 있다. 우리는 시야가 좁을수록, 또 행위의 접촉 범위가 좁을수록 더욱 많은 행복을 누릴 수가 있다. 반대로 그 범위가 넓어질수록 그만큼 걱정과 근심과 욕구가 증가한다. 장님도 우리가 생각하듯이 그렇게 불행하지는 않다는 사실은 그들의 저 고요하고도 오히려 명랑하기까지 한 얼굴을 보아도 알 수 있는 것이다. 누구나 생애의 후반기가 전반기보다 더욱 비극적인 것도 이 때문이다. 오래 살아갈수록 우리들의 소망과 접촉 범위는 점점 확대되는 것이다. 어려서는 주위 환경과 적은 관계를 갖고 있을 뿐이지만, 청년시절에는 대외 접촉이 넓어지며, 장년시절에는 가장 넓은 면적을 차지하여 외국인이나 이방인들까지 미치며, 노년기에는 그 범위가 미래와 후세에까지 이르게 된다.

인간의 행복에 가장 중요한 것은 '사소한 것을 잘 지킨다는 데' 있으며, 의지의 동요를 적게 할수록 이에 따르는 고통도 적어진다. 고통은 적극적인 실재요, 행복은 소극적인 상태, 즉 고통이 없는 상태에 불과하다. 대외적인 활동을 좁히면 외부로부터 오는 의지의 자극을 그만큼 면할 수 있으며, 정신 활동을 제외하면 내부로부터 오는 자극을 덜 수 있다. 그러나 이 경우에는 마음의 안정과 동시에 권태에 사로잡히는 손실도 있으나, 외부적인 생활을 좁히면 무엇보다도 행복을 증진시킨다. 이것은 '행복한 인간'을 주제로 하고 있는 시, 즉 목가 등이 언제나 그 주인공에게 단순한 생애의 비좁은 대인 관계를 허용하고 있는 점으로도 알 수 있다. 우리가 자연미에 가득 찬 풍속도를 보고 각별한 쾌감을 느끼는 것도, 단순과 단조가 행복의 요건임을 직감하기 때문이다. 그러므로 모든 대외 접촉이 가급적 단순하고, 일상생활이 권태를 느끼지 않을 정도로 단조로우면, 행복은 스스로 그 속에서 나오게 마련이다. 이렇게 단순하고 단조로운 생활만이 생존의 무거운 짐을 잘 덜어 주며, 이 실개천은 풍랑도 없이 조용히 흘러내린다.

7

인간의 행·불행은 결국 마음의 움직임에 달려 있다. 우리의 생활은 동요와 노고의 연속이요 성공과 실패의 교체에 불과하므로, 순수한 지적 생활은 인간을 훨씬 행복하게 한다. 그러나 지적 생활을 감당하고 즐기려면 뛰어난 정신적인 소양이 있어야 한다. 그리고 외부 세계의 활동적인 생활이 우리를 학구적인 태도나 사색에서 떠나게 하여 마음의 안정과 자기에 대한 충실을 앗아가는 것과 마찬가지로 지나치게 지적 활동만 계속하면 역시 점차로 실제 생활에서 비롯되는 혼란과 소란을 감당하기 어렵게 된다. 그러므로 활발한 외부 활동이 필요한 처지에 놓이면 내면생활은 재빨리 중단하여야 한다.

8

총명하고 침착한 마음을 기르거나, 경험에 의해 여러 가지 교훈을 얻기 위해서도 가끔 지난 일을 회상하고, 일찍이 자기가 보고 듣고 행하고 겪은 것과 이에 따르는 당시의 정신 상태를 종합적으로 반성하기도 하고, 사물에 대한 자기의 견해가 과거와 현재에 얼마나 변하였는가를 비교하여, 목적과 수고를 현재의 결과와 처지에 견주어 보아야 한다. 이것은 '경험의 스승'에 대하여 복습하는 격이며, 경험은 본문이요, 반성과 지식은 이에 대한 주석이라고 할 수 있다. 반성과 지식만 풍부하고 경험이 적은 것은, 책 한 페이지에 본문이 두 줄인데 주석이 40행이나 있는 것과 같으며, 반성과 지식이 따르지 않는 산만한 경험은 주석이 없어 뜻을 알 수 없는 책, 예컨대 저 지폰트 판으로 된 고전 총서와 흡사하다.

피타고라스가 인간은 누구나 잠들기 전에 하루 동안의 일을 돌이켜보아야 한다고 말한 것은, 위에서 내가 설명한 바와 같은 것을 가르친 것이다. 언제나 쾌락을 찾기에 동분서주하여 과거에 대한 반성과 숙고를 게을리하면 차차로 정신이 혼미하고 사상이 혼란하여, 나중에는 명확한 결의를 할 수 없게 되므로, 그의 말은 기분적이고 단편적이며 조금도 일관성이 없다. 이런 상태는 외적 생활이 동요와 자극이 심하고 내부적인 정신활동이 빈약할수록 심하다.

9

자기에게 만족하여 자기를 만물의 척도로 생각하며, '나는 마음속에 모든 것을 갖고 있다'고 말할 수 있다면, 행복을 얻을 수 있는 가장 큰 자격을 가진 자이다. 아리스토텔레스가 '행복은 자기 자신에게 만족하는 사람에게만 있다'고 말한 것은 우리가 언제나 명심해야 할 명언이다. 왜냐하면 우리가 세상에서 어느 정도의 확신을 갖고 의지할 수 있는 것은 오직 자기 자신뿐이며, 남과의 교제나 접촉은 반드시 여러 가지 혐오, 손실, 위험 그리고 불쾌 등을 주기 때문이다.

호사와 향락의 절정에 이른 생활은 사실 우리를 행복에서 가장 멀리하는 것이다. 이러한 생활은 인간이 지닌 '고뇌의 생존'을 희열과 쾌락과 유흥으로 변모시키려고 하지만, 이런 부당한 기도는 반드시 실재와 진실에 눌려 영원히 절망의 도가니에 빠지게 마련이다. 또한 인간은 서로 교제할 때 거짓을 일삼으며, 어느 사회에서나 허위의 그물을 쳐놓고 있으므로, 사교와 유흥 속에 빠지면 쾌락보다도 여러 가지 거짓으로 말미암아 고통과 고뇌에 시달리게 된다.

사교적인 모든 집단은 으레 우리에게 타협과 양보를 강요하므로, 많은 사람들이 모일수록 무미건조하여 아무런 개성도 찾아볼 수 없다. 자기가 능히 자기 자신이 되어 있는 것은 오직 고독할 때뿐이고, 자유를 즐기는 것도 역시 혼자 있을 때뿐이다. 그러므로 고독을 사랑할 수 없는 사람은 자유를 사랑할 수도 없는 것이다. 모든 사교는 반드시 부자유와 희생을 요구하므로 개성이 뚜렷한 사람일수록 그 영향을 크게 느끼게 된다.

모든 사람들은 자기의 참된 가치에 비례하여, 고독을 피하기도 하고 견디거나 사랑하기도 한다. 왜냐하면 고독에 이르면 소인은 자기의 무능과 무가치를 깨닫고, 뛰어난 성격의 소유자는 자기의 위대성을 느끼게 되어, 요컨대 저마다 고독 속에서 비로소 '참된 자기'를 알게 되기 때문이다. 그리하여 '자연'의 손에 들어 있는 '귀족 명부'에서 지위가 높을수록 자연히 고독을 벗 삼게 된다.

이러한 정신적인 고독이 육체적인 고독을 동시에 동반하면 그야말로 가장 부러운 은총에 충만한 사람이며, 정신적인 고독만 있고 육체적인 고독이 없을 경우에는 마치 적의 침입이라도 받는 것처럼 언제나 자기와는 동떨어진 어중이떠중이들과 상종하여, 자유와 마음의 안정을 빼앗기고 그 대가는 전혀 없다.

자연은 인간에게 여러모로 도덕적인 차별과 이지적인 차이를 부여하고 있다. 그러나 사회나 사교적인 모임은 이 모든 구별을 무시하고 모든 사람들에게 한결같은 범절을 강요하거나, 또는 자연이 부여한 차별 대신에 지위나 계급과 같은 인위적인 등급을 정하고 있지만, 이런 것은 자연이 보관하고 있는 '귀족명부'의 서열과는 정반대되는 경우가 많다.

그러므로 이런 인위적인 등급은 천성이 열등한 무리들에게는 편리하지만, 뛰어난 천분을 타고난 소수의 인사들에게는 대단히 해로운 것이다. 그러므로 그들은 언제나 사교를 멀리하며 사교 단체는 인원이 많을수록 점점 속되어 간다. 그리고 정신적으로 탁월한 인사들이 사교를 싫어하고 사회를 외면하는 주요한 원인은, 그들과 대중 사이에는 그 능력과 공적에 있어서 큰 차이가 있는데도 사교적으로는 동등한 권리와 요구를 강요당하기 때문이다. 이른바 일류 사교계나 세속적인 모든 우월은 인정하지만, 다만 정신적인 우월에 대하여는 응분의 존경을 하지 않을뿐더러, 마치 금물이나 되는 것처럼 생각한다.

따라서 비범한 인사가 그 속에 끼면 그 광태와 사악과 무지로부터 끝까지 인종을 강요당하는 반면에, 자기의 인격적인 우월에 대하여는 많은 사람들이 간과하기를 바라거나 또는 스스로 그것을 덜어 두어야만 한다. 왜냐하면 정신적인 참된 우월은 표면에 드러내지 않고 단지 지니고만 있어도, 어리석은 대중들의 질투와 반감을 사기 때문이다. 그러므로 그 사교장에서는 결코 찬양과 사랑을 느낄 수 없는 인간들만 눈에 띄고, 자기의 천성에 따라 자기 자신으로 존재하는 것조차 용납되지 않는다. 그리하여 남들과 보조를 맞추기 위해서는 억지로 자기의 크기를 줄이고, 진실을 좁혀 자기를 속이고, 전혀 딴사람이 되어야 한다. 그러므로 천재적인 발언이나 사상도 천재에게만 호소해야 하며, 일반 사교장에서는 뭇사람들의 증오를 사는 것이 보통이다.

사교로 만족을 얻는 것은 평범한 인간들뿐이며, 비범한 인사가 그들과 상종하려면 자기 자신을 그들과 동등한 위치로 끌어내려서, 애써 자기의 4분의 3까지는 죽여 버려야 한다. 이러한 자기희생의 대가가 전혀 없다고 볼 수는 없지만, 그것은 단지 타인과의 접촉이나 대중과의 교제 정도로, 자기가 지닌 가치가 클수록 이 경우의 이득은 도저히 그 손실을 보충할 수 없다. 따라서 밑지는 장사이다. 왜냐하면 대다수의 사람들은 거의가 교제에서 일어나는 혐오와 손실과 불쾌와 자기 부정을 연상할 능력이 없기 때문이다. 그러므로 거의 모든 사교는 고독보다 못하며, 후자를 취하고 전자를 버리는 것이 훨씬 이득이 되는 것이다. 그리고 사교에서는 한편으로는 정신적인 우월을 배척하는 동시에 자기 자신의 빈약한 정신세계를 장식하여, 전자와 겨루기 위해 상류 계급에 널리 퍼진 거짓과 독단과 인습에 충만한 아무 가치가 없는 우월은 내세우고 있는데──이것이 소위 말하는 선량한 풍모요, 고상한 행동이요, 점잖은 말이라는 것이다. 그러나 이런 표면적이고 허식적인 우월은 일단 참된 우월을 대하면 곧 정체가 드러난다.

상류 계급의 바람이 거세면 양식은 후퇴하게 된다.

우리가 자기 자신과 완전히 일치하는 것은 오직 자기뿐이며, 친구나 아내가 아니다. 왜냐하면 남하고는 서로 개성과 기질이 다르므로 언제나 다소의 차질이 일어나기 때문이다. 그러므로 건강과 함께 이 세상에서 가장 좋은 것──참된 마음의 평화와 정신의 안정은 오직 고독에서만 찾아볼 수 있고 또 그것은 오랜 은퇴 생활에 의해 지속된다. 이 경우에 자아가 위대하고 풍부하면, 비애와 고뇌에 가득 찬 이 인간 사회에서 가장 복된 생애를 즐길 수 있는 것이다. 우정과 연애와 부부가 아무리 소중하고 우리가 긴밀한 관계를 맺고 있다고 하더라도, 인간의 본심에 깃들어 있는 것──우리가 진심으로 그 행복을 빌어 마지않는 것은 바로 자기 자신이며(자식은 별문제로 치더라도), 결코 친구나 아내나 애인이 아니다. 요컨대 인간은 객관적으로나 주관적으로나 남과 교섭이 적을수록 행복한 생활을 즐길 수 있는 것이다. 고독한 생활에 따르는 모든 손실은 미리 손을 써서 대책을 강구할 수 있지만, 사교적인 생활은 거짓과 사기에 충만하여, 유흥이나 담소나 쾌락의 이면에는 영원히 회복할 길이 없는 위해가 때때로 숨어 있다. 그러므로 청년시절부터 고독만이 참된 행복과 마음의 안정을 가져오는 것임을 깨닫고 고독을 사랑하며, 고독을 감당하는 방법을 배우는 것이 무엇보다도 중요하다.

이러한 사실에서 자명한 것은, 오직 자기만을 의지하고 자기가 만물의 척도임을 깨닫는 자만이, 가장 많은 행운에 접하게 된다는 점이며, 키케로는 '자기만의 자기가 되어 모든 소유물을 자기 자신 속에 간직한 자야말로 가장 행복한 사람이 될 수 있다'고 말하였다. 사실 자기 안에 지닌 것이 많을수록 남에게 기대할 것이 적은 법이다. 참된 가치를 지닌 진정한 부자는 남과의 교제에 커다란 희생을 하기를 거부하며, 자기를 부정해서까지 남과 상종하려고 하지 않는 것은, 요컨대 그들 각자가 어떤 자기만족을 얻고 있기 때문이다.

한편 이런 자기만족을 느끼지 못하는 자가 사교적이고 타협적인 것은 당연하며, 이들은 공허한 자기와 직면하기보다 남과 접촉하는 편이 훨씬 마음 편한 것이다. 이 세상에서는 참된 가치를 지닌 사람은 존경하지 않고 존경을 받고 있는 사람은 거의가 볼품이 없으니, 이는 오늘날 뛰어난 친분이 있는 인사들이 저마다 사회의 활동 무대를 떠나고 있는 것을 보아도 알 수 있다. 그러므로 이러한 사람들이 자유를 확대하려면 대외적인 관계를 되도록 줄이고 소량에 안주하고 소액을 감수하며, 나아가서는 교제를 끊는 것이, 가장 좋은 처세법이다.

  대부분의 사람들이 사교적인 것은 고독을 감당치 못하여 자기 자신을 주체할 수 없기 때문이다. 그리하여 사교와 여행과 구경을 즐기는 것이, 요컨대 내면적인 자아의 공허로 말미암아 자기 자신에 정떨어졌기 때문이다. 그들의 정신 속에는 자발적인 활동을 할 만한 탄력이 없으므로 술에서 흥분과 자극을 구하여 음주가의 꼬리표가 붙은 사람도 있다. 그들은 외부에서 끊임없이 자극을 구하여, 최대의 자극으로서 자기와 동등한 인간과 접촉하려고 하지만 이것 역시 자신이 공허하여 자기 자신에게 정떨어진 까닭이다. 그들이 자극을 얻지 못하면 정신은 자체의 중압으로 깊숙이 침몰되어 나중에는 혼미상태에 빠져버린다. 그들에게는 인간이라는 개념의 적은 분수가 있을 뿐이므로 남들과 접촉하지 않고서는 '인간으로서의 개념'을 파악하지 못한다. 그러나 친분이 뛰어나 스스로 인간이 되어 있는 사람은, 분수가 아니라 하나의 단위로서 완성되어 있고 충족되어 있다.

  그러므로 사교적인 단체는 저 러시아의 풍악장이에 비교할 수가 있다. 즉, 그 유선형 나팔은 단지 하나의 음을 갖고 있을 뿐이므로 모든 나팔이 동시에 소리를 내어 하나의 주악이 되는데, 많은 사람들의 마음과 정신도 이 단음 악기처럼 대단히 평범하고 단순하여, 언제나 같은 사상을 고수하는 것은 그 어리석은 얼굴에도 드러나 보인다. 그들이 큰 권태에 사로잡혀 사교를 위해 떼 지어 다니는 것도 이런 점에서 이해할 수 있다. 그들은 자기 자신의 공허와 단조로움이 무엇보다도 감당키 어려운 일이며, '모든 속인들은 자기가 싫어서 괴로움을 당한다.' 사교적 습성──그들은 저마다 찌꺼기요, 파편이므로 여러 사람들과 어울려야만 흡사 하나하나의 나선형 나팔처럼 비로소 무엇이고 될 수 있는 것이다.

그러나 정신이 풍부한 사람은 혼자서 연주할 수 있는 악사나 피아노와 같다. 즉, 피아노가 하나의 작은 관현악을 연주하는 것처럼, 그는 스스로 하나의 작은 우주를 형성하여, 많은 사람들이 힘을 합쳐서 단체를 지어 비로소 나타낼 수 있는 것을 자기 혼자 능히 나타낼 수 있는 것이다. 그리하여 심포니의 한 부분이 아니라, '피아노'처럼 독주를 하는 것이다. 그리하여 만일 그들이 다른 사람들과 어울리게 되면, 피아노처럼 자신이 주악이 되고, 다른 것들은 반주를 하게 되는 것이다.

사교를 일삼는 사람들에게는 이렇게 충고하고자 한다. 즉, 그들은 질적으로 부족한 점을 양적으로 보충하여야 하며, 다행히 한 사람이라도 정신적인 위안과 사귀게 되면 그 밖의 다른 사람들과 교제할 필요가 없지만, 평범한 사람과 접촉할 수밖에 없을 때에는 차라리 여러 사람들과 교제하여 그 여러 가지 면을 섭취하고, 서로 통하여 공존 공생함으로써 어떤 소득이라도 보아야 한다.

모처럼 소수의 비범한 인사들이 고상한 목적을 위해 그들만의 모임을 가져도 많은 사람들이 내면적인 자아의 공허를 감당치 못해 변화와 보충을 위하여 아무 데나 쏘다니므로, 어느새 이들에게 침범을 당하여 흔히 뜻을 이루지 못한다. 다시 말하면 다수자란 문자 그대로 수없이 많아 파리 떼처럼 도처에서 웅성거리며, 그들의 권태를 막고 결함을 보충하려고 아무 데나 주둥이를 박으므로, 그들의 일부는 뛰어난 소수자의 단체로 침범하여 삽시간에 모든 것을 뒤집어엎기도 하고 그 변모를 일신하여 처음의 의도와는 정반대가 되게끔 만들어 놓기도 한다.

또한 인간은 추우면 서로 비벼대며 몸을 녹이기도 하는 것처럼, 사교도 피차에 전신적인 체온을 나눈다고 볼 수도 있다. 그러나 자기 정신에 충분히 온기가 있는 자라면, 이런 마찰을 할 필요는 없는 것이다. 그러므로 사교적인 자는 대체로 지능적인 진가가 없는 자이며, 비사교적인 자는 뛰어난 인물임을 의미한다고 보아도 틀림이 없다.

이지적으로 뛰어난 사람은 고독에 의해 두 가지 이득을 볼 수가 있다. 첫째는 자기가 신과 함께 있고, 둘째는 제3자와 떨어져 있는 점이다. 이 제2의 이득이 매우 소중한 것은, 모든 사교가 부자유스럽고 번잡하여, 때로는 위험하기까지 한 사람을 생각해 보면 잘 알 수 있다. 루브루엘[45]도 '인간의 모든 고뇌는 혼자 있을 수 없는 데서 비롯된다'고 하였거니와, 사교의 습성은 누구나 거의가 도덕적으로 흉악하고 이지적으로 무능한 여러 사람들과 접촉하게 되므로 위험하다기보다 오히려 해로우며, 자신의 개성과 특징을 말살하게 된다. 이와는 반대로 비사교적이라 함은 이런 많은 사람이 불필요하며, 고뇌의 대부분은 남들과의 교제에서 비롯되고, 건강과 더불어 행복의 근본 요소인 정신의 안정은 남들과의 접촉으로 교란되어 고독한 경지에 이르지 않고서는 있을 수 없는 것이므로, 자기 자신의 내부 세계가 사교의 필요를 느끼지 않을 정도로 풍부하다는 것은 커다란 복이다.

정신의 안정을 얻어 행복을 누리려고 모든 재물을 버린 것이 견유학파의 인사들이지만, 이렇게 사교를 멀리하는 것은 현명한 일이다. 뱉나단 디 산피엘46)도 이 점에 대하여 적절한 말을 하였다. '음식을 많이 먹지 않으면 몸에 건강을 가져오고, 사람을 많이 접촉하지 않으면 마음에 평안을 가져온다.' 따라서 진작 고독과 친하고 고독을 사랑하게 되면, 그야말로 스스로 '노다지'를 캔 셈이다. 그러나 대부분의 사람들은 우선 고뇌와 권태(고뇌가 사라졌을 때)에 시달려 친지들을 찾지 않고서는 못 견디므로, 사교를 멀리하고 고독에 잠긴다는 것은 쉬운 일

---

45) 1645~1696, 프랑스의 철학자—주
46) 1737~1814, 프랑스의 저술가—주

이 아니다. 아마도 인간에게 이 두 가지 재앙이 없다면 저마다 사교보다 고독을 택할 것이다. 왜냐하면 고독은 누구에게나 고유한 자존심과 자부심을 만족시켜 주는 유일한 경지이지만, 일단 세상에 발을 올려놓으면 그 고독은 점차로 타격을 받아, 세속의 치다꺼리에 눌리고 짓밟혀 버리기 때문이다. 이런 의미에서 고독은 모든 사람에게 자연스러운 경지, 다시 말해서 인간을 최초의 아담이 되게 하여, 자기 자신의 본성에 알맞은 원시적인 행복으로 돌아가게 된다.

한편 더욱 엄밀히 생각해 보면, 고독은 인간에게 자연스러운 상태가 아니라고 보아야 할 것이다. 신화에 나오는 아담에게는 부모가 없었지만, 인간은 적어도 세상에 태어나면서부터 부모 형제를 갖게 마련이다. 따라서 고독을 사랑한다는 것은 성격이라기보다 경험과 사고의 소산으로 정신력의 발달과 상당한 나이를 기다려야 하므로, 사교성은 연령에 반비례한다. 즉, 소년 시절에는 혼자 있는 것이 큰 고통이고, 청년기에는 기꺼이 친구나 동료와 교제하려고 하며(다만 그중에서 비범한 천성을 지닌 자만이 고독을 구하는데, 그것도 보기 드물며 하루 종일 혼자 있게 되면 이들도 좀처럼 견디지 못한다) 장년 이상이 되면 혼자서 곧잘 지내게 된다. 이리하여 고독은 나이를 먹을수록 오래 감당할 수 있으며, 늘그막엔 자기도 이미 과거의 골동품으로 인생의 즐거움은 다 누렸다는 마음에서 오히려 고독을 업으로 여기게 된다.

그러나 대체로 고독을 벗 삼는 정도는 각자의 이지적 진가에 따라 증감된다. 왜냐하면 전에도 말한 바와 같이, 고독을 즐긴다는 것은 결코 자연스러운 행위, 즉 직접적인 필요에서 비롯된 것이 아니라, 체험과 이에 대한 반성에서 오는 것으로, 대부분의 사람들이 도덕적으로나 이지적으로 보잘것없는 존재이며――양자는 서로 결탁하여 인간사회에 흉측한 여러 가지 죄악과 어리석은 행동을 속출케 한다. 그들과의 교제가 싫증이 나고 감당키 어렵기 때문이다. 그러므로 세상에서 사교는 가장 혐오스러운 일이며, 저 사교성이 풍부한 볼테르까지도 이렇게 말했던 것이다. '이 세상에는 말 상대가 되지 않는 인간투성이다.' 그리고 저 온건한 성격을 지니고 오랫동안 고독을 가장 사랑한 페트르도 같은 말을 하고 있다.

> 나는 언제나 고독을 구하여 왔다.
> 천국에 가는 길을 잃은 자들과
> 눈먼 영혼과 병든 정신을 지닌 자들을 피하며.
> (강변과 벌판과 살림이 그 증인이다.)

그리고 샹포르도 비사교적인 성격은 경험과 성찰에서 오며, 뛰어난 인물에게서만 찾아볼 수 있다고, 그의 독특한 필치로 이렇게 말하고 있다. '세상 사람들은 고독한 사람더러 사교를 즐기지 않는다고 타박한다. 이것은 본디의 숲47)으로 밤놀이를 가지 않는 사람더러 산보를 즐기지 않는다고 탓하는 것과 같다.' 그리고 온후하고 경건한 앙겔루스 질레지우스48)도 독특한 신비적인 용어로 같은 의미의 진리에 대하여 언급하고 있다.

> 헤롯은 나의 적, 요셉은 나의 지혜,
> 하느님은 꿈길에서 요셉에게 재앙을 알린다.
> 베들레헴은 인간의 세상, 이집트는 고독의 세계.
> 피해라, 피해라, 나의 영혼이여!
> 그렇지 않으면 고뇌로 하여 목숨을 잃으리라.

그리고 율다누스 브루누스가 말한 것도 이와 비슷한 뜻이다. 즉, 세상에서 천국의 즐거움을 맛보려는 사람은 누구나 이렇게 말한다.—— 나는 도망치듯 모든 사람들을 피하여 고독에 잠긴다. 그런가 하면 페르시아의 시인 사디는 '구리스탄' 속에서 자기 자신에게 이렇게 말하고 있다. '나는 다마스쿠스에 있는 벗들에게 환멸을 느꼈으므로 차라리 짐승들과 함께 예루살렘에 가까운 벌판에 숨어 산다'고. 요컨대 프로메테우스가 좋은 흙으로 만들었다는 사람들은 저마다 이와 비슷한 말을 하고 있다. 그들이 일반 세상 사람들과 교제하여 아무 기쁨도 만족

---

47) 도적의 소굴—주
48) 1623~1677, 독일의 저술가—주

도 얻지 못한 것은 당연한 일이다. 전자가 후자와 교섭을 가지려면 다만 자기 자신 속에 깃들어 있는 가장 보잘것없는 부분, 즉 사소한 세속적인 일에 대한 부분을 매개로 하는 도리밖에 없으며, 후자는 자기들을 전자와 같은 수준에 끌어올릴 수 없으므로 그들이 원하는 것은 단지 전자를 자기네의 수준으로 끌어내리는 일이다.

사리가 이러하니 뛰어난 인물들이 세상을 등지고 고독을 택하는 것은, '정신적 귀족'으로서의 존귀한 위치를 지켜 나가려는 것이다. 반면에 세속적인 사람들이 사교를 힘쓰는 것은 가련한 일이며, 이보다 높은 수준에 있는 사람은 이들에게서 만족을 느끼지 못하므로 점차로 교제보다 고독을 택하게 된다. 그리하여 나이를 먹어감에 따라(사소한 예외를 제외하고는) 이 세상에서 고독을 지키느냐 또는 세속에 물드느냐의 두 가지 길밖에 없음을 깨닫게 된다. 이렇게 말하면 가혹하게 들릴지 모르지만, 성자로서 자비심과 사랑에 충만한 앙겔루스 질레지우스까지도 같은 의미의 말을 하고 있다.

세상은 좀처럼 견디기 어려운 곳, 그러나 당신들이 못난 이들과 세속에 젖지 않으면
허허벌판에 있어서와 같이 언제나 고독을 지켜 나갈 수 있으리라.

아닌 게 아니라 정신적으로나 사상적으로 뛰어난 인물들은 인류의 스승으로서, 다른 사람들과 언제나 평등한 교제를 할 리가 만무하다. 그것은 마치 학교 선생이 아이들과 함께 떠들거나 놀기를 원치 않는 것과 같다. 그들은 모든 사람들을 그 암흑으로부터 진리의 길로 인도하며 캄캄한 벌판과 같은 미궁으로부터 그들을 깨우치게 하고 선도하여 광명을 지향해 나가도록 하는 사명을 갖고 세상에 나타났으므로, 그들과 어느 정도 접촉할 필요는 있으나 실제로 그들의 상대가 될 수는 없는 것이다. 이런 사람들은 자기가 특출한 인물이며 여느 사람들과 다르다는 것을 자각하게 되고——이러한 자각은 나이를 먹어감에 따라서 더욱 분명해 진다——자기의 정신적인 차이만큼 거리를 두게 되므로, 어느 정도 비속한 때를 벗어난 자가 아니면 좀처럼 가까이 접촉할 수 없다.

위에서 말한 바와 같이 고독을 원하는 것은 타고난 성격이며, 그것은 직접 뛰어난 인물에게, 나이를 먹어감에 따라서 한층 심해지는 것이다. 이렇게 고독을 느끼는 사람도 그동안 자연스러운 사교의 유혹을 느끼는 경우도 있고, 또 때때로 메피스토페레스[49]의 유혹을 듣는 일도 있다.

---

49) 괴테의 《파우스트》에 나오는 악마의 이름—주

근심 걱정에 잠기는 일은 이제 그만하여라.
그것은 몸과 마음을 파먹는 독수리,
아무 데고 사람들이 웅성거리는 데로 나가 보라.
그러면 외롭지도 않고 제법 사람 구실을 할 수 있느니라.

고독은 뛰어난 인물에게 찾아오는 하나의 운명으로, 그들까지도 때로는 그 외로움을 한탄하는 경우도 있지만, 사교하는 번거로움과 비교하면 한결 견디기 쉬우므로 이를 달게 받아들이는 것이 보통이다. 그런데 이 고독의 수업, 즉 지혜로운 자가 되려는 노력은 나이를 먹을수록 점점 손쉽고 자연스러워지며, 드디어 60세쯤 되면 모든 주위 환경이 고독을 찾게 되어 그에게 자연스럽고 본능적인 것이 된다. 다시 말하면 노년기에 이르면 성욕이 정지되며, 이 무성화가 일종의 자기만족을 느끼게 하여 사교에 대한 강한 충동은 사라진다.

늙은이는 여러 가지 헛된 노력과 어리석은 일에서 떠나, 사회적인 활동은 대체로 정지되어 아무런 계획이나 목적 그리고 기대도 갖지 않으며, 한 세대에 살아남아 무위의 세계에 안주한다는 사실만으로도 그는 이미 주관적인 생활을 상실한 채 고립되어 있는 것이다. 그리고 노년기에는 시간의 흐름이 상당히 빠르며, 그 여생은 실제의 활동보다 정신적인 활동에 적합하다. 그리하여 장년시절의 두뇌를 그대로 지니고 있는 자라면,

많은 지식과 경험과 오랫동안 길러 온 사상과 성숙한 정신력으로 한결 흥미 있고 슬기롭게 학술적인 연구에 종사할 수 있다. 또한 그 밖의 일에 대하여도, 일찍이 희미하던 의심의 안개와 구름이 걷히고 그 실체와 진상을 명백히 인식할 수 있으며, 생애의 종말에 이르러 자기의 모든 진가를 확인하고, 오랜 경험에 의해 세상 사람들에게 별로 큰 기대를 하지 않게 된다. 그들은 남과 가까이하면, 소득이 있는 것이 아니라 특수한 경우를 제외하고는 오직 인간의 결함에 대한 여러 가지 모형을 구경하는 것뿐이므로, 남을 멀리하는 것이 십상이라는 것을 깨닫고, 흔히 저지르기 쉬운 오산이나 소위 남의 손에 바가지를 쓰는 일도 없이, 인간의 정체를 곧 간파하여 그들과 친히 사귀는 일이 없다.

또한 청년시절부터 고독에 길든 사람은 홀로 자기와 사귀는 것이 관습이 되고 제2의 천성으로 굳어지지만, 일찍이 고독을 사랑한다는 것이 자칫하면 사교욕으로 하여 훼방되기가 쉬웠으나, 이제는 물고기가 물에서 헤엄치는 것처럼 극히 자연스럽고 당연한 일이 되고 만다. 요컨대 속인보다 뛰어난 고립되고 탁월한 인물은 고독이 삶의 기본요건이 되므로, 청년시대에는 그 때문에 때때로 적막을 느낀 일이 있어도 늙어서는 인간의 가장 안주할 경지임을 스스로 깨닫게 된다.

그런데 이러한 노년기의 소중한 특권은 각자가 지닐 지능에 의해 좌우되므로, 그것은 탁월한 정신적 위인에게만 두드러지게 나타나지만, 누구나 어느 정도로 지닐 수는 있는 것이다. 그러나 너무 빈약한 지능과 범속한 성격의 소유자들은 늙어서도 여전히 사교를 원한다. 이런 사람은 전에는 사교계의 주인공으로 행세하였을지 모르지만 지금은 다만 얼굴만 파는 위인으로서, 주위의 사람들이 오히려 거추장스럽게 생각할 정도이다.

연령과 사교욕이 서로 상반되는 것은 깊은 의도에 기인한다고 볼 수도 있다. 즉, 인간은 나이가 적을수록 여러 가지로 배울 점이 많으므로, '자연'이 그들에게 강한 사교욕을 부여하여 각자 동등한 사람들과 접촉하게 함으로써 피차에 배우고 얻도록 하려는 것이다. 이러한 관점에서 보면, 인간의 교제는 하나의 커다란 벨──랭카스터식 교화장의 성격을 띠고 있으며 일반 서적이나 학교는 다만 인위적인 잔재주를 가르치는 것으로, 광범하고 정밀하며 가장 직접적인 '자연'의 교육법과는 차이가 많다. 그런고로 사람들이 젊을수록 열을 올리는 사교는 실상 이러한 '자연의 학교'에서 가장 효과적인 방법으로 적절한 교육을 받고 있는 것이다.

호라츠는 '철저한 선은 아무 데도 없다'고 말하였지만, 인도의 속담에도 '매듭이 없는 연꽃은 없다'는 말이 있다. 그러므로 고독 속에도 많은 이득이 있는 반면에, 사소한 손실과 불편도 있다. 그러나 이것보다 손실이 많은 사교에 비교하면 사소한 것이므로 자기 자신 속에 어떤 진가를 지니고 있는 사람은 남들과 교제하느니, 이를 멀리하는 편이 훨씬 견디기 쉬운 것이다. 그런데 고독에 따르는 손실 중에서 대뜸 느낄 수 없는 것이 한 가지 있다. 즉, 오랜 은퇴 생활은 인간의 정신을 예민하게 하여, 너무 오래 집안에 갇혀 있으면 육체적으로 외계의 자극을 받기 쉬우므로 조금만 찬 바람이 불어도 곧 감기에 드는 것처럼, 소란한 실생활에 익숙한 사람에게는 아무렇지도 않은 상대방의 사소한 언행이나 안색에도 금세 불안과 불쾌와 나아가서는 모욕까지도 느끼게 마련이다.

특히 청년시대에 대중에게 불만을 느껴 언제나 고독을 원하면서도, 그 외로움을 감당할 길이 없으면 다음과 같은 타협의 길을 취하는 것이 좋으리라 생각한다. 즉, 이런 사람들은 고독의 일부를 지닌 채 남들과 접촉하면서 어느 정도 고독을 지켜, 자기의 생각을 남에게 좀처럼 전달하지 말며, 남들의 이야기에 관심을 갖지 않는 동시에 도덕적으로나 이지적으로도 남에게 많은 기대를 갖지 말고 항상 그들에게 너그러운 아량을 베풀 수 있도록 그들의 의견에는 무관심한 태도를 취하면 그들과 교제하여도 객관적인 냉담한 태도를 취할 수 있으며, 그들 때문에 자기를 더럽히거나 손상시키는 일이 없다.

이러한 사교는 모닥불에 견줄 수 있다. 즉, 지혜 있는 사람은 어느 정도의 거리를 두고 불을 쬐지만, 지각없는 자들은 그 속에 손을 처박아 손을 데고는 추운 고독의 한파 속에서 모닥불의 위험을 탓한다.

10

 질투는 누구나 한다. 그것은 인간에게 자연스러운 것이지만, 한편 부도덕할 뿐만 아니라 불행까지 겸한 것이다. 그러므로 우리는 질투를 행복의 적으로 알고 육신의 악마로 간주하여 짓밟아 버려야 하며, 세네카도 다음과 같이 권고하고 있다. 즉 '자기의 소유에 만족하여 이를 즐기려면 남들과 비교해 보지 말자. 자기보다 나은 자의 행복을 부러워하며 배 아파하는 사람은 결단코 행복할 수 없다.' 또한 '자기보다 나은 자보다 자기보다 못한 자가 얼마나 많은가를 생각해 보라.'

 그러므로 우리는 항상 위보다 아래를 보고 살아야 하며, 특히 자기보다 행복하다고 생각되는 그 사람도 정말 그렇게 행복한지가 의심스럽다는 점도 아울러 염두에 두어야 한다. 또한 어떤 재앙을 당하였을 때, 가장 효과적인 위로는 자기보다 더 불행한 사람을 돌아보고 자기와 비슷한 불행을 느끼고 있는 자와 접촉하여 질투의 눈초리를 반대 방향으로 돌리는 것이다.

 다음에, 질투의 수동적인 면에 대하여 이야기하려고 한다. 질투는 증오에서 가장 독한 것이므로 우리는 결코 천박한 허영심에서 자기를 자랑하여 남들의 질투심을 자극하여서는 안 된다. 그리하여 이런 허영에 가득 찬 즐거움은 다른 모든 쾌락과 마찬가지로 위험한 결과를 가져오기 쉽다는 사실을 명심하고, 이를 버리는 것이 상책이다.

귀족에는 세 가지 부류가 있다. 첫째는 문벌과 지체가 높은 귀족, 둘째는 재산이 많은 귀족, 셋째는 정신적인 귀족으로, 이 세 번째 계급이 가장 우월하여 그를 자타가 공인할 때까지 다소의 시일을 요한다. 일찍이 볼테르가 프리드리히 대왕의 연회 석상에 초대되었는데, 장관이나 장군들은 시종 자리에 앉고 볼테르만이 왕후와 왕족의 자리에 초빙된 데 대하여 궁내 대신이 못마땅한 얼굴을 보이자, 대왕은 그에게 '정신적인 위인은 왕후와 동격이다'라고 말하였다. 이 귀족은 각각 주위 사람들의 많은 질투를 받고 있는데, 모든 사람들이 귀족 개개인에 대하여 은근히 질투를 느끼며, 상대방과 가까이하게 되면 여러 가지 수단 방법으로 너도 나와 다를 것 없다는 사실을 상대방에게 알려주려고 든다. 그러나 그들의 이러한 노력은 가끔 그와 정반대의 생각을 갖고 있음을 보여 주기도 한다. 한편 질투를 받은 편에서 이 모든 질투의 눈초리를 멀리하고 접촉을 피하여 어느 정도의 간격을 두는 것이 좋다. 그렇게 하지 못한다면 오늘날 도처에서 실천하고 있듯이 어디까지나 냉정한 태도로 상대방의 잔재주를 묵살해 버리면 될 것이다. 그런데 위에서 말한 세 가지 귀족들은 대체로 서로 화목하여 질투를 느끼는 일이 거의 없다. 그것은 피차에 그 특성을 앞세워 균형을 취할 수 있기 때문이다.

11

모든 계획은 실천에 옮기기 전에 깊이 생각하여야 한다. 그렇게 하여도 지혜는 불충분하므로 미리는 도저히 탐지할 수 없고 예견할 수 없는 일들이 숨어 있어, 모든 계획이 수포로 돌아가는 수가 있다는 것을 명심해야 한다. 그렇게 되면 저울 한쪽에는 희망을 달고 다른 한쪽에는 경계를 달아 놓은 격이 되어, 일을 시작할 때 '평지에 풍파를 일으키지 말라'는 교훈을 살릴 수가 있다.

그러나 결단을 내려 일을 착수하고 진행시켜 결과를 기다리는 경우에는 지나간 일을 후회하거나 미리 위험을 예측하고 걱정할 필요는 없는 것이다. 차라리 일을 운명에 내맡기고 생각을 중단하여 모든 것을 충분히 참작하였다고 간주하여 마음을 편히 가져야 한다. Legara bene, epoi lasciala audare라는 이탈리아의 속담에도 이와 같은 내용을 가르치고 있는데, 괴테는 '조심하여 안장을 놓아라. 그다음에는 대담하게 말을 몰아라'로 번역하고 있다. '겸하여 말해두거니와 피테의 속담이라는 금언집은 대부분이 이탈리아의 속담을 독일어로 옮긴 것이다.' 그리하여 대장부가 일단 할 일을 다 하고 나서 일에 실패하면 모든 인간의 일은 우연과 착오로 이루어진다고 자위해야 한다.

소크라테스와 같은 최대의 현인도 일에 만전을 기하기 위해──적어도 과오를 범하지 않기 위해, '데모니온'의 힘을 빌린 것을 생각해 보더라도 인간의 지혜란 실제 행동에 있어서 못 미더운 것임을 알 수가 있다. 그러므로 '인간의 모든 불행은 적어도 어느 정도는 자기 자신의 죄이다'라는 저 로마 교황이 말한 격언은 일반적인 진리이기는 하지만 널리 합당한 진리는 못 된다.

12

우리가 불행한 일을 수습할 수 없게 되었을 때 '이렇게 될 줄은 몰랐다' 또는 '이러저러하게 했던들 이렇게 되지 않았을 텐데…' 하고 후회해서는 안 된다. 왜냐하면 이런 후회는 괴롭기 짝이 없으며, 자기 스스로를 고문하는 꼴이 되기 때문이다. 이런 경우에는 차라리 다비드 왕을 본받을 일이다. 그는 자기의 어린 것이 병상에 누워 있을 때에는 끊임없이 여호와에게 그 건강의 회복을 빌었지만, 일단 죽게 되자 곧 기분을 새롭게 하여 조금도 회한에 잠기는 일이 없었다. 그러나 성격상 좀처럼 체념할 수 없는 사람은 이지에 호소하여 숙명론의 입장에서 모든 일은 필연적으로 일어나는 피할 수 없는 것임을 깨달아야 한다.

13

 인간의 행·불행에 관한 모든 일에 자기의 상상력을 되도록 억제해야 한다. 더구나 상상력을 동원하여 공중누각을 쌓아서는 안 된다. 이보다 더 큰 낭비가 없으니, 그 누각은 곧 한숨을 토하여 자기 자신을 괴롭게 된다. 그러나 무엇보다도 멀리해야 하는 것은, 여러 가지 불행을 가상적으로 상상하여 부질없이 걱정하는 일이다. 이 재앙이 오직 상상의 산물이거나 자기와는 시간적으로나 공간적으로 동떨어진 경우에는 재빨리 이런 꿈에서 깨어나 모든 것이 하나의 환영이었음을 깨닫고 평온한 현실을 더욱 즐길 수 있고 만일의 불행에 대한 경계심을 기르게도 되지만, 상상력의 작용은 흔히 극단에서 극단으로 달리는 것이 보통이므로, 이런 간접적인 이득보다 직접적인 손실이 더 크다. 즉, 상상력이 짓궂게 아름다운 신기루를 그려 인간을 기만하여, 가상적인 위해를 사실보다 몇 갑절 확대해서 절박하고 두려운 것으로 보여 줄 경우에는, 비록 미래의 일이라도 현실적인 위협을 느끼지 않을 수 없는 것이다. 그런데 이러한 악몽은 재미있고 우스운 꿈과는 달라서 깨어서도 좀처럼 소멸되지 않으며, 후자는 현실에 접하면 곧 소멸되어 한 가닥 가냘픈 희망에 그칠 뿐이지만, 전자는 계속하여 마음속에 남아 꼬리를 감추지 않는다. 이것은 불행의 일반적인 성질로 미루어 보아, '있을 수 있다'는 가상은 정도를 예측할 수 없기 때문에 그 가능성이 현실성으로 간주되어 우리가 두려움에 사로잡히는 것이다. 그러므로 인간의 행·불행에 대하여는 어디까지나 이성적으로 분별 있는 눈으로 보아야 한다.

건강, 수면, 영양 또는 계절, 기후, 거처, 그 밖의 여러 가지 외부의 사정은 기분에 커다란 영향을 주며, 기분은 우리들의 사유에 막대한 영향을 미치므로, 사물과 사건에 대한 우리들의 의견이나 일을 처리하는 능력도 시기와 장소에 따라 큰 차이가 있는 것이다. 그러므로 일찍이 괴테도 이렇게 말하였다.

좋은 기분을 이용하라.
이는 매우 드문 것이어니.

독창적인 사상을 창조하거나 독특한 개념을 얻으려면 이에 적합한 시기를 기다려야 하는 것처럼 평상시의 사건을 근본적으로 생각해 보는 데도 시간이 필요하며, 때가 되면 스스로 좋은 생각이 떠오르는 법이다.

또한 과거의 부정, 상해, 손실, 모욕, 멸시, 불쾌 등을 머릿속에 그리는 것은 삼가야 한다. 오랫동안 과거 속에 매장된 분노나 수치스러운 감정이 북받쳐 마음을 어지럽게 하기 때문이다.

신플라톤학파(Neuplatoniker)에 속하는 프로크로스[50]의 교

---

50) B. C. 412~485, 그리스의 철학자—주

묘한 비유에도 있는 바와 같이, 그리고 도시에도 귀족이나 많은 천민들이 살고 있듯이, 아무리 고귀한 인물이라도 인간으로서의 또는 동물로서의 천하고 속된 소질을 갖지 않은 자가 없는 것이다. 이 마음의 천민들이 소란을 부리거나 주책없이 얼굴을 밖으로 내밀면 거리의 체면과 미관을 여지없이 더럽히게 마련이다. 그런데 상상력은 과격한 민주주의자가 되어 이런 천민들을 유혹하고 선동하는 것이다. 그리고 인간이나 사물에서 오는 사소한 불쾌로 이를 확대하여 여러 가지 색칠을 하면 금세 커다란 괴물이 되고 마귀가 되어, 이것 때문에 커다란 고뇌를 받게 마련이다. 그러므로 불쾌한 일은 모두 어디까지나 산문적으로 생각하면 그 고통을 쉽게 참을 수가 있다.

눈앞에 조그마한 물체라도 있으면 시선을 가로막아 외부 세계를 감춰 버리는 것처럼, 우리와 가까이 있는 인간이나 사물은 아무리 보잘것없는 존재라도 우리에게 지나친 관심과 부당한 사고를 강요하며 불안이나 불쾌의 근원이 되어 그 밖의 중요한 일에 대하여 생각할 여유를 주지 않는 경우가 많으므로, 눈앞의 사소한 일에 얽매여 먼 대사를 그르치는 일이 없도록 조심해야 한다.

14

인간은 흔히 자기가 갖고 있지 않는 것을 '저것이 내 소유라면…' 하고 부러워하게 마련이며, 이 부러운 생각이 우리에게 '결핍'의 괴로움을 느끼게 한다. 그러므로 우리는 오히려 자기에게 '이것이 내 소유가 아니면…' 하고 자문하여, 현재의 소유물이 상실되었을 경우를 생각해 볼 필요가 있다. 다시 말하면 재물, 건강, 친구, 애인, 처자, 말, 개 등 모든 소유물이 우리에게 소유의 가치를 깨닫게 하는 것은 그 '결핍'이므로, 이런 가정을 하고 보면, 첫째로 자기 소유물을 전보다 더 고맙게 여겨 즐기게 되고, 둘째로 재산을 위험한 사업에 투자하지 않고 친구를 노엽게 하지 않으며, 아내의 정조가 유혹을 받지 않고, 자녀의 건강을 등한히 하지 않는 등 힘을 다하여 모든 손해를 미리 방지하게 된다.

인간은 단조롭고 우울한 생활에 못 견디어 흔히 터무니없는 요행을 바라거나 허망한 희망을 품지만, 이러한 것은 한갓 상상의 그림자에 불과하므로, 이윽고 생생한 현실에 부딪쳐 여지없이 부서질 것이며, 따라서 우리를 실망과 고통으로 몰아넣는 것이다. 그러므로 이와는 반대로 앞날의 허다한 비극을 예상하는 것이 더욱 현명한 일이다. 그렇게 되면 한편으로는 그 예방을 위한 준비를 할 수 있고, 다른 한편으로는 다행히 그런 불상사가 일어나지 않았을 경우에 일종의 '놀라운 기쁨'을 맛볼 수 있는 것이다. 인간은 흔히 우환을 겪고 나면 상쾌한 기분과 명랑한 마음을 가질 수 있다. 또한 우리가 앞날에 닥칠 커다란 불행을 예상하고 그 실현을 가정해 보는 것도 이로운 일이며, 나중에 조그마한 불행이 계속해 일어나더라도 그다지 고통을 느끼지 않고 예기했던 큰 불행과 견주어 보고 손쉽게 위안을 느낄 수 있는 것이다.

15

우리에게 관계된 모든 사건은 각각 독립되어 있어, 아무런 순서나 연관성 또는 공통성이 없이 산만하게 나타나고 뒤죽박죽으로 교체되므로, 여기에 대응하기 위해서는 이에 대한 우리들의 배려도 각각 달라야 한다. 즉, 하나하나의 사건은 경우와 장소에 따라서 걱정도 하고 즐거워도 하며 참기도 하여, 그동안에는 다른 모든 사건은 제쳐놓는 것이 당연하다. 그리고 어느 한 가지 일에 종사할 동안에는 그 일만을 이룩하도록 전력을 다하고, 다른 일은 뒤로 미루어야 한다. 이를테면 자기의 계획에 여러 가지 서랍을 만들어 놓고, 그중에서 하나를 열어 놓았을 때에는 다른 서랍은 건드리지 말아야 한다. 그렇게 되면 어떤 걱정이 생겼을 때 다른 즐거움을 망쳐 놓거나 마음의 안정을 빼앗아가는 일이 없으며, 어느 한 가지 사건에 대한 염려가 그 밖의 모든 계획을 불가능하게 한다거나 또는 어떤 중대한 일에 대한 생각이 그 밖의 여러 가지 일에 대한 배려를 게을리하는 일이 없게 된다. 특히 고귀한 정신 활동에 종사하는 사람은 일신상의 사건이나 사소한 걱정에 마음을 집중하여 다른 것을 돌볼 여념이 없게 되어서는 안 된다. 왜냐하면 이러한 일은 분명히 '삶을 유지하려다가 삶을 잃게' 되기 때문이다. 그리고 이러한 조절을 하려면 자기 자신을 억제해야 하는 것은 다른 모든 경우와 마찬가지다.

인간인 이상 누구나 외부로부터 많은 제약을 받게 마련이며, 이것은 모면할 도리가 없는 것이다. 우리에게 외부의 억압을 물리치게 하는 것은 이 자기 억제밖에 없으며, 세네카도 이 점에 대하여 이렇게 말하고 있다. '당신이 만일 모든 사물을 지배하려면, 우선 당신 자신을 이지의 지배 아래 두어야 한다.' 자제는 자기가 뜻대로 하는 행동이므로 그것이 자기에게 적용되었을 때에는 스스로 어느 정도의 가감을 할 수 있지만, 외부의 억압에는 어찌할 도리가 없는 것이다. 그러므로 자제로 외부의 억압에 대비하는 것이 현명한 방법이다.

16

소망에 등급을 두고 욕구를 조절하며 분노를 억제할 것——이런 것들은 우리에게 사소한 소득을 가져올 뿐이며, 오히려 여러 가지 재앙을 낳게 마련임을 염두에 두고——요컨대 절제하고 근신하는 것이 처세법의 요점이며, 이를 무시하고서는 아무리 큰 재물이나 권력을 갖고 있어도 불안과 불만을 못 면하게 된다. 호라츠도 이 점에 대하여 다음과 같이 말하고 있다.

> 박식한 현자들을 읽고 배워서,
> 평생을 평온하게 보내노라.
> 탐욕에 침해되지 말며, 쓸모없는 것들을 원치 말라.
> 없다고 상심치 말라.

17

'생명은 움직이는 속에 있다'라는 아리스토텔레스의 말은 진리이다. 인간의 육체적인 생명은 끝없는 운동 속에 깃들어 그 명맥을 이어나가며, 또한 정신적인 생명도 행위나 사고에 의해 부단히 활동을 요구하고 있는 것이다. 인간이 아무 일도 하지 않을 때에는 무심코 손가락 마디를 꺾어 소리를 내거나 근처의 물건이라도 매만지는 것은 그 때문이며, 인간의 존재는 본래 동적이므로 그 정지 상태는 무서운 권태를 초래하여 감당할 수 없게 된다.

그런데 이 활동적인 본능을 질서 있게, 따라서 가장 유효하게 만족시키려면 적당한 절제가 필요하다. 이 활동——무엇에 종사하고, 무엇을 만들며, 적어도 무엇을 배운다는 것은 행복 없이 못 할 요건이며, 인간은 활동을 요구하고 활동에 의해 어떤 결과를 기다리는 것이 본능적인 욕구이다. 그리하여 이 욕구를 가장 크게 만족시키는 것은 바구니건, 책이건 어쨌든 무엇을 만들고 성취하는 일이며, 가장 직접적인 행복을 가져오는 것은 자기 손에서 일이 착착 진척되고 날로 완성되어 가는 것을 목격하는 일이다. 예컨대 미술품의 제작이나 저술을 할 수 있는 두뇌를 가진 사람이야말로 가장 행복한 자이며, 그들의 생애는 특수한 흥취로 가득 차 있지만, 일반인의 생활은 무미건조하기 짝이 없다. 다시 말하면 이런 정신적인 위안은 인생과 세계에 대하여 범속한 물질적 흥취 이외에 더욱 높은 내면적인 흥취를 느끼고, 그곳에서 자유로이 자기 일에 대한 재료를 얻을 수 있으므로 생활이 보장되는 한 한평생 이러한 재료의 수집과 창작에 힘써 가장 순수한 활동을 지속할 수 있는 것이다. 따라서 그들의 지성도 두 가지로 나눠서 생각할 수 있다. 즉, 첫째는 보통 사람들의 지성과 마찬가지로 세속적인 일에 대한 것이며, 둘째는 사물을 순전히 객관적으로 고찰하는 데 대한 것이다.

인간은 어떤 조직적인 활동을 하지 않고 일정한 일거리가 없다는 것은 큰 손실이요 불행이며, 그 비근한 예로서 오랫동안 유람을 하며 여행을 계속하고 있으면 일정한 일거리가 없으므로 마치 자기의 본성에서 뼈다귀라는 것처럼 수시로 커다란 적막과 불행을 느끼게 된다.

우리가 몸과 마음을 움직이며 장애물과 싸우는 것은, 마치 두더지가 흙 속에 파고드는 것처럼 우리에게 본래 필요한 일이다. 만일 인간에게 어떤 영원한 쾌락과 만족이 부여된다면, 그 경우에 '정지 상태'는 도리어 무엇보다도 감당키 어려울 것이다. 난관을 극복하는 것이 인간의 가장 큰 쾌락이며, 다만 이 난관은 개개인에 따라서 실제적인 활동처럼 물질적이기도 하고, 또는 학구적인 생활처럼 정신적이기도 하다. 우리에게 행복을 느끼게 하는 것은 오직 이런 장애물과 싸워서 이기는 일이다. 인간이 억지로라도 활동의 동기와 기회를 만들어 각자가 뜻대로 행동하는 것은 이 때문이다. 그리하여 인생의 명암과 선악의 대부분은 오히려 이러한 인위적이고도 자발적인 활동에 기인하는 것이다. 어떤 사람은 자기의 개성대로 큰 사업이나 저술을 기도하고, 어떤 사람은 사냥이나 운동 경기에 분주하며, 어떤 사람은 자기도 모르는 사이에 본성에 사주되어 싸움을 걸거나 음모를 하는 등 여러 가지 나쁜 짓을 하게 된다. 이 모든 것은 정지 상태를 참을 수 없어 억지로라도 거기서 벗어나려는 절박한 몸부림에 불과하다. 단순한 안정은 오히려 고통이 되는 것이다.

18

우리는 명확한 관념에 의해 움직여야 하며, 상상에서 오는 환영에 의해 움직여서는 안 된다. 그런데 실제로는 대체로 이와는 정반대되는 현상이 많다. 엄밀히 말해서 인간의 결의에 최후의 단안을 내리는 것은 관념이나 판단력이 아니라, 상상에서 오는 환영이다. 어떤 젊은이가 어렸을 때, 헤라클레스처럼 선량한 생애와 안락한 생애의 기로에 서게 되면, 그의 눈에는 '덕'이 왼손에는 담뱃대를 쥐고 오른손에 담배를 매만지며 수신 강의를 하는 늙은 가정교사의 모습으로 보이는 반면에, '부도덕'은 어머니를 모시고 있는 시녀의 모습으로 보였다고 어느 소설──볼테르였던가, 디드로였던가──(책 이름은 얼른 생각나지 않는다) 속에 쓰여 있었는데, 이 청년은 늙은 그 교사에 대하여는 '관념'을, 젊은 시녀에 대하여는 머릿속에 환상을 그렸던 것이다.

청년들에게 흔히 행복의 목표가 되어 있는 것은 상상에서 비롯되는 환영에 불과하지만, 그것은 항용 계속해서 전반생 또는 일생을 통하여 항상 눈앞에 나타나는 경우가 있다. 이러한 환영은 가까이 가서 붙잡으려고 하면 곧 사라져 그 기대는 하나도 이루어지는 일이 없고 괴물처럼 우리를 미혹하기만 한다. 우리가 가정생활, 시민 생활, 사교 생활, 전원생활 등에 대하여 여러 모로 화려한 꿈을 꾸고 있는 공상이나 주위의 사람들이 머릿속에 그리는 그 밖의 여러 가지 일에 대한 꿈도 이와 마찬가지로 우리들의 뜻대로 실현되는 것이 아니며, 그것은 요컨대 개개인의 여러 가지 환영에 불과하며, '모든 미치광이에게는 각각 미치는 법이 따로 있다'는 꼴이 되고 만다. 우리가 번번이 이런 환영에 속하는 것은 극히 당연한 것으로, 인간으로서는 무리가 아니다. 왜냐하면 실생활의 모든 것은 직업적이므로 인간의 의지에 대하여도 대뜸 영향을 주지만, 관념이나 추상적인 사상은 실재성이 있는 개체적인 것과 관련되지 않고 다만 일반적인 것, 따라서 인간의 의지에 대하여도 간접으로 작용할 따름이기 때문이다. 그러나 참으로 그 언약을 지키고 우리를 기만하지 않는 것은 전자가 아니라 후자, 즉 관념과 사상뿐이다. 그러므로 적어도 지혜로운 사람이라면 이 양자만을 신뢰해야 한다. 하긴 추상적인 문장에 실례나 주석을 달 필요가 있듯이 경우에 따라서 관념이나 사상도 어떤 환영의 도움을 받을 필요가 있지만, 그것은 단지 약간의 소금을 치는 정도에 그치는 것이다.

19

앞에서 말한 것은 일반적인 가르침──우리는 모든 현실과 실감에서 오는 인상을 극복해야 한다는 것이었다. 이러한 인상은 사고와 지식에서 비롯되는 인상보다 훨씬 강하지만 그 실질이나 내용에 의해서가 아니라(이런 것은 대체로 극히 빈약하다) 그 실감적이고 직접적이라는 점에 기인된 것이므로 쉽사리 인간의 마음을 사로잡아, 동요를 일으키거나 종래의 결심을 뒤흔들어 놓기가 일쑤이다. 왜냐하면 현재 눈으로 보면 언제나 모든 위력과 압박을 느끼게 되지만, 사상이나 관념은 이를 하나하나 생각하려면 상당한 시간과 마음의 여유가 필요하므로 언제나 그것만을 의식할 수도 없기 때문이다. 그러므로 우리는 곰곰이 생각해 본 결과, 어떤 쾌락을 일단 단념할 수 있지만, 그것이 다시 눈앞에 나타나게 되면 새로운 유혹을 느끼지 않을 수 없다. 그리고 제3자에게서 자기의 악평을 듣고 터무니없는 오해라고 생각하면서도 불쾌를 느끼며, 남의 모욕을 받으면 속으로는 가소롭다고 여기면서도 격분하게 된다. 한편 신뢰를 보내게 하는 허망한 인상을 부인할 여러 가지 이유를 갖고 있어도 좀처럼 이를 극복하기가 어렵다. 그러나 이 모든 것은 결국 인간의 본성이 근본적으로 비이성적이기 때문이다.

이렇게 실감 있는 인상에 가장 잘 속아 넘어가는 것이 여자이며, 남자들 가운데도 이를 이겨낼 만한 이성을 지닌 자는 보기 드물다. 우리는 사상의 힘만으로 이 인상을 물리칠 수 없을 때에는, 마찬가지로 실감적이며 정반대되는 인상을 중화시키는 것이 가장 좋은 방법이다. 예컨대 우리가 A의 모욕을 받았을 때 존경하는 B를 찾아가고, 어떤 다급한 위험을 느끼면 이에 대한 효과적인 방위책을 생각해 보는 것 등이다. 라이프니츠의 책《*Nouvaux essais, Liv. 1, C.2, §1*》에 있는 저 이탈리아 사람도, 자기가 만일 자백을 하면 사형을 받게 될 터이므로 잠시도 교수대에 오를 생각을 잊어서는 안 된다고 굳게 다짐하여 그것만을 언제나 염두에 두고 있었으므로, 여러 가지 괴로운 고문도 참아 나갈 수 있었던 것이다. 그는 가끔 '저것이 보인다'고 혼자서 중얼거렸는데, 나중에 그는 저것이란 교수대라고 말하였다.

누구나 자기 주위에 있는 모든 사람들이 자기와 다른 견해를 갖고 다른 행동을 할 때에는 그들이 잘못임을 알고 있더라도 혼자서 끝내 자기의 신념에서 행동을 지켜나가기는 매우 어려운 법이다. 역적이 두려워서 피신을 다니는 임금도, 한 사람의 충신이라도 남아 있어 여전히 임금으로서 존경을 받아야 마음이 든든하며, 이것마저 없어지면 드디어 스스로 자기의 존재까지 의심스러워지게 마련이다.

20

나는 이미 앞에서 인간에게는 건강이 중요하며, 행복의 첫째 요소라는 점을 주장하였지만, 여기서도 건강의 증진과 유지에 대하여 몇 가지의 일반적인 이야기를 하려고 한다.

무엇보다도 우리는 신체를 단련해야 한다. 우리는 신체의 전부 또는 그 하나하나의 부분을 충분히 사용하여 모든 악조건에 대항할 만한 저항력을 길러야 한다. 그러나 일단 병에 걸리면 이와 정반대되는 주의, 즉 되도록 육신을 요양해야 한다. 왜냐하면 약한 몸을 단련시킬 수 없기 때문이다.

근육은 맹렬히 동작할수록 강해지지만, 신경은 도리어 약해진다. 그러므로 근육은 적당한 방법으로 운동시키고, 신경은 가급적 쓰지 않도록 할 일이다. 너무 밝은 광선, 특히 번쩍이는 반사광선이나 저녁 어스름을 피해야 하며, 너무 미소한 것을 들여다보지 말 것, 귀도 너무 큰소리는 듣지 않도록 해야 한다. 특히 머리는 혹사하거나 너무 오랫동안 쓰지 않도록 해야 하며, 부적당한 시간은 피할 일이다. 따라서 음식물이 소화되는 시간엔 머리를 쉬어야 한다. 그 시간에는 위와 장에서 음식을 소화시키기 위하여 머릿속에서 사상을 만들어 내는 때와 같은 힘으로 분주히 활동을 하고 있기 때문이다. 또한 근육을 몹시 움직이는 도중이나 그 직후에 머리를 많이 쓰는 것은 좋지 않다. 이것은 두뇌에 2중의 고역 또는 휴식 없는 고역을 강요하기 때문이다.

운동 신경과 지각 신경은 그 뿌리가 같으며, 마치 국부적인 진통이 뇌의 감각, 즉 뇌의 진통인 것처럼, 손발이 움직이는 것도 두뇌의 한 부분이 척추를 통하여 손발이 신경을 자극하는 데서 온다. 따라서 수족의 피로는 곧 두뇌의 피로이며, 피로가 생기는 것은 수의적인 운동, 즉 뇌에서 작용하는 근육뿐이며, 심장과 같은 불수의적인 운동을 하는 것은 피로가 오지 않는다. 격렬한 육체노동과 정신 활동을 동시에 또는 연속적으로 하면 두뇌가 큰 손상을 받는 것은 이 때문이다. 그러나 얼마

동안 걸어 다니며 산책하는 것은 정신 활동을 한층 활발히 하는데, 이것은 결코 전에 말한 이야기에 모순되지 않는다. 이런 경우에는 두뇌에 아직 피로가 오지 않고, 근육 활동과 이에 따르는 빈번한 호흡이 신선하고 충분히 산화된 피를 두뇌에 보낼 수 있다. 특히 중요한 것은 두뇌를 쉬게 하기 위해 충분한 수면을 취하는 일이며, 수면이 몸에 끼치는 영향은 마치 시계에 태엽을 감는 것과 같다. 그러므로 발달할수록, 또 그 활동이 빈번할수록 수면을 많이 취해야 하지만, 너무 오래 자는 것은 그 '길이'에서 얻은 것을 '깊이'에서 잃어버리므로 결국 소중한 시간만 낭비하는 결과가 된다.

우리는 사고가 두뇌의 유기적인 활동이며, 그 작용과 휴양은 다른 모든 유기적인 운동과 다를 것이 없다는 것을 알아야 한다. 예컨대 눈을 혹사하면 장애가 오는 것처럼, 머리를 너무 쓰면 상처를 받는다. '위가 생리적으로 음식을 소화시키는 것처럼, 두뇌는 사물을 생각한다'는 말은 옳다. 그러나 세상에는 어떤 비물질적이며 생각하는 것만을 본업으로 하고 피로를 모르는 혼령이 단지 두뇌를 거처로 삼고 있을 뿐, 그 자체는 조금도 생리적인 지배를 받지 않는 줄로 알고 무리한 활동을 강요하며 드디어 정신력을 탕진해 버리는 사람이 얼마든지 있다. 예컨대 프리드리히 대왕은 잠자지 않는 습관을 붙이려고 애쓴 적이 있다.

그런데 철학 교수들은 교회의 신앙에 적당히 맞장구를 치는 사이비 철학을 현실 생활에 해독을 끼치는 미신이 되지 않도록 해야 한다. 우리는 정신력을 생리적인 기능으로 보고 부리는 것은 좋지만, 한편 위로도 해야 한다. 그리고 육체적인 모든 질환과 이상은 정신 활동에 커다란 영향을 준다는 사실도 잊어서는 안 된다.

정신적인 위인이나 학자들이 나이를 먹으면 노망이 들기도 하고 어린애처럼 되기도 하여, 때로는 미치기까지 하는 것은 앞에서 말한 생리를 무시하고 머리를 혹사하였기 때문이다. 예컨대 이 세기의 유명한 영국 시인 스콧이나 워즈워스 또는 소디와 같은 이들이 노년에 이르러, 아니 60대에 와서 정신력의 대부분을 상실하였으며, 노망이 든 사람도 있는데 이것은 돈에 끌려 글을 팔았기 때문이다. 저술을 업으로 하면 자연히 노작에 과로를 하게 되며, 신성한 말에 멍에를 얹어서 혹사하거나 뮤즈에게 채찍을 주면, '사랑의 신'에 무리하게 봉사하는 자와 마찬가지로 반드시 응분의 재앙을 가져오게 마련이다. 추측건대 저 칸트까지도 마지막 4년 동안 어린애처럼 되어 버린 것은, 명성을 날리던 시절에 저술을 위해 머리를 혹사했기 때문이다. 인간의 모든 생리 상태와 정신 상태에 1년에 또 다달이 기상학적으로 특수하고 직접적인 영향이 미치는 것이다.

III. 타인에 대한 처세

21

세상을 살아가려면 매사에 조심하고 많은 아량이 있어야 한다. 조심으로 모든 피해와 손실을 면하고, 아량으로 허다한 충돌과 분쟁을 피할 수 있다.

이 넓은 세상에서 살아가려면 결코 남의 개성을 배격해서는 안 된다. 그 개성이 아무리 악질적이고 아무리 무가치하더라도 '자연'이 그렇게 정해 준 이상, 그것은 불변한 것으로 영원한 형이상학적인 이법에 의해 이루어진 것으로 간주해야 한다. 따라서 그 가운데는 차마 꼴불견인 자가 있더라도, 세상은 선인이나 현자들만 사는 고장이 아니므로 그들도 살아갈 권리가 있음을 인정해 주는 것이 도리이다.

이와는 반대로 어떤 사람의 개성을 모조리 배격하는 것은, 그 숨통을 끊는 처사로 오히려 비난을 받아 마땅하다. 왜냐하면 그의 선천적인 개성, 즉 그의 도덕적인 성격이나 지능이며 용모는 어느 누구와도, 또한 어떠한 방법으로도 바꿀 수 없기 때문이다. 한 인간의 됨됨이를 송두리째 배격하는 사람은 상대방에게 가장 불가능한 일을 강요하는 것으로, 생존의 권리를 인정하지 않는 '생명의 약탈자'라고 볼 수밖에 없다. 그러므로 적어도 남들과 어울려 살아가려면, 모든 사람들의 타고난 개성──그것은 어떤 성질의 것이라도──을 긍정하고, 그에 대한 생존의 권리와 자기주장의 권한을 인정해야 하며, 결코 모조리 변경하기를 원하거나 전적으로 배격해서는 안 될뿐더러 오히려 각자의 성격과 소질에 따라 이를 선용하고 이용해야 하는 것이다. '너도 살고 남도 살려라'는 속담도 이와 동일한 가르침이다. 그러나 이를 실천에 옮기는 것은 무던한 일로, 결코 쉽지가 않다. 따라서 여러 사람들과 접촉할 필요가 없는 입장에 있다면 그 이상 좋은 일은 없다.

인간에 대한 인내를 배우려면, 무생물에 대한 인내부터 배워야 한다. 즉, 인간 이외의 모든 사물은 거의 날마다 기계적이고 물리적인 불가항력으로 우리들의 행위에 커다란 훼방을 놓고 있으므로 여기에 대한 인내력을 기르면, 이를 인간에게 전용하여 그것이 무생물과 같은 필요, 즉 그들의 본성에 입각한 불가피한 필요에서 이루어지는 것으로 생각하고, 천재지변, 물적 사고, 인적 사고의 세 가지 재앙에 대하여 한결같은 인내심을 갖고 대할 수가 있다. 그러므로 남의 행위에 분노를 느끼는 것은 마치 발끝에 돌이 굴러왔다고 해서 화를 내는 것처럼 못난 짓이며, 그가 새 사람이 되기를 원하기보다 그를 이용하는 방도를 강구하는 편이 현명한 태도이다.

22

　피차에 정신적으로나 성격적으로 비슷하거나 또는 다른 사람은 몇 마디의 말만 주고받아도 곧 상대방이 어떤 사람인지 알게 되어, 사소한 일도 피차에 친하기도 하고 미워도 하는데, 이것은 참으로 놀라울 정도다. 이 경우에 본질적으로 상이한 사람들이 주고받는 이야기는 서로 전혀 뜻이 통하지 않고 관련성도 없으며, 기분에 거슬리고 분노를 사게 될 지경이지만, 반대로 피차에 유사한 사람들은 모든 면에서 곧 화목해지고 때때로 그 기분이 하나의 아름다운 하모니, 즉 화음이 되어 융합된다. 범속한 사람들이 사교적이며, 가는 곳마다 손쉽게 뜻이 맞는 친구를 갖게 되는 것도 이런 점으로 보아 충분히 이해할 수 있다. 그러나 보통 이상의 사람들은 그 인격이나 재능이 뛰어날수록 어울릴 만한 상대를 발견하기 어려우므로 고독을 지키게 되며, 극히 소수이기는 하지만 혹시 남에게서 자기와 유사한 점을 발견하면 뜻밖의 일이라 놀라기도 하고 기뻐도 하는 것이다. 요컨대 누구나 자기와 유사한 점 이상으로는 상대방을 이해하지 못하므로, 참으로 위대한 인물은 세상에 용납되지 않으며 그는 마치 두루미가 높은 나무에 둥지를 짓는 것처럼 초연히 고독한 생활에 들어간다.

　한편 피차 유사한 성질을 지닌 사람들이 마치 자력이 작용하는 것처럼 금세 가까워지고 친밀한 사이가 되는 것은 위에서 말한 바와 같은 이유에 기인하면 '뜻이 맞는 동지는 먼 데서도 서로 인사를 나눈다.' 이런 '동류의 접근'은 성격이 열등하거나 천분이 빈약한 사람들 사이에서도 흔히 찾아볼 수 있는데, 그것은 결국 세상에 뛰어난 자가 드물고 이런 범속한 자가 많기 때문이다. 예컨대 어떤 목적을 가진 큰 단체에 두 사람의 악당이 끼어도 이들은 회원이 되기가 바쁘게 곧 손발이 맞아 음모나 배신을 일삼게 된다. 그리고 현명한 사람들로만 구성된 단체(거의 있을 수 없지만)에 바보가 끼어 있어도 서로 곧 친밀한 사이가 되어 그 많은 사람들 가운데서 한 사람의 말 상대는 찾았다고 좋아한다. 이 두 사람——특히 도덕적으로나 이지적으로 열등한——이 곧 친해지고, 10년 지기나 되는 것처럼 지껄이는 것을 보면 그 억센 친화력에 경탄할 따름이며, 불교의 윤회설의 주장과 같이 그들은 전세에서부터 친구였다고 느끼게 될 정도이다.

그런데 인간은 일정한 성격 이외에 그때그때의 기분을 갖고 있으며, 처지와 직분과 입장과 건강 상태며 사고방식에 따라서 다르다. 그러므로 남과 같은 기분을 갖는 것은 극히 드문 일이며, 성격상 본질적으로 비슷하더라도 때로는 감정을 상하고, 한때 불화가 생기며, 또한 아무리 조화된 사람들 사이에서도 가끔 부조화가 일어난다. 그러므로 항상 자기 기분을 변화시켜 남의 기분을 받아들이면서 언제나 마음의 화평을 가져올 수 있다면 그야말로 가장 높은 교양에 도달한 사람이라고 하겠다.

위에서 본 바와 같이 인간의 모든 교섭에 있어서 저마다 기분이 다르므로 쉽사리 상처를 입게 되지만, 이런 직접적인 접촉에서 멀리 떠나 있으면 기분이 상하는 일이나 이와 비슷한 영향을 받지 않으므로, 상대방은 상당히 이상적인 인물로 보이므로, 때로는 거룩하고 성스러운 인물로 보이기까지 한다. 이것은 필경 회상이 마치 사진기의 렌즈와 같은 작용을 하여 실물보다 훨씬 아름답게 보여 주기 때문이다. 그리고 이렇게 이상적으로 보이는 것은 '부채'와 같은 데서 오는 수도 있다. 회상을 이상화하려면 오랜 시일이 필요하지만, 그것이 어느 정도까지 이루어지면 상대방이 잠깐 눈에 보이지 않아도 가능하다. 그러므로 친지나 친구들은 되도록 오래간만에 만나는 것이 현명하며, 그렇게 되면 만날 때마다 자기에 대한 이 '회상의 이상화'를 즐길 수가 있는 것이다.

23

누구나 자기 이상의 세계를 인정할 수는 없는 것이다. 즉, 모든 사람은 제3자에 대하여 단지 자기가 알 수 있는 면만을 헤아릴 뿐이다. 그러니까 타인에 대한 이해나 인식은 자기 자신의 지능 정도에 따라서 결정되는 것이다.

따라서 정신적으로 아무리 뛰어난 사람이라도, 열등한 지능을 가진 자에 대하여는 전혀 감명을 줄 수 없으며, 그들은 오직 자기의 개성 속에 지닌 가장 열등한 부분——모든 약점과 성격적인 결함을 인지할 뿐이다. 정신적으로 뛰어난 사람이 열등한 자에게 스스로 냉정한 태도를 취하는 것은 이 때문이며, 후자와 전자의 관계는 마치 장님이 광명을 모르는 것과 같다.

그러므로 우리가 자기보다 열등한 자와 이야기를 할 때에는 자기를 그와 동등한 수준에 끌어 내려가야 하며, 그의 앞에서는 자기의 탁월한 점은 하나도 전달되지 않고, 자기 자신을 부정하고 한층 높은 데서 보다 낮은 데로 내려와야 하는 줄도, 상대편은 조금도 모르는 일이다. 그러므로 대부분의 세상 사람들이 열등한 성격과 지능을 갖고 있는 평범한 존재임을 염두에 두면, 적어도 그들과 이야기 나눌 동안은 자기 자신이 평범한 인간이 되지 않을 수 없다는 것을 깨닫고, '자기 자신을 일반화한다'는 말의 의미를 완전히 이해할 수 있을 것이다. 이때 자기를 일반화하는 것이 자신의 본성에서 열등한 부분이라야 하니, 차라리 그와의 접촉을 피하고 자기의 존엄성을 지키려고 할 것이다. 그런데 열등한 자들에게 자기의 뛰어남을 나타내려면 오직 한 가지 방법이 있다. 즉, 그것은 그들과 일절 상종하지 않는 일이다. 이렇게 되면 탁월한 모든 사람들은 자기의 주위에서 웅성거리는 세상 사람들을 바로 보고 큰 절망을 느끼고, 마치 무용가가 무대에 나와서 앉은뱅이만을 상대했을 때와 같은 느낌을 갖게 될 것이다.

24

내가 백 명 중에 겨우 한 사람 정도밖에 되지 않는 존중할 만한 사람이란, 무엇을 기다리거나 아무런 일거리도 갖고 있지 않을 때, 지팡이나 나이프나 스푼이나 그 밖에 무엇이고 가까이 있는 것을 만지작거리거나, 또는 박자에 맞춰 소리를 내거나 하지 않고 그동안에 어떤 생각에 잠겨 있는 사람이다. 대다수의 사람들은 생각하는 것보다 보는 것을 위주로 하므로 조금이라도 어떤 외부 세계의 자극 없이는 견디지 못하여 무엇이고 매만지거나 소리를 내어, 살아 있는 자기 존재를 느끼려고 한다. 담배를 피우는 것도 이 때문이다. 그들은 위에서 일어나는 모든 사건에 대하여 오직 눈과 귀를 갖고 있을 뿐이다.

25

로시푸코가 '같은 사람에게 사랑과 존경심을 아울러 갖기는 매우 어려운 일이다'라고 말한 것은 실로 합당한 이야기다. 아닌 게 아니라 우리는 남에게 그 두 가지 중 하나를 택하는 도리밖에 없다. 그런데 인간의 사랑이란 겉으로 보기에는 여러 가지이지만, 결국은 다 이기적인 것이다. 게다가 우리가 '사랑을 받고 있는 면'은 반드시 우리들의 자랑이 될 만한 것이라고 할 수는 없다. 대체로 우리가 남의 사랑을 받고 있는 정도란, 그들이 지닌 정신적 및 도덕적인 바탕의 다과에 반비례한다.

그러나 남의 존경을 받는 것은 모든 면이 이와 다르다. 즉 존경은 타인의 의지에 반하여 강요되며, 흔히 은폐되어 있는 경우가 많다. 존경이 사랑보다 우리에게 더욱 큰 만족을 주는 것은 이 때문이다. 그것은 우리 자신의 가치에서 비롯되는 것이며, 사랑은 허다한 이기적인 불순물을 내포하고 있다. 왜냐하면 사랑은 주관적인 것이고, 존경은 객관적인 것이기 때문이다. 그러므로 실리적인 면에서 보면 존경보다 사랑을 받는 편이 소득이 크다.

26

대부분의 인간은 어디까지나 이기적이며, 그들의 뱃속을 들여다보면 '자기'와 관련된 것 이외에는 감흥을 느끼지 않으며, 그들의 모든 이해관계는 오직 자기 자신에게만 쏠린다. 따라서 그들은 귀에 들리는 모든 말을 오직 자기의 입장에서만 생각하며, 우연히 귀에 걸린 토막말이라도 조금만 자기에게 관계되면 곧 주의를 집중한다. 그리고 이런 '자기 본위'와 '허영심'이 앞서게 되면 아무리 이치에 맞는 이야기라도 그들에겐 마이동풍으로 들린다. 또한 그들은 쉽사리 기분이 상하고 모욕이나 타격을 받게 되므로, 그들에게 조심하여 말을 건네어도 사소한 점에서 상심하기 쉽다. 이것은 결국 전술한 바와 같이 모든 이해관계를 '자기'에게 집중시키고 있기 때문이며, 남의 말이 진실하건, 올바르건, 교묘하건, 훌륭하건 또는 기지에 넘쳐 있건 전혀 알 바가 아니다. 그러나 아무리 간접적이고 원심적이라도 그들의 허영심을 손상시키는 말이나 혹은 그들의 소중한 '자기'에게 이롭지 못한 말을 던지면 반응이 대단히 빠르다. 그들이 이와 같이 이기적으로 민감한 것은, 마치 잘 짖어대는 발바리를 연상케 한다. 이 개는 너무 작기 때문에 누구나 자칫하면 앞발이나 꽁무니를 밟게 마련인데, 그렇게 되면 곧 멍멍하고 마구 짖어댄다. 또한 그것은 온몸에 종기투성이인 병자와 같으므로 조심하여 아무 데도 건드리지 말아야 한다.

세상 사람들의 이러한 '자기 본위'는 상당히 뿌리가 깊어, 만일 그들 앞에서 자기의 재능과 지식을 보여 주거나 그것들을 잘못 감추다가는 그들은 대뜸 자기에 대한 일종의 모욕으로 간주하여, 즉석에서는 시치미를 떼지만 언제나 그것으로 하여 적대시하게 된다. 그러나 이러한 면을 잘 이해하지 못하는 사람은 섣불리 남에게 자기의 지능을 펼쳐 보이고 나중에 그들의 원한과 미움을 사게 되면 '대체 웬일이냐'고 고개를 갸우뚱거려 보아도 그 까닭을 알아내지 못하는 경우가 많다. 그리하여 그들은 쉽사리 남의 아부를 받아들이거나 농락을 당한다. 그들의 견해나 비판의 대부분은 남에게 매수되었거나 또는 자기 당파나 계급을 위한 자가선전으로 객관적인 타당성은 좀처럼 찾아볼 수 없는 것이다.

이 모든 것은 결국 그들에겐 '의지'가 '인식'을 훨씬 능가하기 때문에, 후자의 미약한 작용이 '전자'의 손에서 놀게 되어, 한시도 의지의 지배에서 벗어날 수 없기 때문이다.

이와 같이 딱한 자아 병에 걸려 있으므로, 모든 것을 자기 본위로 생각하고 언제나 자기에게 돌아가거니와 그 가장 뚜렷한 증거는 점성술이라고 하겠다. 즉, 인간은 지구의 몇만 갑절이나 되는 천체의 운행을 보잘것없는 자기 개인의 일에 관련시키며, 혜성이 나타나면 전쟁이 일어나느니, 소동이 일어나느니 하고 떠든다. 이것은 먼 옛날부터 계속하여 성행되고 있던 것이다.

27

세상에 어떤 흉악하고 불합리한 일이 일반 사회나 혹은 어느 특수층에 나타나 있고, 때로는 그것이 문필을 통하여 일반 대중에게 오히려 호감을 사거나 적어도 이렇다 할 배척을 받지 않을 경우에 우리는 결코 절망하여 그런 일이 오래 지속될 것이라고 속단할 필요는 없는 것이다. 이러한 악순환은 시일이 지나감에 따라서 점차 납득이 가고 해명이 되는 동시에, 연구 검토를 하여 올바른 판단이 내려진다고 생각하고 자위해야 할 것이다. 사실 그 내용과 성질에 따라서 시일이 경과하면 거의 모든 사람들이 올바른 인식을 갖게 마련이며, 거기까지 이르려면 많은 인내가 필요한 것이다. 왜냐하면 사람들이 저마다 오류를 범하고 있는데 자기만이 올바른 견해를 갖고 있는 것은, 마치 시중에 걸려 있는 큰 시계가 틀리는데 자기만이 정확한 시계를 갖고 있는 것과 같아서 모든 사람들——자기 시계만이 정확하다는 것을 알고 있는 사람들까지도 시중의 큰 시계에 시간을 맞추고 있는 동안에는 다른 도리가 없기 때문이다.

28

어른, 아이 할 것 없이 누구나 너그럽게 대하면 버릇이 없어진다. 따라서 남에게 지나치게 관대하거나 다정하여서는 안 된다. 돈을 꾸어주지 않았기 때문에 친구를 잃은 예는 없지만 꾸어준 것이 화근이 되어 사이가 나빠지는 경우는 가끔 볼 수 있으며, 존대하고 냉담한 태도를 취하여 친구를 잃는 일은 드물지만, 지나치게 친절을 보여 상대방을 버릇없게 한 것이 원인이 되어 헤어지는 경우도 종종 있다. 더구나 누구에게나 '자기는 저 사람에게 필요한 존재이다'라는 생각을 갖게 하면, 반드시 건방지게 되어 몇 번 교제를 하거나 약간의 친절을 베풀어도, 곧 이러한 생각에서 저 사람은 나를 괄시하지 못한다는 듯이 거만하게 나온다. 그러므로 우리는 남과 친밀한 교제를 지속하는 사람은 매우 드물다는 사실을 알아야 한다. 그러므로 누구나 사람들에게 가끔 '나는 너 같은 것은 없어도 무방하다'는 것을 인식시켜야 한다. 그렇게 되면 오히려 우의를 두텁게 한다. 아니 일반 사람들과 교제할 때에도 차라리 일종의 경멸하는 태도를 취하는 것이 적절한 조치이다. 그들은 이 경우에 오히려 그 우의를 한층 더 값있게 생각하기 때문이다. 다시 말해서 '존경하지 않는 자가 존경을 받게 된다.' 그러므로 어떤 자가 자기에게 소중하더라도 그에게 죄를 감추듯이 이를 비밀에 부쳐야 한다. 이와 같이 자기의 호의를 충분히 나타내지 않는 것은 결코 즐거운 일이 될 수는 없지만 가장 현명한 방법이다. 지나치게 친절을 베풀면 버릇없이 굴지 않는 개가 없거니와 인간의 경우는 더욱 그렇다.

29

고결한 성격이나 탁월한 지능을(특히 청년시절에) 지닌 사람은 대체로 인간을 모르고, 세상을 모르므로 남에게 곧잘 속아 넘어가거나 농락을 당한다. 그러나 일반 사람들은 손쉽게 세상 물정을 알게 된다. 왜냐하면 평범한 사람들은 범속한 자기에 입각하여 판단을 내리지만, 고귀한 사람들은 그 이상의 것을 기준으로 하여 판단을 내리기 때문이다. 그럼에도 불구하고 재질이 뛰어난 사람들이 자기보다 열등한 사람들의 사상이나 행동을 자기 자신의 그것과 비등하게 간주하기 때문에 쉽사리 오산을 일으키곤 한다.

이러한 사람들이 타인의 교훈과 자기의 경험에 의하여 귀납적으로 인간과 세상의 진상을 알고 인간이란 6분의 5까지는 보잘것없는 존재이며, 형편상 부득이 그들과 접촉할 경우를 제외하고는 처음부터 그들을 멀리하여, 가급적 교제를 피해야 할 것을 깨닫더라도, 인간이 빈약하고 가련한 존재라는 철저한 신념을 가지려면 상당히 오랜 시일을 필요로 한다. 그러므로 평생을 통하여 차차로 이러한 신념을 넓히고 견고히 하는 수밖에 없으며, 그때까지는 여러 번 과오를 범하여 뜻하지 않는 손실을 보게 마련이다.

인간의 실상에 정통하여도, 가끔 특이한 사람들과 접촉해 보면, 그 언행이 성실하며 생각이 깊고 성격이 강직하여 명예와 도리를 숭상하는 사람, 아니 지혜로운 예언자나 현자처럼 느끼기도 한다. 그러나 이것은 모든 인간이 통속적인 소설이나 희곡의 인물과 다르기 때문이며, 표면에 나타난 인상이 반드시 인간의 됨됨과 부합되는 것은 아니다. 저속한 소설가나 희곡가들이 묘사한 악한이나 바보들은 전혀 가공적이며 슬기롭지 못하여, 마치 그 배후에는 언제나 작가가 도사리고 앉아 그들의 성격이나 언동을 책하고 경고하는 어조로 '이 악한이나 바보의 언행을 주목하지 말라'고 타이르는 것 같지만, '자연'은 셰익스피어나 괴테의 작품에서 보는 바와 같은 등장인물을 창조해 낸다. 즉, 이들의 소설이나 희곡에 나타나는 인물은 비록 악마라 하더라도 작품 속에서의 그 언행에는 언제나 진실성을 지니고 있다. 이것은 어디까지나 작중 인물들이 객관적으로 취급되어 있기 때문이며, 이 때문에 우리는 그 인물에 이끌려 악한이나 바보라도 마음속으로 동정을 하게 된다. 이 인물들은 '자연'이 만든 진짜 악한이나 바보와 마찬가지로 인간이라는 커다란 개념 속에 창조되어 개성이 뚜렷하게 묘사되어 있으며, 그 언행이 매우 자연스럽게도 보이는 것이다.

사교적인 인간은 마치 달이나 꼽추처럼 언제나 그 반면만을 남에게 보여 주며, 이런 면에서는 선천적인 소질을 갖고 있으므로 희극 배우와 같은 표정을 할 수도 있다. 그리하여 표정과 사교적인 언행은 그 일시적인 이상이나 방편을 위한 자아를 나타내 보여 주는 것이지만 그들의 개성에서 비롯되므로 그럴 듯하게 보이며, 그 기만 술책은 매우 교묘하여 기회만 있으면 이 가면으로 상대편을 낚으려 한다. 그러므로 이러한 가면에 대해서는 연극이나 가장행렬을 볼 때와 같은 태도를 취해야 하며 '아무리 고약한 개도 꼬리를 칠 줄은 안다'는 이탈리아의 속담을 잊지 말아야 하는 것이다.

우리는 어떠한 경우에도 초면인 사람에게는 너무 호의를 보이지 않도록 주의해야 한다. 그렇게 하지 않으면 대체로 기대에 어긋나게 되며, 자기만이 창피를 당하거나 억울한 지경에 이르게 마련이다.

그리고 인간은 사소한 일에 대하여 조심하지 않으므로 이런 데서 자기의 적나라한 성격을 곧잘 드러낸다. 따라서 남의 입장을 전연 염두에 두지 않는 그들의 철저한 이기주의는 이런 사소한 행위나 거동을 통하여 쉽사리 알 수 있다. 그런데 이런 작은 일에 대한 이기주의는 나중에 큰일을 처리할 경우에도 나타나며, 이 경우에 다만 그 거죽만이 위장되어 있을 뿐이다. 그러므로 제3자의 마음을 간파하려면 먼저 사소한 일에 대한 그들의 거동에 주목하여 그 기회를 놓쳐서는 안 된다. 만일 어떤 자가 '법은 사소한 죄를 문책하지 않는다'는 말을 적용할 수 있는 일상적인 사소한 일에 대하여, 파렴치한 행동을 하여 남을 무시하고 자기만이 이익을 취하거나 공적인 소유를 독점한다면, 그는 정의나 인도를 존중하는 사람이 아니며, 큰일을 수행할 경우에도 법률이나 권력의 제지를 받지 않는다면 불의와 부정도 얼마든지 저지르는 자로 인정하여 숫제 문전에 얼씬도 못하게 해야 한다. 예컨대 친구의 의리를 저버리는 사람은, 자기 한 몸에 위험이 닥칠 염려가 없으면 국법도 얼마든지 짓밟는다는 것을 알아야 한다.

인간은 누구나 타고난 자기 자신, 즉 고유한 본성을 잊지 못하는 법이다. 왜냐하면 인간의 성격은 절대로 변경되지 않으며, 모든 행동은 내재적인 본질에서 비롯되는 것으로 본질이 엄연히 존재하는 이상, 같은 처지를 당했을 때마다 같은 행동을 되풀이하게 마련이기 때문이다.

그러므로 한번 절교한 친구와 화해하는 것은 잘못이며, 그는 나중에 기회만 있으면 으레 과거의 버릇을 되풀이하는 것이다. 해고한 하인을 다시 불러들이는 것도 마찬가지이다.

그러나 일단 이해관계만 달라지면 누구나 근본적인 성격을 별문제로 치고 흔히 생각과 언행이 일변하므로, 어떤 사람의 환경이 달라지면 이미 종전과 같은 행동을 기대할 수는 없다. 아니 그들은 이해관계가 변동될 때마다 태도를 달리하여, 단기간의 연수표를 남발한다. 그러므로 우리도 그런 줄을 알고 그들을 대할 필요가 있는 것이다.

인간은 본질적으로 모든 점에 있어서 가련하기 짝이 없는 존재라는 확고한 견해를 갖는 것은 매우 유익한 일이며, 이를 위해서는 자고로 문학에 나타나 있는 인간의 언행을 실사회의 그것에 대한 주석으로 보는 동시에 후자를 전자의 주석으로 보면, 나와 남에 대하여 지나치게 믿거나 잘못 믿는 실수를 범하지 않는다. 그리고 실사회나 문학에서 찾아볼 수 있는 유난히 어리석은 행동은, 혐오와 분노의 대상으로 하기보다 오히려 지혜의 재료로 삼고, 인간의 성향에 대한 하나의 새로운 실례로서 머릿속에 기억해 두어야 한다. 다시 말하면 이러한 행위에 대하여는 광물학자가 대표적인 광물 표본을 손에 넣었을 때와 같은 생각을 하여, 인간의 개성에는 예외적인 일이 상당히 많으므로 여러 가지 차이가 있음을 염두에 두고, 한 가지만 보고 전체를 속단하는 일이 없어야 한다. 그러나 총괄적으로 생각하면 자고로 말해 오는 바와 같이, 인간사회는 대단히 흉악하며 야만인은 서로 잡아먹고, 문명인은 피차에 기만과 모함을 일삼고 있으니 이것이 이른바 '세상'이라는 것이다.

국가가 인간의 모든 생활에 간섭하는 여러 가지 기관을 설치하여 강압적인 방법을 정하는 것도 결국 인간의 허다한 불의와 부정을 예방하려는 데 그 목적이 있다. 인류 역사를 옛날부터 오늘에 이르기까지 훑어보면, 어떠한 임금도 자기의 지위가 확고해지고 나라가 번성하게 되면, 강도단이나 다름없는 군대를 거느리고 이웃 나라에 쳐들어간다. 거의 모든 전쟁은 근본적으로 강도 행위에 지나지 않는다. 피정복자가 정복자의 노예가 되어 고역에 시달려 온 것은 옛날부터 중세기의 어느 시기까지 전해 내려온 관례지만, 전쟁에 패한 자가 배상금을 지불하는 것도 결국 노동의 대가를 지불하는 것이므로, 노예가 되어 노동에 종사하는 거나 다름이 없으며, 모든 전쟁은 예나 지금이나 다름이 없다. 볼테르도 '모든 전쟁은 도적질이나 마찬가지이다'라고 하였지만, 특히 독일 사람에게는 이 말에 이의가 없을 것이다.

30

 아무리 선량한 성격의 소유자라도 그 성격 자체에 맡기고 방임할 수는 없으며, 누구에게나 올바른 관념과 교훈이 필요하다. 그러나 이 점을 너무 중요시하여 타고난 본성을 저버리고, 이지적 사고에 의해 새로운 후천적인 성격을 만들어 보았던들

 천성은 쫓아내어도 곧 되돌아온다.

 는 로마의 속담과 마찬가지로 아무 소용도 없는 일이다. 우리는 모든 사람들의 행동에 대하여 누구나 쉽사리 어떤 이상적인 규범을 쉽사리 생각해낼 수 있을뿐더러 그것을 정당한 격언으로 표현할 수도 있지만, 일단 실천에 옮기려면 이상할 정도로 이와는 배치되는 일을 곧잘 저지르곤 한다. 그러나 너무 실망하거나 또는 실제 생활에서는 추상적인 교훈이나 격언대로 행동할 수 없으므로 차라리 멋대로 행동하는 편이 상책이라고 생각해서는 안 된다. 이런 행동의 경우뿐만 아니라, 대체로 실제와 이론적인 가르침 사이에는 그런 관계가 있는 것이다. 이론은 이지로 곧 이해되지만, 실천은 훈련에 의하여 점차로 길들여야 하기 때문이다. 그것은 우리가 어느 정도 악기에 대한 이론을 공부하고 목검의 사용법을 배워도, 실제로 악보에 맞춰서 연주하거나 시합장에 나서게 되면 배운 그대로 하려고 아무

리 애써도 뜻대로 되지 않으며, 연습을 반복하는 동안에 많은 수련을 쌓아 어느새 익숙해질 수 있는 것과 이치는 마찬가지이다. 라틴어의 읽기와 쓰기에 능숙해지는 것도 몇 번이고 까다로운 문법의 규칙에 부딪쳐 헤매어 본 연후의 일이며, 옹고집이 재사가 되거나, 고지식한 자가 팔방미인적인 사교가로, 수다스러운 자가 과묵한 위인으로, 찬찬치 못한 인간이 빈틈없게 되는 것도 여러 단계의 과정을 거친 연후의 일이다.

그러나 이렇게 오랜 수련과 습성에서 이루어진 자기 교정은 모두가 외부적인 강요에서 비롯된 것이므로, 결코 타고난 천성이 언제까지나 여기에 굴복하지는 않으며, 수시로 이에 맹렬한 반항을 시도하여 본래의 자기를 폭발시키곤 한다. 다시 말하면 추상적인 법칙에 기인한 모든 행위와 본래의 고유한 성격은, 흡사 어떤 기계(예컨대 시계)와 유기체 같으며, 전자의 경우에는 형체와 운동이 전혀 다른 물질에 의해 이루어지지만, 후자는 형체와 운동과 물질이 서로 융합되어 동일하게 된다. '부자연한 것은 다 불완전하다'라는 나폴레옹의 명언은, 위에서 말한 바와 같은 후천적인 성격과 선천적인 성격의 관계나, 육체와 정신의 모든 현상에도 부합되는 진리요, 단지 하나의 예외는, 광물학자들이 잘 알고 있듯이, 사금석만은 천연적인 것보다 인공적으로 만든 것이 더 좋다는 것이다.

그러므로 우리는 무엇보다도 허식을 삼가야 한다. 우리가 그것을 천하게 보는 것은 첫째로 그것이 거짓이며 자기의 무능을 두려워하는 데서 비롯된 비열한 행위이고, 둘째로 자기를 자기 이상으로 보이려는 자기 과장이기 때문이다. 자기의 재능을 속이고 치켜세워 이를 자랑삼아 우쭐대는 것은 자기가 그런 성격이나 재능을 갖고 있지 않다는 것을 자백하는 거나 다름이 없다. 그러므로 용기, 학식, 재능, 여자, 재산, 지위, 그 밖에 무엇이건, 그것을 내세워 뽐내는 자가 있다면, 그에겐 자랑삼는 바로 그것이 결핍되어 있다고 단정하여도 무방하다.

참으로 어떤 탁월한 점이나 뛰어난 면을 가진 자라면 스스로 만족하고, 그것을 남에게 자랑할 필요를 느끼지 않는 것이다. '철렁거리는 말굽 철에는 못이 부족하다'는 스페인의 속담도 이와 비슷한 뜻을 갖고 있다. 그러나 앞에서도 말한 바와 같이 자기 자신에 대한 모든 외부의 속박을 벗어 버리고 본성을 그대로 드러내는 것은 용납될 수 없는 것이다. 왜냐하면 인간의 본성에는 흉악하고 야수적인 면이 많으므로 이것은 언제나 감춰 두어야 하기 때문이다.

31

자기 몸뚱이의 무게는 느끼지 못하여도, 다른 물건을 움직이려면 곧 그 물건의 무게를 느끼는 것처럼 인간은 자기의 결점이나 불의는 의식하지 못하여도, 남의 결점만은 눈에 잘 띄는 법이다.

그것은 마치 개가 거울 속에 비친 자기를 남인 줄 생각하는 것과 비슷하다. 그러나 사실상 남은 그 거울이며, 그 거울에 의해서만 자기의 모든 부정과 결함과 악습과 죄악을 분명히 느끼게 되는 것이다. 그러므로 남을 비난하고 공격하는 것은 동시에 자기 자신을 탓하는 것도 된다. 따라서 밖에 나타난 남의 모든 거동을 바라보고, 엄밀하고 냉혹한 비난을 하는 버릇이 생긴 사람이라면, 간접적으로 자기 결함을 시정할 수도 있는 것이다. 왜냐하면 그들이 비난 공격하는 점에 대해서는 자기 자신도 마음 한구석에는 그것을 기피하려는 도의심이나 적어도 자존심 혹은 허영심을 갖고 있기 때문이다. 그런데 관용을 곧잘 베푸는 사람들의 신조는 이와는 반대로, '우리는 피차에 눈을 감아 준다'는 데 있다. 성경에는 '남의 눈에 든 가시는 보고, 자기 눈에 든 말뚝은 보지 못한다'는 유명한 말이 있지만 원래 인간의 눈은 밖은 잘 보는데 그 자신은 보지 못하도록 되어 있는 것이다. 그리하여 속은 어둡고 밖은 밝으므로 자타의 정신을 관찰하는 태도 역시 우선 남의 결점부터 보고 이를 부정한다는 것은, 이윽고 반사적으로 자기의 결점도 깨닫게 마련이므로, 결국 자기의 성격을 개선하는 데 유효한 방법이라고 하겠다. 즉, 자기 자신을 시정하려면 우선 남의 결점부터 고치게 할 필요가 있으며, 자기 결점을 깨닫기 위하여는 '타인'이라는 거울을 들여다보아야 한다.

이런 점은 저술에 있어서도 해당된다. 즉, 어떤 고약한 문체가 유행되었을 때 이를 비난하기는커녕 오히려 찬양하는 사람은 반드시 그것을 모방하게 마련이다. 독일에서 언제나 나쁜 문장이 판을 치는 것도, 독일 사람들이 저마다 너무 너그럽기 때문이다. 그들의 표어는 '우리는 서로 눈을 감아 준다'는 것이다.

32

고귀한 성품을 지닌 사람들은 젊었을 때, 인간이 서로 어울려 교제하는 것은 성격과 사상, 취미, 지능 등이 비슷하기 때문이라고 생각하기 쉽지만 나중에 나이가 들면 그것은 비로소 어떤 현실적인 이해관계에서 비롯됨을 알게 된다. 이 세상에서 이루어지는 것의 모든 인간관계는 어떤 이득을 위해서이며, 아니 거의 모든 사람들은 사리사욕밖에는 아무 관심도 갖고 있지 않는 것이다. 그러므로 한 인간이 지닌 내면적인 진가가 크면 클수록 세상에서 용납되어, 정당한 대접을 받을 가망이 없어 이런 사람들은 세상을 등지게 마련이다. 한편 진상을 잘 생각해 보면 세상 사람들이 남의 인격적인 가치보다 그와의 어떤 이해관계에 치중하는 것도 실상은 부득이한 일이다. 왜냐하면 모든 고뇌와 결함에 가득 찬 이 세상에서는 언제나 먼저 이것부터 제거할 대책을 마련하는 것이 급선무이기 때문이다.

33

 이 세상에서는 마치 은화 대신에 지폐가 사용되듯이 참된 존경과 우의 대신에 이를 가장하는 외모와, 그렇듯이 꾸민 표정이 곧잘 통용되게 마련이다. 하기는 과연 참된 존경과 우정을 바칠 만한 인간이 있느냐 하는 것도 의문이 아닐 수 없다. 아무튼 나에게는 이런 맹랑한 언동이나 표정보다 차라리 충실한 개가 꼬리를 쳐주는 편이 더욱 반갑다.

 만일 이 세상에 참으로 깨끗한 우정이 있다면, 그것은 친구의 행·불행에 대하여 한 가닥 사심도 섞지 않는 객관적인 동정이 앞서야 하며, 또한 이러한 동정은 오직 '친구와 자기가 일심동체라는 관점에서 비롯되어야 한다.' 그러나 모든 인간이 지닌 선천적인 이기심은 일체관에 완전히 배치되는 것이므로 참된 우정이란 그 다른 모든 사물과 마찬가지로, 옛말에 나오는 커다란 바다뱀처럼 실재한 것인지 또는 전설적인 것인지 좀처럼 분간할 수가 없다. 그러나 일부 인사들의 어떤 교제는, 간직하여 있으므로 귀하고 아름다운 것으로 볼 수 있으며, 이 불완전한 세상에서는 그런대로 '우정'이라고 인정받을 만한 것도 있다. 그리하여 세상에 흔히 있는 대인 관계나 우의는 이 우정에 비하면 훨씬 천하여, 거짓과 불신으로 충만해 있으며, 만일 우리의 이른바 '친한 사람'이 보이지 않는 데서 몰래 우리에게 말하는 소리를 들을 수 있다면, 벌써 그들과는 얼굴을 마주 대할 생각도 나지 않을 것이다.

우리가 친구의 성실성을 시험해 보려면, 최근에 겪은 불행——진정한 조력과 희생을 필요로 하는 경우를 제외하고——을 이야기해 주는 것이 가장 좋은 방법이다. 그때 친구의 얼굴은 진심으로 슬픔을 나타내 보여 주지 않으면 반대로 냉정한 태도를 취하거나 소위 '악마의 웃음'을 웃으며, 저 유명한 로시푸코의 말을 입증하게 된다. 즉 '인간은 가장 친한 친구의 불행에 대해서도 때때로 일종의 기쁨을 느낀다'는 것이다. 이 경우에 흔히 친구들은 보통 한 가닥 기꺼운 미소를 금하지 못하는 법이다. 아니, 인간을 가장 기쁘게 하는 것의 하나가, 최근에 일어난 친구의 큰 불행이나 그 약점을 호소하거나 고백하는 소리를 듣는 것이다.—— 이것이 곧 인간의 특성이다.

오랫동안 친구와 사이가 멀어졌거나 부재중이면 우의도 멀어지는 데(이 점은 누구나 솔직히 인정하기를 꺼리지만) 이것은 숨길 수 없는 사실이다. 즉, 아무리 친한 사이라도 만날 수 없게 되면, 세월이 흘러감에 따라 우정이 시들어 드디어 한낱 추상적인 관념이 되며, 동정심도 점차로 사라져 단순한 이지적인 것, 아니 전설적인 것이 되고, 직접적인 동정은 오히려 자주 접촉하는 사람들, 심지어 개에게까지 베풀게 된다.—— 인간의 본성은 그만큼 실감적이다. 그러므로 다음의 괴테의 말은 이 점에 대해서도 합당한 진리이다.

현재는 거룩하고 커다란 힘이로다.

 친구는 피차에 '성실'을 내세운다. 그러나 참으로 성실한 것은 친구가 아니라 '적'이다. 그러므로 우리는 적의 비난을 쓴 약으로 생각하고 자기 자신에 대한 정당한 지식을 얻도록 해야 한다.
 역경을 돌봐 주는 친구란 드문 것일까? 그러나 사실은 정반대이다. 누가 당신의 친구가 되었다면, 그땐 이미 그는 역경에 놓여 한사코 돈을 꾸려고 손을 내밀 것이다.

34

 만일 자기의 재능을 보여 주는 것이, 세상 사람들의 아낌을 받는 것이라고 생각하는 자가 있으면 그는 한갓 어린애에 지나지 않는다. 대다수의 사람들은 남의 재능을 목격하면 오히려 증오나 원한을 느끼게 되며, 이 증오나 원한은 그들이 그 재능에 트집을 잡을 수 없을수록, 그리고 애써 그것을 묵살하려고 할수록 심각해지고 열렬해진다. 좀 더 상세히 설명하자면,——A와 B의 두 친구가 이야기를 주고받는 동안에 A가 B보다 우월하여, B가 A는 자기보다 많은 지능을 가졌다고 인정하거나 느끼게 되면, B는 곧 마음속으로 A가 자기의 열등함을 느끼고 있을 것이라는 생각에서, B는 증오와 원한과 분노를 느낀다. 그러므로 그라치안도 다음과 같이 설파하고 있다. '몸의 안전을 유지하기 위한 가장 좋은 방법은 범속한 가죽을 쓰는 데 있다.'

그러므로 자기의 탁월한 재능을 세상에 널리 알린다는 것은 주위 사람들의 무지와 무능에 대한 일종의 간접적인 문책으로 볼 수도 있는 것이다. 더구나 속인일수록 자기와 정반대되는 위대한 인물을 대하면 큰 반항심을 일으키는 것이 보통이며, 옆에서 이 반항심을 선동하는 것은 바로 그들의 질투심이다. 일반적으로 말하면, 우리가 언제나 주위의 사람들에게서 찾아볼 수 있는 것처럼 인간에게 가장 큰 쾌락은 허영심의 만족이며, 이 허영심의 만족은 오직 자기를 남과 비교하는 데서 느낄 수 있거니와 인간이 지닌 모든 우월 중에서도 가장 자랑삼을 수 있는 것은 정신적인 우월이므로, 만일 누가 남에게(특히 여럿이 모인 자리에서) 정신적으로 크게 우월함을 보여 주는 것은 엄청난 모욕으로 생각한다. 따라서 이런 모욕을 받은 자는 심한 분노를 나타내어, 흔히 기회를 엿보아 재능 이외의 방법, 즉 모욕의 형식으로 보복하려고 한다. 왜냐하면 이렇게 하여 그 대항을 이지에서 의지로 옮기면 비로소 피차의 입장이 평등하게 되기 때문이다. 그러므로 높은 관직이나 재물은 언제나 세상 사람들이 존중하지만 뛰어난 정신이 순수하고 합당한 존경을 받는 경우는 거의 없으며, 묵살되거나 무시를 당하는 것은 그나마 좋은 편이고, 대개는 일종의 아니꼬운 존재로 간주되어, 누가 정신적으로 뛰어나 자랑스럽게 여긴다는 것은 도저히 용납할 수 없는 일종의 독점적인 부정으로 간주하여, 주위의 사람들은 은연중에 그에 대하여 어떤 굴욕을 주기 위해 기회를 기다리고 있는 것이다.

사디도 '구리스탄' 속에서 자기 자신에 대하여 이렇게 말하고 있다. '무지한 자들이 지혜로운 사람들에 대하여 느끼는 반감은, 후자가 전자에 대하여 느끼는 혐오의 백 갑절이나 된다.' 인간은 몸에 온기를 요구하듯이, 바보 같은 쾌감을 요구하여 사람들은 저마다 마치 햇빛이나 난로를 가까이하려는 것과 같은 본능적인 충동에서 자기에게 이런 쾌감을 줄 수 있는 인간과 상종하려고 한다.

그런데 이러한 인간은 남자의 경우에는 지능이 부족한 자이고, 여자의 경우에는 얼굴이 못나야 한다. 우리가 흔히 볼 수 있는 바와 같이, 얼굴이 아름다운 처녀는 얼굴이 못난 처녀와 친하려고 한다. 그러나 남자는 육신이 별로 중요시되지 않았으므로 오직 자기 곁에 체구가 작은 사나이가 있으면 일종의 흐뭇한 쾌감을 느낄 정도이다. 따라서 남자들 사이에서는 무지한 자가, 그리고 여자들 사이에서는 얼굴이 미운 자가 호감을 사고 친밀해진다.

그리고 이와 같은 이유에서 정신적인 위안은 누구나 커다란 고독을 느끼게 되는데, 이것은 대다수의 사람들이 그에 대한 여러 가지 조작된 결함을 지적하여 그를 증오하고 회피하기 때문이다. 또한 여자의 미모도 이와 같은 성질을 지니고 있어, 아름다운 처녀는 친구가 없을뿐더러 숫제 어깨를 나란히 하여 걷는 여자도 없다. 그러므로 얼굴이 아름다우면 '안방 시녀'를 원하여도 고용될 가망이 없는 줄 알고 진작 단념하는 것이 좋다. 왜냐하면 그녀와 면접을 하자마자 자신을 위해서나 자기 딸들을 위해서도 이런 미인을 곁에 두는 것은 불쾌한 일이므로 주부의 얼굴이 흐려지기 때문이다.

이와 반대로 지위나 신분이 높으면 어디서나 환영이다. 왜냐하면 개인적으로 뛰어나면 상대방의 열등감을 돋보이게 하는 것과는 달리, 마치 '좋은 옷이 날개'가 되는 것처럼 그 후광은 반사적으로 열등한 자에게 발산하기 때문이다.

35

우리가 남을 신임하는 것은, 대체로 우리 자신의 태만과 사욕과 허영이 그 원인이 되어 있는 것이다. 다시 말해서 우리 자신이 스스로 실천에 옮기지 않고 제3자를 신임하여 이를 대행케 하는 경우에는 우리들의 태만이 그 근원이 되어 있으며, 자기 자신의 편의상 상대방을 신임하여 일을 맡기는 경우에는, 우리들의 이기주의가 그 근원이고 상대방을 무작정 신임함으로써 자기를 과시하려는 경우에는, 허영이 그 근원이거니와 어디까지나 자기 본위인 우리는 이 마지막 경우에 있어서도 자기의 신임에 대하여 사례를 요구한다.

36

중국 사람들이 최고의 도덕으로 알고 있는 예절에 대하여, 나는 《윤리학》에 그 기원을 서술하였거니와, 여기서 또 하나의 색다른 기원을 들어 보자. 예절이란 도덕적으로나 지능적으로 무능하고 무력함을 탓하지 말고 허용하려는 인간 상호 간의 묵계에서 비롯되는 것이다. 그리하여 이 묵계를 지키면 그들의 무능과 무기력은 밖에 나타나는 일이 적어지므로 피차에 이득이 된다. 그러므로 예절을 지키는 것은 지혜로운 일이요, 이를 무시하는 것은 못난 짓이다. 특히 함부로 행동하여 쓸데없이 적을 만드는 것은 여간 미친 일이 아니며, 손수 자기 집에 불을 지르는 것과 마찬가지이다. 요컨대 예절은 도박장의 종이돈으로서, 실질적인 가치가 없는 가짜표이므로, 이런 돈을 아낀다는 것은 미련한 노릇이며, 마구 뿌리며 다니는 것이 현명한 처사이다.

어느 나라 국민이나 편지를 다 쓰고 난 다음의 마지막 줄에는 으레 Votre tres-humble serviteur(귀하의 가장 천한 머슴)이라거나, your most obedient servant(귀하의 가장 순종하는 종) 또는 suo devotiosimo serko(귀하의 가장 충실한 하인) 등의 말을 쓰는데, 독일 사람들은 '충실'이나 '순종'만을 쓰고 '머슴'이라는 말은 생략하는 것이 다를 뿐이다. 이것은 모두가 마음에 없는 거짓말이므로 다소 남부끄럽게 여기기 때문이리라. 누구를 막론하고 지나치게 예절을 지켜 오히려 손해를 보는 일이 있다면, 그는 모조 화폐 대신에 금화를 지불하는 사람이다. 초는 본래 굳고 연하여 약간의 열을 가하면 부드럽게 되어 여러 가지 모양으로 만들 수 있는데, 이처럼 강직하고 반항적인 인간도 어느 정도의 예절과 친절을 베풀면 부드럽고 온화한 인간으로 변해 버린다. 이와 같이 인간에 대한 예절의 효과는 초에 대한 열의 효과와 마찬가지이다.

그런데 실제로 예절을 지켜나가기란 여간 어려운 일이 아니다. 왜냐하면 모든 사람들에게 되도록 점잖고 부드럽게 대해야 하는데 그들의 대부분은 그럴 만한 자격이 없으며, 원래는 냉담하게 내려다보아도 무방한 자들에 대해서까지 마치 동정을 금할 길이 없는 듯한 시늉을 해야 하기 때문이다. 따라서 자존심과 예절을 조화시키는 것은 실천도덕의 극치에 도달한 자가 아니면 불가능한 일이다.

모욕은 경멸의 표시라고도 보아야 하지만, 우리가 만일 자기의 가치와 존엄성에 대한 지나친 자부심과 부당한 자존심을 갖지 않고 또한 인간이 남을 마음속으로 어떻게 생각하고 있는가를 분명히 안다면 모욕으로 인하여 너무 분격하는 일은 없을 것이다. 사람들은 자기가 조금이라도 비난을 받으면 대뜸 분노를 일으키는 것이 보통이지만, 만일 그들이 자기에 대한 숨은 욕설을 들을 수 있다면 어떻게 될까? 그러니 이것은 모순도 이만저만이 아니다. 우리는 차라리 인간의 예절이란 언제나 단지 간사한 눈웃음을 띤 가면극에 불과함을 잊지 말아야 한다. 그렇게 되면 때로는 비록 이 가면이 벗겨지거나 땅에 떨어지는 경우가 있더라도 법석을 떨 필요가 없을 것이다. 어떤 자가 예절을 완전히 무시하고 난폭한 행동을 한다면, 그것은 곧 자기의 옷을 벗고 알몸으로 나선 꼴이다.

37

우리는 남을 본보기로 하여 행동하여서는 안 된다. 왜냐하면 나와 남은 처지와 환경과 사회적인 위치가 같지 않으며, 또한 성격도 다르고 행위의 성질도 다르게 마련이며, '두 사람이 같은 일을 하여도 그것은 결코 각각 다르다'고 생각해야 하기 때문이다. 그러므로 처세에 있어서 잘 생각하여 사리를 분명히 가리고, 어디까지나 자기의 본성에 따르는 것이 현명한 방법이다. 그리고 독창성을 발휘하는 것은 일상생활에도 필요한 것이니, 그렇지 못하면 자기 행위와 자기 자신이 분리되는 것이다.

38

남의 견해에 대해서는 반박하지 않는 것이 좋다. 그의 머릿속에 들어 있는 모든 부조리와 허망에서 벗어나게 하려는 것은, 설사 메추사렘에 나오는 인물만큼 장수하더라도 그 목적은 달성하지 못하는 것이다.

또한 남하고 이야기할 때에는 결코 호의에서도 상대방의 잘못을 비난해서는 안 된다. 남의 감정을 사기는 쉽지만, 그 잘못을 시정하는 것은 불가능하지는 않으나 매우 어렵기 때문이다.

만일 어떤 두 사람이 차마 귀로 들을 수 없고, 전혀 이치에 닿지 않는 이야기를 주고받을 경우에도 제3자인 우리는 개의할 필요가 없으며, 이들이 서투른 연극을 하고 있는 것으로 알고 있으면 된다. 그러므로 세상에 진리나 교훈을 전하려는 자가 임무를 무난히 마쳤다면, 그것은 하나의 요행이며, 흔히 오해와 푸대접과 반항과 학대를 받게 마련이다.

39

자기의 견해를 남에게 납득시키려면 터무니없이 열을 올리지 말고, 끝까지 진실하고 냉정한 태도로 설득해야 한다. 왜냐하면 모든 열의나 열중은 의지에서 비롯되며 지성의 본질은 냉정한 데 있으므로 자기의 의견을 말하면서 감정적인 열성을 보이면, 듣는 사람들은 그 말을 지성보다 의지의 소치라고 생각하기 때문이다. 즉, 인간에게 소중한 것은 의지이며, 지성은 2차적이고 부수적인 것이므로, 그들은 참된 의견이 의지를 흥분시키는 줄을 모르고, 흥분된 의지에서 그릇된 의견을 말하는 것으로 오인한다.

40

자기를 자랑하는 것은 그럴 만한 이유가 있더라도 좋지 않다. 왜냐하면 인간이란 허영이 대부분을 차지하고, 참된 가치는 찾아보기 어려운 것이 보통이므로, 조금이라도 자기를 내세우면 사람들은 그것을 곧 허영의 탓으로 간주하고, 자화자찬이라고 생각하기 때문이다.

그러나 베이컨이 비난이나 자찬에는 어느 정도의 효과가 있다고 주장하여 이를 권장한 것도 잘못이라고 볼 수는 없다.

41

남이 거짓말을 한다고 생각되면 그것을 정말로 여기는 듯한 태도를 취해 보여라. 왜냐하면 상대방은 신이 나서 더욱 떠벌일 터이므로 스스로 그 껍질을 벗게 되기 때문이다.

이와 반대로 실수하여 비밀의 한 토막을 당신에게 비쳤을 때에는, 불신하는 태도를 취해 보여라. 그렇게 하면, 상대방은 당신의 태도에 유도되어 모든 비밀을 털어놓을 것이다.

42

자기의 사사로운 일은 비밀로 하여야 한다. 그러므로 비록 친한 친구라도 그들이 객관적으로 인정할 수 있는 '자기'만을 보여 주고 그 밖의 모든 것은 어디까지나 '남'이 되어야 한다. 왜냐하면 그들에게 자기의 사사로운 비밀을 알리면, 나중에 뜻하지 않은 피해를 받을 우려가 있기 때문이다. 남에게 자기의 지혜나 식견을 표시할 때, 말보다 침묵으로 해야 한다. 전자는 허영에 속하고, 후자는 지혜에 속하기 때문이다. 그리고 말할 경우와 침묵할 때는 그 회수가 거의 같아야 하지만, 우리는 흔히 전자가 가져다주는 일시적인 만족을 택하고, 후자에게서 얻을 수 있는 이득을 저버리는 일이 많다. 또한 감정적인 인간에게서 때때로 찾아볼 수 있는 것처럼 혼자 크게 떠들며 직성을 푸는 일은 삼가야 한다. 이런 버릇을 그대로 두면 버릇이 되어 생각과 말이 언제나 손을 잡고 남과 이야기할 때 자기의 견해를 곧이곧대로 나타내게 된다. 따라서 우리는 이지의 지시대로 자기의 생각과 말 사이에 언제나 넓은 간격을 두어야 한다.

그리고 주의해야 할 것은, 다른 방면에는 매우 둔한 자가, 남의 사사로운 일에 대하여는 능숙한 대수학자가 되어 거기서 하나의 숫자만을 가지고 아무리 어려운 문제라도 척척 풀어낼 수 있다. 그러므로 그들에게 과거의 어떤 중대한 일에 대하여 말할 경우에, 그 장본인에게 관계된 것은 물론 그 시간이나 장소 그리고 사소한 관계자의 이름과 그 밖의 아무리 보잘것없는 간접적인 것이라도 비밀을 엄수해야 한다. 만일 그렇게 하지 않으면 그들에게 계산의 재료를 제시하게 되어, 그것으로 그들은 모든 것을 알아내는 것이다. 이때 그들은 호기심이 강하게 작용하므로 지능이 의지의 도움을 받아, 어려운 해답도 곧장 풀어낼 수 있는 것이다. 인간은 일반적인 진리에 대하여는 무감각하고 무관심하지만, 개인적인 일에 대하여는 캐고 따지기를 잘하는 성질이 있다.

옛날부터 모든 처세훈에서 과묵을 지키라고 강조한 것은 이 때문이다. 여기서는 특히 인상적이면서도 세상에 그다지 알려 있지 않은 한두 가지의 아라비아 격언을 소개하고자 한다. '적에게 알려서는 안 될 것은, 친구에게도 알리지 말라.', '비밀은 지키면 그 주인이 되고, 고백하면 그 노예가 된다.', '평화의 열매는 침묵의 나무에 열린다.'

43

남에게 사기를 당한 돈은 가장 유효하게 쓴 것이다. 왜냐하면 우리는 그로 인하여 분명히 '조심'을 샀기 때문이다.

44

누구나 되도록 너그럽게 대하여 분노나 원망을 품지 않도록 해야 하지만 각자의 행위는 세밀히 관찰하여 기억해 두어야 한다. 이리하여 적어도 당신에게 관계되는 점에 대하여는 그들이 지닌 가치를 따진 연후에 인간의 성격은 일정하고 불변한 것이라는 점에 유의하여 그들의 진가에 부합되는 태도와 행동을 취해야 한다. 상대방의 흉악한 성격을 파악하고서 곧 잊어버리는 것은 마치 애써 모은 돈을 창밖으로 내던지는 격이다. 누구나 이러한 점에 주의하면 남을 터무니없이 신뢰하여 경솔하게 교제하는 데서 오는 위험을 예방할 수가 있다.

'사랑하지도 말고 미워하지도 마라'――이것이 지혜의 반분이며, '아무것도 말하지 말고 아무도 믿지 말라'가 나머지 반분이다. 그러나 이러한 교훈을 지켜나가야 하는 세상은 차라리 송두리째 팽개쳐 버리는 것이 더욱 좋을지도 모른다.

45

자기의 분노와 증오를 언사나 표정으로 나타내는 것은 해롭고, 위태롭고, 못나고, 우습고 또한 천박한 짓이다. 그러므로 분노와 증오는 행위로 표시해야 한다. 그렇게 하려면 솔직한 의사 표시를 근신할 필요가 있다. 독이 있는 동물의 피는 차다.

46

'장단을 치지 말고 말하라'라는 오랜 처세의 가르침은, 자기가 할 말만 요령 있게 하고 그 해석은 남에게 맡기라는 의미이다. 일반 사람들은 이해력이 부족하므로, 그들이 해석을 내리는 것은 그 이야기를 한 현장에서 떠난 연후의 일이다. 이와는 달리 장단을 치며 말하는 것은 감정에 호소하는 것이 되므로 당장 일시적인 효과는 있어도, 분명히 영구적인 효과는 거두지 못한다. 그러므로 대체로 정중한 태도와 점잖은 말씨만 하면, 내용적으로는 욕이나 핀잔이 되더라도 당장 눈앞에서는 화를 내지 않는다.

IV. 시대와 운명에 대한 처세

47

인간의 생활은 여러 가지 형태를 취하지만 그 실질적인 내용에 있어서는 동일하다. 오막살이에 살거나, 궁정에 거주하거나 또는 사원에서 보내거나, 군무에 종사하거나 중요한 생활의 본질에 있어서는 다 공통성을 지니고 있다. 따라서 그 안에서 일어나는 사사건건, 즉 흉사와 경사를 막론하고, 그것은 마치 여러 가지 모양으로 만든 과자의 재료가 같은 밀가루로 되어 있는 것처럼 A의 경험과 B의 체험은 본인들이 생각하고 있듯이 그렇게 차이가 많은 것은 아니다. 모든 행운과 불운은 본질상 한결같이 인간의 운명이 지닌 거세고 잔잔한 파도에 불과한 것이다. 만화경의 동체를 돌려보면, 그 안에 들어 있는 렌즈의 조화로 여러 가지 색다른 그림이 나타나게 되지만, 실상은 우리가 같은 그림을 보고 있는 것과 같이 인생의 모든 관계도 이와 마찬가지이다.

48

옛날에 누가 인생에서 가장 큰 역할을 하는 것으로, 지혜와 힘과 운명의 셋을 들었는데, 이것은 실로 정당한 견해이다. 나는 그중에서 특히 운명을 가장 중요한 것으로 간주하고 싶다. 즉, 인간의 생애는 하나의 항해와 같은 것이며, 여기 대하여 바람의 역할을 하는 것을 우리는 운명――시운이니, 행운이니, 혹은 불운이니 하고 부르는 것이다. 우리의 인생길이 급속히 앞으로 밀려 나가거나 뒤로 후퇴하는 것은 그 때문이며, 여기 비하면 우리 자신의 노력이나 능력은 대단히 허무하여, 다만 노(櫓)의 구실을 할 뿐이다. 그리하여 오랜 세월을 두고 배를 저어 나갈 수 있어도 갑자기 풍파를 만나면 다시 본래의 자리로 밀려가기가 보통이지만, 순풍에 돛을 달면 배는 제 바람에 질주하여 구태여 노를 저을 필요도 없게 된다. 다음의 스페인 속담은 이 운명의 역할에 대하여 교묘히 표현한 것이다. '당신의 자식에게 행운을 주면 바다에 집어 던져도 좋다.'

그러나 운명의 일면은 악의에 충만해 있으므로, 이것만은 신뢰하지 말아야 하지만, 동시에 이 운명만이 참된 은인이요, 또한 설교자라는 것도 잊어서는 안 된다. 즉, '운명'이라는 인생의 제왕은 우리에게 은총을 베풀어 모든 것을 부여하는 동시에, 한편 우리를 학대하고 우리의 소유물을 빼앗아 간다. 이 운명이 베풀어 주는 것에 대하여 원래 인간은 아무런 청구권도 갖고 있지 않으며, 또 그것은 조금도 자기의 참된 가치나 공로에 의한 것이 아니고, 오직 운명의 호의와 은총에 의해 주어진 것이다. 그러므로 우리는 앞으로도 공로가 아닌 은총을 받을 것이라는 즐거운 희망을 품게 된다. 이 운명이야말로 무진장의 은총과 교훈을 아울러 지닌 우리들의 제왕이요 또한 스승이며 그 사랑과 은혜에 비하면 우리들의 공적은 보잘것없는 것이다.

우리는 여러 가지 방황과 탈선에 충만된 과거를 되돌아보고, 놓쳐 버린 허다한 행복과 닥쳐온 불행을 생각하며 자기 불찰을 굉장히 타박하지만 그것은 당치 않는 일이다. 왜냐하면 우리들의 과거에 일어난 모든 일은 결코 우리 자신만의 책임이 아니기 때문이다. 우리의 생애는 외부의 현실적인 조건과 자기의 합친 두 인수에서 초래된 결과로, 이 양자는 언제나 밀접한 관계를 갖고 서로 영향을 주어 변화를 가져온다. 그런데 이 양자에 대한 우리들의 선천적인 능력은 대단히 미약하여, 시간적으로 조금만 떠나 있으면 외부의 현실적인 조건은 물론, 자기 자신의 결의도 예측할 수 없으며, 현재의 결의와 조건을 헤아릴 수 있을 뿐이다.

따라서 앞날의 목적을 향해 직행할 수 없고, 단지 대충 그 방향을 향해 노를 잡을 뿐이므로 몇 번이고 돛을 달며 뱃길을 변경하기도 한다. 요컨대 우리가 할 수 있는 것의 전부는 오직 현재의 처지를 참작하여 되도록 자기 목적에 가까이 다가갈 수 있게끔 마음을 단속하는 것뿐이다. 대체로 외부의 조건과 우리들의 결의는 두 개의 다른 방향으로 움직이는 힘이요, 우리의 생애는 거기에 그어지는 하나의 대각선이다. 그러므로 테렌츠[51]도 이렇게 말하고 있다. 즉, '인생은 골패와 같다. 만일 자기가 바라는 골자가 손에 들어오지 않으면, 되도록 운수가 가져온 골자를 이용하도록 해야 한다.' 우리는 더욱 간결하게 말하여 '골패를 뒤섞는 것은 운명이고, 몫을 따는 것은 우리 자신이다'라고 할 수 있을 것이다. 그러나 인생은 장기에 비유하는 것이 제일 적절할 것이다. 즉, 우리가 사회에 진출할 때와 마찬가지로 장기를 둘 때에도 대체적인 계획이나 대책을 세우지만, 장기의 경우엔 상대방의 수법에 의해, 그리고 사회생활인 경우에는 운명에 의하여 많은 영향과 변화를 일으키게 마련으로, 당초의 자기 뜻대로 되지 않는 법이다.

---

51) B. C. 195~149, 로마의 비극 작가—주

또한 인간의 생존에는 이보다도 더 뿌리 깊은 것이 있다. 즉, 인간은 본인이 믿고 있는 것보다도 훨씬 어리석은 존재이기도 하고, 현명한 자이기도 하다. 이 사실이 인생을 크게 지배하지만, 이 점에 대하여 명확한 견해를 가지려면 많은 경험과 성찰을 거쳐야만 한다. 인간의 내부에는 두뇌보다 더 현명한 무엇이 숨어 있다. 즉, 우리는 생애의 난국이나 큰일을 당하면, 자기가 해야 할 일을 분명히 알고 행동하는 것이 아니라, 마음 속 깊이 숨어 있는 하나의 '충동'에 의해 행동하는 것이다. 이 충동은 일종의 본능이라고도 할 수 있는 힘으로, 인간의 가장 깊은 곳에서 나타난다. 우리는 이런 근본적인 원동력을 의식할 수 없다. 그리고 '한 가지 사건은 모든 사람들에게 적용되지 않는다'는 것을 잊어버리기 쉽다. 그리하여 분명하기는 하지만 조잡하기 짝이 없는 인공적인, 아니 빌려온 관념이나 일방적인 법칙 또는 제3자의 실례에 의해 자기 자신의 과거를 평가하려고 한다. 그리고 그 생애가 끝날 무렵에 가서 자기가 걸어온 과거에 대하여 순전히 객관적인 입장에서 관찰해 보고서야 비로소 일체의 근본 원인을 스스로 명백히 알아차릴 수 있으며, 따라서 노인의 양식만이 자기 생애를 적당하게 비판할 수 있다.

그리고 우리들의 내면적인 자아에는 일종의 신비로운 묵시가 있어 비록 우리들에게는 분명히 인식되지 않아도 본능적인 충동을 인도하는 것으로 보인다. 이러한 내면적인 자아의 묵시가 일종의 예언으로 작용하는 까닭에 인간의 생애에는 일정한 질서와 희곡과 같은 통일이 주어져 있으며, 이것은 방황과 오산을 일삼고 쉽사리 변화하는 두뇌의 의식으로는 이루어질 수 없는 성질의 것이다.

그러므로 어떤 특수한 대사업을 하기 위해 태어난 자는 어렸을 때부터 스스로 자기의 천직을 느끼고, 마치 꿀벌이 조금도 지체 없이 묵묵히 둥지를 짓는 것처럼 꾸준히 노력을 계속할 수 있는 것이다. 모든 사람에게는 그리치안의 이른바 가장 본능적이고 절실한 '자기 옹호'의 힘이 깃들어 있는 것이다. 만일 이 힘이 작용하지 않는다면 누구나 가장 어려운 생활 체험을 감당할 수 없어 곧 사멸되고 말 것이다.

우리는 추상적인 원칙에 의해 행동하기는 매우 어려우므로 많은 수련을 쌓아야 하며 또한 하나의 습성으로 도저히 굳어질 수 없다. 그러므로 실생활의 요구를 충족시키지 못하지만, 다행히 인간은 누구나 나면서부터 어떤 구체적인 하나의 원칙이 핏줄에 맺히고, 모든 사고와 감정과 의욕의 모체가 되어 인간의 행위에 일정한 방향과 특수한 지침을 주는 것이다. 그러나 대체로 이 원칙이 이지에 의해 추상적으로 인식되는 경우는 극히 드문 일이며, 대개는 생애의 종말에 접근한 자가 자기가 걸어온 지난날을 뒤돌아보고, 언제나 보이지 않는 어떤 실에 이끌리거나 한 것처럼 오직 이에 인도되어 왔다는 사실을 깨닫게 되는 것이다. 누구나 생애의 행·불행은 오직 이러한 원칙의 성질에 의해 결정되는 것이다.

49

우리는 언제나 시간의 작용과 변모하는 사물에 유의하고, 현재 눈앞에 일어나고 있는 사태와 정반대되는 경우를 예상할 필요가 있다. 즉, 행복할 때에는 불행을, 우애에는 반목을, 갠 날에는 흐린 날을, 사랑에는 증오를, 신뢰와 흉금의 토로에는 배신과 회한을 분명히 머릿속에 그려 보아야 한다. 이것이 지혜의 진수를 습득하는 길이다. 이에 의하여 우리는 언제나 신중과 냉정을 지니고, 자타에게 미혹되지 않는다. 이것은 시간에 앞질러 재앙이나 위험을 미리 예방하려는 것이지만, 사물이 무상하고 변모하기 쉽다는 사실을 분명히 체득하려면 무엇보다도 실제 체험이 필요하다.

현재 눈앞에 일어나고 있는 사태는 필연적인 현상으로 거기에는 충분한 이유가 있는 것이므로 현재의 입장에서 보면, 영원히 존속될 것으로 생각되지만, 이 세상에 유일하고 영원한 현상은 오직 '변화'뿐이다. 그러므로 참된 현자란 외관상의 모습에 미혹되지 않고, 변화가 일어날 시간과 장소를 재빨리 예측할 수 있는 자이다. 대다수의 사람들이 언제나 사물의 일시적인 상태나 과정을 영구한 것으로 간주하는 것은 결과만을 보고 원인을 간파할 능력이 없기 때문이다. 원인만이 앞으로 일어날 변화의 씨를 내포하고 있으며, 결과는 오직 원인에게서 온 것으로 변화를 암시하지 않는다.

50

범인과 현인의 차이는 일상생활에서 찾아볼 수가 있다. 앞으로 닥칠 위험에 대하여 생각하거나 그 정도를 예측할 경우에, 범인은 언제나 종전에 일어난 그와 유사한 사건과 견주어 검토할 뿐이지만, 현인은 앞으로 일어날 가망이 있는 일은 저 스페인의 속담처럼 '1년이 되도록 일어나지 않은 일이 2·3분 내로 일어난다'는 것을 명심한다. 이것은 자연스러운 차이이며, 일어날지도 모르는 일을 미리 내다보려면 지혜가 필요하지만, 일어난 일을 뒤돌아보는 데는 감각만으로 충분하다.

악령에게 불공을 드려라.──이 한 가지를 명심해야 한다. 앞날의 불행을 예방하기 위해서는 노력을 아끼지 않고, 시간을 소비하며, 부자유를 감수하고 고난을 극복하며, 돈을 소비하고 검소한 생활을 하는 등 어느 정도의 희생을 해야 하며, 이 희생이 클수록 불행은 적어지고 멀어지는 동시에 그 실현성이 줄어든다. 그 가장 현저한 실례는 사람들이 지불하는 보험료이다. 보험료란 바로 악령의 제단에 바치는 제물이다.

51

우리는 무슨 일이 일어나더라도 결코 지나친 환희나 비통에 빠져서는 안 된다. 왜냐하면 모든 사물은 끊임없이 변화하므로 언제 정반대의 현상이 일어날지 알 수 없으며, 행·불행이나 길·흉에 대한 우리들의 판단은 확실치 못하며 일찍이 자기가 한탄한 것도 나중에 생각해 보면 오히려 큰 경사일 수도 있고, 후일에 큰 두통거리가 된 것도 전에는 좋아라고 기뻐한 일이 얼마든지 있기 때문이다. 셰익스피어도 이런 견지에서 다음과 같이 말하고 있다.

나는 이제 쓴맛 단맛 다 보았으므로
웬만해서는 즉석에서
여자애 모양 눈물을 짜지 않는다.

모든 불행에 대하여 참으로 침묵을 지킬 수 있는 사람은 인생에 충만한 불행과 화근이 얼마나 끔찍하며, 또 얼마나 다채로운 것인가를 너무나 잘 알고 있다. 이런 사람은 현재 당면한 재앙은 얼마든지 있을 수 있으며, 또한 일어날 가능성이 있는 모든 재앙 중에서 극히 적은 부분이라고 생각하는데, 이것이 바로 스토아적인 심경이다.

우리는 결코 인생의 진상, 즉 그 고뇌를 저버리지 말고 인생은 대체로 참상과 비통에 충만해 있고 허다한 재난에 에워싸인 곳임을 항상 명심해야 한다. 그러므로 신조를 더욱 철저히 간직하려면, 아무 데고 무방하니 자기의 주위를 돌아보면 족할 것이다. 그때 곳곳에서 찾아볼 수 있는 것은, 생존이라는 것은 덧없고 허망하여 아무 보람도 없는 고생바가지뿐이니, 차라리 우리는 이런 인생에 대하여 소극적으로 가급적 자기의 욕망을 제한하여 온갖 사물이 불완전하고 여의치 못함을 참아야 한다.

즉, 모든 재앙은 냉정한 태도를 예방하거나 인내하여, 생존의 요소는 오직 허다한 재앙에 불과함을 잊지 말아야 한다. 그렇다고 우리는 결코 우울한 인간이 되거나 베레스포드처럼 시시각각으로 닥쳐오는 인생의 고뇌를 비관하여 얼굴을 찌푸리거나 또는 벼룩에게 물렸다고 해서 하느님에게 도움을 청해서도 안 된다. 우리는 어디까지나 신중하고 현명한 태도로 인간이나 사물로부터 받는 재난을 스스로 방지하는 한편, 저 동화에 나오는 영리한 여우처럼 교묘한 술책으로 대소의 모든 재난을 피해야 한다.

대체로 모든 불행은 예상하여 각오하고 있으면, 실제로 당했을 때에 한결 견디기 쉬운 법이다. 이와 같이 재난을 미리 있을 수 있는 일로 생각하면 그 수난의 정도가 분명히 측정되어 적어도 그것을 유한한 것으로 간주할 수 있으므로 실제 이상의 영향을 받지 않게 된다.

그러나 이러한 예상을 하지 않고 갑자기 변을 당하면, 놀라움과 두려움 때문에 재난이 지닌 실제의 크기를 측정할 수 없어, 다만 헤아릴 수 없는 것——적어도 실제보다 훨씬 엄청나게 생각되어 훨씬 견디기가 어렵게 된다. 이와 같이 모든 재난에 두려움을 주는 것은 거기 대한 '불명료'와 '불확실'이다. 그러나 앞에서 말한 바와 같이, 우리가 어떤 불행한 사건을 예상하면 그것이 실제로 닥쳤을 경우의 체념과 구제의 방법도 아울러 생각하기 때문에, 마음속으로 거기에 대한 예비적인 경험을 쌓고 있으므로 외로움을 훨씬 덜 수 있는 것이다.

그러나 불행한 사건을 가장 냉철하게 참아나가게 하는 것은, 내가 '의지의 자유'에 대한 논문에서 근본적으로 설명한 바와 같이 모든 사건은 그 대소를 막론하고 필연적으로 일어난다고 확신하는 일이다. 왜냐하면 불가피한 일에 대해서는 쉽사리 체념하는 것이 인간의 상정이므로, 위에서 말한 진리를 확신하면 뜻밖에 일어나는 일도 일반적인 법칙에서 발생하는 일(예컨대 물리적인 현상)이나 엄밀히 예측할 수 있는 일(예컨대 자연계의 현상)과 같이, 인력을 초월한 필연적인 결과로 생각할 수 있기 때문이다. 이 진리에 정통한 사람은 우선 자기 힘으로 할 수 있는 일만을 하고, 그 후엔 필연적으로 나타나는 모든 현실에 대하여 태연히 인종할 수 있을 것이다.

우리가 늘 겪는 여러 가지 사소한 번민과 재난은 오히려 우리를 단련하여 후일에 더 큰 재앙을 슬기롭게 처리하기 위한 예비 훈련으로 보아야 할 것이다. 따라서 우리가 날마다 당하는 번거로운 일이나 조그마한 시비와 충돌, 또는 남들이 가해 오는 무례나 욕설에 대하여 철저한 수련을 쌓아야 한다. 그리하여 이런 사소한 번거로움을 전연 느끼지 않도록 해야 하며, 그것을 마음속에 담아두고 고민하는 일이 없도록 이 모든 것을 상종하지 말며, 마치 길가에 널려 있는 자갈들처럼 발길로 차 버리고 상심하지 말아야 하는 일이다.

52

그런데 운명이란 실상 자신의 어리석은 행동에서 오는 수가 많다. 호메로스도 《일리아드》에서 '현명하고 신중한 사려'를 권고하고 있거니와, 이러한 대목을 몇 번이고 되풀이하여 읽을 필요가 있으며, 악한 행실이 처벌을 받는 것은 저승의 일이지만, 고약하고 두려운 자는 악한이 아니라 신중치 못하고 지각이 없는 사람으로, 인간의 두뇌는 사자의 발톱보다도 더 사나운 무기가 되기도 한다.

그러므로 처세의 묘리를 터득한 사람들이란 우유부단과 경거망동에서 벗어난 사람들을 가리키는 것이다.

53

 용기는 행복을 얻는 데 슬기로운 지혜 다음으로 소중한 조건이다. 우리는 물론 그 어느 것도 스스로 자기에게 부여할 수 없으며, '지혜'는 어머니로부터 물려받고 '용기'는 아버지에게서 유전되지만, 이렇게 해서 타고난 지혜와 용기는 자기의 결심과 훈련에 의해 증가시킬 수 있는 것이다.

 운명의 섭리에 지배되는 이 세상에서 우리는 운명과 인간 자체에 대하여 든든한 갑옷을 입고 언제나 '강철 같은 마음'을 갖고 있어야 한다. 왜냐하면 인생은 하나의 싸움이며 한 발짝 앞으로 나가려고 해도 칼을 빼 들어야 하고, 볼테르가 '이 세상에서는 모든 일에 칼을 빼어야 하며, 칼을 손에 든 채 죽어야 한다'는 말이 옳기 때문이다. 따라서 위태로운 먹장구름이 덮여 온다고, 아니 조금만 나타나도 비관하거나 낙심하는 것은 비겁한 자의 소행이라고 하겠다. 그러므로 우리들의 생활신조는 다음과 같은 것이라야 한다.

 재앙에 굴복하지 말고, 단호히 나가 싸우라.

 위험이 많은 사업에 종사할 때에도 그 앞날에 한 가닥 희망이 엿보이면, 다시 말해서 행운이 올지도 모를 경우에는 흡사 하늘 어느 한 편에 파란 여백만 있으면 날씨가 갤 가망이 보여

실망할 필요가 없는 것처럼 끝까지 분투하여야 하며, 결코 실망하여서는 안 된다. 오히려,

> 천지가 뒤집히기 전에는
> 용감한 사람은 망하지 않는다.

는 각오를 가져야 한다.
　인생 자체는 결코 비겁하게 두려워할 정도로 고약하지는 않다.

> 그러므로 용감하게 살아가거라.
> 불행에는 철석같은 마음으로 대비하여——

　그러나 용기도 지나치면 만용이 된다는 것을 명심하고 신중해야 한다. 어느 정도의 공포심은 살아가는 데 필요하지만, 비겁함은 오직 지나친 공포심에서 오는 것이다. 이 점에 대하여는 베이컨도 '공포'의 한 어원적인 해설에서 올바른 설명을 하고 있다. 그는 이 말이 '자연'의 화신인 판(Pan)이라는 신의 이름에서 나왔다고 하며, 이어서 이렇게 주장하였다. '자연이 모든 생물에게 공포심을 준 것은, 그들로 하여금 삶을 유지하고, 육신을 보호하여 모든 위험을 사전에 피하게 하려는 데 있다. 그러나 자연도 그 정도를 알맞게 조화시킬 수 없기 때문에 공포에는 우리에게 이로운 것과 해로운 것이 뒤섞여 있다. 따라

서 우리가 모든 생물들의 마음속을 들여다볼 수 있다면 그들에게는 특히 인류에게는 두려움을 느끼기 쉬운 큰 약점이 있다는 사실을 인정하게 될 것이다.'

그리고 이 공포의 특징은 그 동기를 분명히 의식하고 있지 않으므로 실제로 존재하는 동기보다 어떤 가상적인 동기로 두려움을 느끼게 되며, 극단의 경우에는 두려움으로 두려움의 동기를 만드는 수도 있다.

V. 연령과 처세

54

볼테르의 명언에 이런 것이 있다.

자기의 나이를 헤아리지 못하는 사람은 그 나이에 따르는 모든 불행을 당하게 된다.

우리는 전 생애를 통하여 다만 '현재'만을 갖고 있을 따름이며 그 밖에는 아무것도 지니고 있지 않다. 생애의 초기에만 앞날의 긴 미래를 내다보고, 그 말기에는 배후에 긴 과거를 뒤돌아보게 된다. 그런데 인간의 '성격'은 변치 않지만, '성질'은 한평생에 다소의 변화를 가져오므로 연령의 차이에 따라서 '현재'에도 여러 가지 형태가 나타난다.

생애의 처음 4분의 1이 가장 행복한 시기로서 이때가 언제나 그리운 낙원으로 추억되는 것도 당연하다. 소년시절의 우리는 외부 세계와 매우 적은 교섭을 하여 요구 조건도 얼마 되지 않으므로 의지의 자극을 받는 일이 드물며, 주로 인식을 위해 생존하고 있다.

인간의 두뇌는 여섯 살이 되면 벌써 상당히 커지는데, 지능도 그 무렵부터 발달하기 시작하여 외부 세계를 인식하려고 한다. 이 무렵에 그 인식의 대상이 되는 외부 세계는 대단히 신선한 느낌을 주며, 만물이 싱싱하게 빛나 보이기 때문에 그대로 하나의 아름다운 시가 된다. 사실 모든 시와 예술의 본질은 플라톤이 말한 이데아를 붙잡는 일, 즉 개체를 통하여 보편적인 것을 직관하는 일이다. 그러므로 개개의 사물은 종족 전체를 대표하는 것으로 표현되며, 천백 가지의 사건에 해당되는 것으로 취급된다. 물론 소년시절에는 언제나 단지 눈앞에 나타나는 개체나 사건이 그나마 자기 마음을 즐겁게 하여 주는 것에만 관심을 갖지만 그 근저에서는 색다른 중요한 경험을 하고 있는 것이다.

다시 말하면 그들의 눈에는 인생 자체――인생의 모든 실상이 후년에 있어서와 같이 반복에 의해 인상이 마비되지 않고 언제나 새롭고 선명하게 나타나므로, 비록 표면으로는 어린이의 생활을 하고 있지만 그 이면에서 신비적으로 또는 무의식적으로 하나하나의 사실과 사건을 통하여 인생의 참된 모습에 관련된 원형과 양식으로 배우고 있는 것이다. 즉, 스피노자가 말한 바와 같이 소년들은 모든 사물과 인물을 '영원한 것'으로서 인식한다. 그리하여 나이가 어릴수록 모든 개체는 종족 전체를 대표하고 있는 것으로 간주하게 되지만, 이러한 느낌은 나이를 먹어감에 따라서 차차로 감소된다. 사물이 주는 인상에 대하여 소년시대와 노년시대에 큰 차이가 있는 것은 이 때문이다.

청소년 시대의 경험과 지식은 나중에도 모든 경험과 지식의 원형이 되고, 기둥이 되고, 범주가 되어, 나중에 얻는 모든 경험과 지식을 무의식중에 그 속에 포함시킨다. 따라서 세계관의 기초와 그 길이나 무게가 결정되는 것도 소년시대이며, 이것은 그 뒤에 계속해서 발달되고 완성되어 가지만 중요한 점에 있어서는 결코 변치 않는다.

이렇게 소년들이 외부 세계를 객관적으로, 따라서 시적으로 보는 것은 그들의 의지가 아직 능력을 충분히 발휘하지 않기 때문이다. 그들의 생활에는 의지적인 요소보다 인식적인 요소가 훨씬 더 많다. 소년들이 대체로 엄숙하고도 관조적인 눈초리를 하고 있는 것은 그 때문이며, 라파엘이 그린 천사, 특히 '시스티나의 마돈다[52]'는 이런 눈초리를 잘 묘사하고 있다.

소년시대가 우리에게 즐겁고 아름다운 것으로 회상되는 것은 고뇌에 가득 찬 의지의 생활과 떠나 있기 때문이다. 앞에서 말한 바와 같이 외부의 사물에 대한 직관적 인식에서 오는 소년시대의 경험은 매우 중대한 의미와 영속적인 효과를 갖고 있거니와, 교육은 그 측면에서 이들에게 추상적인 관념을 주입하려고 한다. 그러나 이러한 관념을 통하여 인간의 심혼을 배양할 수 없으며 우리에게 가장 소중한 것——지식의 근원이 되고 알맹이가 되는 것은 이미 말한 직관적 인식에서 얻는 것이다. 이러한 인식의 소득은 오직 우리 자신의 수확이며, 어떠한 방법으로도 외부에서 주입되어서는 안 된다. 따라서 우리의 지적인 진가는 도덕적인 그것과 마찬가지로 결코 외부에서 부여될 성질의 것은 아니다. 그것은 어디까지나 우리 자신의 본성에서 비롯되는 것으로 페스탈로치 교육법으로도 선천적인 백치를 현인으로 개조할 수는 없는 것이다. 그러므로 이러한 자는 바보로 태어나서 바보로 죽을 수밖에 없다.

또한 소년시대의 환경과 체험이 언제나 뚜렷이 기억에 남아 있는 것은 그 무렵의 외부 세계가 신선하게 눈에 드러나고 하나하나의 사물이 대표적으로 보이며, 직관을 통하여 인식하기 때문이다. 다시 말하면 소년시대에 우리는 이 환경과 체험에 전적으로 몰입하여 아무 방해도 받지 않고 눈앞에 나타난 모든

---

52) 바티칸 교회의 벽화—주

사물을 그 종속 가운데서 유일한 실재로 인식하는 것이다. 그러나 우리는 차차로 나이를 먹어감에 따라서 인식보다도 의지의 힘에 의해 움직이기 때문에 외계의 사물은 거의가 고뇌를 안겨 준다. 요컨대 모든 사물은 오직 '인식'의 눈으로 보면 극히 선량하고 아름다우며, 반대로 '의지'의 눈으로 보면 대단히 사나운 것으로 보이는데 후자보다 전자의 편에 속하는 것이 곧 소년시절의 특징이다.

그러므로 이 무렵의 우리는 사물의 아름다운 일면만 알고 그 두려운 점을 모르며, 지각에 나타나는 모든 사물은 순전히 그 자체, 또는 예술에 묘사된 것과 흡사하여 매우 선량하고 아름답게 보이며, 온 세계가 에덴동산처럼 보이므로 누구나 소년시절에 한 번은 반드시 행운아가 될 수 있는 것이다. 그러나 일단 소년시절을 떠나면 차츰 인식보다 의지가 생활의 중심이 되어 생활의 대상으로서의 선과 미를 의욕의 대상으로 삼기 때문에 사물과 의지에 여러 가지 반작용이 일어나 고뇌에 충만한 운명에 시달리면서, '실생활의 난동' 속에 빠진다. 그리하여 우리는 거기서 비로소 사물의 또 다른 일면 '의욕의 대상으로서의 무서운 점을 알게 되어 의욕적인 생활에 내포된 모든 장해와 고난을 경험하고 인생에 대한 아름다운 꿈이 깨어지고 환상을 즐기던 시절은 지나갔다'고 하여 한탄하고 회한에 잠기게 되는데, 이러한 실망은 나이를 먹고 늙어갈수록 더욱 절실해진다. 소년시절의 인생은 이를테면 먼 데서 바라본 극장의 장식물이며, 노년 시기의 인생은 그 장식물을 눈앞에 보는 격이다.

그리고 소년시절의 화평과 축복을 가져오는 것으로 한 가지를 더 들 수 있다. 그것은 마치 봄에는 모든 나무 잎사귀가 다 초록빛이 되어 한결같이 보이듯이 앞날의 영웅, 학자, 농부, 야인 할 것 없이 누구나 별로 차이가 없으므로 그들은 피차 자연히 친밀한 사이가 되어 별세계를 이루고 있는 것이다. 그러나 세월이 흐름에 따라서 개인차는 심해지며 그 거리는 원주와 마찬가지로 나이를 먹을수록 더욱 커진다.

우리 생애의 전반기가 후반기보다 더욱 이상적으로 보이고, 그 말기가 대개 불쾌하고 불행하게 생각되는 것은, 우리가 그 초기에 행복의 실재를 믿고, 이를 손에 넣으리라는 기대에서 있는 힘을 기울였지만, 그것은 오히려 실망과 재앙의 근원이 되기 때문이다. 즉, 이러한 노력이 결과적으로 가져오는 것은 번번이 거듭되는 실패와 실망과 또 이에 따르는 불만이다. 젊은이들의 눈에는 꿈같은 행복의 환영이 여러 가지 모양으로 눈앞에 어른거리지만, 그것은 결코 실재하지 않으며 따라서 결코 손에 넣을 수 없는 것이다.

모든 청년들이 거의가 그 처지나 환경에 대하여 불만을 느끼는 것은, 결국 인생의 자체가 공허하고 빈약하기 때문이다. 그들은 흔히 언제나 꿈에서 깨어나 인생은 결코 만족을 주는 곳이 아니라는 사건을 자기의 처지나 입장의 소이로 보지만 이것은 잘못이다. 만일 그들이 참된 교육을 받아 이 세상에서 허다한 행복과 만족을 얻을 수 있다는 청년시절의 공통된 망상에서 벗어날 수 있다면 얼마나 좋을까. 그것 자체가 커다란 이익이 되는 것이다. 그러나 실제로는 그들이 이와 정반대되는 방향을 더듬게 되는데, 그것은 그들이 참된 인생을 알기 전에 시나 소설에 묘사된 인생과 친숙하기 때문이다. 다시 말하면 그들의 눈에는 문예에 표현된 인생이 매우 아름다워 눈부시게 보이는 까닭에 자기도 한번 그와 같이 실연해 보고 싶은 간절한 욕망이 일어난다. 이리하여 그들은 자기의 일생을 하나의 소설처럼 실현시키려고 하는데, 이야말로 무지개를 붙잡는 것과 같아서 결국은 내가 말한 꿈에서 깨게 된다.

이와 같이 인간의 전반기의 특징은 행복에 대한 동경과 이에 따르는 실망이며, 후반기의 특징은 불행에 대한 두려움이다. 왜냐하면 이 후반기에 와서는 누구나(정도의 차는 있지만) 모든 행복은 하나의 망상이요, 고통만이 실재한다는 사실을 깨닫기 때문이다. 그러므로 적어도 상식과 이지를 지닌 자라면 늙어갈수록 행복을 얻으니 차라리 견디고 참기 쉬운 상태를 원하고, 근심과 걱정이 없는 처지를 바라게 된다.

나는 대문 소리가 나면 곧 '무슨 좋은 수가 일어나려나?' 하고 대체로 기뻐하였지만, 이것은 젊었을 때의 일이고, 나이를 먹은 뒤에는 '무슨 성가신 일이 생기려나?' 하고 공포에 가까운 것을 느끼게 된다.

원래 천재적인 인물은 범속한 세상 사람들과는 달라서 그 천분의 정도에 따라 고독에 이르게 되지만, 이들은 두 가지 정반대의 감정을 갖게 마련이다. 즉, 청년시절에는 때때로 나는 '세상 사람들에게 버림을 받고 있다'는 것과 '나는 세상 사람들과는 담을 쌓고 있다'는 느낌이 그것이다. 전자는 불쾌하고 후자는 즐거운 느낌이지만, 이것은 결국 세상 사람들의 정체에 대한 경험과 지식의 유무와 그 깊고 얕음에서 비롯되는 것이다. 대체로 누구나 생애의 후반기는 마치 악곡의 하반부와 마찬가지로 그 전반부에 비하여 박력이 부족하고 고요한 음률이 첨가되는데, 이것은 대부분의 청년들이 이 세상에는 행복이나 쾌락이 얼마든지 숨어 있으며 단지 그것을 찾기에 힘들 뿐이라고 생각하는 반면에, 만년에는 이 세상에서 사실상 행복은 전혀 손에 넣을 수 없다는 사실을 깨닫고 체념을 함으로써 마음의 안정을 느껴 평온한 '현재'를 즐겨, 눈앞에 나타나 있는 일에 즐거움을 맛보고 또한 만족을 느끼기 때문이다.

연령과 경험의 선물로 말미암아 인생에 대하여 갖는 견해는 주로 소년들과 다른 무사와 무위이다. 우리는 모든 사물을 정면으로 단순히 대하면 있는 그대로 볼 수 있지만, 청소년들은 자신의 망상과 선입관과 당치 않은 사상에서 일어나는 여러 가지 환영에 눈이 어두워 외계의 사물을 올바로 볼 수 없는 것이다.

인생이란 수를 놓은 옷감에 비유할 수 있다. 누구나 생애의 전반기에는 그 표면을 보고, 후반기에는 그 이면을 보게 마련이다. 이면은 표면보다 아름답지는 못하지만 거기서 아는 것과 깨닫는 것은 상당히 많다. 즉, 거기서 모든 바늘 자국과 꿰맨 흔적이며 그리고 실로 엮은 매듭을 찾아볼 수 있다는 것이다.

정신적으로 뛰어난 자가 남들에게 그 능력을 충분히 인정받으려면 적어도 40세를 넘어야 한다. 나이와 경험은 선천적으로 우수한 소질에 의해 남을 능가하는 경우도 있지만, 그것에 의하여 결코 대치될 수 없는 독특한 장점과 가치를 지니고 있다. 따라서 보통 사람들도 능히 이런 연령에서 오는 자연적인 우월로 말미암아 젊은 천재를 눈 아래 내려다볼 수 있다. 그러나 이것은 어디까지나 '인물'로서의 관록에 있어서이고, '작품'에 대하여 하는 말이 아니다.

어느 면에서 출중한 자, 빈약한 천분을 타고난 자, '인간 전체의 9분의 5'에 속하지 않는 자라면, 40이 넘으면 어느 정도 인간에 대한 증오를 느끼지 않을 수 없게 된다. 이들은 청년시대의 '자기'를 척도로 하여 남을 측정해 왔지만, 차차로 그것이 잘못임을 체득하여, 자기 주위에 있는 대부분의 사람들은 지력이나 덕성에 있어서 자기보다 훨씬 떨어지며, 따라서 그들과 도저히 대등한 관계를 맺을 수 없다는 것을 알게 되기 때문이다.

따라서 그들은 애써 세상 사람들과의 교제나 접촉을 피하려고 한다. 전에도 언급한 바와 같이 인간은 그 진가에 따라 고독, 즉 자기 자신과의 교섭을 사랑하기도 하고 싫어하기도 하는데, 이러한 인간 혐오에 대해서는 칸트도 《판단력 비판》 제1편 29장에서 서술하고 있다.

일찌감치 세상의 처세술에 능하여 그 모든 요령에 능통하고, 그 세계에서 활개를 치는 젊은이는 그 지능이나 덕성에 있어서는 한갓 속물로 간주해야 하며, 이와는 반대로 사회생활에 서툴고 둔하며 졸렬하여 번번이 실수만 저지르는 자는, 오히려 한층 더 고귀한 천성을 지닌 인물로 인정해도 무방하다.

인생은 산을 넘는 경우와 같이 저쪽 기슭은 죽음의 연못에 침수되어 있는데, 청년시절은 이를테면 오르막길이므로 아직 눈앞에 죽음의 그림자를 찾아볼 수 없지만 일단 산정에 올랐다가 내리막길에 접어들면, 지금까지 귀 밖으로만 들어오던 죽음이 항상 눈앞에 어른거리고, 육신의 쇠퇴와 함께 시력도 점점 쇠약하여 청년시절의 객기 대신에 일종의 엄숙한 비애를 느끼게 되어 나중에는 얼굴에까지 나타난다. 젊었을 때에는 누가 뭐라 하여도 인생을 무한하게 생각하고 살아가지만, 나이를 먹어감에 따라서 차차로 시간을 아끼게 된다. 왜냐하면, 만년에 이르면 하루하루가 마치 처형장에 가야 하는 사형수와 같은 느낌이 들기 때문이다.

인생이란 젊은이의 눈에는 하나의 끝없는 긴 미래로 보이며, 늙은이의 눈에는 하나의 지극히 짧은 과거로 보인다. 전자의 경우에는 마치 쌍안경을 거꾸로 하여 사물을 보는 것과 같고, 후자의 경우는 올바로 보는 것이다. 그러므로 인생이 대단히 짧은 것이라는 사실을 알려면 장수한 늙은이가 되어 보아야 한다. 인생의 모든 사물은 나이를 먹을수록 점점 작게 보이며 일찍이 청년시절에는 태산같이 커다랗게 나타나던 인생이, 꿈과 같이 덧없고 다만 급격한 현상의 무의미한 교체로만 생각되어 모든 허무와 무상이 뚜렷이 눈에 보이고 마음에 스며든다.

청년시절에는 시간 가는 것이 대단히 더디다. 그러므로 한 평생의 4분의 1은 가장 행복한 시기이고 또 가장 긴 부분이며, 그동안에 머릿속의 기억은 다른 어느 때의 기억보다 훨씬 많다. 누구나 자기의 일생에 대하여 이야기하려고 할 때, 그 4분의 1에 해당하는 부분에 대하여는 그 밖의 4분의 3을 합친 것보다 더 많은 이야기를 할 수 있다. 아니 마치 계절에 있어서의 봄처럼, 인생의 봄에 있어서도 해가 너무 길어서 지루한 경우가 있을 정도이지만, 드디어 인생의 가을에 접어들면 낮은 짧아지는 대신에 청명한 날씨가 계속된다.

어찌하여 노년기에는 과거의 생애가 그렇게 짧게 보일까?

그것은 필경 조금도 소중할 것 없는 대부분의 불쾌한 일들이 기억에서 사라져 극히 적은 부분만 남아 그 내용이 빈약해지고 그 길이도 짧아지기 때문이다. 인간의 지능이 불완전한 것처럼 기억의 작용도 대단히 불완전하여 일단 습득한 것도 되풀이하여 연습하지 않거나 과거의 사건도 몇 번씩 상기해 보지 않으면 어느새 망각의 심연 속에 잠겨 버린다. 그런데 별로 중요하지 않은 일, 특히 불쾌한 일은 되도록 다시 상기하지 않는 것이 인간의 보통 심정이므로 이것들을 기억 속에 남겨둘 수는 없는데 게다가 나이를 먹어 갈수록 '소중하지 않은 일'은 더 많아진다. 다시 말하면 청년시절에 소중하게 생각하던 여러 가지 일들이 계속해서 반복되면 나중에는 '소중하지 않은 일'이 되어 버리므로 우리는 청년시절의 일을 중년 이후의 일보다 더 소상히 상기할 수 있는 것이다.

이와 같이 나이를 먹을수록 소중하고 중대한 일은 적어지므로 추억의 밑천을 좀처럼 얻을 수 없다. 전에도 언급한 바와 같이 되풀이하여 상기하는 것이 기억을 새롭게 하는 유일한 방법인데, 노년에 이르면 어지간한 일은 한번 지나가면 곧 영원히 망각되므로 아무런 흔적을 남기지 않고 그림자처럼 사라져 버린다. 그리고 대체로 불쾌한 일은 될 수 있는 대로 덮어 두려고 하며, 특히 그것이 자기의 자존심이나 허영심을 손상할 경우에는 더욱 그렇다. 이것은 결국 불행이나 고뇌는 어느 정도 우리 자신의 탓임을 입증하는 것이다. 이리하여 불쾌한 일은 거의 망각되는데 거기에 별로 소중하지 않은 일까지 제외되면 기억은 대단히 빈약해진다. 즉, 경험을 쌓을수록 기억은 오히려 짧아지며, 마치 항구를 떠난 배에서 바라보면 물 위에 있는 모든 사물이 점점 작아지고 나중에는 분간하지 못하게 되는 것처럼 지나간 우리들의 생애에서 명멸한 모든 행위와 사건도 나이와 함께 점점 희미해지는 것이다.

노인이 되면 때때로 자기의 과거와 심지어 자기의 나이까지도 꿈결같이 느껴질 때가 있다. 그것은 주로 우리가 언제나 동일한 '현재', 즉 영원히 반복되는 '지금'이라는 시간의 한순간만을 갖고 있기 때문이며, 또한 우리 자신의 실체인 참된 자아는 결코 시간 속에서 존재하지 않고 외부의 자아, 즉 현상으로서의 자기가 '현재'라는 한 점에 놓여 시간 속에서 살아나가며 '현재'만이 외부 세계와 자기가 접촉하는 유일하고도 구체적인 현실이기 때문이다. 이와 반대로 우리가 청년시절에 눈앞에 놓인 생애를 거의 무한하게 보는 것은 우리가 그 실현을 위해서는 메추자램과 같은 장수도 부족할 정도로 많은 희망을 갖고 있기 때문이며, 또한 과거의 적은 연수로 앞날을 계산하기 때문이다. 또한 청년시절에 대한 기억은 내용이 풍부하고 그 안에서 전개되는 사건들은 매우 신기하기 때문에 특별히 중요성을 띠게 되며, 몇 번이고 회상되어 기억 속에 남게 되므로, 자기의 과거는 사실보다 훨씬 길게 생각된다.

우리는 때때로 어떤 과거의 입장으로 다시 한 번 되돌아가고 싶어 하지만, 실은 오직 그 무렵의 시간으로 돌아가려고 하는 것으로, 이 경우에 시간이 공간의 가면을 쓰고 우리를 기만하는 것이다. 그러므로 다시금 그 고장을 찾아가 본들 젊은 시절과 같은 인상을 받을 수는 없으며 오직 '시간의 속임수'를 깨달을 뿐이다.

체질적으로 이상이 없는 사람은 다음의 두 가지 중에서 하나를 택하여 오래 살 수 있다. 이 방법을 두 개의 남포등에 비유하면 한쪽에는 기름이 적은 대신에 가느다란 심지가 마련되어 있고, 다른 쪽에는 심지가 크고 기름도 많이 들어 있어 양자가 다 오래 불을 밝힐 수 있다. 이 경우에 기름은 체력을 의미하고, 심지는 그 소모를 뜻한다.

그리고 체력으로 말하면 36세까지는 마치 이자만으로 살아가는 격이므로 오늘 소모한 정력은 내일이면 회복된다. 그러나 이 나이가 지나면 원금을 까먹는 것과 같아서 처음에는 크게 눈에 드러나지 않고, 소모액이 거의 메워지고 적자도 적으므로 걱정 없을 것 같지만 이렇게 축내는 일은 계속해서 늘어 가며, 그 증가율은 날마다 달라 오늘 하루가 지나면 어제보다 그만큼 가난해진다. 다시 말해서 적자는 물체의 낙하처럼 가속적으로 커지며 드디어 아무것도 남지 않게 된다. 이렇게 체력과 재산이 동시에 축나기만 하면 그야말로 통탄할 노릇이다. 그리하여 말년에 가까워질수록 재산에 대한 욕심도 높아 간다.

그러나 생애의 초기, 즉 청년기에는 체력이 가장 왕성한 때이며, 비유컨대 이자를 얼마간 원금에 보태는 것처럼 하루의 경비가 날마다 차곡차곡 손에 들어오며 또한 원금도 늘어 간다. 그러므로 청년시절에는 이중의 행복을 손에 넣을 수 있으나, 노년시절에는 이중의 불행에 빠지기 쉽다. 그렇다고 젊었을 때 체력을 너무 혹사하여서는 안 된다. 아리스토텔레스도 《정치학》 제5장에서 '올림피아 경기'에 우승한 자 가운데서 청년시절부터 장년기에 이르기까지 계속해서 명성을 유지한 자는 겨우 두서너 명 정도뿐이라고 하였는데, 이것은 과격한 연습으로 말미암아 체력을 지나치게 소모하였기 때문이다. 육체도 그러하거늘 하물며 지적 대사업에 종사하는 정신력에 있어서도 마찬가지이다. 흔히 온실 같은 따뜻한 교육을 받아 온 조숙한 천재가 신동으로서 남들을 놀라게 하는 경우가 있지만, 그것은 단지 소년시절뿐 나중에는 평범한 인간이 되어 버리거나 많은 학자들이 만년에 정신이 위축된 무능력자가 되어 버리는 것도 대개는 그리스어나 라틴어 공부 때문에 어릴 적부터 두뇌를 무리하게 혹사한 것이 그 주요 원인이 되는 것이다.

대체로 세상 사람들은 노년기에 접어들면 여러 가지 경험에 의하여 깨닫는 바가 많고 나이에 연단되어 원숙한 성격을 지닌 원만한 인간이 될 수 있는데 이것은 특히 프랑스 사람들의 경우가 그렇다. 그것은 성격 자체에도 청년형, 장년형, 노년형이 있어, 나이가 이에 보조를 맞추어 영향을 주기 때문이다. 육지의 사물이 점점 멀어지는 것으로 자기가 항해하고 있음을 알 수 있듯이, 우리가 나이를 먹어 가고 있다는 사실은 20대, 40대, 60대의 사람들이 점점 자기보다 젊어 보이는 것으로 알 수 있다.

인간의 모든 관찰과 행위와 체험이 정신에 미치는 영향은 나이를 먹어 감에 따라서 점점 희박해진다. 그러므로 우리가 충분한 자의식을 갖고 살아가는 것은 오직 청년시절뿐이며, 노년기에 이르면 의식적인 생활을 반은 상실한다고 볼 수 있다. 다시 말하면 인간의 생존 의식은 늙어갈수록 긴장을 풀게 된다.

그것은 흡사 아무리 훌륭한 미술품이라도 백천 번 보는 동안에 감흥이 전혀 없어지는 것과 같이 모든 사물은 점차로 의식의 표면을 스쳐 갈 뿐 별로 인상을 남기지 않으며, 우리는 단지 눈앞에 닥친 필요에 따라서 여러 가지 일을 할 뿐, 나중에는 자기가 어떤 일을 행한 여부조차 잊어버리게 된다. 그러므로 의식이 감퇴함에 따라서 세월의 흐름도 점점 빨라진다. 그러나 소년시절에는 모든 사물과 사건이 신기하기만 하여 모조리 의식 속에 떠오르므로 그 무렵의 하루는 대단히 길다. 체험은 여행에서도 할 수 있으니, 여행의 그 1개월은 가정생활의

4개월보다 더 길게 느껴진다. 그러나 몇 번이고 동일한 사물과 접하는 동안에 지성이 차차 둔해지므로 모든 사물이 머리에 아무 흔적도 남기지 않고 흘러가며, 따라서 생활도 점점 무의미하게 되고 시간이 짧아 보인다. 노인의 하루가 소년의 한 시간보다도 짧게 생각되는 것은 그 때문이다.

이와 같이 일생을 흐르는 시간은 낙하하는 공과 같은 가속도의 운동을 한다. 그리고 회전하는 원판은 중심에서 먼 거리에 있을수록 빨리 돌아가는 것과 같이, 우리들은 나이 1년을 먹을수록 시간이 빨리 지나간다. 그리하여 직접적인 실감에 의해 1년의 참된 길이는 분자로 하고 자기의 나이를 분모로 했을 경우의 숫자에 비례한다. 예컨대 5분의 1(다섯 살)로 된 1년은 5분의 1(쉰 살)에 해당하는 1년보다 열 갑절이나 길게 생각된다. 이러한 차이는 때에 따라서 생애의 여러 가지 면에 중대한 영향을 미치며, 소년시절은 연수가 짧지만 생애의 가장 긴 시기로 경험과 기억이 제일 풍부한 시기이다.

한편 우리는 일생을 두고 나이에 반비례하여 권태를 느끼게 된다. 소년들은 언제든지 유희나 놀이에 시간을 충당할 필요가 있으므로 한가하면 곧 심한 권태에 사로잡힌다. 청년도 권태에 빠지기 쉬우며 무위를 싫어하지만, 장년기에 접어들면 차차 권태를 덜 느끼고, 만년에 이르면 세월이 가속도로 빨라 화살과 같이 흘러가므로 권태를 거의 느끼지 않게 된다. 그리고 노년기에 나타나는 하나의 특징은 정욕이 감퇴하여 이에 따르는 번뇌와 고통이 없어지는 일이다. 따라서 건강만 유지되면 생명의 무거운 짐은 한결 적어지고 가벼워진다. 그리하여 노쇠하기 전 몇 해 동안은 생애의 가장 좋은 때라고도 하거니와, 심신의 안정을 얻고 있는 점에서 보면 사실 그렇다고 할 수 있다.

그러나 생애의 초기에는 모든 사물이 강한 인상을 주어 선명하게 의식 속에 떠오르므로 수확이 가장 많은 시절이라고 하겠다. 인간의 가장 근본적인 지식은 오직 직각적인 인식에서만 얻을 수 있으며, 추리나 사유에 의해 얻게 되는 것이 아니다. 그것은 논리의 형식보다 실제의 인상에 의지해야 하며 인상만 강하고 선명하면 사리를 스스로 알 수 있는 것이다. 그러므로 청년시절을 선용하면 그 생애에 커다란 효과를 가져온다. 이 시기가 지나 나이를 먹게 되면 벌써 우리 자신이 하나의 완성된 존재로서 외부 세계에 좌우되기보다 그 외계와 타인에게 직접 어떤 작용을 하게 마련이다. 즉, 장년기 이후는 활동과 실천의 시대요, 청년시절은 그 토대가 되는 관찰이 기본적인 인식에 적합한 시기이다.

청년시절은 관찰과 중심이 되며, 노년기는 사고가 중심이 된다. 즉 전자는 시적인 시절이요, 철학적인 시절이다. 아닌 게 아니라 청년시절에는 감각적인 사물과 인상에 영향을 많이 받으며, 노년기에는 사고의 결과가 어떤 결의의 동기가 된다. 노년기에는 여러모로 견식이 풍부하여 각각 개념에 포함되므로 직접적인 관찰보다 개념이 더욱 권위와 가치를 지니게 되는 반면에, 모든 감각적인 인상은 거듭되므로 종전과 같은 큰 영향을 주지 못한다. 그러나 청년시절에는——특히 다감하고 상상력이 풍부한 두뇌를 지닌 자는——사물의 표면과 그 인상에 좌우되는 수가 많으므로, 인생 자체도 단지 표면적인 그림으로 보일 뿐이다. 그리하여 그들은 자기의 참된 뜻을 따르기보다 세상에서 자기를 어떻게 볼까 하는 데 관심을 갖는다. 그들이 대체로 용모나 의복에 많은 신경을 쓰는 것은 그 비근한 증거이다.

우리의 정신 능력이 최고도에 달하는 것은 청년시절에서 늦어도 35세 전후까지며 그 후로는 차차로 줄어든다. 장년기나 노년기의 정신생활에는 그 대신 다른 특징이 있다. 즉 이 시절에는 경험과 지식이 풍부하여 지난날의 무수한 시간과 기회를 이용하여 모든 사물을 여러 가지 면에서 관찰하고 탐구하여 상호 간의 관련성을 찾아보고, 이에 대한 종합적인 정확한 지식으로 그 진상을 알게 된다. 또한 이 시기에는 모든 개념이 경험에 의해 밑받침이 되어 있으므로, 그 지식은 더욱 확고해지며, 청년시절의 여러 가지 수확이 증가되어 참된 의미의 자기 소유가 되고, 모든 지식에 원숙미와 정밀도가 증가된다.

그러나 청년시절의 지식은 단편적이고 미숙하다. 인생에 대한 가장 성숙하고 정확한 개념은 오직 노경에 도달한 자에게만 부여되는 특권으로 그들은 인생의 진상을 능히 달관한다. 그리하여 젊은이들처럼 인생을 그 입구에서 멀리 바라보는 것이 아니라 그 출구에서 오랜 체험을 통하여 한눈에 바라보고 인생이 무에 가깝다는 것을 깨닫게 되지만, 젊은이들은 언제나 '이 세상에는 어떤 멋있는 것이 있으리라'는 망상에 사로잡힌다. 그런데, 한편 발명과 창조는 청년의 특징으로 그들은 약간의 지식을 활용하여 허다한 공헌을 할 수 있는 데 반하여, 노년기는 사물을 분별하고 해명하여 그 진상과 뿌리를 캐내는 것이 장기이다.

그리고 정신력이 탁월한 천재가 후세에 전할 만한 독창적인 지식과 '아이디어'를 제시하는 것은 청년시절의 일이며, 이것을 자유로이 구사하여 작품으로 완성하는 것은 대체로 장년 이후의 일이다. 즉, 위대한 저술가가 필생의 걸작을 쓰는 것은 대개 50세 전후의 일이다. 요컨대 청년시절은 한평생 소유할 모든 지식의 뿌리가 되고, 장년 이후에는 그 가지와 잎사귀가 되어 열매를 맺는 것이다. 오늘의 시대나 세기가 아무리 고약하여도 과거의 어느 시대보다도 훨씬 진보되어 보이는 것과 같이 인간의 생애에 있어서도 자기가 당면한 시기를 흔히 가장 좋은 것으로 간주하지만 이것은 그릇된 생각이다. 육체의 성장기에는 두뇌가 크게 발달되고 지식도 날로 증가하므로, 그 무렵에는 '오늘'의 자기가 '어제'의 자기를 멸시하기 쉬우며, 이러한 습성이 고정되어 오늘의 '자기'가 '어제'의 자기에 대하여 한 걸음 양보해야 할 정신의 쇠퇴기에까지 작용하는 수가 있는 것이다. 우리가 가끔 청년시절의 식견이나 작품을 함부로 멸시하여 부당한 평가를 하는 것도 그 때문이다.

인간의 지능을 성격이나 덕성처럼 선천적이라고 잘라서 말할 수는 없으며 적어도 전자가 후자와 같이 고정되어 있지 않고 많은 변화가 있는 것만은 사실이다. 이러한 변화는 대개 규칙적으로 일어나는데, 이것은 지능이 하나의 생리적인 소질이요, 경험적인 소득이기 때문이다. 다시 말하면 지능은 점차로 발달되어 그 절정에 이르면 차차로 감퇴되다가 드디어는 전혀 활동을 하지 못하게 된다. 또한 그 토대가 되어 작용을 하는 사고와 인식의 내용, 경험과 지식, 그리고 여러 가지 판단 같은 것도 점차로 그 지능이 왕성하여 어느 절정에 이르면 다시 서서히 감퇴되어 어느 결정적인 시기에 도달하면 기능을 거의 상실하고 만다. 인간은 이와 같이 절대로 변화하지 않는 '성격'과 피상적으로 변화하는 '지능'의 두 가지 면으로 되어 있으므로, 나이를 먹어감에 따라서 외적으로나 내적으로 여러 가지 변화를 가져오는 것은 당연한 일이다.

대체로 비유해 말하면 생애의 전반기 40년은 본문이고, 나중 30년은 거기에 대한 주석이다. 우리는 이 주석에 의하여 비로소 본문의 진정한 의미와 관련성, 그리고 전반적인 대의와 묘미를 분명히 알 수 있는 것이다.

만년에 이르면 마치 가장무도회의 마지막 장면을 보는 것처럼, 인물과 사물과 그 밖의 모든 것이 사실 그대로의 정체를 드러내 보여 주므로 자기가 지금까지 접촉해 온 많은 사람들의 참된 모습과 그 성격도 분명히 들여다보인다. 그리고 자타를 막론하고 모든 행위는 그 결과에 따라서 판단되며, 모든 사업과 작품은 시일이 경과함에 따라 올바로 평가되어, 여러 가지 환영과 운무가 사라져 버린다. 그러니까 우리가 걸어가는 몇십 년의 긴 생애는 요컨대 이러한 맑은 심경에 도달하기 위한 도정에 불과한 것이다. 특히 신기한 것은, 우리가 자기 자신과 그 소망과 그리고 대외적인 여러 가지 세상 물정에 대한 이해도 역시 만년에 가야 비로소 가능하다는 점이다. 그리하여 우리는 자기 자신을 종전에 생각했던 것과는 달리 한층 더 열등시하는 경우도 있고, 또는 높이 평가하기도 한다. 이것은 세상을 잘 모르고 인생의 목표를 너무 높은 데 두었기 때문이지만, 노년에 이른 자의 눈은 모든 인간의 본성과 진가를 거의 정확하게 꿰뚫어 본다.

우리는 흔히 청년기를 행복한 시절이라고 생각하고, 노년기를 불행한 시기로 보지만 전자를 지배하고 있는 정욕은 결코 인간을 행복하게 하지 못하므로 사실은 정반대로 평가하지 않을 수 없다. 다시 말하면 청년시절에는 정욕의 노예가 되다시피 하여 인생의 단맛보다도 오히려 쓴맛을 더 보게 되지만, 노년기에 이르면 정욕이 가라앉아 일종의 명상적인 태도를 취하며 지식은 의지에서 떠나 최고의 권위를 지니게 된다. 이런 순수한 지식은 조금도 고뇌를 동반하지 않으므로, 이 지식이 내면생활의 중심이 되면 더욱 큰 행동을 얻을 수 있는 것이다. 더구나 모든 쾌락은 소극적인 것이요, 고통은 적극적인 것이라는 사실을 상기할 때, 정욕은 결코 우리를 행복하게 할 수 없는 것과 노년기가 허다한 쾌락을 상실하였다고 해서 한탄함은 부당하다는 것을 이해할 수 있다.

모든 쾌락은 요컨대 오직 욕망이라는 정신상의 결함을 보충할 뿐이다. 그러므로 이 욕망이 없어지면 동시에 쾌락도 자취를 감춘다는 것은, 마치 식사 후에 음식을 먹을 수 없고 잠을 자고 나면 졸리지 않는 것처럼, 조금도 비관할 필요가 없는 것이다. 플라톤이 그 《국가론》의 서론에서 노년기를 행복한 시절이라고 주장하고 종전에 끊임없는 번민과 고뇌의 근원이 되어 온 '성욕'의 감퇴를 그 중요한 이유로 들고 있는 것은 탁견이라고 하겠다.

악마와도 같은 성욕이라는 본능의 손에 사로잡혀 있는 동안에는 여러 가지 공상과 감정의 격동에 시달려 누구나 다 미치광이 같은 추태를 부리기가 일쑤이다. 따라서 우리가 참으로 이성을 가진 인간이 되는 것은 성욕을 느끼지 않는 상태에 들어간 연후의 일이다. 대체로(개인적인 예외는 별 문제이지만) 청년시절에는 언제나 일종의 우수와 비애에 젖게 되지만, 노년기에는 청명하고 상쾌한 취미가 수반된다. 청년시절에는 악마와 같은 성욕의 노예가 되어 '대가 없는 고역'에 종사하게 되는데, 이 성욕은 언제나 우리를 들볶으며 한시도 자유를 주지 않으며, 나아가서는 모든 해악과 불행을 초래하는 직접 간접의 큰 원인이 된다. 그러나 노년기에는 마치 오랜 속박의 사슬이 풀려 자유롭게 걸어 다닐 수 있는 사람처럼, 커다란 해방의 즐거움을 맛볼 수 있는 것이다. 한편 성욕이 끊어지면 생명의 중심을 잃게 되어 형체만 남아 있는 격이다. 따라서 그것은 일종의 희극──처음에 인간이 등장하고, 나중에는 같은 옷을 걸친 자동인형이 나타나는 미치광이 연극과 같다고 하겠다. 아무튼 청년기는 불안한 시절이요, 노년기는 편안한 시기인 것은 사실이다. 어느 쪽이 더 행복하냐 하는 판별은 이 점에서 내릴 수 있는 것이다.

어린아이가 손을 내밀며 눈앞에 보이는 여러 가지 물건을 한사코 잡으려고 하는 것은 그 물건들이 형형색색으로 이들의 오관을 자극하여 욕심을 도발하기 때문이다. 그런데 청년은 이러한 의욕적인 충동을 느끼는 일이 아이들보다 훨씬 더 많으므로 외부 세계의 다채로운 형체에 이끌려 실제 이상의 가치를 부여하고 이를 손에 넣기 위해 허망한 욕정과 번뇌에 사로잡히지만 이런 마음의 동요와 조바심은 오히려 그들로부터 행복의 근원인 심신의 안정을 앗아가 버린다. 한편 노년기가 되면 핏줄이 차지고 오관이 둔하게 되며 오랜 경험에 의해 모든 사물의 진상과 쾌락의 본질이 무엇인가를 간파할 수 있으므로 인생에 대한 의욕적인 풍파는 스스로 가라앉게 된다. 그리고 모든 미혹과 망상과 부당한 선입관념에서 떠나 사물의 진상을 정확하게 파악하고 이를 토대로 하여(정도의 차이는 있지만) 결국 모든 인간사가 허무맹랑함을 깨닫게 된다.

거의 모든 노인들――그 소질은 범속하더라도――이 청년들에게서는 찾아볼 수 없는 위대한 영혼과 지혜를 함께 지닌 듯한 일종의 초탈한 풍모를 갖고 있는 것도 그 때문이다. 이들이 젊은이에게 주는 최대의 선물은 그 정신적 안정이며 이것이야말로 행복의 가장 큰 요소――그 필수조건과 핵심이 되는 것이다. 이 세상에는 놀라운 이득이 많으므로 '그것을 찾아낼 때까지 꾸준히 노력하자'는 것이 청년들의 태도이지만, 노인들은 《전도서》에 있는 '모든 것이 공허하다'는 진리를 깨닫게 된다. 그리하여 이 세상의 호두는 언뜻 보면 금빛으로 반짝이지만, 속은 비어 있다는 사실을 알아차린다.

인간은 만년에 이르러 비로소 '세상에는 하나도 다른 것이 없다'는 호라츠의 잠언을 이해하고 모든 사물이 무상하며, 세상의 굉장하고 아름다운 온갖 것이 덧없는 환영에 불과하다는 사실을 절실히 느끼고 일체의 미혹과 망상에서 벗어날 수 있다.

늙은이는 이미 궁전에도, 오두막에도, 그 어느 후미진 고장에도, 거기에 무슨 행복이 깃들어 있다고는 꿈에도 생각지 않는다. 그리하여 차라리 정신적으로나 육체적으로 별로 큰 걱정이 없는 사람이 행복하다는 것을 깨닫는 동시에 부자건 가난뱅이건, 귀한 자나 천한 자를 막론하고 똑같이 대하며, 일종의 정신적인 안정을 얻어 세상의 모든 꿈결 같은 사건에 대하여 냉정한 미소를 머금고 내려다볼 수가 있게 되는 것이다. 그리고 일체의 혼미 속에서 깨어나 인간이 아무리 장식하고 분장하려고 하여도, 인생의 빈약한 모습은 그 표면적인 찬란한 빛을 통하여 빤히 속이 들여다보이고 아무리 색깔을 입히고 비단을 걸쳐도 그 중요한 본바탕에는 차이가 없는 것으로, 그 진가는 오직 고통이 없다는 것으로 측정해야지 결코 쾌락이나 영화나 호사의 유무에 의해 계산할 성질의 것이 아님을 깨닫게 된다.

늙은이들이 지닌바 본질적인 특징은 '미혹에서 깨어난' 것이며 지금까지 생존에 매력을 느껴 애쓰고 고민하도록 강요하던 모든 미궁에서 벗어나 저마다 우러러보는 호사, 영화, 그리고 외관상의 존엄도 한갓 허망한 그림자요 공염불임을 깨닫고 온갖 소망과 기대의 대가는 거의 있을까 말까 한 것임을 체득하며, 나아가서는 인생이란 전체적으로나 부분적으로 아무 소득도 없는 빈약한 것임을 낙관하게 마련이다. 그러므로 누구나 60세만 되면 《전도서》의 제1장에 있는 '모든 것이 헛되도다'는 진리를 깨닫고, 긍정하게 되어 그 늙은 얼굴에 흔히 밝은 오도(悟道)의 빛과 동시에 어두운 비애의 그림자가 나타난다.

사람들은 노년기는 병고와 권태에 빠진다고 말하지만, 반드시 그런 것은 아니다. 즉, 병이 거의가 노년기에 침범하는 것은 아니며, 특히 장수할 수 있는 체질을 타고난 사람에게는 그렇다.

또한 권태는 앞에서도 말한 것과 같이 노년기보다 오히려 청년기에 쉽사리 닥쳐온다. 노년기에는 여러 가지 이유로 자연히 고독을 느끼게 되지만 이 고독은 반드시 권태를 가져오지는 않는다. 오직 감각적이고 사교적인 사람만이 늙어서 권태의 시달림을 받게 된다. 또한 노년기에 이르면 정신력이 쇠퇴하는 것은 사실이지만, 두뇌가 우수한 사람에게는 권태를 물리칠 만한 힘은 언제나 지니고 있다. 이 시기에는 경험과 지식과 사색으로 말미암아 관찰이 한층 명확하게 되고 판단이 올바르며, 모든 개념은 질서정연한 연관성을 갖고 더욱 명백해지며 모든 사물에 대하여 능히 그 전모를 통찰하여 일찍이 습득한 지식에 체계를 세우거나 때때로 새로운 지식을 받아들여 여러모로 참된 자기 교양을 쌓을 수 있으므로 정신은 스스로 만족과 위안을 얻어 앞에서 말한 바와 같은 자연적인 손실은 보충될 수 있는 것이다. 특히 노년기는 시간이 빨리 지나가므로 권태를 느낄 사이가 적으며, 체력의 노쇠로 생활에 허덕이는 자가 아니라면 별로 부자유할 것도 없다. 다만 이 무렵의 빈곤만은 큰 불행이 아닐 수 없으나 생활만 보장되고 어느 정도의 건강이 보장되면, 노년기는 오히려 일생 가운데서 아늑한, 따라서 견디기 쉬운 시기이다. 그러므로 이 시기에 무엇보다도 소중한 것은 생활의 안정이며, 그 때문에 늙으면 재산을 더욱 아끼게 마련이다. 돈은 체력의 쇠퇴에서 오는 모든 부자유를 어느 정도 보충해 주기 때문이다.

한편 늙으면 '사랑의 신'에게 버림을 받게 되므로, '술의 신'과 친하여 기분을 내는 수가 있다. 그리고 전과 같이 견문이나 여행, 그리고 지식에 대한 의욕보다 남에게 가르치고 이야기하고 싶은 욕구가 일어난다. 이 시기에도 학문이나 음악이나 관극 같은 즐거움──다시 말해서 외계의 사물에 대하여 어느 정도의 흥미가 남아 있으면 매우 좋은 일이며, 사람에 따라서는 죽을 때까지 이런 즐거움을 계속해서 느낄 수 있다.

늙으면 모든 체력과 지력이 차차 쇠퇴하는 것은 슬픈 일이면서도 한편 필요한 일, 아니 기쁜 일이다. 왜냐하면 노쇠는 죽음의 준비 공작으로서 미리 이런 마련이 없다면 죽음은 몹시 괴로운 것이기 때문이다. 늙은이에게 보내는 최대의 선물은 '편안한 죽음'이며, 이리하여 그들은 평안한 마음으로 고통도 경련도 느끼지 않고 죽음을 맞이한다.

청년기와 노년기의 근본적인 차이는 전자가 오로지 생존을 원하는 데 반하여, 후자는 죽음을 바라는 점이다. 전자는 짧은 과거와 미래를 갖고 있는 것이다. 아닌 게 아니라 인간은 늙으면 오직 죽음만을 바라보게 되며, 청년시절에는 생존만을 바라보지만 그 어느 쪽이 더 번거롭고 괴로우냐, 또한 인생이란 결코 이렇다 할 무슨 가치가 있는 것도 아니요, 그것을 미래에 놓아두고 있느니보다 과거에 묻어 두는 편이 더 낫지 않느냐? 하는 점은 스스로 풀 문제이다. 《전도서》에도 죽는 날이 출생하는 날보다 좋다. 어떤 경우에나 지나친 장수를 원하는 것은 무익하다기보다 만용에 가까운 일로, 스페인의 속담에도 '오래 살면 재앙이 많다'고 하였다.

엄밀히 말하면, 인간의 생애는 길다고도 할 수 없고 짧다고도 할 수 없다. 왜냐하면 그것은 본래가 하나의 단위, 즉 우리가 모든 시간의 길이를 재는 척도에 불과하기 때문이다. 인간은 아무리 오래 살았다고 하더라도 그것은 결코 긴 시간이나 생명에 부여된 것은 아니며, 언제나 오직 '현재'라는 넓이도 길이도 없는 시간의 한 점을 갖고 있을 뿐이고, 게다가 기억의 내용도 망각의 손에 의해 날이 갈수록 들어오는 것보다는 나가는 것이 더 많아지게 마련이다.

옛날의 점성술은 각 사람의 운명이 어느 하나의 별에 깃들어 있다고 하였지만, 나는 여기서 인간의 한평생은 시기에 따라서 하나하나의 유성에 대응하여 모든 유성의 지배를 차례대로 받는다고 말하고 싶다. 다시 말하면 우리들의 10대를 지배하고 있는 것은 수성으로 이 별이 가장 좁은 궤도를 갖고 있는 것과 같이 당시 우리는 협소한 생활 무대에서 활발하고 경쾌하게 세월을 보내며 사소한 일에 영향을 받기 쉬우며, 또한 재능과 웅변의 신의 도움으로 여러 가지 사물을 쉽게 배울 수 있는 것이다. 20대가 되면 금성의 지배를 받아 연애와 성욕으로 충만하게 된다. 30대에 이르면 화성의 다스림을 받아 용감하고 강직해지며 정력이 넘쳐 투쟁을 일삼는다. 40대에는 네 개의 조그마한 유성이 장악하고 있어 생활 무대도 상당히 확대된다. 즉, 체레스의 도움을 받아 화려한 외모보다 실속을 차리게 되고, 베스타의 덕분에 가정의 토대를 이루게 되며, 파라스의 지시로 모든 지식을 습득하게 되고, 끝으로 유노아의 덕분에 아내가 집안일을 돌보게 된다. 그리고 50대가 되면 비로소 목성을 마음속에 모시게 된다. 이 무렵에는 벌써 많은 동년배를 저승에 보내고 자기의 장점을 자각하여 경험과 지식이 풍부하게 되며, 그 개성과 처지에 따라서 실력을 발휘할 수 있고, 주위의 사람들에게 그 권리를 지니게 되며, 남의 명령을 받으려 들지 않고 몸소 명령하려고 한다. 요컨대 이 시기는 일가를 이루어 지도자나 통솔자가 되기에 가장 적합하여 흡사 목성이 자오선을 지나 하늘 끝에 이르는 것과 같다. 다음으로 60대에 와서

토성의 보호를 받게 되면, 이 별의 공전과 마찬가지로, 그 몸가짐에 무게가 있는 동시에 느리고 둔해진다.

노인들은 거의가 이미 송장처럼 되어 보인다.
납덩이처럼 파리하여 행동이 둔하고 느리고 뒤틀린다.
《로미오와 줄리엣》 2막 5장

끝으로 우리를 지배하는 것은 천왕성이며 이 별에 이끌려 '하늘나라에 올라간다.' 그 다음의 해왕성에 대해서는 할 말이 없다. 왜냐하면 이 별은 본래 에로스라고 불러야 하기 때문이다. 연애와 죽음 사이에 일종의 신비스러운 관계가 있듯이, 인생의 종말은 시발점에 연결되어야 할 것이다. 죽음은 삶의 커다란 근원이며 이집트의 오시리스[53]도 빼앗는 자인 동시에 주는 자로 되어 있다. 이리하여 모든 사람들은 죽음의 나라에서 파견되고 모든 생물은 이 나라에 호적을 두었던 것이다.

만일 우리가 나고 죽으며 끊임없이 유전하여 마지않는 이 커다란 조화를 간파할 수 있다면 내 말을 분명히 사실로 인정할 것이다.

---

53) 명부의 왕—주

후 기

 이 책은 쇼펜하우어의 "부록(附錄)과 여론(餘論)(*Parerga und Paralipomena*)" 중 "삶의 지혜에 대한 격언(*Aphorismen zur Lebensweisheit*)" 및 일부를 우리말로 옮긴 것으로 인생의 이모저모를 예리하게, 그러나 알기 쉽게 풀이한 것이 특징이므로 《인생론》이라고 한 것이다.

 그 전반부는 주로 인생의 진상, 특히 그 이면에 대해 날카로운 메스를 가하여 이를 백일하에 드러내 놓았으며, 후반부는 그가 파헤친 그러한 인생을 살아가는 방도에 대한 해명으로 되어 있다. 다시 말하면 인생을 단지 설명한 데 그치지 않고 인생을 살아가는 가장 현명한 길도 아울러 제시한 점에서, 전형적인 인생론이라고 할 수 있을 것이다.

 쇼펜하우어의 염세철학에 대한 비판은 독자들의 견해에 따라서 자재하려니와 한 가지 분명한 사실은 우리가 그를 모르고 인생을 운운한다는 것은 하나의 난센스라는 점이다.

 그는 자기 자신이나 자기 학문에 대하여 털끝만큼도 에누리가 없는 철인이었다. 한평생 독신으로 오직 진리를 벗 삼고 호젓이 살아간 그의 눈에 비친 인생은 '나는 인간보다 개를 더 좋아한다'는 한 마디 속에 요약되어 있지만, 적어도 그로서는 그렇게 말할 만한 충분한 근거와 이유가 있었던 것이다.

성경은 아담이 죄를 범한 후로 인간은 죄악 세상에서 헤어나지 못 하고 있음을 통탄하고 있거니와 이 책은 그러한 죄악 세상의 선명한 해부도이기도 하다. 어쨌든 이만큼 무서운(?) 책도 보기 드물 것이다. 끝으로 번역에 있어서 몇 군데 삭제한 대목이 있으며, 원문대로 옮기지 않은 제목도 몇 있음을 밝혀둔다.

옮긴이 **최민홍**

일본 동양대학 문학부 철학과 졸업 / 서독 뮌헨대학 철학박사 학위 취득 / 중앙대학교 교수 / 고등고시위원 · 인도 네루상 수상자 추천위원 역임 / 독일 철학자대회 참가 / 문교부 교육과정 심의위원 · 문교부 고등학교 교과서 검인정사열위원 역임 / 서강대학교 철학과 강사 / 서울 국제학술대회 참가 / 서독 자유백림대학 뷔르츠부르크대학 초빙교수/ 파리 국제동양학자대회 참가 / 서독 뮌헨대학 객원교수 / 미국 사우드베일러대학 명예교수 / 해동철학회 회장 역임

주요 저서 철학개론, 실존철학 연구, 한국철학, 한국윤리사상사, 한국 근세 철학사(영문판), 동서비교철학, 비교철학(영문판), 「한」철학

주요 역서 차라투스트라는 이렇게 말했다(니체), 인생론(쇼펜하우어), 플라톤전집 6권, 윤리학(아리스토텔레스), 물과 원시림 속에서(슈바이처), 대화록(칼 힐티), 대화록(니체)

주요 공저 Philosophisches Wörterbuch (서독: Kröner출판사), Handbook of World Philosophy (미국: Greenwood출판사)